呂思勉 著

呂思勉的
秦漢史·文明卷

疆土壯闊的兩個朝代，文化的碰撞和延續
——大風起，雲飛揚，一覽壯闊河山！

本書由「史學四大家」呂思勉大師親自彙整，
用豐富的史料帶你一覽絢麗多彩的秦漢文明！

目錄

目錄

目錄

第一章　秦漢時社會組織

第一節　婚制

　　宗法昌盛之世，抑壓女子必甚。斯時之女子，殆全為家族之奴隸，觀班昭所作《女誡》可知。見《後漢書・列女傳》：鮑永以妻於母前叱狗，即去之。李充家貧，兄弟六人，同食遞衣。妻竊謂充曰：「今貧居如此，難以久安。妾有私財，願思分異。」充偽酬之曰：「如欲別居，當醞酒具會，請呼鄉里內外，共議其事。」婦從充，置酒燕客。充於坐中前跪白母曰：「此婦人無狀，教充離間母兄，罪合遣斥。」便呵叱其婦，逐令出門。婦銜涕而去。此雖矯激之行，然當時重視家族，輕視婦女之風，則於此可見矣。

　　漢世婚姻，尚頗重本人之意，非如後世專由父母主持者。《後漢書・宋弘傳》：光武姊湖陽公主新寡。帝與共論朝臣，微觀其意。主曰：「宋公威容德器，群臣莫及。」帝曰：「方且圖之。」後弘被引見。帝令主坐屏風後，因謂弘曰：「諺言貴易交，富易妻，人情乎？」弘曰：「臣聞貧賤之知不可忘，糟糠之妻不下堂。」帝顧謂主曰：「事不諧矣。」此與《左氏》公孫楚、公孫黑爭婚徐吾氏，而徐吾犯使其妹自擇之同。見昭公元年（前538）。可見男女本非不可相悅，特不當親求親許而已。此古風之未盡泯者也。婚姻所以浸由父母主持者？蓋因家族權力大，其結婚姻，每藉此以圖利，遂置本人之願否於不顧。大之如有國有家者之結和親，圖外援，漢時嫁女於匈奴、烏孫，尚沿此習。小之則匹夫匹婦利聘幣，覬嫁資皆是。陳平少時，家貧，及娶富人張負女孫，齎用益饒，游道日廣。卓文君奔司馬相如，卓王孫亦分予僮百人，錢百萬，及其嫁時衣被財物。可見當時娶

妻,多有利其嫁資者。藉嫁女以牟利者,則尤多矣。《潛夫論・斷訟篇》
云:「諸一女許數家,雖生十子,更百赦,勿令得蒙一,還私家,則此姦
絕矣。不則髡其夫妻,徙千里外劇縣,乃可以毒其心而絕其後。」其深
惡之至於如此,可見當時此等風氣之甚。又云:「貞潔寡婦,遭直不仁世
叔,無義兄弟,或利其聘幣,或貪其財賄,或私其兒子,則迫脅遣嫁,有
自縊房中,飲藥車上,絕命喪軀,孤捐童孩者。又或後夫多設人客,威力
脅載。」此則以劫略而兼賣買矣。《後漢書・列女傳》:劉長卿妻,桓鸞之
女。生一男五歲而長卿卒。防遠嫌疑,不肯歸寧。兒又夭歿。乃豫刑耳以
自誓。陰瑜之妻,荀爽之女。瑜卒,爽強嫁之。至於自縊。士大夫之家如
此,況細民邪?孝景王皇后,嫁為金王孫妻,生一女矣,其母臧兒,奪之
入太子宮,則已嫁之女,猶有見奪者。婚姻既全由家長主持,不顧本人之
意,遂有許婚甚早者。《三國志・王脩傳注》引王隱《晉書》云:「同縣管
彥,少有才力,未知名。襃獨以為當自達,常友愛之。男女各始生,共許
為婚。彥果為西夷校尉。襃後更以女嫁人。彥弟馥問襃。襃曰:『吾薄志
畢願,山藪自處。姊妹皆遠,吉凶斷絕,以此自誓。賢兄子葬父於帝都,
此則洛陽之人也,豈吾欲婚之本指邪?』馥曰:『嫂齊人也,當還臨淄。』
襃曰:『安有葬父河南,隨妻還齊?用意如此,何婚之有?』遂不婚。」當
時視婚約不甚重,故其弊尚不甚大;後世婚約,一成而不可變,則其弊彌
甚矣。

　　《漢書・文帝紀》:元年三月,有司請立皇后。皇太后曰:「立太子母
竇氏為皇后。」何焯曰:「立太子母上,《史記》有諸侯皆同姓五字。蓋周
之天子,逆後於嬀、姜之國。今諸侯皆同姓,則不可拘以舊制,必貴姓
也。然自此,景立王,武立衛,安於立賤矣。此等皆漢事與三代始判分
處。」案魏氏三世立賤,棧潛抗疏以諫,孫盛著為譏評,見第十二章第四
節。則時人之於族姓,視之未嘗不重。特社會等級究漸平;而徇俗之意,

亦或不敵其好色之情，自古相沿之禁忌，遂至日以陵夷耳。魏文德郭皇后外親劉斐，與他國為婚。後聞之，敕曰：「諸親戚嫁娶，自當與鄉里門戶匹敵者，不得因勢強與他方人婚也。」蓋鄉里難得高門，與外方人婚差易，故劉斐於是求之耳。此又民間婚娶之扳援門第者也。

男女交際，尚視後世為廣。漢高祖還過沛，置酒沛宮，沛父兄、諸母、故人日樂飲極歡，道故舊為笑樂。見《本紀》十二年（207）。光武祠舊宅，觀田廬，置酒作樂，宗室諸母因酣悅相與語曰：「文叔少時謹信，與人不款曲，唯直柔耳，今乃能如此。」[001]《本紀》建武十七年（212）。可見州閭之會，婦女之與者尚多也。

離婚再嫁，亦為習見之事。外黃富人女，庸奴其夫，亡抵父客，父客即為請決，別嫁張耳。朱買臣妻，亦以家貧求去更嫁。魏文帝甄后，本袁紹中子熙妻。孫權徐夫人，亦初適陸尚。權長女魯班，前配周瑜子循，後配全琮。少女魯育，前配朱據，後配劉纂。帝王之家如此，氓庶可知。谷永勸漢成帝益納宜子婦人，毋避嘗字，則帝王亦不諱取再嫁之女。王章攻王鳳，謂鳳知其小婦弟張美人，已嘗適人，於禮不宜配御至尊，托以為宜子，內之後宮。且羌、胡尚殺首子，以蕩腸正世，況於天子，而近已出之女也。見《漢書·元后傳》：此乃有意攻擊，非當時之通論也。當時守一不貳者，大率當存亡之際，感激意氣而然，非庸行。曹爽從弟文叔早死，妻夏侯文寧女，名令女，居止常依爽。[002]及爽被誅，曹氏盡死，令女叔父上書與曹氏絕婚，強迎令女歸。文寧使風之。令女以刀斷鼻，血流滿床蓆。或謂之曰：「人生世間，如輕塵棲弱草耳，何至辛苦乃爾？且夫家夷滅已盡，守此欲誰為哉？」令女曰：「聞仁者不以盛衰改節，義者不以存亡易心。曹氏前盛之時，尚欲保終，況今衰亡，何忍棄之？」《三國志·爽傳注》引皇甫謐《列女傳》：彼其視衰亡時之不可棄背，尤甚於其盛時也。弘

---

[001]　道德：文叔與人不款曲，唯直柔耳。此與之隴囂書□□辭同。
[002]　婚姻：守一不二者，大率感激意氣，非庸行。

農王之見殺，謂妻唐姬曰：「卿王者妃，勢不復為吏民妻，自愛。」亦謂尊卑不敵，非以再嫁為不可，故其歸鄉里，其父猶欲嫁之也。唯貞婦亦稍見重，故漢宣帝神爵四年（前58）有賜潁川貞婦帛；平帝元始元年（1），有復貞婦鄉一人之舉。然此自貴其信義，而亦非專責諸女子，故光武善赤眉酋長，本故妻婦無所改易；見《後漢書·劉盆子傳》，而馮衍亦自傷有去兩婦之名也。《後漢書·衍傳注》引衍《與宣孟書》。

《周官》媒氏、《管子》合獨之政，嫁娶本由官主，已見《先秦史》第十一章第一節。漢世遺意猶有存者。淮南王異國中民家有女者，以待游士而嫁之是也。見《漢書·地理志》，降逮三國，錄奪婦女，以配將士之事尤多。《三國志·杜畿傳注》引《魏略》，言畿初在河東，被書錄寡婦。是時他郡，或有已自相配偶，依書皆錄奪，啼哭道路。畿但取寡婦，故所送少。《明帝紀》青龍三年（235）《注》引《魏略》，言是時錄奪士女，前已嫁為吏民妻者，還以配士。既聽以生口自贖，又簡選其有姿色者內之掖庭。暴政之亟行，亦舊制之流失也。晁錯《論徙民塞下》曰：「人情非有匹敵，不能久安其處。」欲「亡夫若妻者，由縣官買予之」。王莽時，民犯鑄錢，伍人相坐，沒入為官奴婢，傳詣鐘官，到者易其夫婦，見第七章第二節。此乃其夫婦既經離散，官為擇配，非謂猶相匹偶，而故革易之，亦古者合男女之政也。然遂成為暴政，可見今古之異宜矣。

《漢書·王吉傳》：吉言「世俗嫁娶太早，未知為人父母之道而有子，是以教化不明而民多夭」。[003] 今觀班昭十四而適曹氏，見其所作《女誡》。陸續女鬱生十三而適張白，見《三國志·續傳注》。吉之言似信。然漢惠帝六年（前189），令女子年十五以上至三十不嫁五算，猶以其過遲為慮者，蓋亦蕃育人民之意耳。然亦可見當時習以十五為始嫁之年矣。

漢妃妾之制，初沿自秦，後武帝、元帝皆有增置，凡十四等，皆有

---

[003]　婚姻：漢時婚年。

爵秩。後漢唯皇后、貴人。貴人金印紫綬，奉不過數十斛。又有美人、宮人、采女三等，並無爵秩。魏制凡十二等。見《漢書·外戚傳》、《後漢書·皇后紀》、《三國志·后妃傳》。和、嬪、美、御之制，乃王莽所偽託。見第七章第三節。《三國志》：王朗上疏，言《周禮》六宮內官百二十人，[004]《周官》無此文，蓋其說。而諸經常說，咸以十二為限。《蜀志·董允傳》：後主欲採擇以充後宮，允以為古者天子后妃之數，不過十二，今嬪嬙已具，不宜增益，強執不聽。可見莽世偽造之說，儒者並不之信也。太子有妃，有良娣，有孺子，凡三等；皇孫妻妾無號位，皆稱家人子；亦見《漢書·外戚傳》。諸侯王以令置八子，秩比六百石，見《漢書·高五王傳》。後漢制，諸王娶小夫人，不得過四十人，見《續漢書·百官志注》引胡廣說。以號位論，於古似未甚侈，然其所限人數，則稍褒矣，況其實，尚有不止於此者乎？貢禹言武帝後宮數千；諸侯妻妾或至數百；豪富民畜歌者至數十人；《漢書·史丹傳》言丹後房妻妾數十人是也。唯後漢梁節王暢上疏，自言臣暢小妻三十七人，尚未越法令所定。

　　漢世貴族，淫亂頗甚。趙翼《廿二史剳記·漢諸王荒亂》一條極言之。又云：武帝姊館陶公主寡居，寵董偃十餘年。主欲使偃見帝，乃獻長門園地。武帝喜，過主家。主親引偃出。偃奏館陶公主庖人偃昧死拜謁。帝大歡樂，呼為主人翁。案事見《漢書·東方朔傳》：武帝女鄂邑蓋公主寡居。昭帝初立，年八歲，主以長姊入禁中供養。而主素私通丁外人。帝與霍光聞之，不絕主歡，詔外人侍長公主。上官桀諂外人，欲援列侯尚主例，為外人求封侯。[005]燕王旦亦上書，言陛下幸使丁外人侍公主，宜有爵號，《霍光傳》。趙氏以帝女私幸之人，天子聞之，不以為怪，親王大臣，且為上書乞封為可異，實則其可異尚有不止於是者。漢諸王荒亂，如第四章第六節所述者，或係病狂，不可以常理度。若漢武帝衛皇后，乃自帝幸

---

[004]　婚姻：周禮內宮百二十人。
[005]　婚姻：事主者援列侯尚主例封侯。

平陽主家時，侍尚衣軒中得幸，可見貴人之淫亂，[006]不擇地而施，而霍光欲上官皇后擅寵有子，致宮人使令，皆為窮袴，多其帶，又不足言矣。班超子始，尚清河孝王女陰城公主。主貴驕淫亂，至與嬖人居帷中，而召始入，使伏床下。始積怒，拔刃殺主。始坐要斬，同產者皆棄市。光武女酈邑公主，亦為新陽侯世子陰豐所害。豐誅死。父母當坐皆自殺。《陰識傳》云：「帝以舅氏故，不極其刑」，蓋謂未如始之要斬，同產皆坐也。尚主之禍如此，桓帝欲以公主妻楊喬，而喬不食以死，又何怪邪？

許后姊為淳于長小妻，見第六章第二節。竇融女弟亦為王邑小妻，見《後漢書》本傳。則漢世雖貴家女，亦不諱為妾媵，[007]民間更無論矣。後漢光武建武七年(31)、十三年(37)，有略為下妻及依託人為下妻，欲去者恣聽之，敢拘留者，以賣人法略人法從事之詔。[008]見第十四章第二節。賈誼言當時之賣僮者，為之繡衣絲履，偏諸緣，內之閒中，此所謂賣；《後漢書‧酷吏傳》：黃昌婦歸寧，遇賊被獲，遂流轉入蜀為人妻，則所謂略也。是時貴富之家，多娶妻婦，亦非盡為淫慾。如後漢周舉對策，言豎宦之人，虛以形勢，威侮良家，娶女閉之，至有白首，歿無配偶；《宦者傳》言四侯之橫，亦云多娶良人美女，以為姬妾，蓋俗以多妾媵為榮，故如此。亦猶之侈僕從之眾多耳。古臣妾本同物也。

周舉咎宦官娶女閉之，至於白首，則當時婢妾，過期原可遣出。[009]蓋尚視為婢僕之流，不視為家屬也。故宮人亦多遣出。文帝十二年(前168)，出孝惠後宮美人令得嫁。及崩，遺詔歸夫人以下至少使。景帝崩，亦出宮人歸其家。復終身。成帝永始四年(前13)，出杜陵未嘗御者歸家。哀帝綏和二年(前8)，掖庭宮人年三十以下出嫁之。平帝崩，則行之

---

[006]　婚姻：漢貴人淫亂。
[007]　婚姻：漢貴家女不諱為妾媵。
[008]　婚姻：略賣。
[009]　婚姻：錮婢則遣出，宮人亦然。

以遺詔。出媵妾皆歸家得嫁，如孝文時故事。唯霍光厚葬武帝，且以後宮女置於園陵，為宦官宮妾之孝耳。參看第五章第十二節。魏文帝疾篤，即遣後宮淑媛、昭儀以下歸其家，尤非漢諸帝所及。有學問者，舉措究與恆人不同也。張敞奏言「昌邑哀王歌舞者張脩等十人無子，又非姬，但良人，無官名，王薨當罷歸，太傅豹等擅留以為哀王園中人，所不當得為，請罷歸」。則漢世貴人姬妾，當罷與否，視乎其位，著於法令。然漢之美人，魏之淑媛、昭儀，固亦皆有位號者也。則此等法令，亦應改正矣。

適庶之別頗嚴。[010] 觀《漢書·外戚恩澤侯表》：孔鄉侯傅晏，元壽二年（前1），坐亂妻妾位免，徙合浦可知。王符無外家，為鄉人所賤。公孫瓚家世二千石，以母賤為郡小吏。漢景帝子常山憲王舜，有不愛姬，生長男稅，雅不以為子數，不分與財物。太子代立，又不收恤稅。鄭季與衛媼通而生衛青，青少時歸其父，父使牧羊，民母之子，皆奴畜之，不以為兄弟數。則適庶出之子，貴賤亦相去頗遠。

貢禹言豪富吏民，畜歌者至數十，此即所謂倡伎也。張禹身居大第，後堂理絲竹管弦。其弟子戴崇，每候禹，常責師：宜置酒設樂，與弟子相娛。禹將崇入後堂飲食。婦女相對，優人管弦鏗鏘，極樂，昏夜乃罷。馬融常坐高堂，施絳紗帳，前授生徒，後列女樂。則漢世士大夫之家，尚多有伎樂。[011]《史記·貨殖列傳》言：中山女子，鼓鳴瑟，跕屣，游媚貴富，入後宮，遍諸侯。又云「趙女、鄭姬，設形容，揳鳴琴，揄長袂，躡利屣，目挑心招，出不遠千里，不擇老少者，奔富厚也」，即指此等人言之也。此等人尚未必能自鬻其伎，大抵有為之主者。《漢書·外戚傳》：宣帝求得外祖母王媼。令大中大夫與丞相、御史屬雜考問。媼言名妄人，家本涿郡蠡吾平鄉。（漢蠡吾，今河北博野縣）年十四，嫁為同鄉王更得妻。更得死，嫁為廣望王乃始婦。（廣望，漢縣，今河北清苑縣西南）產子男

---

[010]　婚姻：漢適庶子，貴賤不同。
[011]　婚姻：漢士大夫家，多有伎樂。

無故、武，女翁須。翁須年八九歲時，寄居廣望節侯子劉仲卿宅。仲卿謂乃始曰：「予我翁須，自養長之。」媼為翁須作縑單衣送仲卿家。仲卿教翁須歌舞。往來，歸取冬夏衣。居四五歲，翁須來，言「邯鄲賈長兒求歌舞者，仲卿欲以我與之」。媼即與翁須逃走之平鄉。仲卿載乃始共求媼。媼皇急，將翁須歸。曰：「兒居君家，非受一錢也，奈何欲予他人？」仲卿詐曰：「不也。」後數日，翁須乘長兒車馬過門，呼曰：「我果見行，當之柳宿。」蘇林曰：「聚邑名也。在中山盧奴東北三十里。」（漢盧奴，今河北定縣）媼與乃始之柳宿，見翁須，相對涕泣。謂曰：「我欲為汝自言。」翁須曰：「母置之。何家不可以居？自言無益也。」媼與乃始還求錢用，隨逐至中山盧奴。見翁須與歌舞等比五人同處。媼與翁須共宿。明日，乃始留視翁須，媼還求錢，欲隨至邯鄲。媼歸糴糶，未具，乃始來歸，曰：「翁須已去，我無錢用隨也。」因絕。至今不聞其問。賈長兒妻貞及從者師遂辭：「往二十歲，太子舍人侯明從長安來求歌舞者，請翁須等五人，長兒使遂送至長安，皆入太子家。」此即宣帝母被誣鬻之始末也。廣望節侯者，景帝子中山靖王之子。其子之所為如是，可見漢時此等事之盛也。《三國志・楊阜傳》言曹洪御馬超還，置酒大會，令女倡著羅縠之衣蹋鼓，則軍中亦有伎樂。

第二節　族制

古代士大夫，親族之聚居者較多，農民則五口八口之家而已，已見《先秦史》第十一章第二節。此種情形，秦、漢之世猶然。漢高祖謂諸功臣：「諸君獨以身從我，多者三兩人，蕭何舉宗數十人皆隨我。」董崇說寇恂曰：「君所將皆宗族昆弟。」伯升之起也，陰識率子弟、宗族、賓客千餘人往詣。孫堅舉事，其季弟靜，糾合鄉曲及宗室五六百人，以為保障，眾咸附焉。沮授知袁紹將敗，會其宗族，散資財以與之。孟代讒審配

曰：族大兵強。則當時居軍中者，多有宗族相隨。避亂者亦然。韓融將宗親千餘家避亂密西山中（密，漢縣，在今河南密縣東南），見《後漢書・荀彧傳》。荀彧將宗族從韓馥。高柔從兄幹在河北呼柔，柔舉宗從之。董和率宗族西遷。田疇歸魏太祖，盡將其家屬及宗人三百餘家居鄴，則其隱徐無時，亦必與宗人俱可知也。蓋時去封建之世近，各地方皆有強宗巨家。疇與管寧、邴原、王烈等，能為流人之主，為之立紀綱，平諍訟，興教化者以此，以其素為民所歸仰也。參看第四節。然此特舊制之惰力，以事勢論，則仍趨於分。[012] 故賈誼言秦人家富子壯則出分。《漢書・地理志》，亦云河內好生分，潁川好分異。當時論者，多以是為俗之薄。於同居者則稱道之。如《後漢書・魏霸傳》，稱其少喪親，兄弟同居，州里慕其雍和。《崔駰傳》云：子瑗，兄弟同居數十年，鄉里化之。《蔡邕傳》云：與叔父從弟同居，三世不分財，鄉黨高其義是也。夫僅三世同居，兄弟同居，而亦為人所稱道，則分異之風之甚可知矣。《漢書・酷吏傳》言濟南瞷氏，宗人三百餘家，豪猾，二千石莫能制。孫嵩之藏趙岐也，曰：「我北海孫賓石，闔門百口，勢能相濟。」然則強宗巨家，多為政令之梗，是以武帝時，徙強宗大族，不得族居，見《後漢書・鄭弘傳注》引謝承書。而其時之刑誅，亦必波及親族。唐玹之毒趙岐也，收其家屬宗親，陷以重法，盡殺之。段熲殺蘇不韋，亦誅一門六十餘人，《後漢書・蘇章傳》。馬超門宗二百餘家，為孟德所誅略盡。蓋皆慮其報復，或不自安以致反側也。生計之情形，既不容不分異，其不分異者，復為政令所摧殘，欲宗法之不廢墜，難矣。

當時宗族大者，非封建之世之遺孽，則新興之豪富民，如樊重是也。見第十五章第二節。不然，則雖至行如薛包，弟子求分財異居，包亦不能止矣。包事見《後漢書・劉平等傳》首。應劭《風俗通義・過譽篇》議汝南

---

[012]　宗族：漢時士大夫宗族大，然總看全局，仍趨於分。

戴伯起讓財於兄之失引之，非矯激之人也。《後漢書·何敞傳》：遷汝南太守，百姓化其恩禮，其出居者，皆歸養其父母。《獨行傳》：繆肜少孤，兄弟四人，皆同財產。及各娶妻，諸婦遂求分異，又數有鬥爭之言，肜乃掩戶自撾。弟及諸婦聞之，悉叩頭謝。遂更為敦睦之行。此等皆不免矯激。然分異之勢，矯激者亦不能止，乃又藉讓財以立名。《後書·循吏傳》：許荊祖父武，以二弟晏、普未顯，欲令成名。乃割財產，以為三分，武自取肥田廣宅，奴婢強者，二弟所得，並悉劣少。鄉人皆稱為克讓，而鄙武貪婪。晏等以此，並得選舉。武乃會宗親，泣言其故，悉以財推二弟。此等舉動，閱之令人作惡。應劭曰：「同居上也，通有無次也，讓其下耳。」不能通有無於隱微之間，而必行遜讓於昭著之地，不益見同居之不能維持邪？當時親族之間，能互相救恤者，亦間有之。如《後書·文苑傳》載侯瑾少孤貧，依宗人居其事。然《逸民傳》又載周黨家產千金，少孤，為宗人所養，遇之不以理，及長，又不還其財，黨詣鄉縣訟乃還之，則與今世之唯利是圖者無異矣。財產私有之世，安能真有仁讓之風邪？

　　漢世去古近，故母系遺俗，猶未盡泯。《廿二史剳記》言漢皇子未封者率以母姓為稱，舉衛太子、史皇孫為例。然景帝十三子，其母五人，而《史記》稱其世家為《五宗》，則明係以子繫母，非僅稱號而已。[013] 此實與黃帝子二十五人，得姓者十四人同，蓋猶是母系之世之遺俗也。《漢書·外戚侯表》有「扶柳侯呂平，以皇太后姊長姁子侯」。師古曰「平既呂氏所生，不當姓呂，蓋史家唯記母族」，此徑從母姓者也。呂平《史記》作昌平，蓋字誤。其冒改他姓者，亦非所諱。滕公曾孫頗，尚平陽公主，主隨外家姓，號孫公主，而滕公子孫，更為孫氏。衛青以同母姊子夫得幸武帝而冒姓為衛氏。張孟為灌嬰舍人，得幸，因進之，至二千石，則蒙灌氏姓為灌孟。張燕本姓褚，以張牛角死，令眾奉燕，因改姓張。此因古人之

---

[013]　宗族：漢猶以子繫母。

氏，本可隨意改易故也。至古之所謂姓者，漢時已不可知，漢世有吹律定姓之法。《漢書·京房傳》：房本姓李，推律自定為京氏。《潛夫論·卜列篇》述俗人之說云：「太皞木精，承歲而王，夫其子孫，咸當為角。神農火精，承熒惑而王，夫其子孫，咸當為徵。黃帝土精，承填而王，夫其子孫，咸當為宮。少皞金精，承大白而王，夫其子孫，咸當為商。顓頊水精，承辰而王，夫其子孫，咸當為羽。」乃誣妄之說，不足信也。《三國志·衛繼傳》云：父為縣功曹。繼為兒時，與兄弟隨父遊戲庭寺中。縣長蜀郡成都張君無子，數命功曹呼其子省弄，甚憐愛之。因言宴之間，語功曹欲乞繼。功曹即許之。遂養為子。時法禁以異姓為後，[014] 故復為衛氏。然朱然本姓施，朱治養以為子，後然為治行喪竟，乞復本姓，而孫權不許，則其法猶未甚嚴矣。

第三節　戶口增減

漢世戶籍，謂之名數。《漢書·高帝紀》五年五月，詔曰「民前或相聚保山澤，不書名數」是也。[015] 師古曰：「名數，謂戶籍也」，《石奮孔光傳注》同。亦或但謂之名。《漢書·張耳傳》：嘗亡命游外黃。師古曰：「命者，名也。凡言亡命，謂脫其名籍而逃亡。」《淮南厲王傳》：丞相等奏長曰「為亡命棄市詐捕命者以除罪」，命即名也，又或但謂之數。《漢書·敘傳》：「昌陵後罷，大臣名家，皆占數於長安。」亡命二字，習用既久，遂若但作亡字用者，然其本意自謂脫籍，或謂直作自逃其命解，非也，劉敞說。《史記·秦始皇本紀》：十六年（前231），初令男子書年，[016] 是前此戶籍，男女皆不書年，此時女子猶不書年，則古代戶籍之法，頗為粗疏。然《漢書·淮南厲王傳》：薄昭遺王書曰：「亡之諸侯，遊宦事人，及舍匿者，論

---

[014]　宗族：異姓為後。
[015]　戶口：漢世戶籍謂之名數。入籍曰占者。
[016]　戶口：秦始皇十六年始令男子書年。

皆有法。」案《史記·扁鵲倉公列傳》：倉公言：「誠恐吏以除拘臣意也，故移名數左右，不修家生，出遊行國中，問善為方數者事之。」必移名籍左右，乃得出行，蓋即所謂亡之諸侯，及遊宦事人之法；《王子侯表》：陸侯延壽，坐知女妹夫亡命笞二百首匿罪免，蓋即所謂舍匿之法；則其法頗嚴矣。蓋小國寡民之世，上下相親，耳目周市，民不欲為姦欺，為姦欺亦非易，故戶籍之法，無待嚴密，其後稍欲逃避賦役，則法亦隨之而苛也。

　　《鹽鐵論·未通篇》：御史言：「民不齊出於南畝，以口率被墾田而不足。」文學言：「往者軍陳數起，用度不足，常取給見民，田家又被其勞，故不齊出於南畝也。大抵逋流皆在大家，吏不敢督責，刻急細民，細民不堪，流亡遠去。後亡者為先亡者服事。故相去愈甚，而就少愈多。」此戶口不實，及民因賦役而流亡之情形。《後漢書·光武帝紀》：建武十五年（39），詔下州郡：檢核墾田頃畝及戶口年紀。《劉隆傳》謂是時天下墾田，多不以實，又戶口年紀，互有增減，故下州郡檢核其事。又謂刺史太守，多不平均，或優饒豪右，侵刻羸弱。百姓嗟怨，遮道號呼。時諸郡各遣使奏事，帝見陳留吏牘上有書，視之，云：「潁川、弘農可問，河南、南陽不可問。」帝詰吏由趣。吏不肯服。時顯宗為東海公，年十二，在幄後，言曰：「吏受郡敕，當欲以墾田相方耳。河南帝城多近臣，南陽帝鄉多近親，田宅逾制，不可為準。」帝令虎賁將詰問吏，吏乃實首服，如顯宗對，此墾田戶口，不易檢核之情形也。《續漢書·禮儀志》曰：「仲秋之月，縣道皆案戶比民。」《後書·江革傳》曰：建武末年，與母歸鄉里。每至歲時，縣當案比，革以母老，不欲搖動，自在轅中輓車，不用牛馬。則是時檢核戶口，[017] 官吏初不親歷閭里，顧召人民而驗之，安有得實之理乎？《史記·蕭相國世家》云：沛公至咸陽，諸將皆爭走金帛財物之府分之，何獨先入，收秦丞相、御史、律令、圖書藏之。漢王所以具知天下厄塞，戶

---

[017]　戶口：檢核戶口召民往驗。

口多少強弱之處，民所疾苦者，以何具得秦圖書也。則郡縣戶口，中央皆有其籍，然亦未必得實耳。

前漢戶口，以元始二年（2）為最盛。其數見於《漢書・地理志》：凡戶千二百二十三萬三千六十二，口五千九百五十九萬四千九百七十八。《殿本考證》：齊召南云：「《帝王世紀》曰：民戶千三百二十三萬三千六百一十二，口五千九百一十九萬四千九百七十八。皇甫謐所計戶口，必本此志，而數目參差，似所見古本異也。」後漢戶口，永和五年（140）之數，見於《續漢書・郡國志》：凡戶九百六十九萬八千六百三十，口四千九百一十五萬二百二十。《注》：「應劭《漢官儀》曰：永和中，戶至千七十八萬，口五千三百八十六萬九千五百八十八。又《帝王世紀》：永嘉二年（145），戶則多九十七萬八千七百七十一，口七百二十一萬六千六百三十六，應載極盛之時，而所殊甚眾；舍永嘉多，取永和少；良不可解。皇甫謐校核精審，復非繆記，未詳孰是。豈此是順朝時書，後史即為本乎？伏無忌所記，每帝崩，輒最戶口及墾田大數，今列於後，以見滋減之差焉。」案歷代史籍所載戶口，均係出賦役者之數，而非生齒之數。即以賦役之數論，亦未必得實。故《後書注》所引伏無忌記所載之數，不更備引，以避繁碎。至《續志》所載，不取最多之數者，本於順朝之書之說，當得其實也。案中國見在人數，為四萬五千餘萬，雖不必實，相去初不甚遠，而歷代戶口，無及萬萬者，其非情實可知。蓋人民欲避賦役，隱匿者多；官吏不能核實，且亦不欲以實數上聞，故其去實在情形，如此之遠也。

《史記・高祖功臣侯年表》曰：「漢興，功臣受封者百有餘人，天下初定，故大城名都散亡，戶口可得而數者十二三。是以大侯不過萬家，小者五六百戶。後數世，民咸歸鄉里，戶益息。蕭、曹、絳、灌之屬，或至四萬。小侯自倍。」此秦末凋喪，及漢初增殖之情形也。《漢書・昭帝紀贊》

曰：「承孝武奢侈餘敝，師旅之後，海內益耗，戶口減半。[018] 光（霍光）知時務之要，輕徭薄賦，與民休息。至始元、元鳳之間，匈奴和親，百姓充實。」此武帝時耗損及昭帝後增殖情形也。仲長統言：「王莽之亂，殘夷滅亡，倍於秦、項。以及今日，名都空而不居，百里絕而無民者，不可勝數。」可見莽末傷殘之甚。《三國志·後主傳注》引王隱《蜀記》：謂劉禪遣尚書郎李虎送士民簿，領戶二十八萬，男女口九十四萬，帶甲將士十萬二千，吏四萬人。《吳志·孫皓傳注》引《晉陽秋》：謂王濬收吳圖籍，領戶五十二萬三千，吏三萬二千，兵二十三萬，男女口二百三十萬。《續漢書·地理志注》引《帝王世紀》云：景元四年（263），與蜀通計，民戶九十四萬三千四百二十三，口五百三十七萬二千八百九十一。又案正始五年（244），揚威將軍朱照日所上吳之所領，兵戶九十三萬二千，推其民數，不能多蜀矣。昔漢永和五年（140），南陽戶五十餘萬，汝南戶四十餘萬。方之於今，三帝鼎足，不逾二郡。[019] 案《三國志·杜畿傳》，載畿子恕上疏曰：「今大魏奄有十州之地，而承喪亂之弊，計其戶口，不如往昔一州之民。」《蔣濟傳》：景初中，濟上疏曰：「今雖有十二州，至於民數，不過漢時一郡。」《陳群傳》：青龍中，群上疏曰：「今承喪亂之後，人民至少，比漢文、景之時，不過一大郡。」《注》云：「案《晉太康三年地記》：晉戶有三百七十七萬，吳、蜀戶不能居半。魏雖始承喪亂，方晉當無大殊。長文之言，於是為過。」然凋殘之實，要不可諱矣。脫漏隱匿，自亦於斯為甚。《蜀志·呂乂傳》曰：累遷廣漢、蜀郡太守。蜀郡一都之會，戶口眾多；又亮卒之後，士伍亡命，更相重冒，姦巧非一。乂到官，為之防禁，開喻勸道。數年之中，漏脫自出者萬餘口。以葛亮為政之核實，而身歿未幾，蜀郡情形，遽至如此，亡命者之多，自可想見。《魏志·袁紹傳注》引《九州春秋》云：「袁譚在青州，別使兩將，募兵下縣。有賂者見

---

[018] 戶口：昭帝時戶口減半。莽末傷殘之甚。

[019] 戶口：三國不逾二郡。萬戶著籍不盈數百。

免，無者見取。貧弱者多，乃至竄伏丘野之中，放兵捕索，如獵鳥獸。邑有萬戶者，著籍不盈數百。收賦納稅，三分不入一。」暴戾如此，曷怪人民之竄匿邪？《魏武帝紀》：興平七年正月令日：「舊土人民，死喪略盡。國中終日行，不見所識。」《蘇則傳注》引《魏名臣奏》：雍州刺史張阮答文帝令問，言「金城郡昔為韓遂所見屠剝，死喪流亡，或竄戎狄，或陷寇亂，戶不滿五百。則到官，內撫凋殘，外鳩離散，今見戶千餘」。此等因兵荒而凋敝之情形，夫豈無有？然終不如逃竄者之多也。

　　《魏志・衛覬傳》言覬留鎮關中，時四方大有還民，關中諸將，多引為部曲。覬書與荀彧，言郡縣貧弱，不能與爭，兵家遂強，一旦變動，必有後憂。《吳志・諸葛瑾傳》言瑾卒，子恪已自封侯，故弟融襲爵攝兵業，駐公安。注引《吳書》日：赤烏中諸郡出部伍。新都都尉陳表，吳郡都尉顧承，各率所領人會佃毗陵，男女各數萬口。表病死，權以融代表。後代父瑾領攝諸部曲。士卒親附之。疆外無事。《陳武傳》庶子表，所受賜覆人得二百家，在會稽新安縣。表視其人，皆堪好兵。乃上疏陳讓，乞以還官，充足精銳。權甚嘉之。下郡縣料正戶羸民，以補其處。此等皆不屬於郡縣，[020] 故郡縣之民，彌見其少也。

　　入籍者謂之占者。《漢書・宣帝紀》：地節三年（前 67），詔膠東相成，勞來不怠，流民自占者八萬餘口。師古日：「占者，謂自隱度其戶口而著名籍是也。」成以此賜爵為關內侯，秩中二千石。然後詔使丞相御史問郡國上計長吏、守、丞以政令得失，或言前膠東相成，偽自增加，以蒙顯賞，是後俗吏，多為虛名云。見《循吏傳》。後漢殤帝延平元年（106），亦以郡國「覆蔽災害，多張墾田；不揣流亡，競增戶口」，敕司隸校尉部刺史。匿實數於承平之日，以避誅求；張虛數於流亡之時，以誇撫字；所由來者舊矣。

　　古代政令，率務求庶，漢世去古未遠，故其用意猶然。惠帝六年（前

---

[020] 戶口：兵家之人不屬郡縣。

189)，令女子年十五以上至三十不嫁五算。《高帝紀》：七年（前200），令民產子復勿事二歲。《後書‧章帝紀》：元和二年（85），詔曰：「令云：人有產子者，復勿算三歲。今諸懷妊者，賜胎養穀人三斛，復其夫勿算一歲。」元和三年（86）詔云：「嬰兒無父母親屬，及人有子不能養食者，稟給如律。」[021]則於嬰兒乳婦，亦咸有惠政矣。然此等恐徒成具文。《貢禹傳》：禹言「民產子三歲則出口錢，故民重困，至於生子輒殺」。《王吉傳》：吉言「世俗聘妻送女無節，貧人不及，故不舉子」。[022]則雖有惠政，亦無補於生計之艱難，況重之以苛政邪？《史記‧日者列傳》言：產子者必先占吉凶，然後有之。《後書‧張奐傳》言：武威俗多妖忌，凡二月五月產子，及與父母同日生者悉殺之。此等雖貌似迷信，實皆為生計所迫而然。《後書‧侯霸傳》：言霸王莽時為淮平大尹。更始元年（23），遣使徵之。百姓遮使者車，或臥當道乞留。至戒乳婦勿得舉子：侯君當去，必不能全。此雖飾說非實，然不舉子者之多，則於此可見。《三國志‧駱統傳》：統上疏言：「民間非居處小能自供，生產兒子，多不起養。屯田貧兵，亦多棄子。」此亦三國時戶口凋耗之大原耶？當時法律，非不禁之。如《後漢書‧賈彪傳》言：彪補新息長。（新息，今河南息縣東）小民困貧，多不養子。彪嚴為其制，與殺人同罪。城南有盜劫害人者，北有婦人殺子者，彪出案發，而掾史欲引南。彪怒曰：「賊寇害人，此則常理。母子相殘，逆天違道。」遂驅車北行，案驗其罪。王吉為沛相，生子不養，即斬其父母，合土棘埋之。《魏志‧鄭渾傳》：遷下蔡長，邵陵令。（下蔡，今安徽鳳臺縣；邵陵，今湖南寶慶縣）天下未定，民皆剽輕，不念產殖。其生子無以相活，率皆不舉。渾所在奪其漁獵之具，課使耕桑。又增開稻田，重去子之法皆是，然其效亦僅矣。

---

[021]　生計：嬰兒無父親親屬，及人有子不能養食者，稟給如律。
[022]　戶口：生子不舉。

　　貧民生子不舉者雖多，貴族則增殖頗速。[023]《漢書·平帝紀》：元始五年 (5) 詔曰：「唯宗室子，皆太祖高皇帝子孫，及兄弟吳頃、楚元之後。漢元至今，十有餘萬人。」以三人之後，二百有七年之間，而其數至於如是，其增殖亦可謂速矣。此蓋貴人多妾媵；又生計寬裕，生子無不舉，養育亦較優故也，固非所語於凡民矣。

第四節　人民移徙

　　漢法，人民流移，本干禁令，然流亡既所不免，即不得不從而許之，但望其仍能占者而已。[024]成帝鴻嘉四年 (前 17)，以水旱為災，關東流冗者眾，流民欲入關者輒籍內。後漢明帝即位，賜天下男子爵。流人無名數欲自占者人一級。其後諸帝即位，立皇后、太子，改元，大赦，多有是詔，蓋為東京之故事矣。然徒許其遷移，尚未必其能徙，故國家又時有移民之政焉。

　　秦及漢初之移民，徒為強幹弱枝之計，已見第二章第一節。《漢書·地理志》言：「漢興，立都長安，徙齊諸田，楚昭、屈、景及諸侯功臣家於長陵，後世世徙吏二千石、高訾、富人及豪傑並兼之家於諸陵，蓋亦以強幹弱枝，非獨為奉山園也。」則婁敬之策，漢且世世行之矣。

　　移民：$\begin{cases} 1.\ 強幹弱枝。兼為治理計。 \\ 2.\ 調劑人土滿。 \\ 3.\ 實邊。群盜徙邊者妻子隨軍為卒妻婦。 \end{cases}$

　　移民實邊之利，文帝時晁錯極陳之。文帝從其言，募民徙塞下。後武帝元朔二年 (前 127)，募民徙朔方十萬口。元鼎六年 (前 111)，分武威、

---

[023]　戶口：貴族增殖之速。
[024]　移民：秦漢移民規模大（第十三章第四節）。

酒泉地置張掖、敦煌郡，徙民以實之。平帝元始四年（4），置西河郡，徙天下犯禁者處之。其規劃皆頗遠大。晁錯言移民之計曰：「以便為之高城深塹，具藺石，布渠荅。復為一城。其內城間百五十步。要害之處，通川之道，調立城邑，毋下千家。為中周虎落。先為室屋，具田器，乃募罪人及免徒復作令居之。不足，募以丁奴婢贖罪，及輸奴婢欲以拜爵者。不足，乃募民之欲往者。皆賜高爵，予冬夏衣，廩食，能自給而止。郡縣之民，得買其爵以自增，至卿。其亡夫若妻者，縣官買予之。」其計慮之周詳如此。錯之言多有所本，蓋亦古之遺規也。然其能行之與否，則難言之矣。後漢明帝永平八年（65），詔三公募郡國中都官死罪繫囚，減罪一等，勿笞，詣度遼將軍營，屯朔方、五原之邊縣。妻子自隨便占著邊縣。父母同產欲相代者恣聽之。其大逆不道殊死者，一切募下蠶室。亡命者令贖罪各有差。凡從者，賜弓弩衣糧。九年（66），詔郡國死罪囚減罪，與妻子詣五原、朔方，占著所在。死者皆賜妻父若男同產一人復終身。其妻無父兄獨有母者，賜其母錢六萬，又復其口賦。待之亦未嘗不厚。然伍被為淮南王劃反計，欲詐為丞相、御史請書，徙民朔方，以恐動其民，見第四章第六節。則民之視遷徙為畏途久矣。

景帝元年（前156），詔曰：「間者歲比不登，民多乏食，夭絕天年，朕甚痛之。郡圍或磽陿，無所農桑毄畜，或地廣，薦草莽，水泉利而不得徙。其議民欲徙寬大地者聽之。」此真知土滿人滿之當互相調劑者也。然特聽其徙而已。至武帝世，乃更有大舉移民之事。《漢書·武帝本紀》：元狩四年（前119），有司言關東貧民徙隴西、北地、西河、上郡、會稽，凡七十二萬五千口。《史記·平準書》云：「徙貧民於關以西，及充朔方以南新秦中，七十餘萬口。衣食皆仰給縣官，數歲。假與產業。使者分部護之，冠蓋相望。其後山東被河菑，及歲不登數年，又令饑民得流，就食江、淮間。欲留留處，遣使冠蓋相屬護之。」其行之雖未知如何，其

於民，亦可謂盡心焉爾矣。平帝元始二年（2），罷安定呼池苑，以為安民縣。募徙貧民。縣次給食。[025] 至徙所，賜田宅、什器，假與犂牛、種食。其振恤之亦極周至。此等皆古代之遺規，未盡廢墜者。至後世，言治者益以無動為大，更不能有此等舉措矣。

移民亦有為治理計者。《史記·貨殖列傳》言：「秦末世遷不軌之民於南陽」，漢武帝元狩五年（前118），徙天下姦猾吏民於邊是也。主父偃說武帝曰：「天下豪傑兼併之家，亂眾民，皆可徙茂陵，內實京師，外消姦猾。此所謂不誅而害除。」成帝時，陳湯言：「天下民不徙諸陵三十餘歲矣。關東富人益眾，多規良田，役使貧民。可實初陵，以強京師，衰弱諸侯。又使中家以下，得均貧富。」然則充奉陵邑，仍有裁抑並兼、整齊風俗之意也。然諸陵實為游俠出入之地，鬥雞走狗之場，宣帝即因上下諸陵，周知閭里姦邪，見第五章第十二節。則不唯不足昭軌物，轉足敗壞風俗矣。《後漢書·賈復傳》言：「舊內郡徙民在邊者，率多貧弱，為居人所僕役，不得為吏。」《漢書·李廣傳》：李陵出兵時，關東群盜妻子徙邊者，隨軍為卒妻婦，大匿車中。皆可見豪強之不易裁抑，而新徙之民，未易令其得所也。

後漢之末，九州雲擾，人民蕩析，邑里丘墟，兵爭者乃多欲移民以自利。[026] 魏武帝得漢中，卒徙其民而棄之，已見第十一章第十一節。曹仁入襄陽，徙漢南附化之民於漢北。孫策破皖城得袁術百工及鼓吹部曲三萬人，皆徙詣吳。《三國志》本傳《注》引《江表傳》。孫權破廬江，徙其部曲三萬餘人。亦見本傳《注》引《江表傳》事在建安五年（200）。建安十二年（207）、十三年（208）西征黃祖，皆虜其人民而還。諸葛亮箕谷之役，拔西縣千餘家還漢中。延熙十七年（254），姜維出隴西，拔狄道、河間、臨洮三縣之民，居於繁縣。吳赤烏六年（243），諸葛恪征六安，破魏將謝順營，亦收其民人。此尚其犖犖大者，其小者，史未必備載也。此時移民，

---

[025]　移民：平帝時罷苑為縣，徙民實行之，甚優惠。

[026]　移民：兵爭者移民以自利。

頗多一切不顧利害者。《三國志·辛毗傳》：文帝欲徙冀州士家十萬戶實河南。時連蝗，民饑，群司以為不可，而帝意甚盛。毗與朝臣俱求見。帝知其欲諫，作色以見之。皆莫敢言。毗曰：「陛下欲徙士家，其計安出？」帝曰：「卿謂我徙之非邪？」毗曰：「誠以為非也。」帝曰：「吾不與卿共議也。」毗曰：「陛下不以臣不肖，置之左右，廁之謀議之官，安得不與臣議邪？臣所言非私也，乃社稷之慮也，安得怒臣？」帝不答，起入內。毗隨而引其裾。帝遂奮衣不還。良久乃出，曰：「佐治，卿持我何大急邪？」毗曰：「今徙，既失民心，又無以食也。」帝遂徙其半。觀毗諫諍之切，而知當時徙民之危矣。魏武欲徙淮南之民，本問蔣濟，濟言民實不樂徙，而武帝不聽，卒至皆叛入吳，見第十一章第九節。其前鑑也。

　　凡事國家代謀者，恆不如人民自為謀之切，而人民不願行之事，亦未易以政令迫之。故秦、漢時之移民，規模雖大，計慮雖周，卒之弊餘於利，而人民之自行移殖者，其成功轉大有可觀焉。邊方之開發，山澤之墾闢，尤其彰彰在人耳目者也。當時九州雲擾，唯海道所通之地較完，故適遼東、交阯者極多。如邴原、管寧、王烈、許靖等皆是。諸人後雖復還，然與之俱徙者，必不能皆與之俱還也。其時去封建之世近，民之遷徙者率成群，其士大夫恆能為之率將，而宗族親黨之間，亦恆能互相救恤，故其力強而足以自立。邴原在遼東，一年中往歸者數百家。管寧至遼東，廬於山谷，越海避難者皆來就之，旬月而成邑。楊俊以兵亂方起，河內處四達之沖，必為戰場，乃扶持老弱，詣京、密山間。同行者百餘家。俊振濟貧乏，通共有無。宗族知故，為人所略作奴僕者凡六家，俊皆傾財贖之。此非故名族而能然邪？田疇入徐無山數年，百姓歸之者五千餘戶。鄭渾遷左馮翊，時梁興等略吏民五千餘家為寇鈔，諸縣不能禦，皆恐懼，寄治郡下。議者悉以為當移就險。渾曰：「興等破散，竄在山阻，雖有隨者，率脅從耳。今當廣開降路，宣喻恩信，而保險自守，此示弱也。」乃聚斂吏

民，治城郭，為守禦之備。遂發民逐賊。又遣吏民有恩信者，分布山谷告諭，出者相繼。乃使諸縣長吏，各還本治，以安集之。呂虔領泰山太守。郡接山海，世亂聞，民人多藏竄。袁紹所置中郎將郭祖、公孫犢等數十輩，保山為寇，百姓苦之。虔將家兵到郡，開恩信。祖等黨屬皆降服。諸山中亡匿者，盡出土安業。觀此，可知當時避亂者，為亂者，守土者，皆有入山守險之事。入者不必遽出，而山澤辟矣。此等事北方究尚不甚多，南方尤盛，所謂山越是也。世或聞越之名，遂以為異族，此實大誤。其人一出平地，即能輸稅賦，充行伍，安得目為異族？蓋皆漢人之遭亂入山，與越錯處者耳。入山者多，則主客易位，而越人悉為所化矣。故當時山越之繁滋，寇賊郡縣之禍小，開拓山地之功大。以郡縣見寇賊論，庸或視為亂人，以民族相親和論，則百萬異族之同化，悉於平和中奏其功矣。此實我先民偉烈之不可忘者也。山越之名，始見靈帝建寧二年（169），《後書・本紀》：是年九月，丹陽山越賊圍太守陳夤，夤擊破之。其實當不始此，特前此與郡縣無交涉，史不之及耳。至獻帝世而大盛。其所盤踞之地，幾盡江東西境。孫吳諸將，無不以剿山越見稱，而諸葛恪為尤著。《恪傳》曰：恪以丹陽山險，民眾果勁，雖前發兵，徒得外縣平民而已，其餘深遠，莫能擒盡。屢自求乞為官出之。三年可得甲士四萬。眾議咸以丹陽地勢險阻，與吳郡、會稽、新都、鄱陽四郡鄰接。周旋數千里，山谷萬重。其幽邃民人，未嘗入城邑，對長吏。皆仗兵野逸，白首於林莽。逋亡宿惡，咸共逃竄。山出銅鐵，自鑄甲兵。俗好武習戰，高尚氣力。其升山赴險，抵突叢棘，若魚之走淵，猨狖之騰木也。時觀閒隙，出為寇盜。每致兵征伐，尋其窟藏。其戰則蜂至，敗則鳥竄。自前世以來，不能羈也。皆以為難。恪父瑾聞之，亦以事終不逮。恪盛陳其必捷。權拜恪撫越將軍，領丹陽太守。恪移書四部屬城長吏，令各保其疆界，明立部伍。其從化平民，悉令屯居。乃分內諸將，羅兵幽阻。但繕藩離，不與交鋒。俟其穀稼

將熟，輒從兵芟刈，使無遺種。於是山民饑窮，漸出降首。歲期人數，皆如本規。夫云逋亡宿惡，咸共逃竄，則其本非越人可知，故稱之者亦或曰山民，或曰山賊，不盡曰山越也。山越雖為寇盜，必不能專恃此為生。觀諸葛恪以芟刈禾稼困之，則知其人仍事耕作。此等人民，風氣必極淳樸。陶潛之《桃花源詩》，世恆視為寓言，其實觀清喬光烈之《招墾里記》，[027]知其所記必係實事也。見《經世文編》卷二十三。民自耕鑿食飲，而有國有家者，必欲強出之以為兵，亦可哀矣。夫苟欲用兵力，則宜陳之邊方之地，以禦異族，而不當內自相爭。《漢書·地理志》云：河西諸郡，「吏民相親，風雨時節，穀糴常賤，少盜賊，有和氣之應，賢於內郡，此政寬厚吏不苛刻之效」。夫豈吏至邊郡則賢？新闢之區，地有餘利，則民富厚而俗自淳也。《鹽鐵論·未通篇》：御史曰：「內郡人眾，水泉薦草，不能相贍；地勢溫溼，不宜牛馬。民蹠耒而耕，負擔而行，勞罷而寡功，是以百姓貧苦，而衣食不足。老弱負輅於路，而列卿大夫，或乘牛車。孝武皇帝平百越以為囿圃，卻羌、胡以為苑囿。是以珍怪異物，充於後宮；騊駼駃騠，實於外廄；匹夫莫不乘堅良，而民間厭橘柚。由此觀之，邊郡之利亦饒矣。」以珍怪充後宮，騊駼實外廄為利，其義未之前聞。云「匹夫乘堅良，民間厭橘柚」，亦必誣妄之辭。如《漢志》之所云，則庶乎開邊之利矣。然亦必有兵力以守之。然後能為我有。魏武之破三郡烏丸也，胡、漢降者二十餘萬口。梁習言并州承高幹荒亂之餘，胡狄在界，張雄跋扈，吏民亡叛，入其部落。猶是恃新闢之地以為生也，然而轉為他人奉矣。故曰有文德者不可無武備也。惜哉，如孫吳之流，只知攘竊於國內也。內亂不已，外寇乘之，而神州奧區，轉為五胡殖民之地矣。

移民：異自遷者 {
1. 邊遠如遼東交趾。
2. 入山守險——山越。大族山越所附。
}

---

[027]　移民：《桃花源詩》非寓言，《招墾里記》。

第五節　各地方風氣

　　自分立進於統一，各地方之風氣，必自異而漸即於同，此同化之實也。《漢書・地理志》曰：「凡民，函五常之性，而其剛柔緩急音聲不同，繫水土之風氣，故謂之風。好惡取舍，動靜亡常，隨君上之情慾，故謂之俗。聖王在上，統理人倫，必移其本而易其末，混同天下，一之乎中和，然後王教成也」，蓋謂以人力齊自然之不齊，可謂知此義矣。又曰：「漢承百王之末，國土變改，民人遷徙。成帝時，劉向略定其地分。丞相張禹使屬潁川朱贛條其風俗，猶未宣究。故輯而論之，終其本末，著於篇。」蓋因朱贛所論，而有所增益，文皆舉舉大端，使千載之下，於當時各地方之風氣，猶可見其大概焉，亦可寶矣。今刪略其說如下：

　　《漢書》所謂秦地者，包今之陝、甘及川、滇。《漢書》言其俗曰：「后稷封斄，公劉處豳，大王徙廏，文王作酆，武王治鎬，其民有先王遺風，好稼穡，務本業。有鄠（今陝西鄠縣）、杜（杜秦縣，漢後更名杜陵，在今長安縣東南）竹林，南山檀柘，號稱陸海，為九州膏腴。始皇之初，鄭國穿渠，引涇水溉田，沃野千里，民以富饒。漢興，立都長安，徙齊諸田，楚昭、屈、景及諸功臣家於長陵。後世世徙吏二千石、高訾富人及豪傑並兼之家於諸陵。是故五方雜厝，風俗不純。其世家則好禮文，富人則商賈為利，豪傑則游俠通姦。瀕南山，近夏陽（漢縣，今陝西韓城縣），多阻險，輕薄易為盜賊，常為天下劇。又郡國輻湊，浮食者多，民去本就末。列侯貴人，車服僭上，眾庶倣效，羞不相及。嫁娶尤崇侈靡，送死過度。天水、隴西及安定、北地、上郡、西河，皆迫近戎狄，修習戰備，高上氣力，以射獵為先。漢興，六郡良家子選給羽林、期門，以材力為官，名將多出焉。此數郡民俗質木，不恥寇盜。自武威以西，本匈奴昆邪王、休屠王地。武帝時攘之，初置四郡，以通西域，鬲絕南羌、匈奴。其民或以關東下貧，或以報怨過當，或以悖逆亡道家屬徙焉。習俗頗殊。地廣民稀，

水草宜畜牧，故涼州之畜為天下饒。保邊塞二千石治之，咸以兵馬為務，酒醴之會，上下通焉，吏民相親。是以其俗風雨時節，穀糴常賤，少盜賊，有和氣之應，賢於內郡。巴、蜀、廣漢本南夷，秦並以為郡。土地肥美，有江水、沃野、山林、竹木、疏食、果實之饒。南賈滇、僰僮，西近邛、笮馬、旄牛。民食稻魚，亡凶年憂，俗不愁苦。而輕易淫泆，柔弱褊褼。景、武間，文翁為蜀守，教民讀書法令，未能篤信道德，反以好文刺譏，貴慕權執。及司馬相如遊宦京師、諸侯，以文辭顯於世，鄉黨慕循其跡。後有王褒、嚴遵、揚雄之徒，文章冠天下。武都地雜氐、羌及犍為、牂柯、越嶲，皆西南外夷，武帝初開置。民俗略與巴、蜀同，而武都近天水，俗頗似焉。故秦地三分天下之一，而人眾不過什三，然量其富居什六。

魏地為今山西省西南，河南省黃河以北及東北境。「河內俗剛彊，多豪傑侵奪。薄恩禮，好生分。河東土地平易，有鹽鐵之饒。其民有先王遺教，君子深思，小人儉陋」。

周地為今洛陽附近之地，「巧偽趨利，貴財賤義，高富下貧。憙為商賈，不好仕宦」。

韓地為今河南鄭縣附近及西南境。鄭國土狹而險，山居谷汲，男女亟聚會，故其俗淫。陳，其俗巫鬼。「潁川、南陽，本夏禹之國，夏人上忠，其敝鄙樸。秦既滅韓，徙天下不軌之民於南陽，故其俗誇奢，上氣力，好商賈，漁獵臧匿難制御也。宛西通武關，東受江、淮，一都之會也。宣帝時，鄭弘、召信臣為南陽太守，治皆見紀。信臣勸民農桑，去末歸本，郡以殷富。潁川韓都，士有申子、韓非刻害餘烈，高仕宦，好文法。民以貪遴、爭訟、生分為失。韓延壽為太守，先之以敬讓。黃霸繼之，教化大行。獄或八年亡重罪囚」。

趙地為今河北之西南境，山西省除河東外亦皆屬焉。又有今綏遠南

境。「趙、中山地薄人眾。丈夫相聚遊戲，悲歌慷慨，起則椎剽掘塚，作姦巧，多弄物，為倡優。女子彈弦跕躧，游媚富貴，遍諸侯之後宮。邯鄲北通燕、涿，南有鄭、衛，漳、河之間一都會也。其土廣俗雜，大率精急，高氣埶，輕為姦。太原、上黨，又多晉公族子孫，以詐力相傾，矜誇功名，報仇過直，嫁娶送死奢靡。漢興，號為難治。常擇嚴猛之將，或任殺伐為威。父兄被誅，子弟怨憤，至告訐刺史、二千石，或報殺其親屬。鐘、代、石北，迫近胡寇。民俗懻忮，好氣為姦，不事農商，自全晉時已患其剽悍，而武靈王又益厲之，故冀州之部，盜賊常為它州劇。定襄、雲中、五原，本戎狄地，頗有趙、齊、衛、楚之徙。其民鄙樸，少禮文，好射獵。雁門亦同俗」。

燕地為今河北東北境，及熱河、察哈爾、遼寧，並包括朝鮮北境。「薊南通齊、趙，渤、碣之間一都會也。其俗愚悍少慮，輕薄無威。亦有所長，敢於急人。上谷至遼東，地廣民稀，數被胡寇，俗與趙、代相類。有漁、鹽、棗、栗之饒，北隙烏丸、夫餘，東賈真番之利。玄菟、樂浪，武帝時置，皆朝鮮、濊貉、句麗蠻夷。樂浪朝鮮民犯禁八條：相殺以當時償。殺相傷以穀償。相盜者，男沒入為其家奴，女子為婢。欲自贖者，人五十萬。雖免為民，俗猶羞之，嫁娶無所讎。是以其民終不相盜，無門戶之閉；婦人貞信不淫辟。其田民飲食以籩豆，都邑頗倣效吏及內郡賈人，往往以杯器食。郡初取吏於遼東，吏見民無閉臧，及賈人往者，夜則為盜，俗稍益薄。今於犯禁浸多，至六十餘條」。

齊地為今山東東北境、河北東南境。「齊俗彌侈，織作冰紈綺繡純麗之物，號為冠帶衣履天下。士多好經術，矜功名，舒緩闊達而足智。其失誇奢朋黨，言與行繆，虛詐不情。急之則離散，緩之則放縱。臨淄，海、岱之間一都會也，其中具五民云」。

魯地為今山東西南境及江蘇之淮北。「地陿民眾。頗有桑麻之業，亡

林澤之饒。俗儉嗇愛財，趨商賈。好訾毀，多巧偽。喪祭之禮，文備實
寡。然其好學猶愈於它俗。漢興以來，魯、東海多至卿相」。

宋地跨今山東、河南、江蘇三省之間。「昔堯作遊成陽，舜漁雷澤，
湯止於亳，故其民猶有先王遺風，重厚多君子。好稼穡，惡衣食，以致蓄
藏。沛、楚之失，急疾顓己。地薄民貧，而山陽好為姦盜」。

衛地跨今河南、河北之間。「有桑間、濮上之阻，男女亦亟聚會，聲
色生焉，故俗稱鄭、衛之音。其俗剛武，尚氣力。漢興，二千石治者亦以
殺戮為威。宣帝時，韓延壽為東郡太守，崇禮義，尊諫爭，至今東郡號善
為吏，延壽之化也。其失頗奢靡，嫁娶送死過度。而野王好氣任俠，有濮
上風」。

楚地為今湖南北、漢中及河南東南境。「楚有江漢川澤山林之饒。江
南地廣，或火耕水耨。民食魚稻，以漁獵山伐為業。果蓏、蠃蛤，食物常
足。故呰窳媮生而亡積聚。飲食還給，不憂凍餓，亦亡千金之家。信巫
鬼，重淫祀。而漢中淫失枝柱，與巴、蜀同俗。汝南之別，皆急疾有氣
執。江陵故郢都，西通巫、巴，東有雲、夢之饒，亦一都會也」。

吳地，今江蘇、安徽南境及浙江、江西之地。「吳、粵之君皆好勇，
故其民至今好用劍，輕死易發。壽春、合肥，受南北湖皮革鮑木之輸，亦
一都會也。漢興，高祖王兄子濞於吳，招致天下之娛遊子弟。枚乘、鄒
陽、嚴夫子之徒，興於文、景之際；而淮南王安亦都壽春，招賓客著書；
而吳有嚴助、朱買臣，貴顯漢朝，文辭並發，故世傳楚辭。其失，巧而少
信。本吳、粵與楚接比，數相併兼，故民俗略同。吳東有海鹽、章山之
銅，三江、五湖之利，亦江東之一都會也。豫章出黃金，然堇堇物之所
有，取之不足以更費。江南卑溼，丈夫多夭」。

粵地，今兩廣及越南之地。「處近海，多犀、象、毒冒、珠、璣、
銀、銅、果布之湊。中國往商賈者，多取富焉。番禺其一都會也。自合

浦、徐聞南入海，得大州。東西南北方千里。武帝元封元年（前110），略以為儋耳、珠崖郡。民皆服布，如單被，穿中央為貫頭。男子耕種禾、稻、紵麻。女子桑蠶織績。亡馬與虎，民有五畜，山多塵麔。兵則矛、盾、刀、木弓弩、竹矢，或骨為鏃。自初為郡縣，吏卒、中國人多侵陵之，故率數歲一反，元帝時，遂罷棄之」。

　　以上皆《漢書·地理志》之說也。漢人議論，涉及風俗者，多可與此相發明。如鄒陽言「鄒、魯守經學，齊、楚多辯智，韓、魏時有奇節」。《漢書·趙充國辛慶忌傳贊》言：「關東出相，關西出將。」《後漢書·虞詡傳》：詡亦引之，以為諺語。《司馬相如列傳》載相如喻巴、蜀檄曰：「夫邊郡之士，聞烽舉燧燔，皆攝弓而馳，荷兵而走；流汗相屬，唯恐居後。觸白刃，冒流矢，議不反顧，計不旋踵。人懷怒心，如報私仇。今奉幣役至南夷，即自賊殺，或亡逃抵誅，身死無名，謚為至愚。恥及父母，為天下笑。人之度量相越，豈不遠哉？」此辭固不盡實，然巴、蜀之民怯戰，亦必非盡誣。以其地閉塞，先世用兵本少也。《鹽鐵論·通有篇》：文學曰：「荊、揚南有桂林之饒，內有江湖之利，左陵陽之金，陵陽，漢縣，今安徽石埭縣東北。右蜀漢之材。伐木而樹穀，燔萊而播粟，火耕而水耨，地廣而饒材。然後呰窳偷生，好衣甘食。雖白屋草廬，歌謳鼓琴。日給月單，朝歌暮戚。趙、中山帶大河，纂四通神衢，當天下之蹊，商賈錯於路，諸侯交於道。然民淫好末，侈靡而不務本。田疇不修，男女矜飾。家無斗筲，鳴琴在室。是以楚、趙之民，均貧而寡富。宋、衛、韓、梁好本稼穡。編戶齊民，無不家衍人給。」皆與《地理志》之言相出入也。綜其大要：是時生業最盛者，為黃河中下游。其人之勤力、嗜利及淫侈亦最盛。渭水流域，蓋自周室東遷以後，淪為戎狄之區，然其地故肥沃，秦人收而用之，至戰國之世，文明程度稍足肩隨東方，而悍樸之風猶在，用克兼併六國。自漢代秦，稍習於豐亨豫大，又徙東方豪民以實之，而風氣遂

漸變矣。自西北至東北邊，地皆新闢。其俗鄙野，而右武之風未衰。漢代武功之盛，於此蓋重有賴焉。長江流域，生業遠後北方。故其貧富較均。其人之勤力及淫侈，亦不如北方之甚。[028] 其右武之風亦未衰。張良說漢高祖曰：「楚人剽疾，願上無與爭鋒。」周亞夫亦言：「楚兵剽輕，難與爭鋒，願以梁委之。」李陵以步卒絕漠，為古今所罕有，而其言曰：「臣所將屯邊者，皆荊楚勇士，奇材劍客也。」《漢書·淮南王傳》，謂江、淮間多輕薄，以屬王遷死感激安。又論其事曰：「此非獨王也，亦其俗薄，臣下漸靡使然。夫荊楚剽輕，好作亂，乃自古記之矣。」孫堅與策，皆以「輕佻躁果，隕身致敗」，《三國志》本傳評語。而孫權亦以此屢瀕於危。權攻合肥，為張遼所襲，賴凌統等以死捍衛，乃得乘駿馬越津橋逸去，見本傳建安十九（214）年及《張紘傳》，又《賀齊傳注》引《江表傳》。又乘新裝大船，於武昌遇風，與是役皆賴穀利以免，見本傳是年《注》引《獻帝春秋》，及黃武五年（226）《注》引《江表傳》。親乘馬射虎，馬為虎所傷，見本傳建安二十三年（218）及《張昭傳》。諸葛誕厚養親附及揚州輕俠。後麾下數百人，坐不降死，皆曰：「為諸葛公死不恨。」論者比之田橫。《誕傳注》引干寶《晉紀》曰：「數百人拱手為一列，每斬一人，輒降之，竟不變至盡。時人比之田橫。」可見當時南方風氣。華覈言「江南精兵，北土所難，欲以十卒，當東一人」，良非偶然。當時南人所以不敵北者，乃其文明程度不逮，而非關其人之強弱。羊祜言：「其俗急速，不得持久。弓弩戰楯，不如中國。唯有水戰，是其所便。」蓋訓練未精，械器不利也。袁淮言：「吳、楚之民，脆弱寡能。英才大賢，不出其土。比技量力，不足與中國相抗。」則偏見矣。祜言見《晉書》本傳。淮言見《三國志·齊王紀》正始七年（246）《注》引《漢晉春秋》。晉室東渡，不能用之驅除五胡，顧溺於晏安，使其民化之，亦日即於脆弱，亦可哀矣。

---

[028]　風俗：南方風氣之強。

第二章　秦漢時社會等級

第一節　豪強

　　秦、漢之世去古近，故其人等級之見頗深。《史記‧項羽本紀》：東陽少年殺其令，強立陳嬰為長，欲立嬰使為王。嬰母謂嬰曰：「自我為汝家婦，未嘗聞汝先古之有貴者。今暴得大名不祥。不如有所屬，事成猶得封侯，事敗易以亡，非世所指目也。」嬰乃不敢為王。謂其軍吏曰：「項氏世世將家，有名於楚，今欲舉大事，將非其人不可。我倚名族，亡秦必矣。」於是眾從其言，以兵屬項梁。此當時中流人士之見解。《陳涉世家》：涉與吳廣，召令從眾曰：「壯士不死即已，死即舉大名耳。王侯將相，寧有種乎？」此無賴子之口吻，非通常見地也。然人心雖尚如是，事勢則已大變。《廿二史劄記》曰：「漢初諸臣，唯張良出身最貴，韓相之子也。其次則張蒼，秦御史；叔孫通，秦待詔博士。次則蕭何，沛主吏掾；曹參獄掾；任敖獄吏；周苛泗水卒史；傅寬魏騎將；申屠嘉材官。其餘陳平、王陵、陸賈、酈商、酈食其、夏侯嬰等皆白徒。樊噲則屠狗者。周勃則織薄曲、吹簫給喪事者。灌嬰則販繒者。婁敬則輓車者。一時人才，皆出其中，致身將相，前此所未有也。」蓋貴族此時，業已不能自振；中流人士，亦或拘文牽義，不能進取；唯下流無賴之人，無所忌憚，無所不敢為，故卒能有所成就；若偶然而實非偶然也。劉、項成敗，亦以此為大原，說見第三章第四節。

　　漢世選舉，並不重視門閥。唐柳芳論氏族，謂漢高祖起徒步，有天下，命官以賢，詔爵以功，先王公卿之冑，才則用不才棄之是也。見《唐書‧柳沖傳》。然亦不能全免。《漢書‧地理志》云：「漢興，六郡良家子

選給羽林、期門。」謂隴西、天水、安定、北地、上郡、西河。《李廣傳》：「以良家子從軍擊胡。」《趙充國傳》：「以六郡良家子善騎射補羽林。」《甘延壽傳》：「少以良家子善騎射為羽林。」[029] 如淳曰：「醫、商賈、百工不得與也。」期門、羽林如此，他要職可知。漢世權戚，如西京之金、張，《漢書・張湯傳》：「安世子孫相繼，自宣、元以來，為侍中、中常侍、諸曹、散騎、列校尉者，凡十餘人。功臣之世，唯有金氏、張氏，親近寵貴，比於外戚。」東京之鄧氏，《後漢書・鄧禹傳》：「鄧氏自中興後，累世寵貴，凡侯者二十九人，公二人，大將軍以下十三人，中二千石十四人，列校二十二人，州牧、郡守四十八人。其餘侍中、將、大夫、郎、謁者，不可勝數。東京莫與為比。」耿氏，《後漢書・耿弇傳》：「耿氏自中興已後，迄建安之末，大將軍二人，將軍九人，卿十三人，尚公主三人，列侯十九人，中郎將、護羌校尉及刺史、二千石數十百人。遂與漢興衰云。」竇氏，《後漢書・竇融傳》：「竇氏一公，兩侯，三公主，四二千石，皆相與並時。自祖及孫，官府邸第，相望京邑。奴婢以千數。於親戚、功臣中，莫與為比。」雖貴盛實不為久，然門第之見，則已漸入人心；如楊氏自震至彪，四世為大尉，與袁氏俱為名族，其後擾亂之際，袁紹頗為人心所歸，即其一證。《三國志・王朗傳注》引《魏略・儒宗傳》云：「天水舊有姜、閻、任、趙四姓，常推於郡中，而薛夏為單家，不為降屈。四姓欲共治之。夏乃遊逸，東詣京師。後四姓又使囚遙引夏，關移潁川，收捕繫獄。太祖告潁川，使理出之。召署軍謀掾。黃初中為祕書丞。大和後病亡。敕其子無還天水。」又《張既傳注》引《魏略》云：「初，既為郡小吏，功曹徐英，嘗自鞭既三十。英馮翊著姓。自見族氏勝既，於鄉里名行在前，加以前辱既，雖知既貴顯，終不肯求於既。既雖得志，亦不顧計本原，猶欲與英和。嘗因醉欲親狎英，英故抗意不納。」當時大族單門，地

---

[029]　階級：六郡良家子，醫、商、賈、百工不得與。

位相去之遠，可以概見。夏侯玄恥與毛曾並坐；賈詡男女嫁娶，不結高門，世稱其善於自守；蓋已漸啟南北朝婚姻不通，起居不相儕偶之習矣。

強宗巨家，在平時實為治化之梗，至亂時，則更有不堪設想者。[030]《三國志·步騭傳》：騭以世亂，避難江東，單身窮困，與廣陵衛旌同年相善，俱以種瓜自給。會稽焦征羌，（《吳錄》曰：「征羌名矯，嘗為征羌令。」）郡之豪族，人客放縱。騭與旌求食其地，懼為所侵，乃共修刺，奉瓜以獻征羌。征羌方在內臥，駐之移時。旌欲委去。騭止之曰：「本所以來，畏其強也。而今舍去，欲以為高，祇結怨耳。」良久，征羌開牖見之。方隱几坐帳中，設席致地，坐騭、旌於牖外。征羌作食，身享大案，殽膳重沓，以小盤飯與騭、旌，唯菜茹而已。當時豪民，其無禮傲慢如此。此已足敗壞風俗矣。然尚不過無禮而已，甚有躬為剽奪者。如《漢書·酷吏傳》言：涿郡大姓西高氏、東高氏，自郡吏以下，皆畏避之，莫敢與忤。賓客放為盜賊，發輒入高氏，吏不敢追，浸浸日多，道路張弓拔刃，然後敢行，其亂如此。《三國志·司馬芝傳》：芝為菅長。郡主簿劉節，舊族豪俠。賓客千餘家，出為盜賊，入亂吏治。頃之，芝差節客王同等為兵。掾史據白：節家前後未嘗給繇。若至時藏匿，必為留負。芝不聽。與節書：幸時發遣。兵已集郡，而節藏同等。因令督郵以軍興詭責縣。縣掾窮困，乞代同行。芝乃馳檄濟南，具陳節罪。太守郝光，素敬信芝，即以節代同行。青州號芝以郡主簿為兵。遷廣平令。（今河北廣平縣）征虜將軍劉勳，貴寵驕豪，又芝故郡將。賓客子弟在界數犯法。勳與芝書，不著姓名，而多所屬託。芝不報其書，一皆如法。此遇良吏則然，若不肖，則將反與之交結矣。魏武之定河北也，下令曰：「有國有家者，不患寡而患不均，不患貧而患不安。袁氏之治也，使豪強擅恣，親戚兼併，下民貧弱，代出租賦。衒鬻家財，不足應命。審配宗族，至乃藏匿罪人，

---

[030]　階級：大族為亂源。

為逋逃主。欲望百姓親附，甲兵強盛，豈可得邪？」《三國志·武帝紀》建安九年（204）《注》引《魏書》。公孫瓚罪狀紹，謂其割剝富室，收考責錢，《三國志》本傳（注）引《典略》。蓋非虛辭矣。無怪鮑宣謂民有七亡，豪強大姓蠶食無厭其一也。平時之撓法亂政既如此，至戰時，則有如魏文所言「飄揚雲會，萬里相赴」者，《典論·自敘》，《三國志·文帝紀注》引。田儋及從弟榮，榮弟橫，皆豪傑宗強，能得人。武臣之死也，客有說張耳、陳餘曰：「兩君羈旅，而欲附趙，難獨立。立趙後，扶以義，可就功。」羈旅不敵土著，此王郎之所以能窘光武也。王脩守高密令，高密孫氏素豪俠，人客數犯法。民有相劫者，賊入孫氏，吏不能執。脩將吏民圍之。孫氏拒守，吏民憚不敢近。賀齊守剡長。縣吏斯從，輕俠為姦。齊欲治之。主簿諫曰：「從縣大族，山越所附。今日治之，明日寇至。」齊聞大怒，便立斬從。從族黨遂糾合眾千餘人，舉兵攻縣。袁紹逆公孫瓚於界橋，鉅鹿太守李邵及郡冠蓋以瓚兵強，皆欲屬瓚。紹使董昭領鉅鹿。時郡右姓孫伉等數十人，專為謀主，驚動吏民。昭即斬之，一郡皇恐。蓋自擅於一隅之地，反側於兩軍之間者，莫非此曹，根據槃互，卒不可除，亂勢之難於爬梳，此亦其一因也。

漢世政治，遇強宗巨家亦特嚴。二千石阿附豪強，為刺史奉詔所察六條之一。[031] 杜延年以故九卿，外出為邊吏，治郡不進，上以璽書讓之。延年乃選用良吏，捕擊豪強，郡中清靜。馬援為隴西太守，總大體而已。諸曹時白外事，援輒曰：「此丞掾之任，何足相煩？若大姓侵小民，黠羌欲旅距，此乃太守事耳。」然則秦、漢之置守，其視豪強，乃至與外寇等也。嚴延年為治，務在摧折豪強，扶助貧弱。貧弱雖陷法，曲文以出之；其豪傑侵小民者，以文內之。史弼為政，特挫抑強豪。小民有罪，多所容貸。看似失平，實亦有所不得已也。《後書·酷吏傳》云：「漢承戰國餘

---

[031]　階級：漢世遇豪強特嚴。

烈，多豪猾之民。故臨民之職，專事威斷。族滅姦宄，先行後聞。」漢末名士，待宦官支黨特酷。後人或疑為過激，而不知當時風氣固如此也。嚴延年、史弼皆名列《酷吏傳》。然不列《酷吏傳》而務於摧折豪強者亦多，如趙、尹、韓、張、兩王即是。

豪強與貴勢相結，則其為害彌甚。《漢書・酷吏傳》言：「王溫舒多詔，善事有勢者。即無勢，視之如奴。有勢家，雖有姦如山，弗犯。無勢，雖貴戚必侵辱。舞文，巧請下戶之猾，以動大豪。」酷吏如此，況庸人乎？周紆徵拜洛陽令，下車先問大姓主名。吏數閭里豪強以對。紆厲聲怒曰：「本問貴戚若馬、竇等輩，豈能知此賣菜傭乎？」王暢「拜南陽太守。前後二千石逼懼帝鄉貴戚，多不稱職。暢深疾之。下車，奮厲威猛。其豪黨有釁穢，莫不糾發。會赦，事得散。暢追恨之。更為設法，諸受臧二千萬以上，不自首實者，盡入財物。若其隱伏，使吏發屋伐樹，堙井夷灶。豪右大震」。能如是者蓋寡矣。況漢自宣帝、光武，已不能裁抑貴戚邪？見第五章第十二節，第九章第一節。

第二節　奴客門生部曲

奴婢之原有三：一曰俘略：《史記・項羽本紀》：秦軍降諸侯，諸侯吏卒乘勝，多奴虜使之。秦吏卒多竊言曰：「今能入關破秦，大善。即不能，諸侯虜吾屬而東，秦必盡誅吾父母妻子。」[032] 及羽屠咸陽，收其寶貨婦女而東。其破田榮，皆阬榮降卒，係虜其老弱婦女。漢王既滅項羽，諸民略在楚者皆歸之，此戰時所虜也。欒布為人所略賣，為奴於燕。孝文竇皇后弟廣國，四五歲時，為人所略賣。《漢書・景武昭宣元成功臣表》：蒲侯蘇夷吾，鴻嘉三年（前18），坐婢自贖為民，後略以為婢免。此皆平時恃強為之，實為罪大惡極。然王莽言當時之弊曰「置奴婢之市，與牛馬

---

[032] 兵：秦吏卒言：諸侯虜吾屬而東，秦必盡誅吾父母妻子。

同蘭，制於民臣，顓斷其命，姦虐之人，因緣為利，至略賣人妻子」，本傳始建國元年（9）行王田時語。則其事幾與鬻賣同其普遍矣。二曰罪人：此即所謂官奴婢，然亦可賞賜鬻賣。如武帝賜異母姊脩成君奴婢三百人；後漢東平憲王歸國，特賜奴婢五百人；清河孝王出居邸，賜奴婢三百人；晉武踐阼，以奴婢二人賜王基。又如漢傅太后使謁者買諸官婢，賤取之，復取執金吾官婢八人，見《漢書・毋將隆傳》。是也。官奴婢既可賞賜鬻賣，則有罪為奴者，自亦可在私家，故季布匿濮陽周氏，周氏髡鉗布，並與其家僮數十人之魯朱家所賣之也。三曰鬻賣：此本民間因困窮而起。《漢書・食貨志》云：「漢興，接秦之敝，諸侯並起，民失作業而大饑饉。凡米石五千，人相食，死者過半。高祖乃令民得賣子。」[033] 則買賣人口，本為法令所禁。然此實所謂「法不能禁，義不能止」者。買捐之語，見本傳。故賈誼謂當時之民，歲惡不入，請爵賣子，幾視若故常也。又有初以為質，後遂沒為奴婢者。嚴助為淮南王諫伐閩越曰：「間者數年，歲比不登，民待賣爵贅子，以接衣食。」如淳曰：「淮南俗賣子與人作奴婢，名曰贅子，三年不能贖，遂為奴婢。」贅即質也。又有販賣外國人者。《史記・貨殖列傳》曰：「巴、蜀南御滇僰，僰僮。《漢書・地理志》作南賈滇、僰僮。西近邛、筰馬、旄牛。」《西南夷列傳》曰：「巴、蜀民或竊出商賈，取其筰馬、僰僮、旄牛，[034] 以此巴、蜀殷富。」《三國志・陳群傳》：子泰，為護匈奴中郎將。京邑貴人，多寄寶貨因泰市匈奴婢。此與歐人販鬻黑奴無異，人類之罪惡，真可謂今古同符，東西一轍矣。官奴婢有罪與否，已自難言，猶可諉曰：法固以為有罪，私奴婢則以無告而鬻賣，國家所當愧恥而矜恤之者也，乃亦躬與為市。晁錯說漢文帝徙民塞下曰「其亡夫若妻者，縣官買予之」，足徵官可賣買人口，由來已久。又欲募徙以丁奴婢贖罪，及輸奴婢欲以拜爵者，此武帝時募民入奴婢，得以終身復，為

---

[033]　奴婢：賣子為法律所禁。官亦買賣奴婢。
[034]　奴婢：僰僮匈奴婢。

郎增秩之策也。至即治郡國緡錢，得民奴婢以千萬數，則又視同財產而沒入之矣。梁冀起別第，取良人為奴婢，名曰自賣人，則又賣買其名，劫略其實。

奴婢之數，似降而愈多。[035] 張良家僮三百人，在周、秦之際，似已不為少矣。漢世貴戚：則王商私奴千數。張匡之言，見《商傳》。史丹僮奴以千數。王氏僮奴以千百數，《元后傳》。竇氏奴婢以千數，《竇融傳》。馬防兄弟，奴婢各千人以上。濟南安王（光武子），奴婢至千四百人。梁節王（明帝子），以罪見削，上疏辭謝，猶欲選擇謹敕奴婢二百人。其豪富：則卓王孫僮客八百人，《司馬相如列傳》、《貨殖傳》同，王孫分與文君僮百人，程鄭數百人。折像父國，家僮八百人，《後漢書·方術列傳》。曹仁弟純，僮僕人客以百數，《三國志·仁傳注》引《英雄記》。糜竺祖世貨殖，僮客萬人。先主轉軍廣陵，竺進奴客二千。哀帝時名田之制，限諸侯王奴婢二百人，列侯公主百人，關內侯吏民三十人。官所為限如此，未限之數可知。戰國時三世為相，僅有家僮三百人者，方之蔑矣。漢人恆言：「耕當問奴，織當問婢。」張安世家僮七百人，皆有手技作業。刁閒收取桀黠奴，使逐漁、鹽、商賈之利，《貨殖列傳》。當時之有奴婢者，皆使事生產，故奴婢愈多，主人愈富。《貨殖傳》言童手指千，比千乘之家。顏師古曰：「指千則人百。」然則有僮百人者，富可敵萬乘之國；而如糜竺者，其富且十倍於古之天子矣。蓋井田廢而民失職；工商之業，資本小者，亦不足與大者競；故民之淪為私屬者愈多也。漢武帝世，沒入奴婢，分諸苑養狗馬禽獸，及與諸官，其用之亦一如私家。然當時徒奴婢眾，下河漕度四百萬石，及官自糴乃足，其為損益，已自難言。後貢禹言：「諸官奴婢十餘萬人，戲遊亡事，稅良民以給之，歲費五六巨萬」，則彌為失策矣。公家之營利，固終不如私家也。

---

[035] 奴婢：漢奴婢多於古。待之頗虐。

　　當時豪民，待奴婢頗虐。寶安國為人略賣，至宜陽，為其主入山作炭，寒，臥岸下百餘人。岸崩，盡壓殺臥者，可見主人虐待奴婢，置其生死於不顧之情形。侯應議罷邊塞云：「邊人奴婢苦，欲亡者多。曰：『聞匈奴中樂，無奈候望急何？』然時有亡出塞者。」《漢書・匈奴傳》。亦無怪其然矣。《漢書・田儋傳》：儋陽為縛其奴，從少年之廷，欲謁殺奴。服虔曰：「古殺奴婢皆當告官。」然雖有此律，未必能行。故董仲舒說武帝：去奴婢，除專殺之威，《漢書・食貨志》。王莽亦謂當時之奴婢，制於民臣，顓斷其命也。新室王田之制，名奴婢為私屬，且不得賣買，自亦不得專殺，惜其制不傳。光武建武十一年二月，詔曰：「天地之性人為貴。其殺奴婢不得減罪。」八月，詔曰：「敢灸灼奴婢論如律。所灸灼者為庶民。」十月，詔除奴婢射傷人棄市律。疑實承新室之法而然。[036] 不然，何前漢二百年，迄未之及也。

　　奴婢之子，亦仍為奴婢。《漢書・陳勝傳》：秦免驪山徒、人奴產子，悉發以擊楚軍。服虔曰：「家人之產奴也。」師古曰：「奴產子，猶今人云家生奴也。」此民間奴婢之子也。[037]《司馬遷傳注》引應劭曰：「揚雄《方言》云：海、岱之間，罵奴曰臧，罵婢曰獲。燕之北郊，民而婿婢謂之臧，女而歸奴謂之獲。」則良人與奴婢相配，亦視如奴婢矣。漢文帝除肉刑，張蒼等請定律：罪人獄已決，完為城旦舂。滿三歲為鬼薪白粲。鬼薪白粲一歲為隸臣妾。隸臣妾一歲免為庶人，《漢書・刑法志》。此有一定年限。然《三國志・毛玠傳》載鍾繇之言：「漢律，罪人妻子，沒為奴婢，黥面。今真奴婢，祖先有罪，雖歷百世，猶有黥面供官。」[038] 則文帝時所定之律，唯施諸免刑者耳。以貧窮鬻賣者，自與犯罪沒入者殊科，故可以詔令放免。《漢書・高帝紀》：五年五月，詔民以饑餓自賣為人奴婢者，皆免

---

[036]　奴婢：疑新室不得專殺奴婢而光武固之。

[037]　奴婢：奴婢子及與奴婢相配者。

[038]　奴婢：真奴婢及有年限免者。

為庶人是也。官奴婢亦有援此例者。文帝後四年（前 160），赦天下，免官奴婢為庶人。哀帝時，定名田之制，官奴婢五十以上，免為庶人是也。此蓋其罪較輕者。後漢光武建武二年五月，詔曰：「民有嫁妻賣子，欲歸父母者恣聽之。敢拘執，論如律。」五年五月，詔見徒免為庶人。六年十一月，詔王莽時吏民沒入為奴婢，不應舊法者，皆免為庶人。七年五月，詔「吏民遭饑亂，及為青、徐賊所略，為奴婢、下妻，欲去留者，恣聽之。敢拘制不還，以賣人法從事」。十三年十二月，詔「益州民自八年以來，被略為奴婢者，皆一切免為庶民。或依託人為下妻，欲去者恣聽之。敢拘留者，比青、徐二州以略人法從事」。十四年十二月，詔「益、涼二州奴婢，自八年以來，自訟在所官，一切免為庶民。賣者無還直」。中元二年（57），明帝既即位，詔「邊人遭亂，為內郡人妻，在己卯赦前，一切遣還，恣其所樂」。蓋猶承建武之遺規也。光武可謂中國之林肯矣。然官吏能否奉行，仍不可必。《三國志·齊王芳紀》：芳即位，詔官奴婢六十已上，免為良人。正始七年八月，詔曰：「屬到市觀，見所斥賣官奴婢，年皆七十，或癃疾殘病，所謂天民之窮者也。且官以其力竭，而復鬻之，進退無謂，其悉遣為良民。若有不能自存者，郡縣振給。」裴松之謂：「即位詔宜為永制，七八年間，而復貨年七十者；且七十奴婢及癃疾殘病，並非可仇之物；而鬻之於市；此皆事之難解者。」其實何難解之有？此直是有法令而不奉行耳。彼買奴者，自能計其出入是否相當，而豈慮老病者之無所用邪？

　　私家免奴，有出於好義者。如韓卓，以臘月奴竊食祭其先，義其心，即日免之。《後漢書·符融傳注》引袁山松書。華歆，公卿嘗並賜沒入生口，唯歆出而嫁之是也。此等義舉，自非可多得。通常皆以財贖。前所引楊俊避亂，宗族知故，為人略作奴僕者六家俊皆傾財贖之是也。見第二節。俊後避地并州，本郡王象，少孤特，為人僕隸，年十七八，見使牧

羊，而私讀書，因被箠楚。俊嘉其才質，即贖象著家，娉娶立屋，然後與別。可謂好行其德矣。

　　古所謂食客者，非必名卿大夫如四公子之徒，然後有之也，雖士庶人之家亦有之。韓信嘗從下鄉亭長寄食；吳漢家貧，給事縣為亭長，以賓客犯法亡命；其明徵矣。樓護有故人呂公，無子，歸護。護身與呂公，妻與呂嫗同食。及護家居，妻子頗厭呂公。護聞之，流涕責其妻子曰：「呂公以故舊窮老，託身於我，義所當奉。」遂養呂公終身。此等美德，非人人所能有。灌夫食客日數十百人。戴良曾祖父遵，食客常三四百人。鄭太知天下將亂，陰交豪傑，有田四百頃，而食常不足。此等人亦難多覯。故所謂賓客者，名雖為賓客，實亦從事於生產作業。[039]《後漢書·馬援傳》言，援亡命北地，因留牧畜，賓客多歸附者，遂役屬數百家。後將家屬歸洛陽。居數月，無他職任，援以三輔地曠土沃，而所收賓客猥多，求屯田上林苑中。可見賓客非安坐而食者矣。其地位較卑於賓客者，謂之門生。《三國志·牽招傳》言，「招年十餘歲，詣同縣樂隱受學。後隱為何苗長史，招隨卒業。值京都亂，苗、隱見害。招俱與隱門生史路等觸蹈鋒刃，共殯斂隱屍，送喪還歸。」《吳志·孫策傳注》引《吳錄》，載策與袁術書曰：「其忽履道之節，而強進取之欲者，將曰：『天下之人，非家吏則門生也，孰不從我？』」蓋門生乃常居門下執事者，於其所主，若子弟之於父兄，賓客則猶為敵體。故《滿寵傳》言「汝南袁紹之本郡，門生賓客，布在諸縣，擁兵拒守」，以門生、賓客分言之也。

　　又有所謂部曲者，則其名自行伍中來。[040]《續漢書·百官志》云：大將軍營五部，部下有曲，曲下有屯，則部曲之名，正與今之團營連排等。亂離之世，其人或無所歸，而永隨其將帥。當其不事戰陳之時，或使之從事於屯墾等事。其後見其有利可圖，則雖不益兵之日，亦或招人為之，而

---

[039]　階級：賓客門生亦事生產。

[040]　階級：部曲。

部曲遂為私屬之名矣。如《三國志‧衛覬傳》，謂關中大有還民，諸將多引為部曲是也。詳見第十三章第三節。爾時賓客與部曲亦混淆不分。《三國志‧李典傳》言：典從父乾，合賓客數千家在乘氏。初平中，以眾隨太祖。後為呂布別將所殺，子整將其兵。整卒，典將其兵。太祖與袁紹相拒官渡，典率宗族及部曲輸穀帛供軍。後遂徙部曲宗族萬三千餘口居鄴。此平時之賓客，亂時以兵法部勒之，即成部曲之證。《吳志‧孫策傳》言：袁術召策為折衝校尉，行殄寇將軍。賓客願從者數百人。《甘寧傳注》引《吳書》言，寧將僮客八百人就劉表，依黃祖。祖令人化誘其客，客稍亡。蘇飛白祖，聽寧之縣招懷亡客，並義從者，得數百人。《呂範傳》言：「範將私客百人歸策。」此等賓客，亦皆可以充兵。《吳書》所謂僮客，亦即《蜀志‧糜竺傳》所謂奴客，蓋又以家奴充兵者也。《蜀志‧霍峻傳》：「峻兄篤，於鄉里合部曲數百人。」《魏志‧鄧艾傳》：艾言於司馬景王，謂吳名宗大族，皆有部曲，阻兵仗勢，足以違命。無軍職而有部曲，亦即奴客而已。《蜀志‧先主傳》言，廬江雷緒率部曲數萬口稽顙。《吳志‧朱桓傳》言，其部曲萬口，妻子盡識之，可見其數之眾。全琮子懌，懌兄子輝、儀留建業，與其家內爭訟，攜其母將部曲數十家渡江歸魏，《魏志‧鍾會傳》。孫一率部曲千餘家歸魏，《吳志‧孫靜傳》。韓當子綜，載父喪，將母、家屬、部曲男女數千人奔魏；皆部曲永屬其人之證。而國家亦即從而許之，且或以之為賞賜。《吳志‧周瑜傳》言，瑜卒，孫權迎其喪蕪湖，眾事費度，一為共給。後著令曰：「故將軍周瑜、程普，其有人客，皆不得問。」《呂蒙傳》：蒙與成當、宋定、徐顧，屯次比迫。三將死，子弟幼弱，權悉以其兵並蒙。蒙固辭。陳啟顧等皆勤勞用事，子弟雖小，不可廢也。書三上，權乃聽。不能將而付之以兵，亦即許其有部曲耳。部曲既不必為兵，遂有特賜其家者。潘璋卒，子平以無行徙會稽，璋妻居建業，賜田宅復客五十家是也。陳表所受賜覆人，得二百家，在會稽新安縣。表簡

視其人，皆堪好兵，乃上疏陳讓，乞以還官，充足精銳。詔曰：「先將軍有功於國，國家以此報之，卿何得辭焉？」表乃稱曰：「今除國賊，報父之仇，以人為本。空枉此勁銳，以為僮僕，非表志也。」皆輒料取，以充部伍。所在以聞。權甚嘉之，下郡縣，糾正戶贏民，以補其處。所謂賜覆人，亦即所謂復客。此等皆不欲以之為兵，故《蔣欽傳》言欽卒，權以蕪湖民二百戶，給欽妻子也。

第三節　游俠

　游俠者，古武士之遺也。《史記·游俠列傳》曰：「韓子曰：『儒以文亂法，而俠以武犯禁』，二者皆譏。」[041] 蓋當封建全盛，井田未壞之時，所謂士者，咸為其上所豢養，民則各安耕鑿，故鮮浮游無食之人。及封建、井田之制稍壞，諸侯大夫，亡國敗家相隨屬，又或淫侈不恤士，士遂流離失職，而民之有才智覬為士者顧益多。於是好文者為游士，尚武者為游俠。《史記》曰：「今游俠，其行雖不軌於正義，然其言必信，其行必果，已諾必誠，不愛其軀，赴士之阨困；既已存亡生死矣，而不矜其能，羞伐其德，蓋亦有足多者焉。」又言「其私義廉潔退讓，有足稱者」。此皆古武士之遺風。然此特少數人能之，而終亦必漸滅以盡。《史記》又言：「朋黨宗強比周，設財役貧；豪暴侵陵孤弱，恣欲自快；游俠亦醜之。予悲世俗不察其意，猥以朱家、郭解與暴豪之徒同類而共笑之也。」夫世俗之所笑者，乃凡游俠之徒，豈指一二人言之；況所謂一二人者，其行亦未必可信邪？

　《東門行》古辭曰：「出東門，不顧歸。來入門，悵欲悲。盎中無斗儲，還視桁上無縣衣。拔劍出門去，兒女牽衣啼。他家但願富貴，賤妾與君共鋪糜。上用倉浪天故，下為黃口小兒。今時清廉，難犯教言，君復

---

[041] 階級：游俠。

自愛莫為非。平慎行，望君歸。」《宋書・樂志》。此古游俠者流，迫於貧困，欲為作姦犯科之事，而其家室止之之辭也。所謂游俠者，原不過如此。《史記》言郭解藏命作姦，剽攻不休，鑄錢掘塚，不可勝數。《漢書・貨殖傳》言：「王孫卿以財養士，與雄桀交。」又言「掘塚搏掩，犯姦成富，曲叔、稽發、雍樂成之徒，猶復齒列」。蓋亦所謂游俠者流也。何以異於暴豪之徒邪？《史記》言朱家「家無餘財，衣不完采，食不重味，乘不過軥牛。」「劇孟死，家無餘十金之財。」「徙豪富茂陵也，郭解家貧不中訾。」《漢書》言原陟身衣服車馬才具，妻子內困。此蓋其所謂廉潔退讓者。然郭解之徒也，諸公送者出千餘萬；鄭莊行千里不齎糧，《史記・汲鄭列傳》。原陟費用皆仰給諸富人長者；豈有身為游俠魁傑，而真以貧為患者哉？服食之美，宮室車馬之侈，本非人人之所欲。劇孟母死，自遠方送喪者蓋千乘。杜季良父喪，致客，數郡畢至。斂眾人之財，而又少散其所餘，此狙公朝暮三四之術，游俠魁傑，莫不如是，而豈真足語於廉潔退讓邪？不寧唯是，為游俠魁傑者，莫不有陰鷙之性。《史記》言郭解年長，更折節為儉，以德報怨，然其陰賊著於心，猝髮於睚眦如故。《漢書》言原陟性略似郭解，外溫仁謙遜，而內隱好殺。非此等人，固不能為魁傑。老子曰：「民不畏死，奈何以死懼之？」人之所不得已者，孰如求活？結黨求活者，固亦有其所謂義。《漢書》所謂「自與於殺身成名，若季路、仇牧」者也。貢禹述當時之俗，以處姦而得利者為壯士，兄勸其弟，父勉其子。以陰鷙善謀之士，馭慤不畏死之徒，是則所謂游俠也已矣。

　　游俠之微末者，不過今江湖流丐，地方惡棍之流。《漢書・張敞傳》云：長安偷盜酋長，居皆溫厚，出從童騎，閭里以為長者。《游俠傳》云：長安街閭，各有豪俠，萬章在城西柳市，號曰「城西萬子夏」，是其事也。《酷吏傳》云：長安中姦猾浸多。閭里少年，群輩殺吏，受賕報仇。相與探丸為彈。得赤丸者斫武吏，得黑者斫文吏，白者主治喪。城中薄暮，塵

起剽劫，行者死傷橫道，桴鼓不絕，其亂如此。然此等不過為暴於都邑之中，其為害，實不如朋黨宗強比周者之烈。《史記・魏其武安侯列傳》言：灌夫交通豪傑大猾，家累數千萬。陂池田園，宗族賓客為權利，橫於潁川。潁川兒歌之日：潁水清，灌氏寧，潁水濁，灌氏族。其為患可謂甚矣。

　　秦、漢之世，士大夫多喜與游俠交通。張良居下邳，為任俠。項伯殺人，嘗從良匿。季布弟心殺人，亦亡吳從袁絲匿。《袁盎傳》。甚至好黃、老如汲黯、田叔者亦為之。劇孟嘗過袁盎，盎善待之。安陵富人有謂盎日：「吾聞劇孟博徒，將軍何自通之？」盎日：「劇孟雖博徒，然母死，客送喪車千餘乘，此亦有過人者。且緩急人所有。夫一旦叩門，不以親為解，不以在亡為辭，天下所望者，獨季心、劇孟。今公陽從數騎，一旦有緩急，寧足恃乎？」遂駕富人，弗與通。蓋當時之士大夫，其性情，實與游俠近而與商賈富人遠，而游俠中亦自有佳人。《史記》言張耳、陳餘，賓客、廝役，莫非天下俊傑。及張敖獄竟，而漢高祖賢張王賓客，盡以為諸侯相、郡守，亦以其人本堪任用也。然此等亦特少數，語其多數，則未有不入於作姦犯科者。東平思王通姦犯法，交通郡國豪猾，攻剽為姦，見《漢書・江充傳》。廣川王姬昆弟及王同族宗室劉調等，為賊囊橐，見《漢書・張敞傳》。紅陽侯立父子臧匿姦猾亡命，賓客為群盜，見《漢書・元后傳》。戴聖子賓客亦為群盜，見《漢書・何武傳》。義縱少時與張次公為群盜：此殺人越貨之為也。梁孝王怨袁盎，使人刺之。薛宣子況怨申咸，賕客創其面目。周榮辟司徒袁安府，安舉奏竇景，及與竇憲爭立北單于，皆榮所具草，竇氏客乃以悍士刺客滿城中相脅：此所謂借交報仇者也。甚有服官而相結為姦利者：鄭當時為大農，任人賓客僦，入多逋負。起昌陵也，營作陵邑，貴戚、近臣子弟、賓客，多辜榷為姦利者。翟方進部掾史覆案，發大姦臧數千萬。萬章與石顯交善，顯當去，留床蓆器物數百萬

直，欲以與章。游俠之所為如此，尚得曰其私義廉潔退讓哉？鄭當時，孝景時為太子舍人。每五日洗沐，常置驛馬長安諸郊，存諸故人，請謝賓客。夜以繼日，至其明旦，常恐不遍。為大吏，誡門下，客至無貴賤，無留門者。執賓主之禮，以其貴下人。每朝，候上之閒說，未嘗不言天下之長者。其推轂士及官屬丞史，誠有味其言之也。常引以為賢於己。未嘗名吏。與官屬言，若恐傷之。聞人之善，言進之上，唯恐後。山東士諸公，以此翕然稱鄭莊。朱博為人廉儉，不好酒色。自微賤至富貴，食不重味，案上不過三栖。夜寢早起，妻希見其面。有一女，無男。然好樂士大夫。為郡守九卿，賓客滿門。欲仕宦者薦舉之；欲報仇怨者，解劍以帶之；其趨事待士如是。博以此自立，然終用敗。陳遵居長安中，列侯、近臣、貴戚皆貴重之。牧守當之官，及郡國豪傑至京師者，莫不相因到遵門。遵者酒，每大飲，賓客滿堂，輒關門，取客車轄投井中，雖有急，終不得去。果好賢如《緇衣》邪？抑相結託謀進取，且為所識窮乏者得我也。《衛霍列傳》言：青日衰，去病日貴，青故人門下多去事去病，唯任安獨不肯去，若不勝其忻慕之誠。《汲鄭列傳》言：翟公為廷尉，賓客闐門。及廢，門外可設雀羅。復為廷尉，賓客欲往，翟公乃大署其門曰：「一死一生，乃知交情。一貧一富，乃知交態。一貴一賤，交情乃見。」若不勝其怏怏之意者。魏其、武安，互相鬬齕，終成禍亂，亦不過爭賓客盛衰耳，豈不衰哉？然當時貴人，殊不悟此。武帝威刑雖峻，而為戾太子立博望苑，使通賓客，從其所好，多以異端進者。光武亦不能裁抑外戚、諸王，卒致沛王之禍；竇氏、馬氏等，亦卒以此敗。《樊宏傳》：「建武中，禁網尚闊，諸王既長，各招引賓客。」《蔡茂傳》：光武時，茂言「今者外戚憍逸，賓客放濫，宜敕有司，案理姦罪。」《後漢書‧桓譚傳》：哀、平間，傅皇后父孔鄉侯晏深善於譚。是時董賢寵幸，女弟為昭儀，皇后日已疏。譚說以謝遣門徒，務執謙憨，而傅氏終全於哀帝之時。《馬援傳》：援兄子婿王磐，

王莽從兄平阿侯仁之子也。莽敗，磐擁富貲，居故國。為人尚氣節，而愛士好施，有名江、淮間。後遊京師，與衛尉陰興大司空朱浮、齊王章共相友善。援謂姊子曹訓曰：「王氏廢姓也，子石當屏居自守，而反遊京師長者，用氣自行，多所陵折，其敗必也。」後歲餘，磐與司隸校尉蘇鄴、丁鴻事相連，坐死洛陽獄。而磐子肅，復出入北宮及王侯邸第。援謂司馬呂種曰：「建武之元，名為天下重開。自今以往，海內日當安耳。但憂國家，諸子並壯，而舊防未立。若多通賓客，則大獄起矣。卿曹戒慎之。」及郭后薨，有上書者，以為肅等受誅之家，客因事生亂，慮致貫高、任章之變。帝怒，乃下郡縣，收捕諸王賓客。更相牽引，死者以千數。呂種亦豫其禍。臨命嘆曰：「馬將軍真神人也。」蓋其禍福之皎然如此，然諸人雖終被其禍，而民之受其害者，則已不可勝數矣。孫寶不能捕杜稚季，光武亦不能裁抑湖陽公主，見第九章第一節。且以趙王故免李春，《後漢書·趙熹傳》。虞延亦卒為陰氏所陷。貴戚與豪黨相比周，其禍可勝言哉？

漢時豪貴，每有犯上作亂之舉。匡衡子昌，為越騎校尉，醉殺人繫詔獄，越騎官屬與昌弟謀篡之。浩商為義渠長所捕，亡，長取其母，與猳豬聯繫都亭下。商兄弟會賓客，自稱司隸、掾、長安縣尉，殺義渠長妻子六人，《漢書·翟方進傳》；亦見《酷吏傳》。第五種徙朔方，孫斌將俠客追及之於大原，遮險格殺送吏，與歸而匿之。任延誅田紺，紺少子尚，聚會輕薄，夜攻武威。陽球母為郡吏所辱，結少年數十人殺吏，滅其家。此尚在平時，至亂時。則更有不堪設想者。《史記》言：吳、楚反時，條侯乘傳車將至河南，得劇孟，喜曰：「吳、楚舉大事，而不求孟，吾知其無能為已矣。」天下騷動，宰相得之，若得一敵國云。吳以兵屯聚而西，無他奇敗，設使多得如劇孟者以助之，其患又寧止如周丘也？漢世諸侯王謀亂者，如淮南厲王、梁孝王、燕刺王等，無不收合亡人，結連郡國豪傑。武帝天漢二年（前99），詔郡國都尉曰：「今豪傑多遠交，依東方群盜。其

謹察出入者。」遠交正游俠之所為也。蓋游俠與暴豪之徒，其不可分也久矣。漢高為游俠者流，顯而易見。光武藏亡匿死，吏不敢到門，見第九章第一節。其所謂謹厚者安在也？魏武游俠放蕩，不治行業。蜀漢先主好交結豪俠，年少爭附。孫堅欲娶吳夫人，吳氏親戚嫌其輕狡。袁紹好養士。袁術以俠氣聞。張邈亦以俠聞。邈與魏武，首舉義兵。蓋一時風起雲湧，無非輕俠之徒者。周忠為大司農，子暉，兄弟好賓客，雄江、淮間。靈帝崩，暉聞京師不安，來候忠。董卓聞而惡之，使兵劫殺其兄弟，《後漢書‧周榮傳》。亦有由也。

　　漢世之治游俠，法亦特重。《史記》言「濟南瞷氏，陳周庸亦以豪聞。景帝聞之，使使盡誅此屬。其後代諸白，梁韓無辟，陽翟薛況，陝韓孺紛紛復出。」《漢書》亦言：自魏其、武安、淮南之後，天子切齒，衛、霍改節，然郡國豪傑，處處所有，京師親戚，冠蓋相望，蓋其徒恃此為生，實非法令之力所能勝也。《史記》又言：「關中長安樊仲子，槐里趙王孫，長陵高公子，西河郭公仲，太原鹵公孺，臨淮兒長卿，東陽田君孺，雖為俠，而逡巡有退讓君子之風。」此亦去戰國之世愈遠，尚氣健鬥之風益衰耳，遂謂為刑誅之效，未必然也。鄭莊為俠，乃以武安、魏其時議貶秩。在朝，常趨承意，不敢甚引當否，俠者之風安在哉？董仲舒對策言吏與姦為市，貧窮孤獨，冤苦失職。侮鰥寡，畏強圉，是則游俠之所為而已矣。

　　或曰：緩急人所時有，非俠無以濟。然能濟人於厄者，任恤，非游俠。任恤者利人，游俠名為利人，實圖自利，不可不察也。漢世賢者，莫如王丹，丹家累千金，鄉鄰遭喪憂者，輒待丹為辦。鄧禹西征，丹率宗族上麥二千斛，以濟軍糧，好施周急，非虛語矣。然疾惡強豪。寧「載酒餚於田間，候勤者而勞之」。「其輕黠遊蕩，廢業為患者」，不徒不加拂拭，且「曉其父兄，使黜責之」。此與無賴專收合亡命子弟者何如哉？陳遵友人喪親，遵為護喪事，賻助甚豐。丹乃懷縑一匹，陳之於主人前曰：「如

丹此縑，出自機杼？」世之巧取豪奪，而以周急為解者，聞之能無愧乎？
陳遵欲結交於丹，丹不許。侯霸欲與交友，丹徵為太子少傅，遣子昱候於
道。昱迎拜車下，丹下答之。昱曰：「家公欲與君結交，何為見拜？」丹
曰：「君房有是言，丹未之許也。」丹子有同門喪親，欲往奔慰。丹怒而撻
之，令寄縑以祠焉。鄭莊之徒，聞其風能無愧乎？或曰：郎顗拒孫禮而見
殺，夏馥敖高蔡而見仇，見《後漢書·黨錮傳》。全身遠害，雖孔子，亦未
嘗拒見南子，不拜陽貨也。然不曰危行言遜乎？全身遠害可，同流合汙，
如之何其可也？郎顗之見殺，夏馥之見仇，又安知其不有他故哉？

第四節　秦漢時君臣之義

　　秦、漢去封建之世近，故其民猶有各忠其君之心。漢景帝子臨江閔王
榮，坐侵廟壖地為宮，上征榮，榮行，祖於江陵門外，既上車，軸折車
廢，江陵父老流涕竊言曰：「吾王不反矣。」此等民情，即非後世所有。
漢制：三公得自置吏，刺史得置從事，二千石得辟功曹、掾史，為所辟
置，即同家臣，故其風義尤篤。臧洪、田疇、楊阜之事，固已夫人知之
矣。其類此者，尚不勝枚舉。王脩為孔融主簿，守高密令，聞融有難，夜
往奔融。虞翻為王朗功曹，朗戰敗浮海，翻追隨營護。桓範欲詣曹爽，城
門閉。門候司蕃，故範舉吏也。範呼之，矯曰：「有詔召我。」蕃欲求見
詔書。範呵之曰：「卿非我故吏邪？何以敢爾！」乃開之，《三國志·曹爽
傳注》引《魏略》。又諸葛誕反，將左右數百人攻揚州刺史樂綝。揚州人
欲閉門，誕叱曰：「卿非我故吏邪？」徑入。連殺綝，見《誕傳注》引《世
語》。此皆生死成敗之際，不相棄背者也。即或事無可為，亦能皎然不欺
其志。劉虞之死也，故常山相孫瓘，掾張逸、張瓚，忠義奮發，相與就
虞，罵公孫瓚極口，然後同死，《三國志·公孫瓚傳注》引《英雄記》。焦
觸、張南，驅率諸郡太守、令、長，背袁鄉曹。陳兵數萬，殺白馬盟。令

曰：「違命者斬。」眾莫敢語，各以次歃。至別駕韓珩，曰：「吾受袁公父子厚恩。今其破亡，智不能救，勇不能死，於義闕矣，若乃北面於曹氏，所弗能為也。」龐淯以涼州從事守破羌長。武威太守張猛反，殺刺史邯鄲商。淯衷匕首詣猛門，欲因見以殺猛。兗州刺史令狐愚，辟單固為別駕，固不欲應，母夏侯氏強之，不獲已，遂往。及敗，當死。母謂之曰：「汝為人吏，自當爾耳。此自門戶衰，我無恨也。」《三國志·王凌傳注》引《魏略》。蓋雖婦人女子，猶知之矣。劉備舉袁渙茂才，呂布欲使渙作書詈辱備，渙不可。後事魏太祖，有傳備死者，群臣皆賀，渙獨不。朱治舉孫權孝廉，權歷位上將，及為吳王，治每進見，權常親迎，執版交拜。袁譚為先主故茂才，先主走青州，譚將步騎迎之。伍孚為郡門下書佐，其本邑長有罪，太守使孚出教，敕曹下督郵收之，孚不肯受教，伏地仰諫曰：「君雖不君，臣不可以不臣。明府奈何令孚受教敕外收本邑長乎？」《三國志·董卓傳注》引謝承《後漢書》。泰山太守薛悌，命高堂隆為督郵，郡督軍與悌爭論，名悌而呵之，隆按劍叱督軍曰：「昔魯定見侮，仲尼歷階；趙彈秦箏，相如進缶；臨臣名君，義之所討也。」督軍失色，悌驚起止之。蓋於虛文禮節之間，其不肯苟焉又如此。此皆其事之較著者，此外戰陳之際，出身捍衛，或見俘獲，而以死免其君。如後漢時之徐平，見《後漢書》本傳。袁祕、封觀等七人，見《袁安傳》。劉茂、所輔、彭脩、周嘉皆見《獨行傳》。茂事又見《鮮卑傳》。又有楊穆，亦見《鮮卑傳》。段崇、王宗、原展見《西羌傳》。應餘見《三國志·高貴鄉公紀》甘露三年（265）《注》引《楚國先賢傳》。張登，見《王朗傳注》引朗集。姜維父冏，見《蜀志·維傳》。刑辟之餘，則捨命申理，或代之受罪。如貫高即是，見第四章第二節。又如索盧放、周燕、戴就，皆見《後漢書·獨行傳》。張登，見《三國志·王朗傳注》引朗集。常播、楊玩，見《蜀志·楊戲傳》末附錄《益部耆舊雜記》。邵疇，見《吳志·孫皓傳》鳳凰三年（274）《注》引《會

稽邵氏家傳》。公孫瓚為郡小吏，太守劉君，坐事檻車徵。官法不聽吏下親近。瓚乃改容服。詐稱侍卒，身執徒養，御車到洛陽。太守當徙日南，瓚具豚酒，於北芒上祭辭先人，酹觴祝曰：「昔為人子，今為人臣。當詣日南。日南多瘴氣，恐或不還，便當長辭墳塋。」慷慨悲泣，再拜而去。觀者莫不嘆息。此雖不免矯激，究亦不失忠義也。終已無可奈何，則或冒死收葬，趙戩葬王允，見《三國志・先主傳》建安十九年（214）《注》引《典略》，亦見《後漢書・允傳》。桓階葬孫堅，王脩葬袁譚，皆見《魏志》本傳。馬隆葬令狐愚，見《王凌傳注》引《晉紀》。皇甫晏葬王經，見《曹爽傳注》引《世語》。向雄葬鍾會，見《會傳注》引《漢晉春秋》。或經紀其家。廉范父丹，遭喪亂，客死蜀漢，范遂流寓西州。西州平，歸鄉里，年十五，辭母西迎父喪。蜀郡太守張穆，丹之故吏，乃重資送范。見《後漢書》本傳。袁術死，妻子依術故吏廬江太守劉勳，見《三國志》本傳。趙昱察張紘孝廉。昱後為笮融所殺，紘甚傷憤，而力不能討。昱門戶絕滅。及紘在東部，遣主簿至琅邪設祭，並求親戚為之後。見《吳志・紘傳注》引《吳書》。即在安常處順之時，亦或持喪、送葬，負土成墳，守墓立祠。胡廣死，故吏自公卿、大夫、博士、議郎以下數百人，皆縗絰殯位，自終及葬。此外如桓榮曾孫鸞、李恂、傅燮、荀爽、王允，均見《後漢書》本傳。長官死事者，如劉平，見《後漢書》本傳。龐淯，見《三國志》本傳。被罪者，如桓榮玄孫典及樂懽，亦見《後漢書》本傳。《三國志・荀攸傳》：祖父曇，廣陵太守。攸少孤。及曇卒，故吏張權，求守曇墓。攸年十三，疑之。謂叔父衢曰：「此吏有非常之色，殆將有姦。」衢悟，乃推問，果殺人亡命。此等弊端，亦以其時此等風氣正盛，有以致之也。時又有以人民而送長官之喪者。《魏志・高貴鄉公紀》：甘露二年（266），以玄菟郡高顯縣吏民反叛，長鄭熙為賊所殺。民王簡負擔熙喪，晨夜星行，遠致本州。忠節可嘉。特拜簡為忠義都尉。此特凡民猶爾。後漢張綱為廣陵

太守，招降張嬰。及綱卒，嬰等五百餘人，制服行喪，送到犍為，負土成墳，自更不足怪矣。又或有因之去官者。如童恢弟翊是也，見《後漢書·循吏傳》。案漢法，官吏不得去位行喪。[042] 安帝元初三年（116），鄧太后秉政，初聽大臣、二千石、刺史行三年喪。建光元年（121），復斷之。桓帝永興二年（154），聽刺史、二千石；永壽二年（156），聽中官行三年喪。延熹二年（159），刺史、二千石復見斷。此事是非姑措勿論，然去位行喪是一事，交代而去又是一事，去位行喪可許，不俟交代，則必不可許也。《三國志·孫權傳》：嘉禾元年（232），詔「前故設科，長吏在官，當須交代，而故犯之。雖隨糾坐，猶已廢曠。其更平議」。丞相雍奏從大辟。其嚴如此，因舉主喪而去官，自更不可恕矣。《三國志·常林傳注》引《魏略》云：吉茂兄黃，為長陵令。時科禁長吏擅去官，而黃聞司徒趙溫薨，自以為故吏，違科奔喪，為司隸校尉鍾繇所收，遂伏法，則時亦本有禁令。然《邢顒傳》云：顒以故將喪棄官。有司舉正。太祖曰「顒篤於舊君，有一致之節，勿問也」，則仍時有獲宥者。亦以其時此等風氣方盛也。史傳所載，數見不鮮。雖不免矯激沽名，然非其時封建之餘習猶盛，此等矯激之行，亦不足動眾也。劉表遣韓嵩詣許。嵩曰：「嵩使京師，天子假嵩一官，則天子之臣，而將軍之故吏耳。在君為君，則嵩不得復為將軍死也，唯將軍垂思，無負嵩。」《三國志·劉表傳注》引《傅子》。孫盛亦以諸侯之臣，義有去就，譏田豐之不去袁紹。《三國志·紹傳注》引。此等見解，當時蓋不甚通行。公孫淵令官屬上書自直於魏曰「臣等聞仕於家者，二世則主之，三世則臣之」，《三國志·公孫度傳注》引《魏略》。此則時人通有之見解也。漢末之易於分裂，此亦為其一因。觀周瑜、魯肅等力勸孫權毋下曹操可知。

　　事長事君，本同一理，故時弟子之於師，亦恭敬備至。如謁煥，先為

---

[042] 職官：漢法大臣不得去位行喪，案此違三年不呼其門之義。

諸生，從廖扶學。後臨扶郡，未到，先遣吏修門人之禮，見《後漢書・方術傳》。為之服喪送葬，鄭玄之卒，自郡守以下嘗受業者，縗絰赴會千餘人。樂恢死，弟子縗絰輓者數百人。桓榮事朱普，普卒，榮奔喪九江，負土成墳。荀淑卒，李膺自表師喪。皆見《後漢書》本傳。李郃卒，門人馮冑，制服心喪三年，《方術傳》。又趙康隱於武當山，清靜不仕，以經傳教授，朱穆年五十，奉書稱弟子。及康歿，穆喪之如師，見《朱暉傳》。或奔喪去官。延篤以師喪棄官奔赴，見《後漢書》本傳。孔昱以師喪去官，見《黨錮傳》。任末奔師喪，於道物故，見《儒林傳》。張季遠赴師喪，見《獨行傳》。《三國志・二牧傳》，劉焉亦以師喪去官。危難之際，亦或冒險送葬，經紀其家。鄭弘師同郡河東太守焦貺。楚王英謀反，發覺，引貺。貺被收捕。疾病，於道亡歿。妻子閉繫詔獄，掠考連年。諸生故人，懼相連及，皆改變名姓，以逃其禍。弘獨髡頭，負斧質，詣闕上章，為貺訟罪。顯宗覺悟，即赦其家屬。弘躬送貺喪及妻子還鄉里。見《後漢書》本傳。竇武府掾胡騰，少師事武，武死，獨殯斂行喪，坐禁錮，見《武傳》。牽招，年十餘歲，詣同縣樂隱受學。後隱為車騎將軍何苗長史，招隨卒業。值京都亂，苗、隱見害。招與隱門生史路等觸蹈鋒刃，共殯斂隱屍，送喪還歸。道遇寇鈔，路等皆悉散走。賊欲斫棺取釘，招垂淚請敕，賊義之，乃釋而去。由是顯名。見《三國志・魏志》本傳。冤抑之餘，或代為申理。如鄭弘即是。楊政從范升受梁丘《易》。升為出婦所告，繫獄。政乃肉袒，以箭貫耳，抱升子潛伏道旁候車駕，而持章叩頭大言曰：「范升三娶，唯有一子。今適三歲，孤之可哀。」武騎虎賁懼驚乘輿，舉弓射之，不肯去。旄頭又以戟叉政傷脅，政猶不退。哀辭乞請，有感帝心。詔曰「乞楊生師」，即尺一出升，見《後漢書・儒林傳》。高獲師事歐陽歙，歙下獄，當斷，獲冠鐵冠，帶鐵鑕，詣闕請歙，見《方術傳》。皆自君臣之義推之也。可見秦、漢之世，封建餘習入人之深矣。

第五節　士大夫風氣變遷

專制之世，所恃為國家之楨幹者，士大夫也。士大夫之美德，不愛錢、不惜死二語，足以盡之。[043] 賈生曰：「為人臣者，主耳忘身，國耳忘家，公耳忘私。利不苟就，害不苟去，唯義所在。故父兄之臣，誠死宗廟；法度之臣，誠死社稷；輔翼之臣，誠死君上；守圉捍蔽之臣，誠死城郭封疆。彼且為我死，故吾得與之俱生；彼且為我亡，故吾得與之俱存；夫將為我危，故吾得與之皆安。故曰：『聖人有金城者，比物此志也。』」此不惜死之說也。董子曰：「皇皇求財利，常恐匱乏者，庶人之意也。皇皇求仁義，常恐不能化民者，大夫之意也。公儀子相魯，之其家，見織帛，怒而出其妻；食於舍而茹葵，慍而拔其葵；曰：『吾已食祿，又奪園夫紅女利乎？』古之賢人君子在列位者皆如是，故下高其行而從其教，民化其廉而不貪鄙。」此不愛錢之說也。此等風氣之成，實由封建之世，臣皆受豢於其君，而其君之豢之也，則初本使事戰鬥，凡受豢於其君者，其養生送死之奉，自亦優於齊民，有以致之。其後封建之制漸壞。為人君者，或則縱侈好便辟嬖佞，又或亡國敗家，不復能豢養其臣，則鄉之受豢於人者，不得不自謀生活，於是慷慨之武夫，廉潔之臣工，不得不躬為商賈之行矣。此正猶無恆產者無恆心，救死不贍，雖欲驅而之善，卒不可得，非如賈、董之言，為人君者，加以風厲，或躬行教化，遂克挽回也。

秦、漢之世，貞亮伉直之士，亦非無之，如蓋寬饒、息夫躬是也。然皆不得其死。其能安然無患，或且取富貴以去者，則皆庸碌之徒，取巧之士也。魏其、武安之齟齬，最足見之。夫以灌夫之橫暴，其罪寧不當誅？然武安尤齷齪小人，灌夫當誅也，武安則非可誅灌夫之人。故當時輿情，實右魏其。武帝所以必廷辯之者，亦欲藉公論以折太后耳。乃除汲黯是魏其外，韓安國則持兩可之論；鄭當時初是魏其，後不敢堅；餘皆莫敢對。

---

[043]　風俗：士大夫風氣變遷。

致上怒當時曰：「公平生數言魏其、武安長短，今日廷論，侷促效轅下駒，吾並斬若屬矣。」餘子碌碌不足論，安國帥臣，當時大俠，依違膴膬如是，寧不可愧乎？杜欽、谷永亦若侃侃直節，然史言「孝成之世，委政外家，諸舅持權，重於丁、傅在哀帝時，故杜鄴敢譏丁、傅，而欽不敢言王氏」，此當時之士氣也。其為大臣者：孔光「舊相名儒，天下所信」，而不能折王莽。成帝敬重張禹，可謂備至，禹顧陰為王氏道地。胡廣當沖、質、桓、靈之世，常位三公，錄尚書。歷李固、陳蕃之變，迄無所患。徒以達練事體，明解朝章聞。京師為之語曰：「萬事不理問伯始，天下中庸有胡公。」亦孔光之類也。陳萬年善事人。以此為御史大夫，而子咸，以萬年任為郎，伉直，數言事，刺譏近臣。萬年嘗病，命咸教戒於床下。語至夜半，咸睡，頭觸屏風。萬年大怒，欲杖之，曰：「乃公教戒汝，汝反睡，不聽吾言，何也？」咸叩頭謝曰：「具曉所言，大要教咸謅也。」王章為諸生，學長安，獨與妻居。章疾病，無被，臥牛衣中。與妻訣，涕泣。其妻呵怒之曰：「仲卿！京師尊貴在朝廷人，誰逾仲卿者？今疾病困厄，不自激卬，乃反涕泣，何鄙也？」後章仕宦歷位。及為京兆，欲上封事言王鳳。妻又止之曰：「人當知足，獨不念牛衣中涕泣時邪？」章曰：「非女子所知也。」書遂上。果下廷尉獄死。合此二事觀之，安得不令人短氣？《史記・游俠列傳》曰：「鄙人有言曰：何知仁義？已向其利者為有德。故伯夷丑周，餓死首陽山，而文、武不以其故貶王；跖、蹻暴戾，其徒誦義無窮。由此觀之，竊鉤者誅，竊國者侯；侯之門，仁義存；非虛言也。」《續漢書・五行志》曰：順帝之末，京都童謠曰：「直如弦，死道邊。曲如鉤，反封侯。」賞罰之所加，毀譽之所被，雖鄙人亦知之矣。人孰肯徇虛名而受實禍？百煉剛安得不化為繞指柔哉！

　　文臣如此，武士亦然。李廣，史言其得賞賜輒分麾下，飲食與士共之。為二千石四十餘年，家無餘財。終不言家產事。其孫陵，司馬遷言其

「事親孝，與士信；臨財廉，取與義；分別有讓，恭儉下人，常思奮不顧身，以殉國家之急」。此誠古武士之氣質也。然其所食之報，為何如哉？然此等人之不克大用，放大眼光觀之，未始非中國之福。何者？苟使重用此等人，則中國之武功必更盛，生事於外更多，勞民益深，政治益紊，風紀益壞，其所招之患，必不僅如五胡之亂也。李廣之出雁門而無功也，當斬，贖為庶人。家居數歲。嘗夜從一騎出，從人田間飲。還至霸陵亭，霸陵尉醉，呵止廣。廣騎曰：「故李將軍。」尉曰：「今將軍尚不得夜行，何乃故也？」止廣宿亭下。居無何，匈奴人，天子召拜廣為右北平太守。廣即請霸陵尉與俱，至軍而斬之。其為隴西守也，羌反，廣誘降八百餘人，詐而同日殺之。此等人能安民，能守法乎？趙甌北《廿二史劄記》，盛稱漢時奉使者，皆有膽決策略，往往以單車斬名王，定屬國。又有擅發屬國兵定亂者。《漢使立功絕域》條。殊不知論一時風氣，不能偏據一二人。觀第五章第八節所引《大宛列傳》，則當時之奉使者，乃多冀侵盜幣物，私市外國者耳。伐宛之役，勞民可謂最深，豈不以使者之椎埋，有以致之乎？常惠之護烏孫兵攻匈奴也，《匈奴列傳》云：「虜馬、牛、羊、驢、騾、橐駝七十餘萬。」《烏孫傳》同。本傳云：「得馬、牛、驢、騾、橐駝五萬餘匹，羊六十萬頭。」似為奇功矣。然《烏孫傳》及本傳皆云「烏孫皆自取所虜獲」，則其虛實無可徵驗，乃要功之虛辭耳。此等事細求之，尚不可一二盡。漢世征伐所招後患，不過如五胡之亂，未始非中國崇尚文教，不右武人使之然也。故封建之世之風氣，即能維持，亦非美事也。

漢世進趨，多由鄉曲之譽，故士多好為矯激之行以立名。參看第十八章第四節可知。又如第十三章第一節所引之李充，真可謂不近人情，鮮不為大姦慝者矣。周澤為太常，臥病齋宮，其妻哀澤老病，窺問所苦，澤大怒。以妻干犯齋禁，遂收送詔獄，謝罪，《後漢書·儒林傳》。此等行為，更可發一大噱，而在當時亦足欺人，讀《風俗通義·愆禮》、《過譽》、

《十反》等篇可見。《後漢書‧荀淑等傳贊》曰：「漢自中世以下，閹豎擅恣，故俗遂以遁身矯絜放言為高。士有不談此者，則藝夫牧豎，已叫呼之矣。」可見一時之風氣矣。杜根得罪鄧後，為宜城縣山中酒家保，積十五年，及鄧氏誅，乃出。或問根曰：「往者遇禍，天下同義知故不少，何至自苦如此？」根曰：「周旋民間，非絕跡之處。邂逅發露，禍及親知，故不為也。」張儉所經歷，伏重誅者以十數，宗親殄滅，郡縣為之殘破，《後漢書‧黨錮傳》。對之宜有愧色矣。然此以制行論，友朋相容隱，固不得藉口於此也。乃岑晊以黨事逃亡，親友多匿焉，賈彪獨閉門不納。時人望之。彪曰：「傳言相時而動，無累後人，公孝以要君致釁，自遺其咎。吾不能奮戈相待，反可容隱之乎？」亦見《黨錮傳》。此畏禍之遁辭耳，而世又服其裁正。然則是非竟何所準也？張讓父死，歸葬潁川，雖一郡畢至，而名士無往者，讓甚恥之。陳寔乃獨弔焉。及後復誅黨人，讓感寔故，多所全宥。然則逮捕黨人時，餘人多逃避求免，宴曰「吾不就獄，眾無所恃」，乃請囚焉，蓋亦有恃而然耳，何其巧也？應劭譏韋著，曹節起之為東海相，歡以承命，駕言宵征，《風俗通‧十反篇》。其賢不肖之相去，又豈能以寸哉？

第三章　秦漢時人民生計情形

第一節　秦漢人訾產蠡測

　　《漢書・食貨志》載李悝盡地力之教曰：「今一夫挾五口，治田百畝，歲收畝一石半，為粟百五十石。除十一之稅十五石，餘百三十五石。食人月一石半，五人終歲，為粟九十石，餘有四十五石。石三十，為錢千三百五十。除社閭嘗新春秋之祠，用錢三百，餘千五十。衣，人率用錢三百，五人終歲用千五百，不足四百五十。不幸疾病死喪之費，及上賦斂，又未與此。此農夫所以常困，有不勸耕之心，而令糴至於甚貴者也。」此說可略見當時農民生計情形。《史記・貨殖列傳》引計然之言，謂糴二十病農，九十病末；上不過八十，下不過三十，則農末俱利；而李悝之說，粟石以三十計，蓋農夫糶穀所得，皆其最下之價，其餘之利，皆入於商賈矣。宣帝時穀石五錢，農民無利，耿壽昌以立常平之法。劉虞為幽州牧，史稱民悅年登，穀石三十。以三十為石最下之價，蓋終兩漢之世，未之有改。漢世鑄錢甚多，蓋其流通亦數，故物價無甚變動。持此以計漢人訾產，則其高下，有可得而言者焉。漢世石、衡法。斛量法。大小略等。一石略當今二斗。《後漢書・伏湛傳注》引《九章算術》曰：「粟五十，糲率三十，一斛粟得六斗米為糲。」然則百五十石，當今三十石，不足十五石，當今三石。疾病死喪之費及上賦斂，假使亦以十五石計，又當得三石。五口之家，當得粟百八十石，即今三十六石，粗米二十一石六斗，乃可勉支。粗米以石五元計，共得百有八元，人得二十一元六角而已。文帝以百金為中人十家之產，漢世黃金一斤直錢萬，則中人一家之產，為錢十萬。以糴中價計之，假設為石五十，略當今二千元。《漢

書‧景帝紀》：後二年五月，詔今訾算十以上乃得官。服虔曰：「十算，十萬也。」《哀帝紀》：綏和二年（前 7），水所傷縣邑，及他郡國災害什四以上，民訾不滿十萬，皆無出今年租賦。《平帝紀》：元始二年（2），天下民訾不滿二萬，及被災之郡不滿十萬，勿租稅。《揚雄傳》：雄自序言家產不滿十金。蓋皆以中人之家為率。其富者：伍被為淮南王畫策，詐為丞相御史請書，徙家產五十萬以上者朔方，此猶今之有萬元。《漢書‧平當傳》：當祖父以訾百萬，自下邑徙平陵，猶今有二萬元。《武帝紀》：元朔二年（前 127），徙訾三百萬以上於茂陵，猶今有六萬元。《楊敞傳》：子惲，再受訾千餘萬，父及後母。皆以分施，則如今二十萬。張湯死，家產直不過五百金，史稱其廉；王嘉奏封事，言孝元皇帝時，外戚訾千萬者少；可見是時官吏、貴戚，訾產約在今十萬元、二十萬元之間。《漢書‧酷吏傳》：寧成稱：「仕不至二千石，賈不至千萬，安可比人乎？」亦以今二十萬元為率也。是時豪右及商賈，蓋多能致此者。寧成貰貸陂田千餘頃，假貧民，役使數千家，數年致產數千萬。灌夫家累數千萬，《史記‧魏其武安侯列傳》。宛孔氏家致數千金。刁閒起數千萬。姓偉訾五千萬。師史、張長叔、薛子仲十千萬。師古曰：十千萬，即萬萬也。自元成迄王莽，京師富人，杜陵樊嘉，茂陵摯網，平陵如氏、苴氏，長安丹王君房，豉樊少翁、王孫大卿，為天下高訾，嘉五千萬，其餘皆巨萬。皆見《貨殖列傳》。《楚元王傳》：功費大萬百餘。應劭曰：「大萬，億也。大，巨也。」案《詩伐檀毛傳》，以萬萬為億。《鄭箋》以十萬為億。《疏》云：「今數萬萬為億，古十萬為億。」[044] 蓋《毛詩》雖自號古學，實出依託，故不覺露出馬腳也。《後漢書‧鮮卑傳》：青、徐二州，給歲錢二億七千萬。此語當本漢時計帳，知漢人以萬萬為億。五千萬若今百萬，萬萬若今二百萬。董賢之誅也，縣官斥賣其財，凡四十三萬萬；梁冀之誅也，收其財貨，縣官斥賣，

---

[044] 數：古十萬為億，漢萬萬為億。

合三十餘萬萬，則若今六千至八千餘萬。此如清世之和珅，非尋常所有也。《貨殖列傳》：言封者食租稅，歲率戶二百。千戶之君，則二十萬，朝覲聘享出其中；庶民商賈，率亦歲萬息二千。百萬之家，則二十萬，更徭租賦出其中；衣食之欲，恣所好美矣。然則歲入二十萬，為當時之巨富，此同於今之二千四百元，息率以十二計，其本不過萬二千元耳。大將軍、三公歲奉四千二百斛，略與此相當。其少者，斗食歲百三十二斛，佐史歲九十二斛，尚不逮農夫一家五口之入，故論者言其薄也。

什二為通行利率。如李悝所計，粟石三十，農民之家，終歲所費為百五十石，不足四百五十，合錢四千九百五十，乃訾二萬四千七百五十之息。更益以疾病死喪及上賦斂之所費，亦以四百五十計，亦訾二萬七千耳。四百五十，為訾二千二百五十之息。中人之產十金，歲得息二萬，四倍於農夫之入而有餘矣。此農夫所以常困，有不勸耕之心歟？

《漢書·元帝紀》：初元元年（前48），以三輔、太常、郡國公田及苑可省者，振業貧民。訾不滿千錢者，賦貸種食。《貢禹傳》：禹自言家訾不滿萬錢。《枚乘傳》：乘在梁時，取皋母為小妻。乘之東歸也，皋母不肯隨。乘怒，分皋數千錢，留與母居。此皆訾不逮中人者。然貢禹又自言有田百三十畝，則漢人計訾者，土田不在其列。[045] 蓋距井授之世猶近，未以土田為私有也。《後漢書·和帝紀》：永和五年（140），詔言郡國上貧民，以衣履釜鬵為訾，則漢世計訾，未嘗不酷，特較之後世之並計田宅，或專論丁糧者，猶為寬耳。

漢世踐更顧直月二千，過更三千，別見第十八章第六節。《溝洫志》：治河卒非受平賈者，為著外繇六月。蘇林曰：「平賈，以錢取人作卒，顧其時庸之平賈也。」如淳曰：「《律說》：平賈一月得錢二千。」《卜式傳》：乃賜式外繇四百人。蘇林曰：「外繇，謂戍邊也。一人出三百錢，謂之過

---

[045] 地權：漢人計訾土田不在其列。

更。式歲得十二萬錢也。」此可略見漢時工賈，行役內地者月二千，戍邊者三千。在當地者，恐不及此。案李悝言食人月一石半，則日得五升。《莊子・天下篇》述宋鈃、尹文之言曰：「五升之飯足矣。先生不得飽，弟子雖饑，不忘天下。」五升，蓋戰國、秦、漢間計人日食之率。《三國志・管寧傳注》引《魏略》，言官廩焦先、扈累、寒貧皆日五升，而常使先埋藏疫病死者，蓋食之則可役之，此似亦原於民間之工賈。焦先饑即為人客作，飽食而已，不取其直，蓋當時顧庸本如此，非先之獨廉也。而遊手者之所得，顧有倍蓰於此者。嚴君平卜筮於成都，裁日閱數人，得百錢，足以自養，則閉肆下簾而授《老子》。《漢書・王貢兩龔鮑傳》。夫日得百錢，則歲三萬六千，倖於戍邊，而八倍於農夫之所得矣。刺繡文不如倚市門，此民之所以競逐於浮食歟？不然，何山不可居，而必於成都之市邪？

第二節　秦漢時豪富人

秦漢時豪富者，一為大地主，一為大工商，已見第五章第一節。《後漢書・樊宏傳》：父重，世善農稼，好貨殖。[046] 其營理產業，物無所棄；課役童隸，各得其宜。故能上下戮力，財利歲倍，開廣田土，三百餘頃。其所起廬舍，皆有重堂高閣，陂渠灌注。又池魚牧畜，有求必給。嘗欲作器物，先種梓漆，時人嗤之。然積以歲月，皆得其用，向之笑者，咸求假焉。年八十餘終，素所假貸人間者數百萬。此可見漢時之大地主，經營之規模皆頗大。故多有以開拓邊地致富者。《史記・貨殖列傳》言：塞之斥也，橋姚以致馬千匹，牛倍之，羊萬頭，粟以萬鐘計。《漢書・敘傳》：始皇之末，班壹避地樓煩，致馬、牛、羊數千群。《後漢書・馬援傳》：亡命北地，遇赦，因留牧畜。賓客多歸附者。遂役屬數百家。轉遊隴、漢間，因處田牧。至有馬、牛、羊數千頭，穀萬斛。《廉范傳》：范世在邊，

---

[046] 地權：大規模農業如樊宏，兼併如張禹，又見第三節。

廣田地，積財粟。皆以地廣而荒，易於多占故也。其在內地，則所謂兼併之家。有依貴勢為之者，如張禹家以田為業，及富貴，多買田至四百頃，皆涇、渭溉灌，極膏腴是也。有恃財力為之者，晁錯《貴粟疏》言商人兼併農人是也。以大勢論，商賈之力，尤雄於豪家。故《平準書》言富商大賈，或蹛財役貧；轉轂百數，廢居居邑；封君皆氐首仰給焉。漢世雖有抑商之法，初無濟於事。晁錯所謂法律賤商人，商人已富貴；尊農夫，農夫已貧賤也。漢武、新莽欲行輕重斂散之術，以抑豪強，然所用者仍繫商人。[047] 東郭咸陽齊之大煮鹽，孔僅南陽大冶，桑弘羊洛陽賈人子。僅、咸陽行鹽鐵，除故鹽鐵家富者為吏。義和置命士以督五均、六斡，郡有數人，皆用富賈。固不敢謂此輩中無公忠體國之人，如桑弘羊即是其一。然必圖自利者多，知利國利民者少，則無疑矣。察之安可勝察？事即易行，猶不能保其無弊，況其本不易邪？此漢武時所以民愁盜起，而新莽時遂至不可收拾也。又當時貴勢之家，亦有兼事貿遷者。觀貢禹欲令近臣自諸曹、侍中以上，家毋得私販賣，與民爭利可知。[048] 挾貴勢以謀奇贏，民又安能與之哉？

　　雜業致富者多，唯農田為獨苦。《史記・貨殖列傳》言：「陸地牧馬二百蹄，牛蹄角千，千足羊，澤中千足彘，[049] 水居千石魚陂，山居千章之材。安邑千樹棗，燕、秦千樹栗，蜀、漢、江陵千樹橘，淮北、常山已南河、濟之間千樹萩，陳、夏千畝漆，齊、魯千畝桑麻，渭川千畝竹，及名國萬家之城，帶郭千畝，畝鐘之田，若千畝卮茜，千畦薑韭：此其人皆與千戶侯等。」又曰：「通邑大都：酤一歲千釀，醯醬千瓨，漿千甔。屠牛羊彘千皮。販穀糶千鐘。薪稿千車。船長千丈。木千章，竹竿萬個。其軺車百乘，牛車千兩。木器髤者千枚，銅器千鈞，素木、鐵器若卮、茜千石。

---

[047]　商：漢武新莽行輕重皆用商人。

[048]　商：貢禹欲令近臣自諸曹侍中以上，毋得販賣。全琮父使市易。

[049]　地權：緣邊之畜牧。

馬蹄噭千，牛千足，羊、彘千雙。僮手指千。筋骨、丹沙千斤。其帛絮、細布千鈞，文采千匹，榻布、皮革千石。漆千斗。蘗曲、鹽豉千荅。鮐、鮆千斤，鯫千石，鮑千鈞。棗栗千石者三之。狐貂裘千皮，羔羊裘千石，旃席千具，佗果菜千鐘，子貸金錢千貫，節駔會，貪賈三之，廉賈五之，此亦比千乘之家。」《史》、《漢》、《貨殖傳》數當時豪富者：冶鑄，商賈，賒貸，鹽井，丹穴，陂田，魚鹽，畜牧，子錢，小至丹，豉，販脂，賣漿，灑削，胃脯，馬醫。唯秦楊以田農而甲一州，為本業耳。故曰「用貧求富，農不如工，工不如商」也。

　　漢世富人，率多逾侈。田蚡「治宅甲諸第，田園極膏腴。市買郡縣器物，相屬於道。前堂羅鐘鼓，立曲旃。後房婦女以百數。諸侯奉金玉、狗馬、玩好，不可勝數。」史丹「僮奴以百數，後房妻妾數十人。內奢淫，好飲酒，極滋味聲色之樂。」張禹「內奢淫，身居大第，後堂理絲竹管弦。」馬融「居宇器服，多存侈飾。常坐高堂，施絳紗帳，前授生徒，後列女樂。」[050] 此權戚之所為也。此特就前所未及者舉之。其實此諸人，在漢世權戚中，不為最侈。其大奢僭者，諸侯如梁孝王，外戚如前漢之霍氏，後漢之梁氏，以及桓、靈時之宦官，前已言之，茲不更贅。漢世權威，守禮法者極少。後漢馬氏稱最賢，而馬防兄弟猶以逾侈就國，他可知矣。賈生言：「今民賣僮者，為之繡衣絲履，偏諸緣，是古天子後服，所以廟而不宴者也，而庶人得以衣婢妾。白縠之表，薄紈之裡，緁以偏諸，美者黼繡，是古天子之服，今富人大賈嘉會召客者以被牆。」其逾侈之情形，可以概見。仲長統之言曰：「館舍布於州郡，田畝連於方國。身無半通青綸之命，[051] 而竊三辰龍章之服。不為編戶一伍之長，而有千室名邑之役。榮樂過於封君，勢力侔於守令。財賂自營，犯法不坐。刺客死士，為之投命。至使弱力少智之子，被穿帷敗，寄死不斂；冤枉窮困，不敢自

---

[050]　音樂：漢時富貴者，皆有家樂。

[051]　文具：仲長統言身無半通青綸之命。

理。」此則所謂富民者之為之也。王符言:「今舉俗舍本農,趨商賈。牛馬車輿,填塞道路。遊手為巧,充盈都邑。務本者少,浮食者眾。商邑翼翼,四方是極。今察洛陽:資末業者,什於農夫;虛偽遊手,什於末業。是則一夫耕,百人食之;一婦桑,百人衣之。以一奉百,孰能供之?天下百郡千縣,市邑萬數,類皆如此。」[052] 蓋自奢侈之風盛行,而都邑遂為罪惡之藪矣。

　　貧富相縣如此,風俗遂為之大變。《漢書‧貨殖傳》曰:「飾變詐為姦宄者,自足乎一世之間;守道循理者,不免乎饑寒之患。」人孰肯慕虛名而受實禍?天之報施善人,《史記‧伯夷列傳》久惑之矣。《漢書‧貢禹傳》是以俗皆曰:「何以孝弟為?財多而光榮。」《潛夫論‧交際篇》曰:「俗人之相與也:有利生親,積親生愛,積愛生是,積是生賢。情苟賢之,則不覺心之親之,口之譽之也。無利生疏,積疏生憎,積憎生非,積非生惡,情苟惡之,則不覺心之外之,口之毀之也。」蓋是非為利害所淆亂矣。人固不肯慕虛名而受實禍,然固有徇名之烈士焉。至於是非淆亂,而人益無所勸懲矣。此漢人言風俗之惡者,所以多歸其咎於貧富之不均也。

第三節　秦漢時地權不均情形

　　秦、漢之世,工商之流,雖云跋扈,然人民之以農為業者究多,故地權之不均,關係於民生者實大。案地權不均情形,已略見第五章第一節、第七章第二節。張禹買田至四百頃,皆涇、渭溉灌,極膏腴,上賈;案《東方朔傳》云:豐、鎬之間,號為土膏,其賈畝一金。寧成貰貸陂田千餘頃;見第一節。樊重有田三百餘頃;見第二節。鄭泰有田四百餘頃;濟南安王光武子。有私田八百頃,奴婢千四百人;此董仲舒所謂富者田連阡陌者也。王立使客因南郡太守李尚占墾草田數百頃,頗有民所假少府陂

---

[052]　生計:王符言城鄉之別已顯。

澤，見《漢書·孫寶傳》。蘇康、管霸固天下良田美業，山林湖澤；《後漢書·黨錮·劉祐傳》。黃綱恃程夫人權力，求占山澤以自營，《後漢書·獨行·劉翊傳》。此仲舒所謂又專川澤之利，管山林之饒者也。陳涉少時為人傭耕，第五訪少孤貧，亦傭耕以養兄嫂，《後漢書·循吏傳》。可見無田者之多。如李悝所計，農民有田百畝，尚極困苦，貢禹自言有田百三十畝，然妻子糠豆不贍，裋褐不完，被徵乃賣田百畝以供車馬其證。然地主之於農民，剝削殊甚。董仲舒言：「或耕豪民之田，見稅十五。」王莽亦云「厥名三十，實十稅五」；此蘇洵所謂「田主日累其半以至於富強，耕者日食其半以至於窮餓」者也，貧民復何以自活？荀悅所以謂「官家之惠，優於三代，豪強之暴，酷於亡秦」也，見《漢紀·文帝紀》。仲長統云：「今欲張太平之紀綱，立至化之基趾，齊民財之豐寡，正風俗之奢儉，非井田莫由。」此為漢儒公有之見解。然其事卒不易行，故董仲舒有限民名田之論。時未能行。哀帝即位，師丹輔政，首建其議。孔光為丞相，何武為大司馬，即奏請行之。其制：諸王、列侯，得名田國中；列侯在長安，及公主名田縣道；關內侯、吏民名田；皆無過三百頃。[053] 諸侯王奴婢二百人，列侯公主百人，關內侯吏民三十人。年六十以上、十歲以下，不在數中。賈人皆不得名田為吏，犯者以律論。諸名田、畜奴婢過品，皆沒入縣官。《食貨志》云：「期盡三年，犯者沒入官。時田宅、奴婢，賈為減賤。丁、傅用事，董賢隆貴，皆不便也。詔書且須後，遂寢不行。」其時權貴頗有出其私產以予民者。《哀帝紀》：建平元年（前5），大皇太后詔外家王氏田非塚塋，皆以賦貧民。[054]《平帝紀》元始二年（2），安漢公、四輔、三公、卿大夫、吏民為百姓困乏，獻其田宅者二百三十人，以口賦平民是也。此特好為名高，不足語於制度。王莽遂斷行王田之法，三年而廢。自此以後，遂無敢行激烈之舉矣。荀悅言：「井田之制，土地布列在豪強，

---

[053]　地權：漢時名田之法。賈人皆不得名田，則商人已事兼併，田令商者不農。名田之論。
[054]　地權：太后詔王氏田非塚塋，皆以賦貧民，則古荒地多，苑囿之類，苑囿賦民。

卒而革之，並有怨心，則生紛亂，制度難行。若高祖初定天下，光武中興之後，人眾稀少，立之易矣。既未悉備井田之法，宜以口數限田，為之立限，人得耕種，不得賣買，以贍貧弱，以防兼併，且為制度張本，不亦善乎？」案此即《申鑑》所謂「耕而勿有，以俟制度」也。仲長統《昌言》云：「今者土廣民稀，中地未墾。雖然，猶當限以大家，勿令過制。其地有草者，盡曰官田，力堪農事，乃聽受之。若聽其自取，後必為姦也。」司馬朗亦以為宜復井田。謂「往者民各有累世之業，難中奪之，是以至今。今承大亂之後，民人分散，土業無主，皆為公田，宜及此時復之」。則乘亂而行井授，殆為當時論者之公意。然井田之制，不難於法之立，而難於法之行；不難於強行於一時，而難於維持於不敝。何者？緩急人所時有，稱貸勢不能無以為質，而農民除田宅外，無物可以為質故也。自晉之戶調式，至唐之租庸調法，皆行漢人限民名田之論，而卒無驗者以此。

漢世土地，在官者尚頗多，觀其賞賜可知。如蘇武賜公田二頃；卜式賜十頃者再，武帝賜異父姊脩成君公田百頃，見《漢書·外戚傳》。哀帝時，董賢賜田至千餘頃見《師丹傳》，是也。[055] 三國時，魏賜滿寵僅十頃，蓋由其時墾田尚少之故。呂蒙卒後，吳復其田五十頃；蔣欽卒，賜其妻子蕪湖田二百頃；則其數不可云菲。諸葛亮自表成都有桑八百株，田十五頃，蓋云儉矣。[056] 時亦有以公田賦與貧民者宣帝地節元年（前69）、三年（前68），元帝初元元年（前48）、永光元年（前43），後漢明帝永平九年（66），安帝永初元年（107），皆有是詔。章帝元和元年（84），詔令郡國募民無田欲徙它界就肥饒者恣聽之。到，在所賜給公田，為顧耕傭，賃種餉，貰與田器，勿收租五歲，除算三年。其後欲還本鄉者勿禁。三年（86），北巡狩，告常山、魏郡、清河、鉅鹿、平原、東平郡太守、相曰：「今肥田尚多，未有墾闢，其悉以賦貧民。給與糧種。務盡地力，勿令遊

---

[055]　地權：漢世公田頗多。
[056]　地權：呂蒙五十頃，諸葛亮十五頃。

手。」其所以招徠之者頗殷。至以苑囿假貧民，則元帝初元元年（前48）、二年（前47），章帝建初元年（76），咸有是詔。《後漢書·文苑·黃香傳》：遷魏郡太守。郡舊有內外園田，常與人分種，收穀歲數千斛。香曰「《田令》：商者不農。案武帝時，大農上鹽鐵丞孔僅、咸陽言，亦曰：賈人有市籍及家屬皆無得名田以便農，敢犯令者沒入田貨。哀帝時制，賈人亦不得名田。此所云《田令》，未知為何時令，然漢世商賈名田，法令常加禁止，則較然矣。《王制》：仕者不耕。伐冰食祿之家，不與百姓爭利」，乃悉以賦民，亦其事也。其規模最弘遠者，當推平帝時罷呼池苑為安民縣一事，已見第十三章第四節。漢高帝五年（前202）詔曰：民前或相聚保山澤，今天下已定，令各歸其縣，復故爵田宅。又曰：諸侯子及從軍歸者，甚多高爵，吾數詔吏先與田宅。九年（前198），徙齊、楚大族關中，亦與利田宅。《後漢書·張綱傳》：降廣陵賊，親為卜居宅，相田疇。可見漢世田宅，尚多在官。俞正燮《癸巳類稿》云：「《王制》云：古者以周尺八尺為步，今以周尺六尺四寸為步。古者百畝，當今東田百四十六畝三十步。東田之名，鄭、王、熊、皇、劉、孔皆不悉，至以為南東其畝之東。案謂之今東田者，漢文帝時洛濱以東，河北燕、趙，及南方舊井地，武帝以後即無之。《史記·秦本紀》云：商鞅開阡陌，東地渡洛，則盡秦地井田皆改，而六國仍以步百為畝，故謂之東田，對秦田言之也。東田之改，在漢武帝時。《漢書·食貨志》云：武帝末年詔曰：十二夫為田一井一屋，故畝五頃。案井九百畝，屋三百畝，以千二百畝改五頃，是畝二百四十步也。桓寬《鹽鐵論》云：先帝制田二百四十步而一畝。《論》作於昭帝時，知制田指武帝也。所以知武帝改是東田者，西田是秦成制，則漢制是改東田。又商鞅言開阡陌，而武帝詔不言十二頃為五頃，而云一井一屋為五頃，明是續開商鞅未開之阡陌，井田至是始盡。合《王制》與《秦本紀》、《食貨志》、《鹽鐵論》讀之，東田之義始見，一井一屋之文亦見。而文散

義隱，故解者不知也。」讀此，知古代遺制，多有存於秦、漢時者。凡物成敗，皆非一朝一夕之故，理固宜然。然其事之能行與不能行，則固不以其遺制之有無也。《三國志‧倉慈傳》：遷敦煌太守。舊大族田地有餘，而小民無立錐之土。慈皆隨口割賦，稍稍使畢其本值。[057]敦煌為新闢之土，而其並兼之烈如此，而況於內郡乎？

第四節　漢世禁奢之政

　　漢人議論，無不以風俗之惡，歸咎於物力之屈；物力之屈，歸咎於用度之奢；用度之奢，歸咎於制度之不立者。[058]賈生曰：「淫侈之俗，日日以長。生之者甚少，而靡之者甚多。天下財產，何得不蹶？」《漢書‧食貨志》。嚴安曰：「今天下人民，用財侈靡。車馬，衣裘，宮室，皆競修飾。調五聲使有節族，雜五色使有文章，重五味方丈於前，以觀欲天下。彼民之情，見美則願之，是教民以侈也。侈而無節，則不可澹。民離本而徼末矣，末不可徒得，故縉紳者不憚為詐，帶劍者誇殺人以矯奪，而世不知愧，故姦宄浸長。臣願為民制度，以防其淫。使貧富不相燿，以和其心。」王吉曰：「古者衣服、車馬，貴賤有章。今上下僭差，人人自制。是以貪財誅利，不畏死亡。周之所以能致治，刑措而不用者，以其禁邪於冥冥，繩惡於未萌也。」貢禹曰：「亡義而有財者顯於世，欺謾而善書者尊於朝，悖逆而勇猛者貴於官。故俗皆曰：何以孝弟為？財多而光榮。何以禮義為？史書而仕宦。何以謹慎為？勇猛而臨官。故黥劓而髡鉗者，猶復攘臂為政於世。行雖狗彘，家富勢足，目指氣使，是為賢耳。故謂居官而置富者為雄桀，處姦而得利者為壯士，兄勸其弟，父勉其子。俗之壞敗，乃至於是。自成、康以來，幾且千歲，欲為治者甚眾，然而太平不復

---

[057]　地權：倉慈在敦煌割大族地賦小民，使徐畢其直。
[058]　生計：漢人皆咎制度不立。其禁令。其不行或行之而反擾累。能自守制度者。

興者，何也？以其舍法度而任私意奢侈行而仁義廢也。」漢人議論，如此者甚多。故改正制度之事，猶時有之。其大者，欲行井田之政，輕重斂散之法，說已略見於前矣。其於用度，亦欲為之節制。今其可考最早者，為成帝永始四年（前13）之詔，已見第六章第二節。後漢明帝永平十二年（69），詔曰：「百姓送終之制，競為奢淫。又車服制度，恣極耳目。有司其申明科禁宜於今者，宣下郡國。」章帝建初二年（77）詔曰：「今貴戚近親，奢縱無度。嫁取送終，尤為僭侈。有司廢典，莫肯舉察。《春秋》之義，以貴理賤。今自三公，並宜明究非法，宣振威風。其科條制度，所宜施行，在事者備為之禁。先京師而後諸夏。」和帝永元十一年（99），詔曰：「吏民逾僭，厚死傷生。是以舊令，節之制度。頃者貴戚近親，百僚師尹，莫肯率從。有司不舉，怠放日甚。又商賈小民，或忘法禁。奇巧靡貨，流積公行。其在位犯者，當先舉正。市道小民，但且申明憲綱，勿因科令，加虐羸弱。」安帝永初元年（107），詔「三公明申舊令，禁奢侈，無作浮巧之物，殫財厚葬」。元初五年（118），詔「舊令制度，各有科品。欲令百姓，務崇節約。遭永初之際，人離荒厄。朝廷躬自菲薄，去絕奢飾。食不重味，衣無二采。比年雖獲豐穰，尚乏儲積。而小人無慮，不圖久長。嫁娶送終，紛華靡麗。至有走卒奴婢，被綺縠，著珠璣。京師尚若斯，何以示四遠？設張法禁，懇惻分明。而有司惰任，迄不奉行。秋節既立，鷙鳥將用。且復重申，以觀後效」。桓帝永興二年（154），詔「輿服制度，有逾侈長飾者，皆宜損省。郡縣務存儉約，申明舊令，如永平故事」。觀此諸詔，知漢世用度，本有程品，特莫之能行耳。《續漢書·輿服志注》載蔡邕表曰：「永平初，詔書下車服制度。諸侯王以下，至於士庶，嫁娶被服，各有秩品。當傳萬世。臣以為宜集舊事、儀注、本奏以成志也。」《後漢書·荀爽傳》：爽對策陳便宜，欲略依古禮尊卑之差，及董仲舒制度之別，嚴督有司，必行其命。皆漢世本有制度之證。《張酺傳》：

病臨死，敕其子曰：「顯節陵掃地墓祭，欲率天下以儉。吾為三公，既不能宣揚王化，令吏人從制，豈可不務節約乎？其無起祠堂。可作藁蓋廡，施祭其下而已。」此法令不能行之證也。夏侯玄言：「漢文雖身衣弋綈，而不革正法度，似指立在身之名，非篤齊治制之意。」司馬宣王既誅曹爽，乃奏博問大臣得失。王昶陳治略五事，其五欲絕侈靡，務崇節儉。令衣服有治，上下有敘。其論猶與漢人同。《三國志‧崔琰傳注》引《世語》，言陳思王妻衣繡，太祖登臺見之，以違制，命還家賜死，則其行之頗嚴。然終成具文者？有司行法，孰肯得罪於巨室？雖有嚴明之主若魏武，安得事事躬察之乎？《蜀志‧董和傳》言：和為成都令。蜀土富實，時俗奢侈，和躬率以儉。防遏逾僭，為之軌制。縣界豪強，憚和嚴法，遂說劉璋，轉和為巴東屬國都尉。此等事蓋不少矣。江充為繡衣使者，禁察逾侈。貴戚近臣多奢僭，充皆舉劾。奏請沒入車馬，令身待北軍擊匈奴。貴戚子弟皇恐，皆見上叩頭求哀，願得入錢贖罪。陽球為司隸校尉，權門屏氣。諸奢飾之物，皆各緘縢，不敢陳設。韓延壽治潁川，與長老議定嫁娶喪祭儀品。略依古禮，不得過法。令文學校官諸生，皮弁執俎豆，為吏民行喪嫁娶禮。百姓遵用其教。賣偶車馬下里偽物者，棄之市道。召信臣治南陽，禁止嫁娶送終奢靡，務出於儉約。張魯依月令，春夏禁殺，又禁酒。流移其地者，不敢不奉。此等皆偶得其人，行諸一時一地，其為效無幾。而行之不善，轉有徇虛名而受實禍者。漢宣帝五鳳二年（前56）詔，謂「今郡國二千石，或擅為苛禁，禁民嫁娶不得具酒食相賀召」。此等禁令，必僅施諸小民，故和帝有勿因科令，加虐羸弱之戒也。當時賢者，亦有自能守法者。《漢書‧王吉傳》言，自吉至崇，吉子駿，駿子崇。世名清廉。皆好車馬衣服。其自奉養，極為鮮明，而亡金銀錦繡之物。及遷徙去處，所載不過囊衣。不蓄積餘財。去位家居，亦布衣疏食。天下服其廉而怪其奢。故俗傳王陽能作黃金。此乃以小人之腹，度君子之心。漢世高官，祿

賜頗厚。苟不為後日計，居官奉養，自可鮮明。去位即布衣疏食，彼蓋以為法度當然。楊震子孫常蔬食步行；費禕雅性儉素，家不積財，兒子皆令布衣素食，出入不從車騎，無異凡人；《三國志》本傳《注》引《禕別傳》。亦王陽之志也。古人蓋以為居官用度，當由官給，至家計則當自謀，不當仰給於官。故諸葛亮表後主曰：「成都有桑八百株，薄田十五頃，子弟衣食，自有餘饒。至於臣在外任，無別調度。隨身衣食，悉仰子官。[059]不別治生，以長尺寸。若臣死之日，不使內有餘帛，外有贏財，以負陛下。」然徒恃此一二人，何補於大局哉？

　　行法禁奢，曾收一時之效者，莫過於建安之世。《三國志·毛玠傳》言：玠與崔琰，並典選舉。務以儉率人。由是天下之士，莫不以廉節自厲。雖貴寵之臣，輿服不敢過度。《注》引《先賢行狀》曰：「於時四海翕然，莫不屬行。至乃長吏還者，垢面贏衣，常乘柴車。軍吏入府，朝服徒行。人擬壼飧之潔，家象濯纓之操。貴者無穢欲之累，賤者絕姦貨之求。吏潔於上，俗移乎下，民到於今稱之。」此等效驗，蓋已不易致。然激詭之行，徒容隱偽，和洽之言。終不可以持久。加以軍人縱恣，法不能馭，名非所歆，故人亡政息，而其堤防遂至大潰矣。《三國志·曹洪傳注》引《魏略》言，太祖為司空時，以己率下。每歲發調，使本縣平貲。於時譙令平洪貲財與公家等。太祖曰：「我家貲那得如子廉邪？」以太祖之嚴明，而不能禁軍人之居積，況其他乎？諸葛瑾及其子恪並質素，雖在軍旅，身無采飾，而恪弟融獨為奢綺。潘璋性奢泰，末年彌甚。[060]服物僭擬。吏兵富者，或殺取其財物。偏方之國如此，而況中原？曹爽自一時之傑，而以奢敗，蓋亦風氣使然。何夔，史稱其於節儉之世，最為豪汰，然則何曾之日食萬錢，亦有由來。晉初王、石之驕奢，武帝之荒怠，非一朝一夕之故也。人情孰不好奢？況於武人之全不知禮義者乎？兵亂之為禍博矣。

---

[059] 職官：隨身衣食悉仰於官，家計不與。兵：三國軍人之富。
[060] 兵：三國軍人之富。

第五節　漢世官私振貸

　　漢世士大夫，讓爵，讓爵之著者，先漢有韋玄成，後漢尤盛。讓而見許者，如耿況子國，劉般子愷及鄧彪。不見許者，如徐防子衡，郭躬弟子鎮之子賀。劉愷不見許而逃，有司奏請絕其國，肅宗美其義，特優假之。張奮則以違詔救收，懼而就國。丁鴻友青以大義乃出。桓榮子郁，不許而分其租入。陰識弟興之子慶，嗣位而讓其財物。皆見《後漢書》本傳。又有讓仕者：魯恭見本傳。封觀見《袁安傳》。許荊、劉矩、童翊，皆見《循吏傳》。讓產者頗多。王商見《漢書》本傳。郭昌，見《後漢書‧郭皇后紀》。北海敬王，見《齊武王傳》。春陵侯敞，見《城陽恭王傳》。鮑永、張堪、樊宏孫梵、張禹、韓棱，皆見本傳。分財自薄者薛包，見《劉趙淳于江劉周趙傳》首。詐訟以卻仕者高鳳，見《逸民傳》。又有不受賄者，如後漢之廉范、張禹、袁閎。不受餞者，如三國魏之華歆，吳之劉寵、周景。贈遺不用，及去皆以還之者，如魏之張範。不受賜者，如吳之呂蒙。劉寵事見《三國志‧劉繇傳注》引《續漢書》。餘皆見《後漢書‧三國志》本傳。能分施者亦不少。如楊惲，初受父財五百萬，及身封侯，皆以分宗族。後母無子，財亦數百萬，死皆與惲，惲盡復分後母昆弟。郇越散其先人貲千餘萬，以分施九族州里是也。見《王貢兩龔鮑傳》。任恤之行，亦頗有之。如張堪素有名聲，嘗於太學見朱暉，甚重之，接以友道。乃把暉臂曰：「願以妻子託朱生。」暉以堪先達，舉手未敢對。自後不復相見。堪卒，暉聞其妻子貧困，乃自往候視，厚振贍之。張喬，少與犍為楊恭友善。恭蚤死，遺孤未數歲。喬迎，留與分屋而居。事恭母如母。恭之子且長大，為之娶婦，買田宅產業，使立門戶。張嶷得疾困篤。家素貧匱。廣漢太守蜀郡何祗，名為通厚。嶷夙與疏闊，乃自輿詣祗，託以治疾。祗傾財醫療，數年除癒。陸瑁，少好學篤異。陳國陳融、陳留濮陽逸、沛郡蔣纂、廣陵袁迪等，皆單貧有志，就瑁遊處。瑁割少分甘，與同豐約。及同

郡徐原，爰居會稽，素不相識。臨死遺書，托以孤弱。琂為起立墳墓，收導其子。皆其卓然在人耳目者也。喪亂之際，又多能互相扶持。如管寧，每所居，姻親、知舊、鄰里有困窮者，家儲雖不盈儋石，必分以贍救之。《三國志》本傳《注》引《傅子》。王朗，雖流移窮困，朝不謀夕，而收恤親舊，分多割少，行義甚著。楊俊避兵京、密，京，漢縣，今河南滎陽縣東南。密，見第十三章第二節。同行者百餘家，俊振濟貧乏，通共有無。趙儼避亂荊州，與杜襲、繁欽通財同計，合為一家。許靖避難交州，陳國袁徽與荀彧書，稱其「自流宕已來，與群士相隨。每有患急，常先人後己。與九族中外，同其饑寒。其紀綱同類，仁恕惻怛，皆有效事，不能復一二陳之」。陳武，仁厚好施。鄉里遠方客，多依託之。[061] 全琮，父柔，嘗使琮齎米數千斛到吳，有所市易。琮至皆散用，空船而還。柔大怒。琮頓首曰：「愚以所市非急，而士大夫方有倒縣之患，故便振贍，不及啟報。」柔更以奇之。時中州士人，避亂而南，依琮居者以百數。琮傾家給濟，與共有無。遂顯名遠近。此等高風，尤為後人所跂慕。然瓌奇之行，必非夫人之所能，且其中或有好為名高者。[062] 好名者能讓千乘之國，苟非其人，則簞食豆羹見於色矣。王符論當時之弊曰：「疏骨肉而親便辟，薄知友而厚犬馬。寧見朽貫千萬，而不忍貸人一錢。情知積粟腐倉而不忍貸人一斗。骨肉怨望於家，細人謗讟於道。」此普遍之情形也。求睦姻任恤之風，於財產私有之世，安可得哉？

　　官家振貸之事，最常行者，為貸與種食。如第一節所引元帝初元元年（前 48）之詔是。所貸者後或免之。如文帝二年（前 178），開籍田，詔貸種食未入，入未備者皆赦之；昭帝元鳳三年（前 78），詔三年以前所振貸，非丞相御史所請，邊郡受牛者勿收責；元帝永光四年（前 40），詔所貸貧民勿收責是。又有與逋租並免者：如武帝元封元年（前 110）詔，謂「民田

---

[061]　借貸：貸穀以充振給。
[062]　生計：振疏徒名高，王符所言慳吝乃普遍情形。

租逋賦貸已除」是。後漢順帝永和六年（141），詔假民有貲者戶錢一千，此為漢世僅見之事。又有貸以田者。宣帝地節三年（前67），詔流民還歸者，假公田，貸種食。元帝永光元年（前43），赦天下，令屬精自新，各務農畝。無田者皆假之，貸種食如貧民。師古曰，此謂遇赦新免罪者。《食貨志》謂武帝徙貧民於關以西及充新秦，貸與產業，蓋指此。武帝元狩三年（前120），遣謁者勸有水災郡種麥。舉吏民能假貸貧民者以名聞。《食貨志》云「募豪富人相假貸」，蓋特奏名以歆動之。宣帝本始四年（前70），丞相以下至都官令丞，上書入穀輸長安倉助貸貧民者，得毋用傳。後漢桓帝永壽元年（155），司隸、冀州饑，人相食。敕州郡振給貧弱。若王侯、吏民有積穀者，一切貨得十分之三，以助稟貸。其百姓吏民，以見錢顧直。王侯須新租乃償。此又借助於貴富之家，以賑恤貧民者也。然此等事容難普遍，而務邀倍稱之息者乃日聞。

　　《貨殖列傳》言：子貸金錢千貫者，比千乘之家；又言吳、楚兵起，長安中列侯、封君行從軍旅，齎貸子錢家；[063] 則當時已有專以放債為事者。然營此業者，似以商賈為多。桓譚上疏陳時政之宜曰：「今富商大賈，多放錢貨。中家子弟，為之保役。趨走與臣僕等勤，收稅與封君比入。今可令諸商賈，自相糾告。若非身力所得，皆以贓畀告者。如此，則專役一己，不敢以貨與人，事寡力弱，必歸功田畝。」以貨與人，蓋即所謂賒貸，秦、漢間多有行之者。漢高祖從王媼、武負貰酒。呂母益釀醇酒，賒與少年來酤者，《後漢書・劉盆子傳》。潘璋家貧好賒酤。《鹽鐵論・水旱篇》言：「故民得鼓鑄之時，得以財貨、五穀新幣易貨，或貰。」此皆貰之凡民者。桓譚所言，則小商借資本於大商，或受取其物，為之分銷者也。《貨殖傳》言魯丙氏貰貸行賈遍郡國，所謂貰貸，蓋亦如是。此皆為數較巨，猶今商業銀行及錢莊所營。其民間自相假貸，則晁錯《貴粟疏》謂急

---

[063]　借貸：子錢家。

政暴虐，賦斂不時，朝令而暮改，當其有者半賈而賣，亡者取倍稱之息；如淳曰：取一償二為倍稱。新室泉府之政所欲救正者，猶今民間之放債者也。古來借貸，本出於宮。故漢時尚有倚恃官勢為之者。《漢書·貨殖傳》言羅裒致千餘萬，舉其半賂遺曲陽、定陵侯，依其權力，賒貸郡國，人莫敢負；《谷永傳》：永言掖庭獄為人起責，分利受謝是。《王子侯表》：旁光侯殷，元鼎元年（前 116），坐貸子錢不占租，取息過律免，此貴人自行放債者。《後漢書·虞詡傳》：詡上疏言「永平、章和中，州郡以走卒錢給貸貧人」，司空案劾，州及郡縣皆坐免黜，則官且躬自為之矣。

後漢光武建武六年（30），詔郡國有穀者，給稟高年、鰥、寡、孤、獨及篤癃無家屬，貧不能自存者如律。章帝元和三年（86），詔嬰兒無父母、親屬及有子不能養食者，稟給如律。獻帝建安二十三年（218），魏王令：吏民男女：女年七十以上無夫、子，若年十二已下無父母、兄弟，及目無所見，手不能作，足不能行，而無妻子、父兄、產業者，廩食終身。幼者至十二止。貧窮不能自贍者，隨口給貸。老耄須侍養者，年九十以上，復不事家一人。《三國志·武帝紀注》引《魏書》。此等皆養民之政，見於法令者，然亦告朔之餼羊而已矣。

第四章　秦流時實業

第一節　農業

　　農業之進步，在於耕作之日精。此在漢世，見稱者無過代田。《漢書·食貨志》言：「武帝末年，悔征伐之事，乃封丞相為富民侯，以趙過為搜粟都尉。過能為代田。」代田之法，漢人託諸神農，已見《先秦史》第十二章第一節。「其耕耘、下種、田器，皆有便巧。一歲之收，常過縵田一斛以上，善者倍之。」謂過縵田二斛以上。「過使教田太常、三輔。大農置工巧奴與從事，為作田器。二千石遣令、長、三老、力田及里父老善田者受田器，學耕種養苗狀。民或苦少牛，亡以趨澤。故平都令光教過以人輓犁。過奏光以為丞，教民相與庸輓犁。令命家田三輔公田。又教邊郡及居延城。是後邊城、河東、弘農、三輔、太常民皆便代田。」後漢劉般，以郡國牛疫，通使區種增耕。三國時，段灼上疏理鄧艾，言「艾修治備守，積穀強兵。值歲凶旱，艾為區種身被烏衣，手執耒耜，以率將士。」可見漢時教耕者，多以代田區種為務矣。[064]

　　《史記·河渠書》言：「河東守番系，請引汾溉皮氏（漢縣，今山西河津縣西）、汾陰下。引河溉汾陰、蒲阪下。天子以為然。發卒數萬人作渠田。數歲，河移徙，渠不利，田者不能償種。久之，河東渠田廢。與越人，令少府以為稍入。」案田者不能償種，而越人田之，猶能有所入於少府，可見治水田以越人為精。然漢世良吏，亦有能開稻田者。[065]《後漢書》：張堪為漁陽太守，於狐奴（漢縣，今河北順義縣）開稻田八千餘頃。

---

[064]　農業：漢教耕者多務代田。
[065]　農業：漢時稻田。

秦彭為山陽太守，興起稻田數千頃。《三國志》：夏侯惇領陳留、濟陰太守。時大旱、蝗，惇乃斷太壽水作陂，身自負土，率將士勸種稻，民賴其利。其時劉馥都督河北諸軍，種稻於薊南北。鄭渾守沛郡，亦開稻田於蕭、相二縣界。又魏武以朱光為廬江太守，屯皖，大開稻田，呂蒙因此說孫權急攻皖。皆可見水田之利也。

　　灌溉之利，莫大於陂渠。《河渠書》述鴻溝、雲夢、江、淮、齊、蜀諸水見《先秦史》第十三章第四節。曰：「此渠皆可行舟，有餘則用溉，百姓饗其利。」可見溝洫修舉，交通與灌溉兼資。漢武帝時，鄭當時為大司農，言「異時關東漕粟，從渭中上，度六月而罷。而漕水道九百餘里，時有難處。引渭穿渠，起長安，並南山下，至河，三百餘里，徑易。漕度可令三月罷，而渠下民田萬餘頃，又可得以溉田。天子以為然。令水工徐伯表，悉發卒數萬人穿漕渠。三歲而通。通，以漕，大便利。其後漕稍多，而渠下之民頗得以溉田矣。」可見漢人之言漕事者，尚多兼計灌溉也。良吏能就所治之地，興修水利者亦頗多。「召信臣為南陽太守，行視郡中水泉，開通溝瀆，起水門提閼，凡數十處，以廣溉灌。歲歲增加，多至三萬頃。民得其利，蓄積有餘。」後漢杜詩守南陽，「修治陂池，廣拓土田，郡內比室殷足。南陽為之語曰：『前有召父，後有杜母。』」鮑昱「拜汝南太守，郡多陂池，歲歲決壞，年費常三千餘萬。昱乃上作方梁石洫，水常饒足，溉田倍多，民以殷富」。王景為廬江太守，「先是百姓不知牛耕，致地力有餘，而食常不足。郡界有楚相孫叔敖所起芍陂稻田。景乃驅率吏民，修起蕪廢。教用犁耕。由是墾闢倍多，境內豐給。」皆其功之最著者也。任延守武威，「河西舊少雨澤，乃為置水官吏，修理溝渠。」三國時，徐邈刺涼州，亦廣開水田，募貧民佃之。皇甫隆為敦煌太守。敦煌初不甚曉田，常灌溉，稽水使極濡洽，然後乃耕。又不曉作耬犁，功力既費，收穀更少。隆到，教作耬犁，又教衍溉，歲終率計，所省庸力過半，得穀

加五，《三國志・倉慈傳注》引《魏略》。則雖西北乏水之地，水利亦可興修矣。

　　偏方閉塞之地，多藉中國良吏以啟牖之。《後漢書・循吏傳》言：孟嘗遷合浦太守。郡不產穀實，而海出珠寶，與交阯比境，常通商販，貿糴糧食。時宰守並多貪穢，詭人採求，不知紀極，珠遂漸徙於交阯郡界。於是行旅不至，人物無資，貧者死餓於道。嘗到官，革易前弊。曾未逾歲，去珠復還。百姓皆反其業，商貨流通。稱為神明。又云：九真俗以射獵為業，不知牛耕，民常告糴交阯，每致困乏。任延為守，令鑄作田器，教之墾闢。田疇歲歲開廣，百姓充給。此可見當時交、廣之域，尚有全不知耕作者也。

　　《漢書・藝文志》農九家。《神農》、《野老》，《注》皆云六國時。《宰氏》，《注》云不知何世。葉德輝曰：「《史記・貨殖列傳集解》云：『計然者，葵丘濮上人，姓辛氏，字文子。其先晉國亡公子，嘗南遊於越，范蠡師事之。』《元和姓纂》十五海宰氏姓下引《范蠡傳》云：『陶朱公師計然，姓宰氏，字文子，葵丘濮上人。』據此，則唐人所見《集解》作宰氏。宰氏即計然，《志》云不知何世，蓋班所見乃後人述宰氏之學者，非計然本書也。」王先謙《漢書補注》，案謂計然姓宰氏，又謂為范蠡師，說皆附會不足信。唯此書原出先秦，則當不誣耳。《董安國》十六篇，《注》云：「漢代內史，不知何帝時。」《尹都尉》十四篇、《趙氏》五篇、《王氏》六篇，《注》皆云「不知何世」。其書皆次《董安國》書下，當係漢時書。《氾勝之》十八篇，《注》云：「成帝時為議郎。」師古曰：「劉向《別錄》云：『使教田三輔，有好田者師之，徙為御史。』」《蔡癸》一篇，《注》云：「宣帝時，以言便宜，至弘農太守。」師古曰：「劉向《別錄》云：『邯鄲人。』」周壽昌曰：「《齊民要術》引崔寔《政論》，有趙過教民耕植，其法三犁共一牛云云。《御覽》八百二十二引作宣帝使蔡癸教民耕事，文正同。蓋癸書述過法，而崔氏引

之。」亦據《漢書補注》引。案氾勝之書，後人徵引最多。趙過與氾勝之，蓋漢時農學之兩大家也。

漢末大亂，農業荒廢特甚，而屯田之政乃大行。《三國志‧武帝紀》：建安元年（196），是歲，用棗祗、韓浩議，始興屯田。《注》引《魏書》曰：「自遭荒亂，率乏糧穀。諸軍並起，無終歲之計。饑則寇略，飽則棄餘。瓦解流離，無敵自破者，不可勝數。袁紹之在河北，軍人仰食桑椹。袁術在江、淮，取給蒲蠃。民人相食，州里蕭條。是歲，乃募民屯田許下，得穀百萬斛。於是州郡例置田官，所在積穀。征伐四方，無運糧之勞。遂兼滅群賊，克平天下。」《毛玠傳》：太祖臨兗州，辟為治中從事。玠語太祖曰：「今天下分崩，國主遷移，生民廢業，饑饉流亡。公家無經歲之儲，百姓無安固之志，難以持久。今袁紹、劉表，雖士民眾強，皆無經遠之器，未有樹基建本者也。夫兵義者勝，守位以財。宜奉天子以令不臣，修耕殖，畜軍資。」太祖敬納其言。可見屯墾之政，實為太祖夙定之策。《任峻傳》：「棗祗建置屯田，太祖以峻為典農中郎將。數年中，所在積粟，倉廩皆滿。軍國之饒，起於祗而成於峻。」《司馬芝傳》：芝奏言：「武皇帝特開屯田之官，專以農桑為業。建安中，天下倉廩充實，百姓殷足。」可以見其成效矣。《王昶傳》：「文帝踐阼，為洛陽典農。時都畿樹木成林，昶斫開荒萊，勤勸百姓，墾田特多。」則至魏初，此職猶相需孔殷。然其民與州縣異統，非可久之計，故至陳留王咸熙元年（264），遂罷之以均政役，[066] 諸典農皆為太守，都尉皆為令長焉。其戰守之地，藉屯田以為軍資，則終三國之世如一。文帝以孫權侍子不至，車駕徙許昌，大興屯田，欲舉軍東征，《王朗傳》。王基、鄧艾策攻吳，亦以屯田為本。劉馥在合肥，胡質在青、徐，王昶在刻、豫，亦皆致力於屯田。太祖征漢中，以鄭渾為京兆尹，渾亦遣民田漢中。諸葛亮務農殖穀，《蜀志‧後主傳》建興

---

[066]　農業：三國屯田初與郡縣異統，故罷之可均政役。

二年（224）。然後南征。其後屢出伐魏，亦休士勸農於黃沙，《後主傳》建興十年（232）。時雖以木牛、流馬運，建興九年（231）、十二年（234）。然仍分兵屯田渭濱，《諸葛亮傳》。《吳志‧孫權傳》：黃武五年（226），陸遜以所在少穀，表令諸將增廣農畝。權報曰：「甚善。今孤父子親自受田，車中八牛，以為四耦，雖未及古人，亦欲與眾均等其勞也。」及孫休永安二年（259），復敕州郡吏民及諸營兵，皆浮船長江，賈作上下，良田漸廢，見穀日少。案《魏志‧司馬芝傳》，亦言諸典農各部吏民，末作治生，以要利入。[067] 蓋商賈之利，饒於耕農，實事之無可如何者也。蓋凋敝既甚，雖欲不務本而不可得矣。《甘寧傳》：寧說孫權取黃祖，亦言其怠於耕農，財穀並乏，與毛玠之譏袁紹、劉表，異地同符。可知喪亂擾攘之餘，粗能自立者，必其知重民事者也。

漁、獵、畜牧、種樹之利，皆較田農為饒，故《貨殖傳》言其人與千戶侯等，橋姚、馬援、班壹等，已見第十五章第二節矣。《三國志‧孫休傳注》引《襄陽記》，言李衡每欲治家，其妻輒不聽。後密遣客十人，於武陵龍陽泛洲上作宅，種甘橘千株。臨死，敕兒曰：「汝母惡吾治家，故窮如是。然吾州裡有千頭木奴，不責女衣食，歲上一匹絹，亦可足用耳。」吳末，衡甘橘成，歲得絹數千匹，家道殷足。此太史公之言之驗也。然此等事必有廣土，乃能為之，當時山澤多為豪強所占，故平民享其利者甚寡。唯南方生業，不如北方之盛，故人民猶克分享其利焉。《漢書‧地理志》言楚地民以漁獵山伐為業，果蓏蠃蛤，食物常足是也。《漢書‧王莽傳》：莽以費興為荊州牧，問到部方略。興對曰「荊、揚之民，率依阻山澤，以漁采為業。間者國張六管，稅山澤，妨奪民之利；連年久旱，百姓饑窮，故為盜賊。」莽怒，免興官。然後亦卒開山澤之防。《後漢書‧劉般傳》：明帝時禁民二業。般上言：「郡國以官禁二業，至有田者不得漁

---

[067]　農業：典農部民末作，以要利入。

捕。今濱江湖郡，率少蠶桑，民資漁采，以助口實。且以冬春閒月，不妨農事。」可見其利之饒。此王匡、王鳳等，所由能入野澤偷活也。即北方亦有其利，但較南方為微耳。龔遂為渤海太守，秋冬課民收斂，益畜果實菱芡，勞來循行，郡中皆有蓄積。後漢和帝永元五年（96），令郡縣勸民蓄疏食以助五穀。[068] 其官有陂池，令得採取，勿收假稅二歲。十一年（99）、十二年（100）、十五年（103），亦有被災之處，山林陂澤，勿收假稅之詔。安帝永初二年（108），詔長吏案行在所，皆令種宿麥疏食。桓帝永興二年（154），詔司隸校尉、部刺史：蝗災為害，水變仍至。其令所傷郡國種蕪菁。皆民食不限穀物之證。建武之初，野穀旅生，人收其利，《後漢書・光武紀》建武二年（26）。馮異之入關也，軍士悉以果實為糧。獻帝幸安邑，亦以棗栗為糧，《伏皇后紀》。合《魏略》所言袁紹、袁術之事觀之，可見疏食之利，惜乎平時知務此者少也。牧畜之利，亦必有山澤然後能為之。如卜式入山牧羊，吳祐牧豕於長垣澤中是。故山澤亦為豪民之所欲兼併也。

《漢書・地理志》：丹楊郡有銅官。豫章郡、鄱陽郡有黃金採。諸郡國有鐵官者尤多。《志》云：「豫章出黃金，然菫菫物之所有，取之不足以更費。」《貢禹傳》：禹言：「今鑄錢及諸鐵官，皆置吏，卒徒攻山取銅鐵，一歲功十萬人以已上。」蓋官辦之事，不甚計度盈虧，故其弊如此。私家經營礦業，則得利者甚多。猗頓用監鹽起；郭縱以鑄冶成業；巴寡婦清，其先得丹穴，擅其利數世；蜀卓氏用鐵冶富；程鄭事冶鑄；羅裒擅鹽井之利；宛孔氏用鐵冶為業；魯丙氏以鐵冶起；皆見《貨殖傳》。王章妻子徙合浦，以採珠致產數百萬；皆其犖犖大者。《史記・平準書》言縣官大空，冶鑄，煮鹽，財或累萬金，而不佐公家之急。蓋鹽鐵二者，於民生日用最切，故其利亦最饒矣。

---

[068] 農業：疏食之利。

第二節 工業

工官見於《漢書·地理志》者凡十：懷、河南、潁川、宛、東平陵、泰山、奉高、廣漢、洛、成都是也。《漢書》稱孝宣之治，「技巧，工匠，器械，自元、成間鮮能及之」。《三國志》稱諸葛亮亦曰：「工械技巧，物究其極。」《後漢書·宦者傳》：蔡倫為尚方令，監作祕劍及諸器械，莫不精工堅密，為後世法。此皆官家之業，雖不盡無裨實用，奢侈之物究多，於民生日用無與也。《漢書·貢禹傳》：禹言：「方今齊三服官，作工各數千人，一歲費數巨萬。蜀、廣漢主金銀器，歲各用五百萬。三工官官費五千萬。東西織室亦然。臣禹嘗從之東宮，見賜杯案，盡文畫金銀飾。」《循吏傳》：文翁減省少府用度，買刀、布、蜀物，齎計吏以遺博士。如淳曰：「金馬書刀，今賜計吏是也。作馬形，於刀環內以金鏤之。」晉灼曰：「舊時蜀郡工官作金馬書刀者，似佩刀形，金錯其拊。」皆可見工官所造物之侈。其關係民生日用最巨，獲利亦極多者，當推鐵器。高后時，有司請禁粵關市鐵器，趙佗因之反叛。後佗上文帝書，述高后令曰「毋與蠻夷外越金、鐵、田器」，則銅器亦在所禁。《西域傳》言：自宛以西至安息，「不知鑄鐵器。及漢使、亡卒降，教鑄作它兵器」。[069] 此中疑有奪文。教鑄作當指農器，它兵器則謂以鐵為兵也。此中國有造於西胡最大者矣。

漢世，士能藉自然之力，製器以利民用者亦有之。《後漢書·杜詩傳》，言其為南陽太守，造作水排，鑄為農器，用力少，見功多，百姓便之。《注》曰：「冶鑄者為排以吹炭，令激水以鼓之也。」《三國志·韓暨傳》：「徙監冶謁者。舊時冶作馬排，每一熟石，用馬百匹。更作人排，又費功力。暨乃因長流為水排。計其利益，三倍於前。」又《明帝紀》青龍五年（237）《注》引《魏略》，言其引谷水過九龍殿前，使博士馬均作司南車，水轉百戲。此皆能用自然之力者也。馬均，《杜夔傳注》作馬鈞，

---

[069] 農業：疏食之利。

扶風人。引傅玄序之曰：舊綾機五十綜者五十躡，六十綜者六十躡。先生
患其喪功費日，乃皆易以十二躡。其奇文異變，因感而作者，猶自然之成
形，陰陽之無窮。為給事中，與常侍高堂隆，驍騎將軍秦朗爭論於朝。
言及指南車。二子謂「古無指南車，記言之虛也」。先生曰：「古有之。未
之思耳，夫何遠之有？」二子哂之。先生曰：「虛爭空言，不如試之易效
也。」於是二子遂以白明帝，詔先生作之，而指南車成。居京都，城內有
坡，可為圃，患無水以灌之，乃作翻車，令童兒轉之而灌。水自覆，更入
更出，其巧百倍於常。其後人有上百戲者，能設而不能動也。帝以問先
生：「可動否？」對曰：「可動。」帝曰：「其巧可益否？」對曰：「可益。」
受詔作之。以大木雕構，使其形若輪，平地施之，潛以水發焉。設為歌樂
舞像。至令木人擊鼓、吹簫。作山岳。使木人跳丸、擲劍，緣絚倒立，出
入自在。百官行署，舂磨、鬥雞。變巧百端。見諸葛亮連弩，曰：「巧則
巧矣，未盡善也。」言作之可令加五倍。又患發石車，敵人於樓邊縣溼牛
皮，中之則墮，石不能連屬而至，欲作一輪，縣大石數十，以機鼓輪，以
斷縣石，飛擊敵城，使首尾電至。嘗試以車輪縣瓴甓數十，飛之數百步
矣。玄為言之曹羲，羲言之曹爽，爽忽不果試。玄論之曰：「此既易試之
事，又馬氏巧名已定，猶忽而不察，況幽深之才，無名之璞乎？」又曰：
「馬先生之巧，雖古公輸般、墨翟、王爾，近漢世張平子，不能過也。公
輸般、墨翟，皆見用於時，乃有益於世。平子雖為侍中，馬先生雖給事省
中，俱不典工官，巧無益於世。用人不當其才，聞言不試以事，良可恨
也。」張平子事，別見第十九章第七節。諸葛亮損益連弩，謂之元戎，以
鐵為矢，矢長八寸，一弩十矢俱發，見《亮傳注》引《魏氏春秋》。亮又作
木牛、流馬，其法亦見《注》引亮集。時蜀又有張裔，典作農戰之器；李
撰，能致思弓弩機械之巧；而吳亦有張奮，昭弟子。能造大攻車；則一時
巧思之士，為不少也。案巧思之士，所以或有成或無成，又或雖有成而旋

失其傳者，乃由其物不適於其時，故莫肯勤於試造，繼緒傳習，如蜀漢與中原戰爭既息，不復須運巴、蜀之糧，踰越劍閣，則木牛流馬之制，[070]自不能不失傳矣。然則張裔、李譔、張奮等，所由紛紛皆以造戰器聞者，亦以其時攻戰方烈也。又凡機械之巧，必前後相因。諸葛亮損益連弩，而馬鈞又謂其更可損益。翻車即今水車之原，人皆謂其制始於鈞，然靈帝已用以灑南北郊路，見第十章第五節。則當時亦必固有是物，鈞特從而損益之耳。長巧思者不必擅文字，事記載者又或不知製器，但驚異其所成就，而不知其所自來，遂使後人忽其成功之由，一若偶然得之者，非其實也。

《三國志・甘寧傳注》引《吳書》，言寧出入，步則陳車騎，水則連輕舟，侍從被文繡，所如光道路。常以繒錦維舟，去或割棄以示奢。此以作賊則可耳。乃《賀齊傳》言：黃武初，魏使曹休來伐，齊住新市為拒。齊性奢綺，尤好軍事。兵甲器械，極為精好。所乘船，雕刻丹鏤，青蓋絳襜。干櫓戈矛，葩瓜文畫。弓弩矢箭，咸取上材。蒙衝鬥艦之屬，望之若山。[071]休等憚之，遂引軍還。世豈有雕文刻鏤，可以退敵者邪？乃《朱然傳》猶以文采唯施軍器為美談。此直是事權在手，恣意揮霍，不顧國計民生耳。官自製器之弊有如此，亦不容不施以督責也。

第三節　商業

商業在秦、漢時頗盛。晁錯比較農商苦樂之語，已見第五章第一節。貢禹言：「商賈求利，東西南北，各用知巧。好衣美食，歲有什二之利，而不出租稅。農夫父子暴露中野，不避寒暑。捽草杷土，手足胼胝。已奉穀租，又出藁稅。鄉部私求，不可勝共。故民棄本逐末，耕者不能半。」其言與晁錯若合符節。[072]蓋財產私有之世，通工易事之鍵，本操於商人

---

[070]　工業：木牛流馬不運糧則無須。
[071]　生計：軍人製器之侈。
[072]　交通：漢交通之便。

手中。又天下一統，戰爭息而生計舒，交易之事益盛，則商人之利益多。通關梁，一符傳，漢人恆以為美談。伍被稱漢之美日「重裝富賈，周流天下，道無不通」，雖或不免過當，亦未必全虛也。此皆秦、漢之世，商人之所以益形跋扈者也。

　　古代之市，率自為一區，設官以管理之，漢世猶然。《續漢書·百官志注》：洛陽有市長一人，丞二人。《太史公自序》言其先無擇，為漢市長。《漢書·丙吉傳》言吉為軍市令。皆當時治理交易之官也。《後漢書·班彪傳注》引《漢官關疏》曰：長安九市，其六在道西，三在道東。《漢書·胡建傳》：天漢中守軍正丞。監軍御史穿北軍壘垣，以為賈區，建斬之。《三國志·陸遜傳》：潛遣將擊石陽，漢縣，今江西吉水縣東北。石陽市盛，皆捐物入城，城門噎不得關，敵乃自斫殺己民，然後得入。皆可見市之別為一區。[073]《漢書·尹翁歸傳》：霍光秉政，諸霍在平陽，奴客持刀，入市鬥變，吏不能禁。及翁歸為市吏，莫敢犯者。公廉不受饋，百賈畏之。《張敞傳》：守京兆尹，長安市偷盜尤多，百賈苦之。敞既視事，求問長安父老。偷盜酋長數人居皆溫厚，出從童騎，閭里以為長者。[074] 敞皆召見責問，因貰其罪，把其宿負，令致諸偷以自贖。一日捕得數百人。窮治所犯，或一人百餘發。盡行法罰。由是枹鼓希鳴，市無偷盜。《後漢書·祭遵傳》：從征河北，為軍市令。舍中兒犯法，遵格殺之。《第五倫傳》：京兆尹閻興，署為督鑄掾，領長安市。倫平銓衡，正斗斛，市無阿枉，百姓悅服。《三國志·孫皓傳》：鳳凰二年 (273)，皓愛妾或使人至市劫奪百姓財物。案《漢書·王嘉傳》：嘉奏封事論董賢亦云：「使者護視，發取市物，百賈震動。」司市中郎將陳聲，素皓幸臣也，恃皓寵遇，繩之以法。《潘璋傳》：璋為吳大市刺姦，盜賊斷絕，由是知名。又可見治市之官，頗有威權也。

---

[073]　商業：市皆別為一區。
[074]　階級：偷盜亦有其長。

漢世抑商頗甚。[075]《漢書・高帝紀》：八年（前 199），「令賈人毋得衣錦繡、綺縠、絺紵、罽，操兵，乘騎馬」。此即《食貨志》所謂「令賈人不得衣絲乘車」者。《續漢書・輿服志》亦云：「賈人不得乘馬、車。」此異其禮數也。《食貨志》又云：「重稅租以困辱之。」哀帝時定名田之法，賈人不得名田。見第十五章第三節。成帝算舟車，商賈人軺車二算。所謂七科謫者，曰賈人，曰故有市籍者，曰父母有市籍者，曰大父母有市籍者，賈人居其四焉。見第十八章第六節。《後漢書・班超傳》：超發龜茲、鄯善等八國兵，合七萬人，及吏、士、賈客千四百人討焉耆。《三國志・孫堅傳》：朱俊表請堅為佐軍司馬。堅募諸商旅及淮、泗精兵，與俊併力。是當時商賈，多能從軍。一由其時去古近，人民尚習於兵，一亦由法令恆迫商人充兵也。此限其制產，又重其賦役也。《食貨志》云：孝惠、高后時，為天下初定，復弛商賈之律。然市井子孫，亦不得宦為吏。《貢禹傳》：禹言：孝文皇帝時，賈人、贅婿及吏坐臧者，皆禁錮不得為吏。此絕其進取也。習俗岐視，尤不俟論。《漢書・楊敞傳》敞子惲報孫會宗書云：「惲幸有餘祿，方糴賤販貴，逐什一之利。此賈豎之事，汙辱之處，惲親行之。下流之人，眾毀所歸，不寒而慄。雖雅知惲者，猶隨風而靡，尚何稱譽之有？」《後漢書・崔駰傳》：孫寔窮困，以酤釀販鬻為業，時人多以此譏之。《獨行傳》：王烈避地遼東，公孫度欲以為長史，烈乃為商賈以自穢，得免。《逸民傳》：王君公儈牛自隱。韓康常採藥名山，賣於長安市。口不二價，三十餘年。時有女子，從康買藥，康守價不移。女子怒曰：「公是韓伯休那，乃不二賈乎？」康嘆曰：「我本欲避名，今小女子皆知有我，何用藥為？」乃遁入霸陵山中。當時商賈之與士大夫，蓋若薰蕕之不同器矣。然晁錯言其交通王侯，力過吏勢，《貨殖傳》：宛孔氏連騎遊諸侯，有遊閒公子之名：刁閒之奴，且或連車騎交守相。何哉？一以讎淫侈之物

者，多與王公貴人為緣。一以當時商賈，多兼事放債，貰貸亦放債之類。見第十五章第五節。《平準書》言富商大賈，或蹛財役貧，轉轂百數，廢居居邑，封君皆低首仰給，疑必有資其財賄以救緩急者。又《酷吏列傳》言：三長史陷張湯，使吏案捕湯左田信等，曰：「湯且欲奏請，信輒先知之，居物致富，與湯分之。」湯死，家產直不過五百金，皆所得奉賜，無他業，此言蓋誣。然當時有此等事可知。鄭當時為大農，任人賓客僦，入多逋負，則當時官吏，確有與人相交通，藉以牟利者。[076] 富商大賈，唯利是圖，何憚而不為此？此又其所以互相狼狽邪？刁閒多取桀黠奴，使事商賈。仲長統謂當時豪人，奴婢千群，徒附萬計，船車賈販，周於四方；廢居積貯，滿於都城。蓋身居闤闠者，皆其所奴役之流，而躬為富商大賈者，則又匪特長安酋長，居溫厚而出從騎，見目為長者而已。

王君公以儈牛自隱，此即《貨殖列傳》所謂「節駔會」，後世之牙行也。《漢書‧武帝紀》：元狩五年（前118），天下馬少，平牡馬匹二十萬。王莽之法，諸司市常以四時中月，實定所掌，為物上中下之賈，各自用為其市平。[077] 鄭司農釋《周官》之質劑，謂若其時之市平。則漢世百物，官家本有平賈。然其事未必能行，而其權遂操諸駔會之手。趙敬肅王仗使即縣為賈人榷會，入多於國租稅，《漢書‧景十三王傳》。可見是業之盛已。

凡兩地物產，相異愈甚，則其相資愈深。故中外通商，自古代即頗盛。巴、蜀、廣漢，南賈滇、僰，西近邛、筰，燕北隩烏丸、夫餘，東賈真番。卓氏賈滇、蜀民，程鄭亦賈椎結民，皆其證。又不獨緣邊也，漢朝絕未知西域及西南夷，而邛竹杖、蜀布、枸醬，業已遠致其地。案《魏略》言盤越國在天竺東南數千里，蜀人賈似至焉，參看第十二章第十節。此即大夏人告張騫，所謂從東南身毒國可數千里，得蜀賈人市者。蓋自陸路西行。《貨殖傳》謂番禺為珠、璣、犀、玳瑁、果、布之湊。越繇王、

---

[076] 商業：官史與商人交通。
[077] 商業：漢時市平。

閩侯以荃、葛、珠、璣、犀甲、翠羽、蝯、熊奇獸遺江都王建，《漢書‧景十三王傳》。《魏略》又謂大秦循海通交阯，又有水道通永昌，故永昌出異物。此則自海道而來者也。此當時之中歐交通也。後漢之撫烏桓、鮮卑，於寧城開胡市。見第十二章第十節。劉虞牧幽州，猶開上谷胡市之利。魏黃初三年（222），軻比能帥其部落及代郡烏丸，驅牛馬七萬餘口來交市，此東北邊之互市也。《後漢書‧孔奮傳》云：姑臧通貨羌、胡，市日四合。《三國志‧倉慈傳》云：遷敦煌太守。西域雜胡欲來貢獻，而諸豪族多逆斷絕。既與貿遷，欺詐侮易，多不得分明。胡常怨望。慈皆勞之。欲詣洛者，為封過所。欲從郡還者，官為平取。輒以府見物，與共交市。使吏民護送道路。由是民夷翕然，稱其德惠。數年卒官。西域諸胡聞慈死，悉共聚會於戊己校尉及長吏治下發哀。或有以刀畫面，以明血誠。又為立祠，遙共祠之。此西北邊之互市也。《漢書‧西域傳》言：罽賓自以絕遠，漢兵不能至，數剽殺漢使。成帝時，遣使獻，謝罪，漢欲遣使者報送。杜欽說王鳳，言其悔過來而無親屬貴人奉獻者，皆行賈賤人，欲通貨市買，以獻為名耳。欽述其路途，險阻危害，不可勝言，而其使猶能數年而一至，亦可謂難矣。

《漢書‧高惠高后文功臣表》：宋子侯九，孝景中二年（前148），坐寄使匈奴買塞外禁物免。此所買者為何物不可知。《後漢書‧朱暉傳》：尚書張林上言：「宜因交阯、益州上計吏往來市珍寶，收採其利，武帝時所謂均輸者也。」此其意，蓋猶宋人之用香藥寶貨。《梁冀傳》云：冀遣客出塞，交通外國，廣求異物。《三國志‧蘇則傳》：文帝問則曰：「前破酒泉、張掖，西域通使，敦煌獻逕寸大珠，可復求市益得否？」《吳志‧孫權傳》：嘉禾四年（235），魏使以馬求易珠璣、翡翠、玳瑁。《魏志‧夏侯尚傳注》引《世語》，言王經為江夏太守，曹爽附絹二十匹，令交市於吳，蓋亦欲求此等物耳。古代遠國通商，固多如是也。

第四節　錢幣

《漢書·食貨志》云：「秦兼天下，幣為二等：黃金以溢為名，上幣。銅錢質如周錢，文曰半兩，重如其文。而珠、玉、龜、貝、銀、錫之屬，為器飾、寶藏，不為幣。然各隨時而輕重無常。」不為幣，謂國家不以之為幣，隨時而輕重無常，則謂民間仍通用之也。國家偏重金銅，必由民間先偏重金銅之故，[078] 在各種用為易中之物中，金屬漸翹然獨異矣。

《食貨志》又云：「漢興，以為秦錢重，難用，更令民鑄莢錢，黃金一斤。[079] 而不軌逐利之民，蓄積餘贏，以稽市物，痛騰躍。米至石萬錢，馬至匹百金。」案《史記·貨殖列傳》言穀賈，上者不過八十。漢初戰爭，實不甚烈，穀賈安得翔踴如此？疑當時實以鑄錢為籌款之策，乃至是也。參看第四章第一節。《高后紀》：二年（前 186），行八銖錢。應劭謂即秦半兩。六年（前 190），行五分錢。應劭曰：「所謂莢錢者。」《文帝紀》：五年（前 175），更造四銖錢。《食貨志》云「為錢益多而輕」，又云「其文為半兩」。應劭曰：「今民間半兩錢最輕小者是也。」案古不甚更錢文，故自隋以前，所鑄錢皆曰五銖。見《日知錄·錢法之變》條。八銖、四銖，皆曰半兩，職是之故。古以二十四銖為兩，若秦半兩即重八銖，《漢志》不應云重如其文。然則應劭謂八銖即秦半兩，乃劭時秦錢已不可見，故有此誤也。《志》述莢錢，云令民鑄，則漢初並無私鑄之禁。是年，《紀》及《志》皆云除盜鑄錢令，未知其令起於何時。[080] 自此令除，而錢法大亂。《志》載賈誼之諫曰：「法使天下公得顧租鑄銅錫為錢，敢雜以鉛、鐵，為他巧者，其罪黥。然鑄錢之情，非殽雜為巧，則不可得贏，而殽之甚微，為利甚厚。夫事有召禍，而法有起姦。今令細民人操造幣之勢，各隱屏而

---

[078]　錢幣：偏重金銅之始。
[079]　錢幣：漢初似鑄輕錢。
[080]　錢幣：漢盜鑄令不知起何時。

鑄作，因欲禁其厚利微姦，雖黥罪日報，其勢不止。」又云：「乃者民人抵罪，多者一縣百數。及吏之所疑，榜笞奔走者甚眾。又民用錢，郡縣不同。或用輕錢，百加若干。或用重錢，平稱不受。法錢不立。吏急而一之乎？則大為煩苛，而力不能勝。縱而弗呵乎？則市肆異用，錢文大亂。」其禍可謂博矣。晁錯對策，顧以「鑄錢者除」，為文帝大功之一者？當時私鑄之罪為大辟，錯蓋謂盜鑄令除，則民命可全，而不知其所損者實大也。不特此也。是時吳王濞既即章郡銅山鑄錢，文帝又賜鄧通以蜀嚴道銅山，今四川滎經縣。得自鑄，見《史》、《漢》、《佞幸傳》。《志》言吳、鄧錢布天下。《佞幸傳》亦云：鄧氏錢布天下，《鹽鐵論·錯幣篇》：大夫曰：「文帝之時，縱民得鑄錢、冶鐵、煑鹽。吳王擅鄣海澤，鄧通專西山。山東姦猾，咸聚吳國。秦、雍、漢、蜀因鄧氏。吳、鄧錢布天下。」此亦開兼併之端。賈山諫除鑄錢令，謂富貴者人主之操柄，令民為之，是與人主共操柄，不可長，蓋為此發也。文帝之政，亦可謂敝矣。至景帝中六年（前144），乃定鑄錢、偽黃金棄市律。武帝建元元年（前140），行三銖錢。五年（前136），罷三銖錢，行半兩錢。元狩四年（前119），行皮幣白金。五年（前118），罷半兩錢，行五銖錢。又令京師鑄鐘官赤側。其後白金、赤側皆廢，悉禁郡國毋鑄錢，專令上林三官鑄，幣制乃稍定。已見第五章第十節。《鹽鐵論·錯幣篇》：文學曰：「往古幣眾財通而民樂。其後稍去舊幣，[081] 更行白金龜龍。民多巧新幣。幣數易而民益疑。於是廢天下諸錢，而專命水衡二官作。吏近侵利，或不中式，故有薄厚輕重。農人不習，物類比之，信故疑新，不知姦真。商賈以美貿惡，以半易倍。買則失實，賣則失理。其疑惑滋甚。」然則專令上林三官鑄後，至始元時，圜法猶未大定也。然是時措置已合，故終能漸趨安定，而五銖遂為最得民信之錢。

　　錢幣者，物賈之度量衡也。度量衡可一不可二，錢幣亦然。故古雖各

---

[081]　錢幣：文學言往古幣眾財通而民樂，則王銖有統一之功，此王莽所以多其幣邪。

物並用，秦、漢間遂專重金、銅。然事變之來，每非其時之人所能解。不能解，遂欲逆之而行。漢武欲行皮幣白金。哀帝時，又有上書，言古者以龜、貝為寶，今以錢易之，民以故貧，宜可改幣者，見《漢書・師丹傳》。皆與文學謂往者幣眾財通而民樂，同一見解也。又有謂錢可廢而代之以穀帛者。晁錯曰：「珠、玉、金、銀，饑不可食，寒不可衣。其為物輕微易臧，在於把握，可以周海內而亡饑寒之患。此令臣輕背其主，而民易去其鄉；盜賊有所勸，亡逃者得輕資也。粟米、布帛，生於地，長於時，聚於力，非可一日成也。數石之重，中人弗勝，不為姦邪所利。一日弗得而饑寒至。是故明君貴五穀而賤金玉。」貢禹曰：「鑄錢采銅，一歲十萬人不耕。民坐盜鑄陷刑者多。富人臧錢滿室，猶無厭足。民心動搖，棄本逐末，耕者不能平，姦邪不可禁，原起於錢。疾其末者絕其本，宜罷采珠、玉、金、銀、鑄錢之官，毋復以為幣。除其販賣租銖之律。師古曰：租銖，謂計其所賣物價，平其錙銖而收租也。租稅、祿賜，皆以布帛及穀。使百姓一意農桑」。皆見《漢書・食貨志》。後漢肅宗時，張林言穀所以貴，由錢賤故也。可盡封錢，一取布帛為租。詔諸尚書通議，為朱暉所駁，事寢。後陳事者復重述林前議，以為於國誠便。《後漢書・朱暉傳》。均係此等見解。景帝後三年（前141）詔曰：「農，天下之本也。黃金、珠、玉，饑不可食，寒不可衣，以為幣用，不識其終始。間歲或不登，意為末者眾，農民寡也？其令郡國務勸農桑，益種樹，可得衣食物。吏發民若取庸采黃金、珠、玉者，坐臧為盜。二千石聽者與同罪。」昭帝元鳳二年（前79）、六年（前75），皆詔三輔、太常郡得以叔粟當賦。皆可謂頗行其議者。王莽之見解，蓋亦主張眾幣，故其定制，至有五物、六名、二十八品，已見第六章第二節。事與時違，卒至大敗。其時公孫述廢銅錢，置鐵官錢。注云：置鐵官以鑄錢。百姓貨幣不行。蜀中童謠曰：「黃牛白腹，五銖當復。」蓋民習於舊，不願更張也。光武建武十六年（40），以馬援

議，行五銖錢。終後漢一朝無大變。至漢末，董卓出，乃大壞。

桓帝時，有上書言人以貨輕錢薄，故致貧困，宜改鑄大錢。事下四府群僚，及太學能言之士。劉陶上議，以為當今之憂，不在於貨，在乎民饑。竟不鑄錢。靈帝中平三年（186），鑄四出文錢。《宦者傳》云：「錢皆四道。識者竊言侈虐已甚，形象兆見，此錢成，必四道而去。及京師大亂，錢果流布四海。」此蓋董卓改幣時，為惡幣所逐也。獻帝初平元年（190），董卓壞五銖錢，更鑄小錢。《卓傳》云：悉取洛陽及長安銅人、鐘、虡、飛廉、銅馬之屬以充鑄焉。故貨賤物貴，穀石數萬。《三國志·卓傳》作穀一斛至數十萬。案《後書·卓傳》述李傕、郭汜作亂時情形云：「穀一斛五十萬，豆麥二十萬，人相食啖，白骨委積。」《獻帝紀》興平元年（194），亦有是語。則穀一斛數十萬，自在傕、汜入長安後，卓時物價雖貴，尚未至此，《志》蓋要其終言之也。又錢無輪廓，不便人用。錢法自此大壞。魏文帝黃初二年三月，復五銖錢。十月，以穀貴，復罷。《三國志·劉巴傳注》引《零陵先賢傳》曰：初攻劉璋，備與士眾約：若事定，府庫百物，孤無預焉。及拔成都，士眾皆捨干戈赴諸藏，競取寶物。軍用不足。備甚憂之。巴曰：「易耳。但當鑄直百錢，平諸物賈，令吏為官市。」備從之。數月之間，府庫充實。《吳志·孫權傳》：嘉禾五年（236），鑄大錢，一當五百。詔使吏民輸銅，計銅畀直，設盜鑄之科。赤烏元年（238），鑄當千大錢。九年（246）《注》引《江表傳》曰：是歲權詔曰：「謝宏往日，陳鑄大錢，云以廣貨，故聽之。今聞民意，不以為便，其省息之，鑄為器物，官勿復出也。私家有者，敕以輸藏，計畀其直，勿有所枉也。」吳行大錢，十年而廢。蜀直百錢後亦無聞，疑亦未能久行也。

《史記·貨殖列傳》言：宣曲任氏之先，為督道倉吏。秦之敗也，豪傑皆爭取金、玉，而任氏獨窖倉粟。楚、漢相距滎陽也，民不得耕種，米石至萬，而豪傑金、玉，盡歸任氏。《三國志·文昭甄皇后傳》云：天下兵

亂，加以饑饉，百姓皆賣金、銀、珠、玉、寶物。時後家大有儲穀，頗以
買之。此即《漢志》所謂隨時而輕重無常者。《呂后本紀》言：呂祿信酈寄，
時與出游獵。過其姑呂嬃。嬃大怒曰：「若為將而棄軍，呂氏今無處矣。」
乃悉出珠、玉、寶器散堂下，[082] 曰：「毋為他人守也。」可見是時貴戚之
家，藏珠、玉等甚多。《史記‧留侯世家》言：漢王賜良金百鎰，珠二斗，
良具以獻項伯。《漢書‧高帝紀》：四年（前 203），破曹咎汜水，盡得楚國
金、玉、貨賂。《史記‧項羽本紀》但云盡得楚國貨賂。《漢書‧李廣傳》：
李陵軍將敗，盡斬旌旗及珍寶埋地中。《後漢書‧西羌傳》：唐喜討破杜季
貢、王信，收金、銀、彩帛一億以上。《三國志‧董卓傳》：牛輔取金寶，
獨與素所厚友胡赤兒等五六人相隨，逾城北渡河。赤兒等利其金寶，斬首
送長安。《魏武帝紀》：破袁紹於官渡，盡收其輜重、圖書、珍寶。《注》
引《獻帝起居注》載公上言云：輜重財物巨億。《齊王紀》：正始元年（240），
詔出黃金、銀物百五十種，千八百餘斤，銷冶以供軍用。《閻溫傳注》引
《魏略‧勇俠傳》言：酒泉太守徐揖，誅郡中強族黃氏。時黃昂在外，得
脫，乃以其家粟金數斛募眾，得千餘人，以攻揖。《蜀志‧麋竺傳》：先主
轉軍廣陵海西，竺進金、銀、貨幣，以助軍資。《先主傳》：成都降，置
酒大饗士卒。取蜀城中金、銀，分賜將士。據《張飛傳》，是時賜飛及諸
葛亮、法正、關羽金各五百斤，銀千斤，錢五千萬，錦千匹。《後主傳》
景耀六年（263）《注》引王隱《蜀記》：後主降魏，遣尚書郎李虎送金、銀
各二千斤，蓋亦以犒軍也。《吳志‧甘寧傳》言：寧受敕出斫敵前營。孫
權特賜米、酒、眾餚。寧乃料賜手下百餘人食之。畢，寧先以銀碗酌酒，
自飲兩碗。乃酌與其都督。又通酌兵各一銀碗。凡此，皆可見當時軍中，
多有珠、玉、金、銀。《史記‧陳丞相世家》言：平間行杖劍亡渡河。船
人見其美丈夫，疑其亡將，要中當有金、玉、寶器，目之。平恐，乃解

---

[082]　錢幣：古藏珠玉他寶者，軍中亦然。金銀情形，鑄造有常形制，比價，黃金之少由散之民間。

衣，裸而佐刺船。《後漢書・獨行傳》言：王忳詣京師，於空舍中見一書生，疾困，愍而視之。生謂忳曰：「要下有金十斤，願以相贈，死後乞藏骸骨。」則行者多以為資。《楊震傳》：震遷東萊太守，當之郡，道經昌邑，故所舉荊州茂才王密為昌邑令，謁見至夜，懷金十斤以遺震。《獨行傳》：雷義嘗濟人死罪，罪者後以金二斤謝之。則行賄者亦用之矣。故晁錯謂其為姦邪所利，而令亡逃者得輕資也。《續漢書・禮儀志注》引丁孚《漢儀》述《酎金律》云：食邑九真、交阯、日南者，用犀角長九寸以上，《後漢書・章帝紀》建初七年（82）《注》引作用犀角二，長九寸。若玳瑁甲一，鬱林用象牙長三尺以上，若翡翠《後書注》引作翠羽。各二十，准以當金。此為國家於金、銀外特許以他寶貨當幣者。《後漢書・張堪傳》：樊顯言公孫述破時，珍寶山積，卷握之物，足富十世，則民間亦極流通。然終不敵金銀之廣。《漢書・疏廣傳》：廣父子俱告歸，加賜黃金二十斤，皇太子贈以五十斤。廣既歸鄉里，日令家共具，設酒食，請族人、故舊、賓客，與相娛樂。數問其家：「金餘尚有幾所？趣賣以共具。」王忳受書生之屬，亦鬻金一斤，營其殯葬。可見金銀兌換，已極便易，珠玉等恐不能如是也。金銀在當時，雖多以之製器皿，如前引甘寧以銀碗酌酒，第二節引貢禹言蜀、廣漢主金銀器，歲用各五百萬是也。《三國志・衛覬傳》：明帝時，覬上疏言：「尚方所造金銀之物，漸更增廣。」《吳志・孫亮傳》太平二年（257）《注》引《江表傳》，謂亮使黃門以銀碗並蓋，就中藏吏取交州所獻甘蔗餳。《孫綝傳》：綝遣宗正楷奉書於琅邪王休，言亮於官中作小船三百餘艘，成以金銀，師工晝夜不息。《華覈傳》：覈上疏曰：「今民貧而俗奢。兵民之家，內無儋石之儲，而出有綾綺之服。至於富賈商販之家，重以金銀，奢恣尤甚。」皆當時多用金銀以作器物之證也。然觀其鑄造有常形制，即可知其多用作錢幣矣。何以知其鑄造有常形制也？案《漢書・食貨志》言：秦黃金以溢為名，孟康曰：「二十兩為溢也。」師古曰：

「改周一斤之制，更以溢為金之名數也。高祖初賜張良金百溢，此尚秦制也。」案項王使項悍拜陳平為都尉，亦賜金二十溢。漢黃金一斤。《蕭望之傳》：張敞言今有金選之品。應劭曰：「選音刷，金銖兩名也。」師古曰：「音刷是也。字本作鈴，鑄即鍰也。其重十一銖二十五分銖之十三。一曰重六兩。」似皆以權度計多寡。然《武帝紀》：太始二年（前95），詔曰：「有司議曰：往者朕郊見上帝，西登隴首，獲白麟以饋宗廟，渥洼水（在今甘肅安西縣，黨河支流）出天馬，泰山見黃金，宜改故名。今更黃金為麟趾褭蹄，以協瑞焉。」師古曰：「既云宜改故名，又曰更黃金為麟趾褭蹄，則舊金雖以斤兩為名，而官有常形制，亦由今時吉字金挺之類矣。今人往往於地中得馬蹄金，金甚精而形制巧妙。」今案《後漢書·董卓傳》引《獻帝紀》，謂牛輔自帶二十餘餅金；《三國志·陳矯傳注》引《世語》，言文帝以金五餅授矯，《齊王芳紀》：嘉平五年（253），賜刺費褘之郭修子銀千餅，絹千匹；則餅亦為當時金銀形制之一，師古之言，信不誣也。《漢書·馮唐傳注》引如淳曰「黃金一斤直萬」，蓋據王莽時制言之。《惠帝紀注》引晉灼，即據《食貨志》為說，見下。比例是否有常，固難遽斷。然遍讀兩漢之書，未嘗見有異說，則其價必無大差。《惠帝紀》：帝即位後，賜視作斥土者：將軍四十金，二千石二十金，六百石以上六金，五百石以下至佐史二金。《注》引鄭氏曰：「四十金，四十斤金也。」晉灼曰：「此言四十金，實金也。下凡言黃金，真金也。不言黃，謂錢也。《食貨志》：黃金一斤值錢萬。」師古曰：「諸賜言黃金者，皆與之金；不言黃者，一金與萬錢也。」案《景帝紀》：元年（前156），詔曰：「吏受所監臨以飲食免重，受財物賤買貴賣論輕，廷尉與丞相更議著令。」廷尉信與丞相議：「吏遷罷免，受其故官屬所將鹽、治送財物，奪爵為士伍，免之。無爵罰金二斤。」此罰金沿襲古之罰鍰，本為制兵，必不折錢。金選或重十一銖餘，或重六兩，蓋即一指黃金，一指赤金。然則漢時賜與，當有三法：予之黃金，一也。

予之錢，二也。予之金，即今之銅，三也。三者晉灼所謂實金也。然此法行之甚少，大都非與之黃金，即與之錢。云賜黃金而實與之錢者，必以萬錢當一斤，故王莽因之而定制也。鑄造有常形制，與錢有常比價，其用之之廣可知矣。職是故，黃金散之民間者遂日多。舊時讀史者，率言漢世黃金多，後世漸少，歸咎於佛像塗金，及世俗泥金寫經，帖金作榜。漢時佛教雖已入中國，傳布未廣，耗金必不能甚多。然以後方前，黃金亦漸覺其少。梁孝王死，藏府餘黃金四十萬斤。漢武帝征匈奴，一次賞賜用黃金二十餘萬斤。王莽遣九虎東行時，省中黃金萬斤者為一匱，尚有六十匱。黃門、鉤盾、藏府、中尚方，處處各有數匱。史傳所載漢世金多之事，亦有不可盡信者，如漢高祖與陳平黃金四萬斤，以間疏楚君臣等是也。然此所引三事，必非虛誣。董卓凶暴，聚斂何所不至？然郿塢中不過有金二三萬斤，銀八九萬斤而已。《漢書·王莽傳》：有司奏故事聘皇后黃金二萬斤，莽聘皇后三萬斤，而《三國志·武帝紀注》引《獻帝起居注》：獻帝之聘曹皇后，但齎璧、帛、玄纁、絹五萬匹。蓋喪亂之後，黃金難得使然。黃金不能銷蝕，官家藏少，必流入民間矣。此古今幣制無形中之變遷也。

第四章　秦流時實業

第五章 秦漢時人民生活

第一節 飲食

漢人飲食，漸較古代為奢，而視後世則猶儉。[083]《鹽鐵論·散不足篇》曰：「古者燔黍食稗，而㸑豚以相饗。其後鄉人飲酒，老者重豆，少者立食，一醬一肉，旅飲而已。及其後，賓婚相召，則豆羹白飯，綦膾熟肉。今民間酒食，殽旅重疊，燔炙滿案。」又曰：「古者糲食藜藿，非鄉飲酒、膢臘、祭祀無酒肉。故諸侯無故不殺牛羊，大夫士無故不殺犬豕。今閭巷縣伯，阡陌屠沽，無故烹殺，相聚野外。負粟而往，易肉而歸。」又曰：「古者不鬻飪，不市食。及其後，則有屠沽、沽酒、市脯、魚鹽而已。今熟食遍列，殽施成市。」一似漢人飲食，極其奢侈者。然《論衡·譏日篇》，謂海內屠肆，六畜死者，日數千頭，則僅當今日一大市而已。固知漢人生活程度，猶遠低於今日也。

《史記·陳丞相世家》言：里中社，平為宰，分肉食甚均，此所謂非祭祀無酒肉者也。王吉去位家居，即布衣疏食；楊震子孫嘗疏食步行；費褘兒子皆布衣疏食，已見第十五章第一節。《漢書·霍光傳》：昌邑王道上不素食。師古曰：「菜無肉食也。言王在道常肉食，非居喪之制也。而鄭康成解喪服素食云平常之食，失之遠矣。」案此正可證漢人平時不肉食耳。茅容止郭林宗宿，殺雞為饌，林宗謂為己設，既而以共其母，自以草蔬與客同飯，此皆古非老者、貴者不肉食之舊法。崔瑗好賓客，盛修餚膳，單極滋味，居常疏食菜羹。任公家約，非田畜所生不衣食。公事不畢，則不得飲酒食肉。此居家之恆法也。即貴人及待賓客，飲食亦不甚侈。淮南屬

---

[083] 飲食：古今飲食侈儉。

王之廢也，有司奏請處蜀嚴道邛郵，遣其子子母從居縣為築蓋家室，皆日三食，給薪、菜、鹽、炊食器、席等。制曰：「食長給肉日五斤，酒二斗。令故美人、材人得幸者十人從居。」案後漢和熹鄧皇后朝夕一肉飯。《三國·魏志·武宣下皇后傳注》引《魏書》曰：帝為太后弟秉起第。第成，太后幸第，請諸家外親。廚無異膳。太后左右，菜食、粟飯。張禹食彭宣，不過一肉卮酒相對。則貴人日食若尋常待客，亦無兼肉；從者亦不過疏食。故漢文制書，明言酒肉以食屬王，明其子與妻妾同居者，皆不得酒肉也。然晁錯言「人情一日不再食則饑」，而此曹皆日三食，則較之平民，已稍侈矣。

古人之食，大抵以羹飯為主，有加則非常饌。漢人亦然，故汝南童謠，言「飯我豆食羹芋魁」也，《漢書·翟方進傳》。食狗肉者似尚多。《漢書·樊噲傳》云：以屠狗為事。師古曰：「時人食狗，亦與羊豕同，故噲專屠以賣。」然則師古時民已不甚食狗矣。[084] 其調和之法，有稍與古異者。《左氏》昭公二十年（前522），「異如和羹焉，水、火、醯醢、鹽、梅，以烹魚肉」。《疏》云：「此說和羹而不言豉，古人未有豉也。」[085]《禮記·內則》、《楚辭·招魂》備論飲食，而不言及豉。史游《急就篇》，乃有蕪荑鹽豉，蓋秦、漢以來始為之焉。」案《史記·貨殖列傳》言糵麯鹽豉千荅，比千乘之家；《漢書·貨殖傳》有豉樊少翁、王孫大卿為天下高訾；可知時人嗜豉之深矣。

酒在漢世仍有禁。[086]《文帝紀》：帝即位，賜民酺五日。文穎曰：「漢律，三人以上無故群飲酒，罰金四兩。今詔橫賜，得令會聚飲食五日也。」然群飲有禁，酤在平時卻不犯法。故高祖嘗從王媼、武負貰酒，呂母散家財以酤酒也。年不登則禁之。景帝中三年（前147），夏、旱，禁酤

---

[084]　飲食：食狗漸少。

[085]　飲食：古未有豉。

[086]　飲食：酒禁。

酒。後元年（前 143），夏，大酺五日，民得酤酒。《魏相傳》：相好觀漢故事及便宜章奏。以為古今異制，方今務在奉行故事而已。數條漢興以來國家便宜行事，及賢臣賈誼、晁錯等所言，奏請施行之。曰：「竊伏觀先帝，遣諫大夫、博士巡行天下，寬租賦，弛山澤、陂池，禁秣馬、酤酒、貯積。」觀此，知禁酤漢世常行。蓋遇饑饉則行之，歲登則已。後漢和帝永元十六年（104），順帝漢安二年（143），皆禁酤酒。後漢末，呂布、張魯皆嘗禁酒。太祖亦嘗制酒禁，而孔融書啁之，見《三國志·崔琰傳注》引張璠《漢紀》。《徐邈傳》云：魏國初建，為尚書郎。時科禁酒，而邈私飲，至於沉醉。校事趙達問以曹事。邈曰：「中聖人。」達白之太祖。太祖甚怒。度遼將軍鮮於輔進曰：「平日醉客謂酒清者為聖人，濁者為賢人，邈性修慎，偶醉言耳。」竟坐得免刑。案《漢書·楚元王傳》言元王敬禮申公等。穆生不嗜酒，元王每置酒，嘗為穆生設醴。《周官》酒正五齊：泛齊、醴齊、盎齊、緹齊、沈齊。鄭《注》云：「自醴以上尤濁，盎以下差清。」時人以清酒為聖，濁酒為賢，可見其所好，皆其味之厚者矣。《食貨志》：魯匡請官作酒，一釀用粗米二斛，麴一斛，得成酒六斛六斗。《平當傳注》引如淳曰「律：稻米一斗得酒一斗為上尊，稷米一斗得酒一斗為中尊，粟米一斗得酒一斗為下尊」，師古曰：「稷即粟也。中尊者宜為黍米，不當言稷。且作酒自有澆醇之異，為上中下耳，非必繫之米。」案律文自繫當時實事，師古妄駁之，非。此漢人釀酒之法也。蜀漢先主亦嘗以天旱禁酒，釀者有刑，見《三國志·簡雍傳》。

《三國志·韋曜傳》言：孫皓每饗宴，無不竟日。坐席無能否，率以七升為限。雖不悉入口。皆澆灌取盡。曜素飲酒不過三升。初見禮異時，常為裁減，或密賜茶荈以當酒。此為飲茶見於正史之始。[087]《漢書·地理志》：長沙國茶陵。師古曰：「茶音弋奢反，又音丈加反。」此亦即茶字之

---

[087]　飲食：茶見正史之始。

音。師古說不知確否。然茶陵產茶，固事所可有也。

　　貴人飲食，頗多遠方之物。[088]《漢書‧地理志》：南海郡有圃羞官，交阯郡陸贏有羞官。《三國志‧明帝紀》太和元年 (227)《注》引《三輔決錄注》，言孟他以葡桃酒一斛遺張讓。《吳志‧孫亮傳注》引《吳曆》，謂亮出西苑食生梅，使黃門至中藏取蜜漬梅。《江表傳》則謂亮使黃門以銀碗並蓋就中藏吏取交州所獻甘蔗餳。裴松之謂《吳曆》之言，不如《江表傳》之實，其說蓋是。何者？蜜在是時為常食，蔗餳則罕見，訛蔗餳為蜜，事所可有，訛蜜為蔗餳，理所難通也。一騎紅塵妃子笑，食之者甚樂，供億者甚苦。《記》曰：「三牲魚臘，四海九州之美味也。」以是為孝，其見解亦與流俗人等耳。故曰：「賢者與民並耕而食，饔飧而治，今也滕有倉廩府庫，則是厲民而以自養也，惡得賢？」

　　《漢書‧文帝紀》：帝即位，賜民爵一級，女子百戶牛酒。[089]蘇林曰：「男賜爵，女子賜牛酒。」師古曰：「賜爵者，謂家之長得之也。女子，謂賜爵者之妻也。率百戶共得牛若干頭，酒若干石，無定數也。」三年 (前177)，幸太原。諸民里賜牛酒。師古曰：「里別率賜之。」案帝元年詔曰：「『老者非帛不暖，非肉不飽。今歲首不時使人存問視長老，又無布帛酒肉之賜，將何以佐天下子孫孝養其親？今聞吏稟當受鬻者，或以陳粟，豈稱養老之意哉？具為令。』有司請令縣道年八十已上，賜米人月一石，肉二十斤，酒五斗。其九十已上，又賜帛人二匹，絮三斤。賜物及當稟鬻米者，長吏閱視，丞若尉致。不滿九十，嗇夫令史致。二千石遣都吏循行，不稱者督之。刑者及有耐罪已上，不用此令。」武帝建元元年 (前140) 詔言民年九十已上，已有受鬻法，當即此所云吏稟當受鬻者，此則又加賜之也。元狩元年 (前122)，使謁者賜縣三老、孝者，鄉三老、弟者、力田帛。年九十已上，及鰥、寡、孤、獨帛絮。八十已上米。縣鄉即賜，毋贅

---

[088]　飲食：貴人食遠方異物。
[089]　飲食：賜糜鬻牛酒等。

聚。後漢安帝元初四年（117），詔曰：「《月令》仲秋養衰老，授幾杖，行
糜鬻。當今案比之時，郡縣多不奉行。雖有廩鬻，糠秕相半。」蓋古代養
老及恤鰥寡孤獨之政，漢世猶存其文，雖多不克奉行，然告朔餼羊，究猶
賢於後世之視若無睹者也。

第二節　倉儲漕運糴糶

　　秦、漢之世，穀粟之用，尚重於錢幣。如後漢桓帝永壽元年（155），
司隸、冀州饑，貪吏民穀以助稟貸，以見錢僱值；延熹五年（162），武陵
蠻叛，假公卿以下俸，又換王侯租，以助軍糧，出濯龍中藏錢還之；皆可
見其所關者，乃穀而非錢也。職是故，倉儲、漕運，在當時均為要政。[090]

　　沛公入關，軍霸上，秦民多持牛羊、酒食，獻享軍士。沛公讓不受，
曰：「倉粟多，不欲費民。」可見秦人藏粟之富。然是時穀粟，非僅各地方
皆有儲峙，形要之地，所積尤多。酈生說高帝曰：「夫敖倉，天下轉輸久
矣。」漢惠帝六年（前189），亦嘗修敖倉。枚乘說吳王，言漢「轉粟西鄉，
陸行不絕，水行滿舟，不如海陵之倉」，此時言倉儲，已必兼轉漕矣。趙
充國論羌事曰：「金城、湟中，穀斛八錢。吾謂耿中丞：糴二百萬斛，羌
人不敢動矣。」此則言倉儲者又當兼糴糶也。蓋各地方之生計，互有關
係，已不容各自為政矣。

　　歷代帝都所在，穀食率不能自給，必轉漕他處以濟之，此事自漢已開
其端。漢初漕關東粟數十萬石，以給京師。桑弘羊時，關東漕歲益六百萬
石。其時用度奢廣，固非常典。然五鳳中，耿壽昌奏言故事歲漕關東穀
四百萬斛，以給京師，亦已十倍其初矣。昭帝元鳳二年（前79）詔云：「前
年減漕三百萬石。」三年（前78）詔：「其止四年毋漕。」亦一時之事，非
常典。轉漕最為勞費。伍被言秦之暴曰：「轉海濱之粟，致之西河。」史

---

[090]　食儲：倉儲猶重轉漕漸盛。

言楚、漢之際曰：「丁壯苦軍旅，老弱疲轉漕。」又言漢武通西南夷道，作者數萬人，千里負儋饋饟，率十餘鐘致一石。東置滄海郡，人徒之費，疑於南夷。當時所以一有事輒覺騷然不寧者，轉漕實為其大端。故漢人議論，多欲充實郡縣儲峙。然其策亦在有無相通。晁錯說文帝，募天下入粟縣官，得以拜爵，得以除罪。文帝從錯言，令民入粟邊拜爵。錯復奏言：「邊食足以支五歲，可令入粟郡縣矣。足支一歲以上，可時赦，勿收農民租。」上復從其言。乃下詔：賜民十二年租稅之半。明年，遂除民田之租稅。後十三年（前 155），孝景二年（前 155），乃令民半出田租。漢郡縣積穀之多，當莫此時若矣。武帝時，桑弘羊請令民得入粟補吏，及罪以贖。令民入粟甘泉各有差，以復終身。他郡各輸急處。因此得不復告緡。一歲之中，大倉、甘泉倉滿，邊餘穀。民不益賦，而天下用饒。晁錯謂「取於有餘，以共上用，則貧民之賦可損，所謂損有餘補不足，令出而民利」，其效如此。然此不過欲得高爵及免罪者，出其所有而已，未能制馭操縱穀價之徒也。真有裒多益寡之意者，厥唯常平。

　　常平之議，創自李悝。《漢書·食貨志》載其說云：「善平糴者，必謹觀歲有上中下孰。上孰，其收自四，餘四百石。中孰自三，餘三百石。下孰自倍，餘百石。小饑則收百石。中饑七十石。大饑三十石。平歲收百五十石（已見第十五章第一節）。故大孰則上糴三而捨一，中孰則糴二，下孰則糴一，使民適足。賈平則止。小饑則發小孰之所斂，中饑則發中孰之所斂，大饑則發大孰之所斂而糴之。故雖遇饑饉水旱，糴不貴而民不散。」此古所謂輕重斂散之法也。漢宣帝時，穀石五錢，農人少利。五鳳中，大司農中丞耿壽昌奏言：故事漕關東穀四百萬斛，以給京師，用卒六萬人。宜糴三輔、弘農、河東、上黨、大原郡穀，足供京師，可以省關東漕卒過半。天子從其計。事果便。壽昌遂白令邊郡皆築倉，以穀賤時增其賈而糴，貴時減賈而糴，名曰常平倉。[091] 民便之。上乃下詔，賜壽昌

---

[091]　食儲：漢常平倉已不能無弊。

爵關內侯。常平之政，後世常行之，以理論自無可訾議，然效不如其所期者？一時愈晚，糧食之交易愈廣，官家之資本，相形而益微，不足以制輕重。二官辦之事，有名無實，甚或轉以厲民也。漢雖近古，然《後書・第五倫傳》言：倫拜會稽太守，受俸裁留一月糧，餘皆賤貿與民之貧羸者，[092]則官吏有與民為市者矣，而況商人？欲制馭之，自非易事。元帝即位，天下大水，關東郡十一尤甚。二年（前47），齊地饑，穀石三百餘，民多餓死。琅邪郡人相食。在位諸儒，多言鹽鐵官及北假田官、常平倉可罷，毋與民爭利。上從其議，皆罷之。據本紀，事在初元五年（前44）。後漢明帝欲置常平倉，公卿議者多以為便。劉般獨對以常平倉外有利民之名，內實侵刻百姓。豪右因緣為姦，小民不能得其平。置之不便。帝乃止。則辦理亦不能無弊矣。然以立法之意言之，究有抑強扶弱之意，非如後世之義倉、社倉，徒使貧民相呴以沫，坐視富人之操縱而不敢問也。《漢書・酷吏・嚴延年傳》，河南府丞義出行蝗蟲，言壽昌為常平倉利百姓，則辦理雖或有弊，究不能謂其無利。凡水運必便於陸，故酈生以「蜀漢之粟，方舟而下」恐動齊。武帝時，山東被河災，所以振之者，亦藉下巴、蜀之粟也。蕭望之議壽昌欲近糴漕關內之穀，築倉治船，費直二萬萬餘，有動眾之功，恤小費而昧大計，尤見其不知務矣。

第三節　衣服

秦、漢之世，尚頗重視等威。賈生言：「今民賣僮者，為之繡衣絲履，偏諸緣，內之閑中，是古天子后服，所以廟而不宴者也，而庶人得以衣婢妾。白縠之表，薄紈之裡，緁以偏諸，美者黼繡，是古天子之服，今富人大賈嘉會召客者以被牆。古者以奉一帝一後而節適，今庶人屋壁得為帝服；倡優下賤，得為后飾，然而天下不屈者，殆未有也？且帝之身自衣皂

---

[092]　生計：第五倫受俸貿與貧民。

綈，而富民牆屋被文繡；天子之後以緣其領，庶人孽妾緣其履；此臣所謂
舛也夫！百人作之，不能衣一人，欲天下亡寒，不可得也。一人耕之，十
人聚而食之，欲天下亡饑，不可得也。饑寒切於民之肌膚，欲其亡為姦
邪，不可得也。國已屈矣，盜賊直須時耳。然而獻計者曰：毋動為大耳，
夫俗至大不敬也，至亡等也，至冒上也，進計者猶曰無為：可為長大息者
此也。」以物力之屈，歸諸奢侈，是矣。然欲以貧富隨貴賤，貴者侈靡自
恣，賤者禁不得為，終非人心之所服，富有者終必違法而自恣。封建之世
嚴上之心，既已隨時代而俱去，有財即是權勢，吏必與相勾結，不能治，
雖有法令，皆成具文矣。此制節謹度之道，所以終至蕩然無存也。

　　《漢書・景帝紀》：中六年（前 144），詔曰：「夫吏者，民之師也。車
駕衣服宜稱。吏六百石以上，皆長吏也。亡度者或不吏服，出入閭里，與
民亡異。令長吏二千石車朱兩轓，千石至六百石朱左轓，車騎從者不稱其
官衣服，下吏出入閭巷亡吏體者，二千石上其官屬，三輔舉不如法令者，
皆上丞相、御史請之。」史言「先是吏多軍功，軍服尚輕，故為設禁」云。
其欲分別等級如此。成帝永始四年（前 13），安帝元初五年（118）之詔，
見第六章第二節及第十五章第四節。雖重責貴戚，亦仍以等威制度為言。
《三國志・華覈傳》覈言：「今事多而役繁，民貧而俗奢。百工作無用之器，
婦人為綺靡之飾。不勤麻枲，並繡文黼黻。轉相倣效，恥獨無有。兵民之
家，猶復逐俗。內無儋石之儲，而出有綾綺之服。至於富賈商販之家，重
以金銀，奢恣尤甚。天下未平，百姓不贍，宜一生民之原，豐穀帛之業，
而棄功於浮華之巧，妨日於侈靡之事；上無尊卑等級之差，下有耗財費力
之損。今吏士之家，少無子女。多者三四，少者一二。通令戶有一女，十
萬家則十萬人，人織績一歲一束，則十萬束矣。使四疆之內，同心戮力，
數年之間，布帛必積。[093] 恣民五色，唯所服用。但禁綺繡無益之飾。且

---

[093]　衣服：責吏士女績數歲，布帛必積。

美貌者不待華采以崇好，豔姿者不待文綺以致愛。五彩之色，足以麗矣。若極粉黛，窮盛服，未必無醜婦。廢華采，去文繡，未必無美人也。若實如論，有之無益，廢之無損者，何愛而不暫禁以充府藏之急乎？此救乏之上務，富國之本業也。」其言可謂痛切矣。然卒莫能行也。或曰：《漢書‧朱博傳》：遷琅邪太守，齊部舒緩養名。博新視事，右曹掾史皆移病臥。博問其故。對言「皇恐。故事，二千石新到，輒遣吏存問致意，乃敢起就職。」博奮髯抵几曰：「觀齊兒欲以此為俗邪？」乃召見諸曹史書佐及縣大吏，選視其可用者，出教置之。皆斥罷諸病吏，白巾走出府門。《吳志‧呂蒙傳》：蒙襲荊州，伏其精兵䑯艫中，使白衣搖櫓，作商賈人服。是當時平人，猶不能加冠、服彩色也。[094] 然病吏白巾，特府中事，歸家後安可究詰；而搖櫓者亦豈富商大賈哉？

織工以齊為最優。[095]《史記‧貨殖列傳》言：太公望封於營丘，地潟鹵，人民寡，於是太公勸其女功，故齊冠帶衣履天下。以齊擅女功，歸本太公，自屬附會，然其所由來者舊，則可知矣。《漢書‧地理志》言：齊「織作冰紈、綺繡、純麗之物，號為冠帶衣履天下」。蓋奢侈之物，日用之資，兼而有之矣。《元帝紀》：初元五年（前 44），罷齊三服官。李斐曰：「齊國舊有三服之官。春獻冠、幘、縰為首服，紈、素為冬服，輕綃為夏服，凡三。」如淳曰：「《地理志》曰：齊冠帶天下。胡公曰：服官主作文繡，以給袞龍之服。《地理志》云：襄邑亦有服官。」師古曰：「齊三服官，李說是也。縰與纚同，即今之方目紗也。紈素，今之絹也。輕綃，今之輕紗也。襄邑自出文繡，非齊三服也。」案如師古說，襄邑殆所以給禮服，故不可罷也。元帝罷三服官，實以貢禹之言。禹言「故時齊三服官，輸物不過十笥，方今作工各數千人，一歲費數巨萬」。其踵事增華，亦足驚嘆矣。哀帝即位，復詔齊三服官、諸官織綺繡難成，害女紅之物，皆止

---

[094]　衣服：漢時平民不能彩色。
[095]　服飾：齊蜀女工盛。

無作輸。則三服官實未嘗罷，而織作者亦不止一官也。後漢章帝建初二年（77），亦詔齊相省冰紈、方空縠、吹綸絮。又李熊說公孫述，言蜀女工之業，覆衣天下，則蜀中女紅，亦甚盛也。

邊方之地，女紅有極陋者。《後漢書·崔駰傳》：駰孫寔，為五原太守。五原土宜麻枲，而俗不知織績。[096]民冬月無衣，積細草而臥其中，見吏則衣草而出。寔至官，斥賣儲峙，為作紡績、織紝、練縕之具以教之。民得以免寒苦。《循吏傳》：南陽茨充，代衛颯為桂陽，教民種植桑、柘、麻、紵之屬，勸令養蠶、織履。又王景遷廬江太守，亦訓令蠶織。又《衛颯傳注》引《東觀記》曰：元和中，荊州刺史上言：「臣行部入長沙界，觀者皆徒跣。臣問御佐曰：人無履，亦苦之否？對曰：十二月盛寒時，並多剖裂血出。然火燎之，春溫或膿潰。建武中，桂陽太守茨充教人種桑蠶，人得其利。至今江南頗知桑蠶織履，皆充之化也。」《三國志·薛綜傳》：綜上疏言：「交州椎結徒跣，貫頭左衽。錫光為交阯，任延為九真太守，乃使之冠履。」又言：日南郡男女裸體，不以為羞。蓋越至三國時仍有裸體者，然《後書·獨行傳》言：陸續建武中為尚書令，喜著越布單衣。光武見而好之。自是常敕令會稽郡獻越布。[097]則會稽越人織布，又極精美。蓋其地之開塞異，故其民之巧拙殊也。《三國志·龐統傳》：統弱冠往見司馬徽，徽採桑於樹上，坐統在樹下共語。《吳志·陸凱傳》：凱陳孫晧二十事，其十三曰：「先帝嘆曰：國以民為本，民以食為天，衣其次也。三者孤存之於心。今則不然，農桑並廢。」統襄陽人，後世襄、鄖殊乏蠶桑之利，吳中則衣被天下，當時之情勢，相反如此。文化之轉移，所繫固不重哉？

異域殊服，亦有傳入中國者。《魏志·齊王紀》：景初三年二月，西域重譯獻火浣布。詔大將軍、太尉臨試，以示百僚。《注》引《傅子》曰：「漢

---

[096]　服飾：五原不知績織。
[097]　服飾：越布。

桓帝時，大將軍梁冀，以火浣布為單衣。常大會賓客，冀陽爭酒失杯而汙之。偽怒，解衣曰：燒之。布得火煒燁，赫然如燒凡布。垢盡火滅，粲然若用灰水焉。」又引《搜神記》曰：「崑崙之虛，有炎火之山。山上有鳥獸、草木，皆生於炎火之中。故有火浣布，非此山草木之皮枲，則其鳥獸之毛也。漢世西域，舊獻此布。中間久絕。至魏初，時人疑其無有。文帝以為火性酷烈，無含生之氣，著之《典論》，明其不然之事，絕智者之聽。及明帝立，詔三公曰：先帝昔著《典論》，不朽之格言，其刊石於廟門之外及太學，與石經並以永示來世。至是，西域使至，而獻火浣布焉，於是刊滅此論，而天下笑之。」裴氏言：「昔從征西至洛陽，歷觀舊物，見《典論》石在太學者尚存，而廟門外無之。問諸長老，云晉初受禪，即用魏廟，移此石於太學，非兩處立也。竊謂此言為不然。」又引東方朔《神異經》曰：「南荒之外有火山。長三十里，廣五十里。其中皆生不爐之木。晝夜火燒，得暴風不猛，猛雨不滅。火中有鼠，重百斤，毛長二尺餘，細如絲，可以作布。常居火中，色洞赤。時時出外而色白。以水逐而沃之，即死。績其毛，織以為布。」諸附會之談，雖屬可笑，然漢、魏時有火浣布則真矣。《朱建平傳》言：「文帝將乘馬，馬惡衣香，驚嚙帝膝。」後世香料，多來自南洋，疑古亦然。《倉慈傳注》引《魏略》云：皇甫隆為敦煌太守。敦煌俗婦人作裙，攣縮如羊腸，用布一匹，隆禁改之，所省不訾。攣縮之裙，疑亦來自西域也。

　　衣服裁製，北窄南寬。吾國文化，原起南方，故以寬博為貴。[098]《鹽鐵論・利議篇》言：大夫訾文學，「褒衣博帶，竊周公之服」。《漢書・儒林傳》：唐生、褚生應博士弟子選，詣博士，摳衣登堂，頌禮甚嚴。《朱博傳》：遷琅邪太守，敕功曹、官屬，多褒衣大裙，不中節度。自今掾史衣皆令去地三寸。此皆好講頌禮者，以寬博為貴之證也。其右武及服勞者則

---

[098]　服飾：講究禮者寬博，崇儉、右武、服勞者反之。

不然。《景十三王傳》言：廣川王去，殿門有成慶畫，短衣、大絝、長劍。去好之，作七尺五寸劍，被服皆效焉。《李陵傳》：陵便衣獨步出營。師古曰：「謂著短衣小褎也。」《蓋寬饒傳》：初拜為司馬。未出殿門，斷其禪衣，令短離地。《三國志‧崔琰傳》：太祖征并州，留琰侍文帝於鄴。世子仍出田獵，變易服乘。琰書諫曰：「唯世子燔翳捐褶。」《吳志‧諸葛瑾傳》：孫峻與亮謀，置酒請恪。酒數行，亮還內，峻起如廁，解長衣，著短服，出曰：「有詔收諸葛恪。」恪驚起，拔劍未得，而峻刀交下。此以用武而短服者也。《史記‧司馬相如列傳》言：相如身自著犢鼻褌，與保庸雜作，此以服勞而短服者也。張敞言昌邑王疾痿，行步不便，衣短衣大絝。此求行動之便捷，亦與右武服勞者短服同。《漢書‧文帝紀贊》：美其所幸慎夫人，衣不曳地。《王莽傳》：母病，公卿列侯遣夫人問疾。莽妻迎之，衣不曳地，布蔽膝。見之者以為僮使。又言唐尊為太傅。尊曰「國虛民貧，咎在奢泰」，乃身短衣小褎。此則講頌禮者以長大為美，崇節儉者乃與之相反也。又南方天氣較熱，好美觀者雖尚寬博，求適體者究宜窄小，故日常服用，北方又較南方為寬大。《史記‧叔孫通列傳》通儒服，漢王憎之，乃變其服，服短衣楚制其證。《索隱》云：高祖楚人，故從其俗裁製。

　　冠服變遷，必自煩難稍趨簡便，此於冠巾之變見之。鮑衍、馮永，聞更始已亡，幅巾降於河內，此尚意存自貶。楊賜特辟趙咨，使之飾巾出入，則捨禮容而求簡便矣。《三國志‧武帝紀》建安二十五年（220）《注》引《傅子》云：「漢末王公，多委王服，以幅巾為雅。是以袁紹、崔豹之徒，雖為將帥，皆著縑巾。魏太祖以天下凶荒，資財乏匱，擬古皮弁，裁縑帛以為帢。合於簡易隨時之義，以色別其貴賤。於今施行。可謂軍容，非國容也。」帢製雖緣凶荒，幅巾之尚，初不由是，實去拘束而趨簡易，機動於不自知也。

　　王章疾病無被，臥牛衣中，已見第十四章第五節。師古曰：「牛衣，

編亂麻為之。」沈欽韓曰：「《晉書》劉寔作牛衣，賣以自給。亦作烏衣，義同也。《魏志》：鄧艾身被烏衣。《隋五行志》：北齊後主於苑內作貧兒村，令人服烏衣，以相執縛。程大昌《演繁露》云：牛衣編草使暖，以被牛體，蓋蓑衣之類。《案南齊書·張融傳》：融悉脫衣以為賻，披牛被而反是也。今以稻稿作之，被牛背。」據王先謙《補注》引。《案三國志·管寧傳注》引《魏略》，言焦先結草以為裳，自作瓜牛廬，淨掃其中，營木為床，布草蓐其上。又引《高士傳》云：及魏受禪，嘗結草為廬於河之湄，獨止其中。冬夏恆不著衣。臥不設席，又無草蓐，以身親土。其土垢汙，皆如泥漆。此皆以草為衣被。又《常林傳注》引《魏略》，言吉茂冬則被裘，夏則短褐，蓋無絺綌使然。賤者之服，大致仍與古同也。

《後漢書·虞詡傳》：鄧騭兄弟欲以吏法中傷詡。後朝歌賊寧季等數千人攻殺長吏，屯聚連年，州郡不能禁，乃以詡為朝歌長。詡潛遣貧人能縫者，傭作賊衣，以采綖縫其裾為幟。《注》幟，記也。《續漢書》曰：以絳縷縫其裾也。有出市里者吏輒擒之。則當時已有以縫衣為業者矣。

第四節　宮室

秦、漢之世，營造之技頗精，惜皆為富貴者所享，平民之居，則甚簡陋耳。秦始皇帝宮室之侈，已見第二章第三節。漢初，蕭何營未央宮，即極壯麗。其後文帝惜百金之臺而不為，稱為節儉。至武帝，遂大奢縱。起柏梁、《本紀》在元鼎二年（前115）。甘泉通天臺、長安飛廉館、元封二年（前109）。建章宮、太初元年（前104）。明光宮。四年（前101）。宣帝亦以鳳凰集，起步壽宮、鳳凰殿。武、宣二世之事，略見《漢書·食貨志》、《郊祀志》。翼奉言：「漢德隆盛，在於孝文皇帝。躬行節儉，外省徭役。其時未有甘泉、建章及上林中諸離宮館也，未央宮又無高門、武臺、麒麟、鳳凰、白虎、玉堂、金華之殿。獨有前殿、曲臺、漸臺、宣室、溫

室、承明耳。孝文欲作一臺，度用百金，重民之財，廢而不為。其積土
基，至今猶存。又下遺詔，不起山墳。故其時天下大和，百姓洽足，德流
後嗣。如令處於當今，因此制度，必不能成功名。」因勸元帝徙都成周。
「眾制皆定，無復繕治宮館，不急之費，歲可餘一年之蓄。」觀奉之言，而
知漢時土木之侈矣。其後成帝為趙昭儀，哀帝為董賢築宮，亦皆極奢侈。
王莽雖躬行節儉，而其作事，規模侈大，故所為九廟，亦極閎壯。又以方
士蘇樂言，起八風臺於宮中，臺成萬金。見《郊祀志》。其勞民亦甚矣。
權戚之家，亦均縱恣。梁孝王事已見第四章第六節。魯共王好治宮室，其
所為靈光殿，至後漢猶存，見《後漢書·東海恭王傳》。後漢宗室好土木
者，有濟南安王康、琅邪孝王京。先漢外戚最盛者為霍氏、王氏，嬖倖最
盛者為董賢，後漢外戚最盛者為梁氏。安帝為王聖起第舍，樊豐、謝惲等
亦遂因之造作，見《後漢書·楊震傳》。其後又有侯覽等大起居宅，見《宦
者傳》。呂強言：「外戚四姓，貴幸之家，及中官公族，造起館舍，凡有萬
數。樓閣相接，丹青素堊。雕刻之飾，不可彈言。」蓋縱侈者之多，又非
先漢之比矣。喪亂之際，董卓造郿塢，公孫瓚造易京，亦皆殫竭民力。三
國之世，北則魏明南則孫皓，權戚如曹爽等，亦均極奢侈。已述於前，今
不更及。

　　苑囿之設，費地殊廣。漢武帝度為上林苑，舉籍阿城以南，師古曰：
本秦阿房宮，以其牆壁崇廣，故俗呼為阿城。盩屋以東，宜春以西，漢
宜春苑，在長安南，見《漢書·東方朔傳》。宣帝神爵三年（前59），起樂
遊苑。後漢順帝陽嘉元年（132），起西苑。桓帝延熹元年（158），置鴻德
苑。二年（159），造顯陽苑。靈帝造畢圭靈琨苑。《洛陽宮殿名》有平樂
苑、上林苑。據《後漢書·楊震傳注》。又有池籞，以畜魚鳥。《宣帝紀》：
地節三年（前67），詔池籞未御幸者，假與貧民。蘇林曰：「折竹，以繩綿
連禁籞，使人不得往來，律名為籞。」服虔曰：「籞在池水中作室，可用棲

鳥，鳥入中則捕之。」應劭曰：「池者，陂池也。籞者，禁苑也。」臣瓚曰：「籞者，所以養鳥也。設為藩落，周覆其上，令鳥不得出，猶苑之畜獸，池之畜魚也。」師古曰：「蘇、應二說是。」案服虔、臣瓚之說，亦必有所據，不能億造也。雖恭儉之主，間或弛以與民，然不能多得也。漢高祖二年（前205），故秦苑囿園池，令民得田之然後蕭何為民請「長安地陿，上林中多空地，願令民得入田，毋收稾為獸食」，遂為高祖所械系，可見所謂仁政者，多不足恃也。

　　漢代去古近，故產業之在官者猶多。《漢書‧高帝紀》：十二年（前195），詔曰：「為列侯食邑者，皆佩之印，賜大第。」注引孟康曰：「有甲乙次第，故云第也。」《夏侯嬰傳》：賜嬰北第第一。師古曰：「北第者，近北闕之第，嬰最第一也。」是時列侯功臣，屢有賜第之舉，可見官有第宅之多。晁錯言：「古之徙遠方以實廣虛也：相其陰陽之和，嘗其水泉之味，審其土地之宜，觀其草木之饒。然後營邑立城，制里割宅，通田作之道，正阡陌之界。先為築室，家有一堂二內，門戶之閉，置器物焉。民至有所居，作有所用。」此蓋司空度地居民之法。平帝元始二年，罷安定呼池苑，以為安民縣。[099] 起官寺市里。募徙貧民。縣次給食。至徙所，賜田、宅、什器，假與犂牛、種、食。又起五里於長安城中，宅二百區，以居貧民。民疾疫者，舍空邸第，為置醫藥。此固非安漢公之盛德弗能行，然亦可見宅地及屋舍在官者之多也。[100] 息夫躬歸國，未有第宅，寄居丘亭；張堪拜大中大夫，居中東門候舍；亦由於此。其時官寺、鄉亭漏敗，牆垣陁壞不治，為上計吏遣敕之一端，見《續漢書‧百官志》司徒公《注》引《漢舊儀》。

　　牆仍多用土築。賈山言秦皇帝籍土築阿房之宮；韋孟《在鄒詩》曰「我徒我環，築室於牆」是也。土牆不美觀，故富者或被以文錦，《漢書‧貨

---

[099]　宮室：安漢公在長安中，又置安民縣起屋居民。
[100]　宮室：漢時在官之屋猶多。官寺鄉亭修葺，責在地方官。

殖傳》。作瓦之技頗佳，磚則罕用。故董卓欲遷都，言武帝時居杜陵南山下有成瓦窯數千處，引涼州材木東下，[101]以作宮室，為功非難：《三國志・董卓傳注》引華嶠書，亦見《啟漢書・楊賜傳》。而吳人為孫堅廟，乃至發吳芮塚而用其磚也。見《三國志・諸葛誕傳注》引《世語》。《後漢書・酷吏傳》：周紆廉潔無資，常築墼以自給。劉放曰：「墼非築所成，當作塹。」殿本《考證》引楊慎《丹鉛續錄》曰：「放本南人，不知土墼也。《字林》：磚未燒曰墼。《埤蒼》：刑土為方曰墼。今之土墼，以金為模，實土其中，非築而何？」蓋時用墼者多，用磚者少也。《漢書・地理志》言：天水、隴西，山多林木，民以板為室屋。董卓欲引涼州材木東下，則西北產木最多。然《後書・陳球傳》言零陵編木為城，則南方材木，亦未嘗乏。蓋凡未啟闢之區皆然。晁錯論移民云：「為之中周虎落。」[102]鄭氏曰：「虎落者，外蕃也，若今時竹虎也。」蘇林曰：「作虎落於塞要下，以沙布其表。且視其跡，以知匈奴來入。一名天田。」師古曰：「蘇說非也。虎落者，以竹蔑相連遮落之也。」沈欽韓曰：「《六韜・軍用篇》：山林野居，結虎落柴營。環利鐵鎖，長二丈以上，千二百枚。其護城笓籬，亦謂之虎落。《舊五代史》：慕容彥超設虎落以護城是也。《管子・度地篇》：樹以荊棘，上相穚著，所以為固也。」蓋虎落本以竹為藩，在塞下則又加沙及鐵鎖。蘇林之說，乃因虎落而備言塞下之制。師古駁之，亦誤也。揚雄《羽獵賦》云：「爾乃虎路三嵕，以為司馬。」晉灼曰：「路音洛。」服虔曰：「以竹虎落此山也。」亦即晁錯所謂虎落也。《後書・鍾離意傳注》引《東觀記》曰：「意在堂邑，漢縣，今江蘇六合縣北。為政愛利。初到縣，市無屋。意出俸錢，帥人作屋。人齎茅竹，或持林木，爭起趨作，浹日而成。」則當時造屋用竹者正多。[103]吾丘壽王禁民挾弓弩對曰：「三公有司，或由窮巷，起

---

[101]　宮室：漢時材木多處。

[102]　宮室：虎落。

[103]　宮室：漢時建屋用茅竹多，瓦少。

白屋，裂地而封。」師古曰：「白屋，以白茅覆屋也。」韋孟《在鄒詩》曰：「爰戾於鄒，鬋茅作堂。」《後書·班彪傳》：固奏記東平王蒼，言扶風掾李育，客居杜陵，茅舍土階。《張禹傳注》引《東觀記》，言禹遷下邳相，鄰國貧人來歸之者，茅屋草廬千戶。《申屠蟠傳》云：乃絕跡於梁、碭之間，因樹為屋。《注》引謝承書曰：「居蓬萊之室，依桑樹以為棟也。」《三國志·高柔傳注》引《陳留耆舊傳》，言柔祖父慎，草屋蓬戶。《蜀志·秦宓傳》言：廣漢太守請為師友祭酒，領五官掾，宓稱疾臥在茅舍。則當時民間造屋，用瓦者極少。諸葛亮表後主，言先帝猥自枉屈，三顧臣於草廬之中，非虛語矣。《史記·陳丞相世家》，言其家負郭窮巷，以弊席為門。可見是時民居之簡陋也。其修築少精者，謂之精廬，亦曰精舍，讀書談道者多居之。《後漢書·姜肱傳》：盜就精廬求見。《注》：「精廬，即精舍也。」于吉往來吳會，立精舍，見《江表傳》，《三田志·孫策傳》及《後漢書·襄楷傳注》皆引之。又《蜀志·諸葛亮傳注》引《魏略》：言徐庶折節學問始詣精舍，諸生聞其前作賊，不肯與共止。尤陋者，謂之瓜牛廬，《三國志·管寧傳注》云：「案《魏略》云：焦先及楊沛，並作瓜牛廬止其中。以為瓜當作蝸。蝸牛，螺蟲之有角者也，俗或呼為黃犢。先等作圜舍，故謂之蝸牛廬。」案楊沛事見《賈逵傳注》。竊謂此廬本以居牛，後守瓜者亦居之，故謂之瓜牛廬，未必如裴松之所云也。山居之民，或有以石為室者。《後漢書·逸民傳》：臺佟隱於武安山，《注》：武安縣之山也今河南武安縣。鑿穴為居，矯慎隱遁山谷，因穴為室是。

　　古人不甚能造樓，居高明者輒作臺，已見《先秦史》第十三章第三節。《後漢書·鄭玄傳》：言馬融召見玄於樓上；《酷吏·黃昌傳》言：陳人彭氏，造起大舍，高樓臨道；《三國志·周群傳》言，群於庭中作小樓，家富多奴，嘗令奴更直於樓上視天災；則後漢時能作樓者已多矣。[104]《漢

---

[104]　宮室：漢時能作樓。

書·陳勝傳》言：勝攻陳，守丞與戰譙門中。師古曰：「譙門，謂門上為高樓以望者。樓一名譙，故謂美麗之樓為麗譙。譙亦呼為巢，所謂巢車者，亦於兵車之上為樓以望敵也。譙巢聲相近，本一物也。」《三國志·曹爽傳注》引《魏末傳》，言爽兄弟歸家，敕洛陽縣發民八百人，使尉部圍爽第四角。角作高樓，令人在上望視爽兄弟舉動。可見人家之樓，實承城樓及巢車之制也。

　　古士大夫之居，前為堂，後為室，室之左右為房。晁錯言古之徙民也，為之築室，家有一堂二內，蓋以室為堂，以房為室也。《後漢書·逸民傳》：梁鴻至吳，依大家皋伯通居廡下。《注》引《說文》曰：「廡，堂下周屋也。」下有周屋，可以居人，則必非以室為堂者矣。《延篤傳》：篤與李文德書云：「吾嘗昧爽櫛梳，坐於客室。朝則誦羲、文之易，虞、夏之《書》，歷公旦之典禮，覽仲尼之《春秋》。夕則消搖內階，詠《詩》南軒。百家眾氏，投閒而作。」客堂，蓋即古士大夫家之堂，內階即北階；南軒即堂下周屋也。《漢書·晁錯傳》：景帝以袁盎言「屏錯，錯趨避東箱，甚恨。」《楊敞傳》：霍光與張安世謀廢昌邑王，使田延年報敞，敞驚懼，不知所言。延年起至更衣，敞夫人遽從東箱謂敞。《金日磾傳》：莽何羅袖白刃從東箱上。可見大第宅皆有兩箱。《萬石君傳》：子建，每五日洗沐歸謁，親入子舍，竊問侍者，取親中裙、廁牏，身自浣灑，復與侍者，不敢令萬石君知之。師古曰：「入諸子之舍，自其所居也。若今言諸房矣。」此古父子異宮之舊也。《漢書·食貨志》言：「將出民，里胥平旦坐於右塾，鄰長坐於左塾。」而《張敞傳》言：敞守京兆尹，求問偷盜酋長，令致諸偷以自贖。偷長曰：「今一旦召詣府，恐諸偷驚駭，願一切受署。」敞皆以為吏。遣歸休置酒。小偷悉來賀。且飲醉，偷長以赭汙其衣裾。吏坐里閭閱出者，汙赭輒收縛之。《後漢書·齊武王傳》言：王莽使長安中官署及天

下鄉亭皆畫伯升像於塾，且起射之。可見閭之兩側仍有塾：[105] 凡此，皆漢時宮室近古之處也。

　　古屋多飾以圖畫，漢世亦然。《漢書・成帝紀》：生甲館畫堂。應劭曰：「畫堂畫九子母。」師古曰：「畫堂但畫飾耳，豈必九子母乎？霍光止畫室中，是則宮殿通有采畫之堂室也。」案應劭之言，必有所據，師古駁之非也。然謂宮殿通有采畫堂室，說自不誣。《後漢書・西南夷列傳》述朱輔刺益州招徠遠夷事，曰：「是時郡尉府舍，皆有雕飾，畫山神、海靈、奇禽、異獸以炫耀之，夷人益畏憚焉。」則雖偏方亦有之矣。

　　秦始皇所修長城，多係六國時舊跡，已見第二章第二節。其功程雖不如流俗所設想之大，然亦有頗堅實處。韓安國言蒙恬累石為城，樹榆為塞是也。《漢書・匈奴傳》：侯應議罷邊塞云：「起塞以來，百有餘年，非皆以土垣也，或因山岩石，木柴僵落，谿谷水門，稍稍平之。」可與安國之言參觀。

　　古人率席地而坐，其後則亦用床。《三國志・呂布傳注》引《英雄記》，言布請劉備於帳中，坐婦床上。《管輅傳注》引《輅別傳》，言裴使君與輅清論終日，不覺疲倦。天時大熱，移床在庭前樹下，乃至雞鄉晨然後出。《蜀志・龐統傳注》引《襄陽記》，言孔明每至龐德公家，獨拜床下。《吳志・魯肅傳》言，孫權獨引肅還，合榻對飲是也。其坐仍以膝著床，故《管寧傳注》引《高士傳》，言寧自越海及歸，常坐一木榻，積五十餘年，未嘗箕股，其榻上當膝處皆穿。《蘇則傳》言文帝大怒，踞床拔刀，則以為非禮矣。然《武帝紀》建安十六年 (211)《注》引《曹瞞傳》，言公將過河，前隊適渡，馬超等奄至，公猶坐胡床不起。《裴潛傳注》引《魏略》，言潛為兗州時，嘗作一胡床，及其去也，畢以掛柱。軍中倉卒，裴潛清省，而猶有此，可見胡床稍已通行矣。

---

[105]　宮室：閭兩側有塾。

第五節　葬埋

　　秦、漢時，厚葬之風頗盛。秦始皇帝之葬，已見第二章第三、第四節。賈山至言述始皇之葬，與劉向略同。漢文帝居霸陵，北臨廁，意淒愴悲懷，顧謂群臣曰：「嗟乎！以北山石為椁，用紵絮斮陳漆其間，豈可動哉？」劉向《諫起昌陵疏》語。則初亦未能免俗。然其後遺詔令「霸陵山川因其故，無有所改」。又治霸陵皆瓦器，不以金、銀、銅、錫為飾。為秦漢後薄葬者之先導，究不失為賢君。至霍光，乃復厚葬武、昭，已見第五章第十一節。宣帝雖賢，猶以水衡錢為平陵徙民起第宅。見《本紀》本始二年（前72）。《注》引應劭曰：水衡與少府，皆天子私藏耳。縣官公作，當仰給司農，今出水衡錢，言宣帝即位，為異政也。案就當時言之為異政，以正道衡之，仍為妄費也。唯元帝初陵，不置縣邑，[106]《本紀》：永光四年（前40），詔曰：「令百姓遠棄先祖墳墓，破業失產，親戚別離。人懷思慕之心，家有不安之意。是以東垂被虛耗之害，關中有無聊之民。」可見是時徙民為害之烈。而哀帝遵之，《本紀》建平二年（前5）。實為漢代之仁政。成帝即位，有司言乘輿、車、牛馬、禽獸皆非禮，不可以葬，奏可，亦能革前世之陋習。其後聽將作大匠解萬年言，營昌陵，貽害甚鉅。見《本紀》永始元年（前16）、二年（前15）及《劉向谷永傳》。參看第六章第二節。平帝元始元年（1），覆命義陵民塚不妨殿中者勿發，則以王莽秉政故也。《晉書·索綝傳》：建興中，盜發漢霸、杜二陵，杜陵，宣帝陵。多獲珍寶。帝問綝曰：「漢陵中物何乃多邪？」綝對曰：「漢天子即位一年而為陵。天下貢賦三分之：一供宗廟，一供賓客，一充山陵。武帝享年久長，比崩而茂陵不復容物。其樹皆已可拱。赤眉取陵中，不能減半。於今猶有朽物委積，珠玉未盡。此二陵是儉者耳。」然則漢諸帝之葬，雖儉者亦未嘗不侈也。後漢以前漢為鑑，較為節儉。光武建武二十六

---

[106]　葬埋：漢薄葬始元帝。

年 (50)，令「地不過二三頃。毋為山陵，陂池裁令流水而已」。及崩，遺詔「皆如孝文皇帝制度」。明帝初作壽陵，制令「流水而已」。「石椁廣一丈二尺，長二丈五尺，無得起墳。」順帝遺詔：「無起寢廟。斂以故服。珠玉玩好，皆不得下。」皆見《本紀》。殤帝康陵，方中祕藏，及諸工作，事事減約，十分居一，見《和熹鄧皇后紀》。沖帝之崩，李固議起陵於憲陵塋內。依康陵制度。其於役費，三分減一。見本傳。唯順帝憲陵，地二十頃，欒巴以諫毀小人墳塚獲罪，少過。魏武帝建安二十三年六月令曰：「古之葬者，必居瘠薄之地。其規西門豹祠西原上為壽陵。因高為基，不封不樹。」及崩，遺令「斂以時服，無藏金玉珠寶。」魏文更自作終制。見《本紀》黃初三年 (222)。自殯及葬，皆以終制從事。郭後亦以終制營陵，見《明帝紀》青龍三年 (235) 及本傳。有學問者，舉措究與流俗不同也。偏方之君，孫皓嘗厚葬其妾，見《孫和何姬傳注》引《江表傳》。又孫權命陳武妾殉葬，見《武傳注》引《江表傳》。案殉葬之事，漢代尚間有之。《漢書・景十三王傳》：趙繆王元病，先令令能為樂奴婢從死。[107] 師古曰「先令者，豫為遺令」是也。但其事不多見。

　　《漢官儀》曰：「古不墓祭。秦始皇起寢於墓側，漢因而不改，諸陵寢皆以晦望、二十四氣、三伏、社、臘及四時上飯。天子以正月上原陵。公卿百官及諸侯王郡國計吏，皆當軒下占其郡國穀價，四方改易，欲先帝聞之也。」《後漢書・明帝紀》永平元年 (58)《注》引。案此禮為後漢明帝所創，詳見《續漢書・禮儀志注》引謝承書。重視塚墓之風，由來甚久。[108] 高祖十二年 (前 195)，與秦始皇帝守塚二十家，楚隱王、陳勝。魏安釐王、齊愍王各十家，趙悼襄王及魏公子毋忌各五家。後漢諸帝，有幸群臣墓者。光武建武六年 (30)，過湖陽，祠樊重墓。後每南巡，常幸其墓。見《後書・樊宏傳》肅宗北巡守，以大牢具上郭主塚，見《光武郭

---

[107]　封建：漢趙繆王令奴婢能樂者從死。
[108]　葬埋：重視塚墓，殘賊屍體。

皇后紀》。有遣使祠其墓者。肅宗使祠桓譚墓，見《後漢書·譚傳》。群臣
歸家，或過家，每許其祠塚。因會賓客、宗族，散財振施。其臣亦有自
求上塚者。王林卿歸長陵上塚，見《漢書·何並傳》。林吉自表上師塚，
見《儒林傳》。樓護為諫大夫，使郡國護假貸，多持幣帛。過齊，上書求
上先人塚。因會宗族、故人，各以親疏與束帛，一日散百金之費。見《游
俠傳》。班伯為定襄太守，上征伯。伯上書：願過故郡上父祖塚有詔：太
守、郡尉以下會。因召宗族，各以親疏加恩，施散數百金。見敘傳。後漢
清河孝王慶，以母宋貴人見殺，竇太后崩，求上塚致哀，又乞葬母塚旁。
後漢時群臣許歸家或過家上塚者，有王常、馮異、岑彭、韋彪、宋均、韓
棱，三國時有徐晃等，均見《後書·國志》本傳。又有官其子弟近墳墓，
俾守塚祠者。祭遵卒，無子，光武追傷之，以其從弟肜為偃師長，令近遵
墳墓，四時奉祠，見《後書·遵傳》。各地方為名人立祠，亦多近其塚墓。
諸葛亮初亡，所在各求為立廟。朝議以禮秩不聽。百姓遂因時節私祭之於
道陌上。步兵校尉習隆、中書郎向充等共上表，以為宜因近其墓，立之
沔陽，從之。見《三國志·亮傳注》引《襄陽記》。又或祠於其塚。九江郡
二千石，歲時帥官屬祠召信臣塚，見《漢書·循吏傳》。又《魏志·杜襲傳
注》引《先賢行狀》：長吏下車，嘗先詣其祖父根、父安墓致祠。而刑亦有
掘塚剖屍。殘賊屍體之事，漢季最甚。《三國志·董卓傳注》引《魏書》：
卓發何苗棺，出其屍，枝解節棄於道邊。《公孫度傳》：故河南太守李敏，
郡中知名。惡度所為，將家屬入於海。度大怒。掘其父塚，剖棺焚屍。誅
其宗族。《王凌傳》：朝議咸以為《春秋》之義，齊崔杼、鄭歸生皆加追戮，
陳屍斷棺，載在方策，凌、愚罪宜如舊典。乃發凌、愚塚，剖棺，暴屍於
所近市三日。燎其印綬，親土埋之。《鍾會傳注》引《咸熙元年（264）百官
名》：文王聞會功曹向雄收葬會，召而責之。雄曰：「殿下仇對枯骨，捐之
中野，百歲之後，為臧獲所笑。」執政者所為如此，誠可笑矣。諸葛恪之

死，亦以葦席裹身，菆束其要，投之石子岡，見《吳志》本傳。在上者之重視形魄如此，民安得不從風而靡？於是有廬墓者。如蔡邕是，見《後漢書》本傳。有負土成墳者。並有成長吏之墳，如繆彤，見《後漢書・獨行傳》。治朋友之墓者，如范式，亦見《後漢書・獨行傳》。家居則上塚，朱買臣故妻與夫偕俱上塚，見《漢書・買臣傳》。出行則辭墓。參看第十四章第四節所引公孫瓚事。居廬行服，或以過禮為賢。《後漢書・袁紹傳》：遭母憂，三年禮竟，追感幼孤，又行父服。《注》引《英雄記》云：凡在塚廬六年。甚有如趙宣，葬親而不閉埏隧，因居其中，行服二十餘年，而實則五子皆服中所生者，見《後漢書・陳蕃傳》。又有如李充，遭母喪行服墓次，有人盜其墓樹，充遂手自殺之者。見《後漢書・獨行傳》。蓋當時之人，多以魂神仍依墟墓，故其所為如此。《後漢書・周磐傳》言：蔡順母平生畏雷，自亡後，每有雷震，順輒圜塚泣曰：「順在此。」《三國志・龐淯傳注》引《典略》：言張猛為武威太守，被攻，自知必死，曰：「使死者無知則已矣，若有知，豈使吾頭東過華陰，歷先君之墓乎？」乃登樓自燒而死。又《韓暨傳》謂同縣豪右陳茂，譖暨父兄，幾致大辟，暨陰結豪士，禽茂，以首祭父墓。皆其證也。

夫如是，厚葬之風，自不得不甚。《續漢書・郡國志》安平國觀津縣注引《決錄》注曰：「孝文竇皇后父，隱身漁釣，墜淵而卒。景帝立，後為太后，遣使者更填父所墜淵而葬，起大墳於縣城南，民號曰竇氏青山。」衛青為塚像廬山。霍去病塚像祁連山，蓋雖人臣塚墓，亦幾有山陵之盛矣。哀帝豫賜董賢葬具，為作塚。後漢章德竇皇后及兄憲弟篤、景等並東海出，故睦於中山簡王焉。光武子。與廢太子東海恭主彊同為郭皇后所生。大為修塚塋，開神道。平夷吏民塚墓以千數。作者萬餘人。發常山、鉅鹿、涿郡柏黃腸雜木。三郡不能備，復調餘州郡。工徒及送致者數千人。凡徵發，搖動六州十八郡。其虐民以厚所私昵如此。其後宦官縱恣。

趙忠喪父，僭為瑤璵、玉匣、偶人，見《後漢書・朱暉傳》。侯覽喪母，還
家大起塋塚，督郵張儉奏其豫作壽塚，石椁雙闕，高廡百尺。破人居室，
發掘墳墓，《宦者傳》。則更不足論矣。元勢位而有資財者，亦競為奢侈。
《潛夫論・浮侈篇》曰：「今者京師貴戚，必欲江南檽、梓、豫章之木。邊
遠下土，亦競相仿效。伐之高山，引之窮谷，入海乘淮，逆河泝洛。工匠
離刻，連累日月。會眾而後動，多牛而後致。重且千斤，功將萬夫。而東
至樂浪，西達敦煌，費力傷財於萬里之地。」又云：「今京師貴戚，郡縣
豪家，生不極養，死乃崇喪。或至金縷、玉匣，檽、梓、楩、柟。多埋珠
寶、偶人、車馬。造起大塚。廣種松柏。廬舍祠堂，務崇華侈。」案習俗
移人，固由愚昧以是為孝，亦緣欲相誇耀。韓信母死，無以葬，乃行營高
燥地，令旁可置萬家。原涉父，哀帝時為南陽太守。天下殷富，郡二千石
死官，賦斂送葬，皆千萬以上，妻子通共受之，以定產業。[109] 涉讓還賻
送，自以身得其名，而令先人墳墓儉約非孝也，乃大治起塚舍，周閣重
門。初，武帝時京兆尹曹氏葬茂陵，民謂其道為京兆阡，涉慕之，乃買
地，開道立表，署曰南陽阡。崔寔父卒，剽賣田宅，以起塚塋，立碑頌。
葬訖，資產竭盡，以酤釀販鬻為業。賢者不免，況於凡民哉？禁厚葬之
詔，漢世屢有之。光武建武七年（31），明帝永平十二年（69）章帝建初二
年（77），和帝永元十一年（99），安帝永初元年（107），元初五年（118），
皆見《紀》。建安十年（205），魏武平翼州，亦禁厚葬，見《三國志・武帝
紀》。並有以葬過律獲罪者。《漢書・高惠高后文功臣表》：武原侯不害，
孝景後二年（前 142），坐葬過律免。又有如韓延壽，為民定嫁娶喪祭儀品
者。吏云「百姓遵用其教，賣偶車馬下里偽物者，棄之市道」，此亦過情
之談。《後漢書・宋均傳》：遷上蔡令。時府下記：禁人喪葬不得侈長。均
曰：「夫送終逾制，失之輕者。今有不義之民，尚未循化，而遽罰過禮，

---

[109] 職官：妻子受送葬以定產業。鄉官部吏衣食出民。受任使於文翁而以為榮，此好與官吏接近之
　　　　心理。

非政之先。」竟不肯施。逾侈敗俗，豈是小惡？而均不欲禁之者？蓋亦以其事不易行，慮有名而無實也。然下之於上，不從其令而從其意，亦卒不能挽此頹風也。

歸葬之風，漢世亦盛。《漢書·高帝紀》：四年八月，「漢王下令：『軍士不幸死者，吏為衣衾棺斂，轉送其家，四方歸心焉。』」八年十一月，令士卒從軍死者，為櫝歸其縣。縣給衣衾棺椁葬具。《注》引如淳曰：「《金布令》曰：不幸死，死所為櫝傳歸所居縣，賜以衣棺」，則遂為常法矣。故王恢述匈奴之禍，謂「邊竟數驚，中國槥車相望」也。《三國志·文帝紀》：帝嗣為魏王後，令曰「諸將征伐，士卒死亡者，或未收斂，吾甚哀之。其告郡國給槥櫝殯斂，送致其家，官為設祭」，亦修此故事也。然淮南王安諫伐閩越曰：「前時南海王反，陛下先臣使將軍間忌將兵擊之。以其軍降。處之上淦。後復反。會暑天雨，樓船卒水居擊櫂，未戰而疾死者過半。親老涕泣，孤子譃號。破家散業，迎屍千里之外，裹骸骨而歸。」則《金布令》未必能行，王恢所謂槥車，恐亦民間自行迎喪者矣。《成帝紀》：河平三年（前26），遣光祿大夫博士嘉等十一人行舉瀕河之郡。其為水所流壓死，不能自葬，令郡國給槥櫝葬埋。此所以給槥櫝，但為省費，不為傳送。《後漢書·獨行傳》：溫序為隗囂別將所拘劫，不屈而死。光武憐之。賜塚地，葬之洛陽。後其長子壽為鄒平侯相，夢序告之曰：「久客思鄉里。」壽即棄官，上書乞骸骨歸葬。帝許之。乃反舊塋焉。蓋時人以魂神依於丘墓如此。故有千里迎喪者。如高柔，父靖卒於西州，柔冒艱險，詣蜀迎喪，辛苦荼毒，無所不嘗，三年乃還。見《三國志·魏志》本傳。有遺命歸葬者。《三國志·譙周傳》：周卒，息熙上言：「周臨終屬熙曰：若國恩賜朝服衣物者，勿以加身。當還舊墓。道險行難，豫作輕棺。殯斂已畢，上還所賜。」其不受賜，乃不願臣魏之意，必歸葬則仍首丘之思也。友朋之際，亦以送喪歸葬為美談。《後漢書·獨行傳》：戴封在太學，同學

石敬平溫病卒，封養視殯斂，以所齎糧市小棺送喪到家。更斂，見敬平行時書物，皆在棺中，乃大異之。《風俗通義‧正失篇》言：「袁賀早失母，其父彭不復繼室。及臨病因，勑使留葬。慎無迎娶汝母喪柩。亡者有知，往來不難。如其無知，祇為煩耳」。抱此等見解者殊不多。其見於《後漢書》及《三國志》者，如張霸、崔瑗、孔僖、梁鴻、郝昭等，不過數人而已。孔僖見《後漢書‧儒林傳》。梁鴻見《逸民傳》。郝昭見《三國志‧明帝紀》大和三年 (228)《注》引《魏略》。

　　一種風氣方盛，必有賢知之士能矯之。漢世主薄葬者，日楊王孫，日朱雲，日龔勝。後漢則有祭遵、王堂、樊宏、梁商、鄭玄、張霸、周磐、趙咨、東海恭王、張酺、何熙，見《梁瑾傳》。崔瑗、馬融、盧植、張奐、孔僖，《儒林傳》。范冉，《獨行傳》。謝夷吾，《方術傳》。李穆姜，《烈女傳》。三國則有陳思王、中山恭王、裴潛、高堂隆、諸葛亮、沐並等。沐並事見《三國志‧常林傳注》引《魏略》。然三數賢知之士，亦不能挽千萬人之沉迷也。

　　掘塚之於厚葬，可謂如影隨形。秦始皇帝無論已。孝文號稱薄葬，然孝武時盜已發其園瘞錢，見《史記‧酷吏‧張湯傳》。赤眉入關，發掘諸陵，取其寶貨，至汙辱呂后屍。《後漢書‧劉盆子傳》。沖帝建康元年 (144)，群盜發憲陵。順帝陵。何後葬，開文陵，靈帝陵。董卓悉取藏中珍物。又使呂布發諸帝陵及公卿已下塚墓，收其珍寶。事在初平二年 (191)，見《後漢書‧獻帝紀》。魏文帝終制言：「喪亂以來，漢氏諸陵，無不發掘，至乃燒取玉柙、金縷，骸骨並盡。」《魏志‧文帝紀》黃初三年 (222)；亦見《續漢書‧禮儀志注》。後漢光武建武二十六年 (50) 詔，言「遭天下反覆，而霸陵獨完」，魏文終制亦云然，而至晉世，亦卒見發掘，見前。則漢世諸陵，殆無不見發者矣。光武建武七年 (31) 詔日：「世以厚葬為德，薄終為鄙。至於富者奢僭，貧者單財。法令不能禁，禮義不

能止。倉卒乃知其咎。」《後漢·郅惲傳》：陳俊禮請惲，上為將兵長史。俊軍士發塚陳屍。惲勸其親率士卒，收傷葬死，哭所殘暴。百姓悅服，所向皆下。《三國志·袁紹傳注》引《魏氏春秋》載紹檄州郡文數魏武帝罪狀曰：「梁孝王先帝母弟，而操率將校吏士，親臨發掘，破棺裸屍，略取金寶。又署發丘中郎將，摸金校尉，所過墮突，無骸不露。」其詆魏武或誣，然謂魏武軍中無是事，固不可也。《明帝紀》大和二年（228）《注》引《魏略》載郝昭遺令戒子曰：「吾數發塚取其木，以為攻戰具」，則雖非有所利者，亦不免於椎埋之為矣。《漢書·景十三王傳》：趙敬肅王彭祖，使人椎埋攻剽。師古曰：椎埋剽劫也。顧亭林曰：椎埋即掘塚。《南史·蕭穎達傳》：梁州有古墓，名曰尖塚。有欲發者，輒聞鼓角與外相拒。椎埋者懼而退。《論衡·死偽篇》曰：「歲凶之時，掘丘墓取衣物者以千萬數。」又豈待喪亂之世哉？

　　富貴人之葬，逾侈如此，貧民則有死不得葬者。貢禹言：「今民大饑而死，死又不葬，為犬豬所食。」被災之郡，賜棺錢，郡縣為收斂之事，後漢時有之，安帝延光元年（122），順帝永建三年（128）、四年（129），永和三年（138），桓帝永壽元年（155），皆見紀。又有以兵災，令收枯骸，或隨宜賜恤者。質帝永嘉元年（145），本初元年（146）。《三國志·高貴鄉公紀》：正元二年（255），詔徵西、安西將軍，各令部人，於戰處及水次鈎求洮西之戰屍喪，收斂藏埋。《後漢書·獨行傳》：周嘉從弟暢，為河南尹，收葬洛城旁客死骸骨凡萬餘人。平時不葬者之多如此，況戰爭災祲之際乎？區區詔令，競何裨哉？

第六節　交通

　　秦、漢之世，開拓之地漸廣，道路不能皆修；而舊有之路，或且廢壞；此由郡縣之世，政事不能如封建之世之精詳。故騎者漸多於乘。當時

之必須乘車者，大抵為體制起見。如韋玄成以列侯侍祠孝惠廟，天雨淖，不駕駟馬車而騎至廟下，有司劾奏，等輩數人，皆削爵為關內侯，張敞罷朝會，走馬章臺街，時人譏其無威儀；何晏奏齊王，請絕後園習騎乘馬，出必御輦乘車見《三國志・魏志》本紀正始八年 (247)。是也。[110] 乘車不如法，亦有見劾者。漢時大夫乘官車駕駟，見《漢書・朱買臣傳注》引張晏說。鮑宣為豫州牧，行部乘傳，去法駕，駕一馬，為司直所奏。又陳遵為河南太守，初除，乘藩車入閭巷，過寡婦左阿君，亦為司直所奏。《漢書・高帝紀》：八年 (前 199)，令「賈人毋得衣錦繡、綺縠、絺紵罽，操兵，乘、騎馬」。師古曰：「乘，駕車也。騎，單騎也。」足見騎馬者之多，略與乘車相等矣。軺車之算，見第五章第十節。所以不及於馬者，以其法沿之自舊；亦且算及於騎，或使人民不敢畜馬耳。

　　民間畜養，求耕作負載之多力，而不求其行之速，故畜牛者較馬為多。漢宣帝外祖母王媼，隨使者詣闕，乘黃牛車，百姓謂之黃牛媼。光武起兵，初騎牛，殺新野尉乃得馬。管輅族兄孝國二客，飲酒醉，夜共載車，牛驚下道，入漳河中溺死。可見民間駕車多用牛。即士大夫之貧者儉者亦然。《史記・平準書》言漢初「將相或乘牛車」；[111] 蔡義給事大將軍幕府，家貧常步行，門下好事者相合為買犢車；其貧也。朱家乘不過軥牛；朱雲居鄠，乘牛車從諸生；則其儉也。亦有由於體制者。《後漢書・宦者傳》言四侯僕從，皆乘牛車而從列騎。此非不能駕馬，乃僕從不容駕馬耳。魯肅謂孫權曰：「今肅迎操，操當以肅還付鄉黨，品其名位，猶不失下曹從事，乘犢車，從吏卒，交遊士林，累官故不失州郡也。」此下吏家貧者，車騎不必甚都，亦猶其衣服之不必修飾也。《貨殖列傳》言「軺車千乘，牛車千兩」；《後漢書・鮮卑傳》：順帝陽嘉四年 (135) 冬，烏桓寇雲中，遮截道上商賈車牛千餘兩；可見民間輸運，亦多用牛。《漢書・匈奴

---

[110] 交通：乘車為體制起見。

[111] 交通：牛車多於馬。司農市車，縣次易牛。則牛驛矣，驢車轉運。

傳》：天鳳二年 (15)，莽使送右廚唯姑夕王，因奉歸前所斬侍子登及諸貴人從者喪，皆載以常車。《注》引劉德曰：「縣易車也。舊司農出錢市車，縣次易牛也。」《三國志・曹爽傳注》引《魏略》，言丁斐從太祖征吳，以家牛羸困，私易官牛，為人所白，被收送獄奪官。又《梁習傳》：領并州刺史。建安十八年 (213)，州並屬冀州，更拜議郎西部都督從事，統屬冀州，總故部曲。習表置屯田都尉二人，領客六百夫，於道次耕種菽粟，以給人牛之費。則官家運轉，亦多用牛矣。

　　《漢書・劉敬傳》言：敬脫輓輅而說高祖。蘇林曰：「一木橫遮車前，二人輓之，三人推之。」此即古之輦。《貨殖傳》言卓氏遷蜀，夫妻推輦行，亦其物也。兒寬為左內史，以負課租殿當免。民聞，皆恐失之，大家牛車，小家儋負輸租，繈屬不絕。課更以最。《三國志・管寧傳注》引《先賢行狀》言：王烈國中有盜牛者，牛主得之，盜者曰：「幸無使王烈聞之。」人有以告烈者，烈以布一端遺之。間年之中，行路老父儋重，人代儋行數十里。推之，乃當時盜牛人也。此貧無車牛者，運轉即恃儋負也。亦有以畜負之者。《漢書・趙充國傳》云：「以一馬自佗負三十日食。」師古曰「凡以畜載負物者皆為佗」是也。又有人乘車即以人輓之者。《後漢書・江革傳》言：縣當案比，革以母老，不欲搖動，自在轅中輓車，不用牛馬是也。此為罕見之事，唯山險之地，多用人力。淮南王諫伐閩越曰：「輿轎而隃嶺。」[112]《漢書・嚴助傳》。此即後世之轎，古之輦，已見《先秦史》第十三章第四節。《漢書・張耳傳》：貫高筱輿前仰視泄公。師古曰：「筱輿者，編竹木以為輿，形如今之食輿矣。高時榜笞刺爇委困，故以筱輿處之也。」《王莽傳》：莽下書言臨久病，雖瘳不平，朝見挈茵輿行。服虔曰「有疾，以執茵輿之行也」，晉灼曰：「《漢儀注》：皇后、婕妤乘輦，餘者以茵，四人舉以行，豈今之板輿而鋪茵乎？」師古曰：「晉說非也。此直謂

---

[112]　交通：轎逾嶺。宮用用輦。

坐茵褥之上，而令四人對舉茵之四角輿而行，何謂板輿乎？」《後漢書·逸民傳》：陰就起，左右進輦，井丹笑曰：「吾聞桀駕人車，豈此邪？」就不得已，而令去輦。可見除宮中及病困之人外，無以人舁人之事也。即宮中之輦，亦有駕馬者。《霍光傳》：「召皇太后御小馬車。」張晏曰：「皇太后所駕遊宮中輦車也。漢廄有果下馬，高三尺，以駕輦。」果下馬非民間所易得，故只得舁之以人耳。

　　《史記·匈奴列傳》云「其奇畜則橐駞、驢、騾、《索隱》：按《古今注》云：驢特馬牝生騾。駃騠、《索隱》：《說文》云：駃騠，馬父騾子也。騊駼驒騱」，蓋皆非中國所有。然《漢書·百官公卿表》云太僕屬官有騊駼監長丞。又有牧橐令丞。師古曰：「牧橐，言牧養橐駞也。」則官已畜養之矣。民間所用，以驢為最廣。《續漢書·五行志》：「靈帝於宮中西園駕四白驢，躬自操轡，驅馳周旋，以為大樂。於是公卿貴戚，轉相仿效。至乘輜軿，以為騎從。互為侵奪，賈與馬齊。夫驢，乃服重致遠，上下山谷，野人之所用耳，何有帝王君子而驂服之乎？」可見當時野人之用驢者，為不少矣。《後漢書·鄧禹傳》：永平中，理虖沱、石臼河，從都慮至羊腸倉，欲令通漕大原。吏民苦役，連年無成。建初三年 (78)，拜訓禹弟六子。謁者，使監領其事。訓知大功難立，具以上言。肅宗從之。遂罷其役，更用驢輦。歲省費億萬計，全活徒士數千人。《杜茂傳》：茂鎮守北邊，建屯田，驢車轉運。亦見《章帝紀》。《張霸傳》：子楷，常乘驢車至縣賣藥。《虞詡傳》：遷武都太守。先是運道艱，舟車不通，驢馬負載，僦五致一。詡乃自將吏士，案行川谷。由沮漢縣，今陝西略陽縣東。至下辨漢縣，今甘肅成縣西。數十里，皆燒石翦木，開漕船道，以人僦直，僱借傭者。於是水運通利，歲有四千餘萬。《魏志·胡質傳注》引《晉陽秋》，言質為荊州，其子威自京都省之，家貧無車馬、僮僕，自驅驢單行。皆可見民間用驢之多。《蜀志·後主傳》引《晉諸公贊》，言劉禪乘騾車詣鄧

艾，則騾亦有服乘者矣。此亦與外國交通之利也。

然馬於置傳及用兵，關係究屬最鉅，故民間能畜馬者，國家獎勵之甚至。晁錯說文帝曰：「今令：民有車騎馬一匹者，復卒三人。」見《漢書·食貨志》。武帝輪臺之詔曰「當今務在修《馬復令》以補缺，毋乏武備」，見《漢書·西域傳》。所欲修者，即此等令也。《平準書》述武帝初年之盛曰「眾庶街巷有馬，阡陌之間成群；而乘字牝者，擯而不得會聚」，雖或失之於誇，然元狩四年（前 119）衛青出定襄，霍去病出代，私負從馬凡十四萬匹，見《漢書·匈奴傳》。師古曰：「私負衣裝者及私將馬從者，皆非公家發興之限。」則民間馬確不少，其報效國家，亦不為不踴躍。乃元朔五年（前 124）、六年（前 123）之役，《平準書》云：「漢軍士馬死者十餘萬。」

於是役又云：「漢軍馬死者十餘萬匹。」《衛將軍驃騎將軍列傳》云：兩軍之出塞，塞閱官及私馬凡十四萬匹，而復入塞者不滿三萬匹。將吏之驕恣不恤軍事如此，即胥中國為牧地，亦豈足供之？《平準書》云：武帝為伐胡盛養馬。馬之來食長安者數萬匹。卒牽掌者關中不足，乃調近旁郡。又除千夫、五大夫為吏，不欲者出馬。令民得畜牧邊縣，官假馬母，三歲而歸，及息十一。事在元鼎四年（前 113）。李奇曰：十母馬還官一駒。又著令：令封君以下至三百石吏，以差出天下牝馬亭。亭有畜悖馬，歲課息。其苛擾如此。《漢書·高惠高后文功臣表》：黎侯延，元封六年（前 105），坐不出持馬要斬。師古曰：「時發馬給軍，匿而不出也。」可見其時行法之嚴，然卒無益。元狩五年（前 118），平牡馬至二十萬。太初二年（前 103），卒籍吏民馬以補車騎馬焉。皆見《漢書·本紀》。昭帝始元四年（前 83），詔往時令民共出馬，其止勿出。五年（前 82），罷天下亭母馬及馬弩關。孟康曰：「舊馬高五尺六寸，齒未平，弩十石以上，皆不得出關，今不禁也。」沈欽韓曰：「《新書·一通篇》：禁遊宦諸侯及無得出馬關者，豈不曰諸侯國眾車騎則力益多？馬不出關之制，漢初已有也。」

案《漢書・景帝紀》：中四年（前 146），御史大夫縮奏禁馬高五尺九寸以上，齒未平，不得出關，孟康蓋據是為說。元鳳二年（前 79），詔前年減漕三百萬石，頗省乘輿馬及苑馬，以補邊郡三輔傳馬，其令郡國今年毋斂馬口錢，文穎曰：往時有馬口出斂錢，今省。民始稍及寬典。王莽復事四夷，亦令公卿以下至郡縣黃綬吏皆保養軍馬。吏復盡以予民。見《食貨志》。《王莽傳》云：「多少各以秩為差。」事在天鳳六年（19）。其時乘傳使者，經歷郡國，日且十輩，倉無見穀以給，傳車馬不能足，至賦取道中車馬焉。《王莽傳》地皇元年（20）。誅求之禍，至斯而極矣。

　　《漢書・百官公卿表》：太僕屬官，有大廄、未央、家馬三令，各五丞一尉。又車府、輅軨、騎馬、駿馬四令丞，又龍馬、閑駒、橐泉、駒駼、丞華五監長丞，又邊郡六牧師苑令，各三丞，又牧橐、昆蹄令丞，皆屬焉。家馬，武帝太初元年（前 104），更名挏馬。水衡都尉屬官有六廄令丞。《注》引《漢舊儀》云：「天子六廄：未央、承華、駒駼、騎馬、輅軨、大廄也，馬皆萬匹。」此六廄皆屬太僕，師古說殆誤。疑水衡別有一廄，名為六廄也。此等皆以共奉皇室，本失之侈，故「中興省約，但置一廄」，未央。後置左駿令廄，別主乘輿車馬。後或並省。牧師苑亦省。唯漢陽有流馬苑，但以羽林郎監領。見《續漢書・百官志》。亦未聞其關於事也。《食貨志》云：景帝「始造苑馬以廣用」，其初意當為共給軍國，非僅以共皇室。《漢儀注》云「牧師諸苑三十六所，分置北邊、西邊，《續志》云：分在河西六郡界中。以郎為苑監，官奴婢三萬人，分養馬三十萬匹」，《百官公卿表》及《景帝紀》中六年（前 144）《注》引。其規模不可謂不大，地利亦不可謂不得，畜牧必於邊地。《漢書・地理志》：大原郡有家馬官，此即太僕之屬。臣瓚曰：「時以邊表有事，故分來此。」此未必然，蓋亦以就地利耳。使善者為之，未始不可有裨軍國，惜仍未能善其事，而臨事不免賦取於民也。諸廄及苑監，既徒為共奉皇室，故苟或減省之，或出之以

共國用，亦為仁政。如前引昭帝元鳳二年（前79）之詔；又如文帝二年（前178），詔太僕見馬遺財足，餘皆以給傳置；賈山《至言》，稱文帝「省廄馬以賦縣傳」，當指此。武帝建元元年（前140），罷苑馬以賜貧民；後漢和帝永元五年（93），詔有司省減內外廄及涼州諸苑馬皆是。

　　路之最平坦者為馳道，其修治頗難，故黃霸守京兆尹，坐發民治馳道不先以聞貶秩；而賈山等言秦之虐，輒以其治馳道為言也。見第二章第三節。案馳道之最近者，僅在朝廟之間。《漢書·鮑宣傳注》引如淳曰：「令：諸使者有制，得行馳道中者，行旁道，無得行中央三丈」是也。成帝為太子時，不敢絕馳道。《高惠高后文功臣表》：平周侯昭涉昧，元狩五年（前118），坐行馳道中免即此。時凡天子所幸之地，即治馳道，故遊幸愈廣，為害愈深。《平準書》言：既得寶鼎，立后土太一祠，公卿議封禪事，「而天下郡國，皆豫治道橋，繕故宮，及當馳道縣，[113] 縣治官儲，設共具，而望以待幸」，蓋車駕未出，而民之勞擾已甚矣。驕侈之主如漢武帝者，又以供帳之善否為賞罰。《漢書·王訢傳》：訢守右扶風，上數出幸安定、北地，過扶風，宮館馳道修治，供張辦，武帝嘉之，駐車拜訢為真是也。民安得不塗炭乎？平帝元始元年（1），罷明光宮及三輔馳道，此在王莽秉政時，確為仁政也。其用兵之際，則有築甬道者。《漢書·高帝紀》：二年（2），築甬道屬河，以取敖倉粟。應劭曰：「恐敵鈔輜重，故築垣牆如街巷也。」《三國志·武帝紀》：建安十六年（211），公曰：「連車樹柵，為甬道而南。」裴松之曰：「不築垣牆，但連車樹柵，以捍兩面。」邊方又有深開小道者。[114] 《漢書·匈奴傳》：侯應議罷邊備塞吏卒曰：「建塞徼，起亭隧。」師古曰：「隧謂深開小道而行，避敵鈔寇也。」平時又或因數蹕煩民，築為複道。[115] 見《史記·叔孫通列傳》，梁孝王亦欲築複道朝太后，

---

[113]　交通：天子所幸即治馳道，此等道亦不能久，故卒幸道不治殺義縱。

[114]　交通：遼東樹柵以當甬道。隧深開小道而行。

[115]　交通：因數蹕煩民，則築為複道。

見第四章第六節。此等自非尋常所有。其尋常道路，修治之責，在於地方官。[116] 故薛宣子惠為彭城令，宣過其縣，見其橋梁郵亭不修，而知其不能。然大致臨事始加修治。故王吉諫昌邑王，言今大王幸方與，百姓頗廢耕桑，治道牽馬；朱買臣為會稽太守，會稽聞太守至，發民除道；桓帝備禮以聘韓康，亭長以韓徵君當過，發人牛修道橋；而武帝病鼎湖，卒起幸甘泉，至於以道不治而殺義縱也。見《漢書·酷吏傳》。臨事修治，勞民特甚。故章帝幸河內，下詔曰：「車駕行秋稼，觀收穫，因涉郡界，皆精騎輕行，無它輜重，不得輒修橋道。」《本紀》建初七年（82）。其南巡狩，詔所經道上郡縣，毋得設儲峙；命司空自將徒支柱橋梁。元和元年（84）。魏齊王正始七年八月己酉詔曰：「吾乃當以十九日親祠，而昨出已見治道。得雨當復更治，徒棄功夫。[117] 每念百姓，力少役多，夙夜存心。軍路但當期於通利。聞乃攎捶老小，務崇修飾，疲睏流離，以致哀嘆。吾豈安乘此而行，致馨德於宗廟邪？自今已後，明申敕之。」得雨即當更治，可見路工之劣。如此之路，安得不時加修治？恤民勞而不修，而道不可行矣。觀精騎輕行，無他輜重，不得輒修橋道之詔，而可知車之所以易為騎也。

　　邊方之道，艱阻尤甚。趙充國治湟陿以西道橋七十所，令可至鮮水，從枕席上過師。衛颯遷桂陽太守。含洭（今廣東英德縣西）、湞陽（今英德縣東）、曲江（今廣東曲江縣西）三縣，去郡遠者，或且千里，吏事往來，輒發民乘船，名曰傳役。每一吏出，徭及數家。百姓苦之。颯乃鑿山通道，五百餘里，列亭傳，置郵驛。於是役省勞息，姦吏杜絕。[118]《後漢書·循吏傳》。此等事能行之者蓋甚罕。唐蒙見夜郎侯，將千人，食重萬餘人，《史記·西南夷列傳》。王莽發十萬人擊益州，轉輸者合二十萬人，軍糧前後不相及，《漢書·西南夷列傳》。可見邊方轉運之難。《漢書·武

---

[116]　交通：道路修治責在地方官。
[117]　「功夫」二字見正始七年詔。
[118]　交通：置郵驛而役者勞息。

帝紀》：元光五年（前 130），發巴、蜀治西南夷道。又發九十萬人治雁門阻險。《史記・西南夷列傳》言：帝「通西南夷道，戍轉相饟，數歲道不通，士罷餓，離溼死者甚眾」。《傳》又言秦時嘗略通五尺道。《正義》引如淳曰：「道廣五尺也。」可知其往來之難。《後漢書・和帝紀》：舊南海獻龍眼荔枝，十里一置，五里一候，奔騰阻險，死者繼路。時臨武長汝南唐羌，臨武，漢縣，今湖南臨武縣，縣接南海，乃上書陳狀，由是遂省焉。《三國志・孫權傳》：赤烏八年（245），遣校尉陳勳將屯田及作士三萬人鑿句容中道。句容，漢縣，今江蘇句容縣。句容近境，而其勞師至於如此，況其遠者乎？《後漢書・順帝紀》：延光四年（125），詔益州刺史罷子午道通褒斜路。《注》：子午道，平帝時王莽通之。《三國志・王肅傳》：曹真征蜀，肅上疏言其「發已逾月，行裁半谷，治道功夫，戰士悉作」，其所由者即子午道也。蓋道非經行，每易廢壞。非但開闢，即維持亦不易也。

　　《續漢書・百官志》：將作大匠，掌樹桐、梓之類，列於道側。《注》引《漢官篇》曰：「樹栗、椅、桐、梓。」胡廣曰：「古者列樹以表道，並以為林囿。」蓋既以為蔭，又收其利也。《漢書・五行志》：成帝永始元年二月，河南街郵樗樹生支如人頭，此道側有樹之證。《後漢書・宦者傳》言靈帝作翻車渴烏，見第十章第五節。施於平門外橋西，用灑南北郊路，以省百姓灑道之費，則道上更有司灑者。然此等唯都邑中為然耳。賈山言秦為馳道，三丈而樹，此乃古者列樹表道之意，馳道外未必能有，即當馳道上者，道失修，樹亦未必能終保也。

　　《漢書・高帝紀》五年（前 202）《注》引如淳曰：「律：四馬高足為置傳，四馬中足為馳傳，四馬下足為乘傳，一馬二馬為軺傳，急者乘一乘傳。」《梅福傳注》云：「軺傳，小車之傳也。」師古曰：「傳者，若今之驛。古者以車，謂之傳車。其後又單置馬，謂之驛騎。」[119] 案《魏律序》曰：

---

[119]　交通：後漢驛有騎置無車。郵主傳書蓋與驛分職。

「秦世舊有廄置、承傳、副車、食廚。漢初承秦不改。後以費廣稍省。故後漢但設騎置而無車馬。」見《晉書・刑法志》。則前後漢之間，驛法嘗一大變。漢世傳車，官吏若受上命，或有急事者，皆得乘之。段熲為護羌校尉，乘驛之職。王球欲殺王允，刺史鄧盛聞之，馳傳辟為別駕從事。此官吏得乘驛，並得使驛傳命之徵。[120] 漢武帝與方士傳車。見《封禪書》。龔勝徵為諫大夫。引見，勝薦龔舍及亢父寧壽、濟陰侯嘉。有詔皆徵。勝曰：「竊見國家徵醫巫常為駕，徵賢者宜駕。」上曰：「大夫乘私車來邪？」勝曰：「唯唯。」有詔為駕。此受上命者皆得乘傳之徵。賁赫言變事，乘傳詣長安，《史記・黥布傳》。梅福去官歸壽春，數因縣道上言變事。求假軺傳詣行在所，條對急政。此有急者得乘傳之徵也。武帝拜司馬相如為中郎將，馳四乘之傳，因巴、蜀吏幣物以賂西南夷。文帝與宋昌、張武等六人乘六乘傳詣長安。昌邑王乘七乘傳，日中發，晡時至定陶，行百三十五里。侍從者馬死相望於道。王吉諫王曰：「今者大王幸方與，曾不半日而馳二百里。」《續漢書・輿服志注》言：奉璽書使者乘馳傳。其驛騎也，三騎行。晝夜千里為程。《三國志・陳群傳》：群子泰，每以一方有事，輒以虛聲擾動天下，故希簡白上事，驛書不過六百里。合此諸文觀之，可見當時驛傳速率也。

　　私家亦可置驛。上官桀、桑弘羊與燕王通謀，置驛往來相約結；[121]見《漢書・昭帝紀》元鳳元年（前 80）詔，亦見《武五子傳》。鄭當時每五日洗沐，常置驛馬長安諸郊，存諸故人，請謝賓客是也。又有專為一事置者。王溫舒遷河內太守，令郡具私馬五十匹為驛，自河南至長安。捕郡中豪猾，上書請，大者至族，小者乃死，家盡沒入償臧。奏行不過二日，得可事，論報至流血千里。後漢東平憲王病，章帝置驛馬，千里傳問起居。是其事。

---

[120]　交通：漢時得乘傳者。
[121]　交通：驛傳速率。

　　置郵本主傳命，故《漢書・五行志》及《薛宣傳注》均云「郵行書之舍」，《王莽傳注》引《倉頡篇》亦曰：「郵過書之官」也。元始四年（4）。《後漢書・郭泰傳注》引《說文》曰：「郵，境上傳書舍」也。又引《廣雅》曰：「郵，驛也。置，亦驛也。」又引《風俗通》曰：「漢改郵為置。置者，度其遠近之間置之也。」《漢書・文帝紀注》曰：「置者，置傳驛之所。」《田儋傳注》引臣瓚曰：「案廄置，謂置馬以傳驛者。」則漢時郵、驛、置等，可以互稱。《李陵傳》云「因騎置以聞」，蓋其時多用單騎。凡公事率因之。京房去至新豐，因郵上封事。平帝元始四年（4），郡國置宗師，考察不從教令，有冤失職者，宗師得因郵亭書言宗伯，請以聞，《王莽傳》。劉陶因驛馬上便宜。張衡造候風地動儀，嘗一龍機發，而地不覺動，京師學者，咸怪其無徵，後數日，驛至，果地震隴西。順帝漢安元年（142），詔遣八使巡行風俗，刺史二千石有臧罪顯明者，驛馬上之，《後漢書・周舉傳》。光武遺詔：刺史二千石，無遣吏及因郵奏。袁安為縣功曹，奉檄詣從事。從事因安致書於令。安曰：「公事自有郵驛，私請則非功曹所持。」辭不肯受。蓋公事非專遣吏者，無不因郵驛者矣。其事亦役民為之。《楊震傳》「謫震諸子代郵行書」，《郭泰傳》「知范特祖郵置之役」是也。

　　更速於郵傳者為烽燧。《漢書・賈誼傳注》引文穎曰：「邊方備胡寇：作高土櫓。櫓上作桔皋，桔皋頭著兜零，以薪草置其中，常低之，有寇即火然舉之以相告，曰烽。又多積薪，寇至即然之，以望其煙，曰燧。」《司馬相如列傳注》：孟康曰：「烽如覆米䈿，縣著契皋頭，有寇則舉之。燧積薪，有寇則燔然之也。」《史記索隱》引《字林》曰：「䈿，漉米籔。」張晏曰：「晝舉烽，夜燔燧也。」師古曰：「張說誤也。晝則燔燧，夜則舉烽。」王先謙《補注》曰：「《周紀正義》、《司馬相如列傳・索隱》並與張說合，師古自誤耳。」《三國志・孫權傳》赤烏十三年（250）《注》引庾闡《揚都賦注》曰：「烽火，以炬置孤山頭，皆緣江相望，或百里，或五十、三十

里。寇至則舉以相告，一夕可行萬里。孫權時，令暮舉火於西陵、鼓山，竟達吳郡、長沙。」

　　驛有傳舍，行者率依止焉。漢高祖至高陽傳舍，使人召酈生。[122] 王郎軍起，光武自稱邯鄲使者入饒陽傳舍。何武為刺史行部，必先即學宮見諸生，然後入傳舍。韓延壽守馮翊，行縣至高陵，有昆弟相與訟田者，延壽即引咎，移病，入臥傳舍，閉閣思過。可見承平時戰亂時皆然。不當驛道之地，則依於郵亭。《漢書‧百官公卿表》云：「漢承秦制，大率十里一亭，十亭一鄉。」《續漢書‧百官志注》引《漢官儀》云：「十里一亭，五里一郵，郵間相去二里半。」十里之間，得四宿會之所，《注》引《風俗通》曰：「亭，留也，蓋行旅宿會之所館。」亦云密矣。《注》又引蔡質《漢儀》曰：「雒陽二十四街，街一亭。十二城門，門一亭。」《史記‧司馬相如列傳》：相如往臨邛，舍都亭。《索隱》云：「臨邛郭下之亭也。」此等皆在都邑之中，與行旅關係尚少，其在鄉間者，通稱為鄉亭。《漢書‧循吏傳》：召信臣躬勸耕農，出入阡陌，止舍離鄉亭。則其關係實大。《後漢書‧獨行傳》言王忳除郿令，到官，至歷亭。亭長曰：「亭有鬼，數殺過客，不可宿也。」忳不聽，入亭止宿。夜中，有女子訴曰：「妾夫為涪令，之官，過宿此亭，亭長無狀，枉殺妾家十餘口，埋在樓下，悉盜取財貨。」忳問亭長姓名。女子曰：「即今門下游徼者也。」明旦，召游徼詰問，具服罪。此說雖近荒怪，然當時必有此等事，乃有此附會之說。《傳》又言張武父業，為郡門下掾，送太守妻子還鄉里，至河內亭，盜夜劫之，業與賊戰死可證。此可見行旅止宿郵亭者之多矣。然當時亭傳，似皆厚奉貴勢，而薄待平民。漢宣帝元康二年（前 64）詔書，以飾廚傳，稱過使客為戒。《兩龔傳》云：昭帝時，涿郡韓福，以德行征至京師，賜策書束帛遣歸。詔行道舍傳舍，縣次具酒肉，食從者及馬。王莽亦依故事白遣龔勝及邴漢。而後漢章帝建

---

[122] 交通：傳舍郵亭皆所止。邊方關係猶大。逆旅稍盛。

初元年 (76)，以兗、豫、徐三州旱，詔流人欲歸本者，其實稟，令足還
到，聽過止官亭，無僧舍宿。舍宿有煩特詔，不則須出顧直，可見亭郵待
平民之薄矣。《後漢書·趙孝傳》：父普，王莽時為田禾將軍。任孝為郎。
每告歸，常白衣步儋。嘗從長安還，欲止陲亭，亭長先時聞孝當過，掃灑
待之。孝既至，不自名。長不肯內。《循吏傳》：劉寵嘗出京師，欲息亭
舍。亭吏止之曰：「整頓灑掃，以待劉公，不可得也。」皆亭吏趨承貴勢，
慢易平民之證。職是故，逆旅之業遂日盛。《後漢書·張霸傳》云：霸子
楷，門徒常百人。賓客慕之。自父黨宿儒，皆造門焉。車馬填街，徒從無
所止。黃門及貴戚之家，皆起舍巷次，以候過客往來之利。此即逆旅，云
專候造楷者，傳言之過也。《儒林傳》：周防父揚，少孤微，常修逆旅，以
供過客，而不受其報。可見營是業者之多。《續漢書·百官志注》：永光十
年 (前 34)，應順上言「郡計吏觀國之光，而舍逆旅，崎嶇私館」，可見雖
官吏亦有依之者矣。

　　亭傳之置，於邊方關係尤大。蓋內地殷繁，自有逆旅以供過客，而邊
荒則唯恃此，故永光羌亂，詔書特言其「燔燒置亭」；《漢書·馮奉世傳》。
永光四年 (前 40)，澧中、澧中蠻反，《後漢書·南蠻傳》亦特記其「燔燒
郵亭」也。《史記·漢興以來將相名臣年表》，於元光六年 (前 129) 特書南
夷始置郵亭，可見其與邊方交通關係之大。《三國志·陳群傳》：青龍中，
大營宮室，群上疏曰：「昔劉備自成都至白水，多作傳舍，興費人役，太
祖知其疲民也。今中國勞力，亦吳、蜀之所願也。」案《蜀志·先主傳》：
建安二十四年 (129)，備自漢中還治成都。《注》引《典略》曰「備於是起
館舍，建亭障，從成都至白水關四百餘區」，群所指即此事也。疲民豈備
所不知？蓋亦勢不容已耳。

　　古代列國之間，交通多有制限，是為關梁，漢世亦有之。侯應議罷邊
塞，謂「自中國尚建關梁以制諸侯」是也，《漢書·匈奴列傳》。《漢書·文

帝紀》：十二年三月，除關無用傳。張晏曰：「傳，棨也。若今過所也。」
如淳曰：「兩行書繒帛，分持其一，出入關合之乃得過，謂之傳也。」李奇
曰：「傳，棨櫐也。」師古曰：「張說是也。古者或用棨，或用繒帛。[123]棨者，
刻木為合符也。」案古人作書，或用竹木，或用繒帛，故過所之制因之。
《後漢書・郭丹傳注》曰「符即繻也」，失之專輒矣。《漢書・終軍傳》：軍從
濟南當詣博士，步入關。關吏予軍繻。軍問以此何為？吏曰：「為復傳。還
當以合符。」軍曰：「大丈夫西遊，終不復傳還。」棄繻而去。張晏曰：「繻，
符也。書裂帛而分之，若券契矣。」蘇林曰：「繻，帛也。舊關出入皆以傳。
傳煩，因裂繻頭，合以為符信也。」然則用繻乃後起之事，其初本皆用棨。
《後書・安帝紀》：永初元年十一月，敕司隸校尉、冀、并二州刺史：「民訛
言相驚，棄捐舊居，老弱相攜，窮困道路。其各敕所部長吏，躬親曉諭。
若欲歸本郡，在所為封長檄。不欲勿強。」固猶是用木也。乘車者亦當用
傳。《漢書・平帝紀》：元始五年（5），徵天下通知逸經、古記、天文、曆
算、鐘律、小學、史篇、方術、本草，及以《五經》、《論語》、《孝經》、《爾
雅》教授者，在所為駕一封軺傳。如淳曰：「律：諸當乘傳及發駕置傳者，
皆持尺五寸木傳信，封以御史大夫印章。其乘傳參封之。參，三也。有期
會累封兩端，端各兩封，凡四封也。乘置馳傳五封也。兩端各二，中央一
也。軺傳兩馬再封之，一馬一封也。」文帝之除關，實為仁政。[124]故晁錯
對策，美其「通關去塞」，而路溫舒亦稱其「通關梁一遠近」。景帝四年（前
153）春，「以七國新反，備非常」，應劭說。復置諸關，用傳出入。武帝
初，魏其、武安等欲除關，卒未果，遂終兩漢之世。「無符傳出入為闌。」
《漢書・汲黯傳注》引臣瓚說。《高惠高后文功臣表》：長脩侯相夫，元封三
年（前108），坐為太常，與大樂令中可當鄭舞人擅繇，闌出入關免，可見
其制之嚴。《谷永傳》：永言百姓失業流散，群輩守關。臣願開關梁，內流

---

[123]　交通：傳用木或用帛。
[124]　交通：除關。

民，恣所欲之，可見其苛留之狀。《王莽傳》：莽令吏民出入，持布錢以副符傳。不持者，廚傳勿舍，關津苛留。事在始建國二年（前 10）。故亦時有寬典。如宣帝本始四年（前 70），入穀輸長安倉助貸貧民，民以車船載穀入關者，得毋用傳；成帝陽朔二年（前 23），關東大水，流民欲入函谷、天井、壺口、五阮關者勿苛留；天井關，在今山西晉城縣南。壺口關，在今山西長治縣東南。五阮關，應劭曰：在代郡。《地理志》，代郡無五阮，有五原關。鴻嘉四年（前 17），詔水旱為災，關東流冗者眾，青、幽、冀部尤劇，流民欲入關者、輒籍內是也。然《後書·郭丹傳》言：丹從師長安，買符入函谷關。《注》引《東觀記》曰：「丹從宛人陳洮買入關符。既入關，封符乞人。」則既可買賣，又可贈遺，譏訶亦未必有益矣。《汲黯列傳》：渾邪王至，賈人與市者，坐當死五百餘人。黯請見曰：「愚民安知？市買長安中，而文史繩以為闌出財物如邊關乎？」《注》引應劭曰：「闌，妄也。律：胡市，吏民不得持兵器及鐵出關。雖於京師市買，其法一也。」此雖近深文，邊關禁令之嚴可想。然《後書·鮮卑傳》載蔡邕之議曰「關塞不嚴，禁網多漏，精金良鐵，皆為賊有」，則亦具文而已矣。邊關隨國境而移。故南越王欲內屬，上書請除邊關；司馬相如略定《西南夷》，史亦言「除邊關，邊關益斥」。此從《漢書》、《史記》無下邊字。

　　傳信於郡國以符。《漢書·文帝紀》：三年九月，初與郡守為銅虎符、竹使符。應劭曰：「銅虎符第一至第五。國家當發兵，遣使者至郡合符，符合乃聽受之。竹使符，皆以竹箭五枚，長五寸，鐫刻篆書，第一至第五。」張晏曰：「符以代古之圭璋，從簡易也。」師古曰：「與郡守為符者，謂各分其半，右留京師，左以與之。」發兵皆以虎符，其餘徵調，竹使而已。《續漢書·禮儀志》：大喪亦下竹使符，告郡國二千石諸侯王。後漢初但以璽書發兵。杜詩上疏言之，乃復其制。

　　水運之功，省於陸運，此歷代皆然。張良說高帝都關中曰「諸侯安定，河、渭漕輓天下，西給京師，諸侯有變，順流而下，足以委輸」；

伍被述吳王，亦言其伐江陵之木以為船；足見水漕之便。故秦時已有令
監祿鑿渠運糧之舉。見《漢書・嚴安傳》淮南諫伐閩越書。嚴安上書亦言
之。淮南王書又言當時情形曰「拖舟而入水」，可謂艱苦已甚，然猶較陸
運為便也。漢通漕渠之事尤多。略見《漢書・溝洫志》。武帝元光六年（前
129），穿漕渠通渭，見《漢書》本紀。番系欲省砥柱之漕，穿汾河渠，以
為溉田；鄭當時為漕渠回遠，鑿直渠，自長安至華陰，未成；見《史記・
平準書》。魏武帝欲征蹋頓，鑿平虜、泉州二渠，入海通運，見《三國
志・董昭傳》。吳孫皓時，何定建議鑿聖谿以通江、淮，未成，見《三國・
吳志・薛綜傳》。而後漢明帝時之汴渠，其工程之最大者也。海運之利亦
漸著。《後漢書・鄭弘傳》：建初八年（83），代鄭眾為大司農。舊交阯七
郡，貢獻皆從東冶泛海而至。[125] 風波艱阻，沉溺相繫。弘奏開零陵桂陽
嶠道。於是夷通，至今遂為常路。此雖云沉溺相繫，然自嶠道未開以前，
交、廣與北方，固恃海運為常道也。即嶠道開後，海運亦未必能廢，此不
過盛誇鄭弘之功耳。《潛夫論》言：當時江南之木，入海乘淮，逆河泝洛，
見第五節。亦見河海聯絡之效。王莽居攝，胡剛已亡命交阯。見《後漢
書・胡廣傳》。後漢之末，桓曄、榮玄孫，見《榮傳》。袁忠、安玄孫，見
《安傳》。許靖等，亦皆往焉。管寧等則適遼東，王朗亦走東冶。可見南北
航行，皆極暢達。《魏志・齊王芳紀》：正始元年（240），以遼東汶、北豐
縣民流徙渡海，規齊郡之西安、臨菑、昌國縣界，為新汶、南豐縣，以居
流民，此實僑置郡縣之始。其時民之依海島為盜者甚多，亦見近海島嶼之
日益開闢也。《魏志・武帝紀》：建安十一年八月，公東征海賊管承。至淳
于，遣樂進、李典擊敗之。承走入海島。後天子策命公為魏公，以海盜奔
進為功狀之一。陳登在廣陵，海賊薛州之群萬有餘戶，束手歸命，見《呂
布傳注》引《先賢行狀》。時又有海賊郭祖，寇暴樂安，濟南界，見《何夔

---

[125] 交通：交阯七郡貢泛東冶，因溺開嶠道。吳與遼東往還頗密。

傳》。孫堅年十七，以追海賊著聞；孫休永安七年（264），海賊破海鹽，殺
司鹽校尉；皆見本傳。《傅嘏傳》：諸葛恪新破東關。乘勝揚聲，欲鄉青、
徐。嘏議以為：「淮海非賊輕行之路。又昔孫權遣兵入海，漂浪沉溺，略
無子遺。恪豈敢傾根竭本，寄命洪流，以徼乾沒乎？」案《田豫傳》曰：公
孫淵以遼東叛，使豫督青州諸軍往討之。會吳賊遣使與淵相結。帝以賊眾
多，又已渡海，詔豫使罷軍。豫度賊船垂還，歲晚風急，必皆漂浪。東隨
無岸，當赴成山。成山無藏船之處。輒便循海，案行地形，及諸山島，徼
截險要，列兵屯守。賊還，果遇惡風，船皆觸山沈沒，波蕩著岸，無所逃
竄，盡虜其眾。嘏所言者，當即指此。然此特航行偶失。當時吳與遼東，
往還頗密，多由海道，《公孫度傳注》引《魏略》載魏下遼東、玄菟赦文曰：
比年以來，復遠遣船，越渡大海，多持貨物，誆誘邊民。邊民無知，與之
交關。長吏以下，莫肯禁止。至使周賀浮舟百艘，沉滯津岸，貿遷有無。
既不疑拒，齎以名馬。又使宿舒；隨賀通好云云。則吳與遼東交易頗盛。
可參看第十二章第四節。吳使張彌等為淵所殺，孫權且欲自征淵，可見航
行並非甚難。魏欲伐淵，亦曾詔青、兗、幽、冀四州作大船；《明帝紀》景
初元年（237）。又嘗浮海入句章，漢縣，今浙江慈溪縣西南。略長吏賞林
及男女二百餘口；《吳志・孫休傳》永安七年（264）。則緣海航行，南北皆
甚便易矣。海外航行，已見第九章第四節。《三國志・孫權傳》：黃龍二年
（230），遣將軍衛溫、諸葛直將甲士萬人，浮海求夷洲及亶洲。亶洲在海
中，長老傳言：秦始皇帝遣方士徐福將童男女數千人入海求蓬萊神山及仙
藥，止此洲不還。[126] 世相承有數萬家。其上人民，時有至會稽貨布。會
稽東海人海行，亦有遭風流移至軍師亶洲者。所在絕遠，卒不可得至，但
得夷洲數千人還。案《梁書》言日本人自稱為徐福後，而今日本紀伊有徐
福祠，熊野有徐福墓，因有疑其地為日本者。黃公度《日本國志》即持此

---

[126]　移民：亶州、夷州。

說。然觀第十二章第十節所述倭與中國往來之路，則時日本似未必能至會稽。其時橫絕大海尚難，亶洲人能時至會稽，其距會稽必不甚遠，疑仍近海島嶼，衛溫、諸葛直自不能至耳。傳說能使國家為之興師，必非絕無根據，則徐福止於亶洲，殆必實有其事也。將還夷洲人至數千，若為取信或饜時主好奇之心，安用如此之多？疑此數千人本華人，衛溫、諸葛直拔還之。所謂遭風流移，非事先之傳聞，乃正將還之後，得之於其人之自述者耳。可見夷洲距中國，亦不甚遠也。

船工之奇者，有樓船，有戈船。樓船者，「作大船，上施樓」。《漢書‧武帝紀》：元封二年（前109）《注》引應劭說。戈船者：張晏曰：「越人於水中負人船，又有蛟龍之害，故置戈於船下，因以為名也。」臣瓚曰：「《伍子胥書》有戈船，以載干戈，因謂之戈船也。」師古曰「以樓船之例言之，張說近之」，《武帝紀》元鼎五年（前112）《注》。蓋是。《漢書‧地理志》：廬江郡有樓船官。漢武大修昆明池，治樓船高十餘丈，《史記‧平準書》。馬援伐交阯，將樓船大小二千餘艘，《後漢書》本傳。而武帝算緡之法，船五丈以上一算，則時造船之技，亦大有可觀矣。《後漢書‧岑彭傳》：公孫述遣其將任滿、田戎、程汎將數萬人乘枋箄下江關。《哀牢夷傳》：其王賢栗，遣兵乘箄船南下江、漢，擊附塞鹿茤夷。此即今之竹木筏。《鄧禹傳》：子訓，發湟中六千人，令任尚將之。縫革為船，置於箄上以渡河，掩擊迷唐。《南匈奴傳》：永平八年（65），北虜遣二千騎候望朔方，作馬革船，欲度迎南部畔者。此即今日之皮船。偏方之地，各因其物產地利，而異其備器也。

然僻陋之區，舟船仍有極乏者，《史記‧淮陰侯列傳》：「陳船欲渡臨晉，而伏兵從夏陽以木罌瓵渡軍。」瓵，《漢書》作缶。服虔曰：「以木柙縛罌缶以渡也。」韋昭曰：「以木為器如罌缶也。」師古曰：「服說是。罌缶，謂瓶之大腹小口者也。」此由其地本少舟船，故並不能為浮橋耳。

第六章　秦漢政治制度

第一節　政體

　　古者一國之主稱君，為一方所歸往者稱王；戰國之世，七雄並稱王，加於王者則稱帝；已見《先秦史》第十四章第一節。故趙高弒二世，欲使秦去帝號復稱王；諸侯之相王，亦尊楚懷王為義帝也。義帝僅據虛名，實權皆在霸王，蓋放東周之世，政由五伯之例，亦已見本篇第三章第二、第三兩節。至漢高帝滅項羽，諸侯將相復尊為帝，而號稱皇帝者，乃復有號令天下之實權焉。

　　皇帝二字，漢時意尚有別。[127] 高帝六年（前 201），尊其父為太上皇。蔡邕曰：「不言帝，非天子也。」《史記·高祖本紀集解》引。顏師古《注》曰：「不預治國，故不言帝。」案《三國志·王肅傳》：山陽公薨，肅上疏曰：「漢總帝皇之號，稱為皇帝，有別稱帝，無別稱皇，則皇是其差輕者。故當高祖之時，土無二王，其父見在，而使稱皇，明非二王之嫌。今以贈終，可使稱皇，以配其謚。」漢人視皇與帝之別，其意可見。哀帝追尊其父但曰恭皇以此。又案秦始皇已追尊其父為太上皇，則漢祖所為，亦有所本，非創制也。

　　國非人君所私有，其義漢代尚明。[128] 諸侯將相之欲尊高帝也，高帝曰：「吾聞帝，賢者有也；空言虛語，非所守也。吾不敢當帝位。」孝文帝元年（前 179），有司請立太子。上曰：「朕既不德，上帝神明未歆享，天下人民未有嗛志。今縱不能博求天下賢聖有德之人而禪天下焉，而曰豫建

---

[127]　政體：皇帝之別。
[128]　政體：國非人君私有之義，漢世尚明。

太子，是重吾不德也，謂天下何？」又曰：「楚王季父也，春秋高，閱天
下之義理多矣，明於國家之大體；吳王於朕兄也，惠仁以好德；淮南王弟
也，秉德以陪朕；豈為不豫哉？諸侯王、宗室、昆弟、有功，多賢及有德
義者，若舉有德以陪朕之不能終，社稷之靈，天下之福也。今不選舉焉，
而曰必子，人其以朕為忘賢有德者而專於子，非所以憂天下也。」雖曰空
言，大義固皎然矣。革易之義，儒者尤昌言之，無所諱忌。眭弘勸漢帝
誰差天下，求索賢人，禮以帝位。弘從嬴公學《春秋》，嬴公董仲舒弟子
也。見《儒林傳》。故弘稱仲舒為先師，見本傳。蓋寬饒引《韓氏易傳》言
「五帝官天下，三王家天下。家以傳子，官以傳賢。若四時之運，功成者
退，不得其人，則不居其位」。《漢書·五行志》引京房《易傳》曰：「復，
崩，來無咎。自上下者為崩。厥應泰山之石顛而下。聖人受命人君虜。」
又曰：「石立如人，庶士為天下雄。立於山同姓，平地異姓。立於水聖人，
於澤小人。」與眭弘之言，若合符節。谷永災異之對曰：「天生烝民，不能
相治，為立王者以統理之。方制天下，非為天子；列土封疆，非為諸侯，
皆以為民也。垂三統，列三正；去無道，開有德；不私一姓，明天下乃天
下之天下，非一人之天下也。」永勸成帝益納宜子婦人，毋避嘗字。曰：
「推法言之，陛下得繼嗣於微賤之間，乃反為福。後宮女史、使令，有直
意者，廣求於微賤之間，以遇天所開右。」劉向諫起昌陵，亦言王者必通
三統。其著《說苑》，又設為秦始皇既並六國，召群臣議禪繼是非。《至公
篇》。文帝答有司請立太子，以楚、吳、淮南王為言。成帝無子，引大臣
議所立，翟方進等皆主立弟子，孔光獨援殷及王之例，欲立中山王。然則
漢景帝與梁孝王昆弟燕飲，酒酣，從容言曰「千秋之後傳梁王」，而竇嬰
引卮酒進上曰：「天下者高祖天下，父子相傳，此漢之約也，上何以得擅
傳梁王？」乃特以折竇太后耳。謂有天下者必家，家必傳子，固非漢世儒
者意也。然此義也，唯學者知之，流俗則視天下為一人一家所私有；而其

所以能有天下，則又出於蒼蒼者不可知之意耳。圖讖妖妄，自茲而作，而民主之古義稍湮矣。李雲以帝欲不諦之語誅，自漢人觀之，實為妄殺，而魏明帝問王肅，乃謂其何得不死，知魏、晉之世，君臣之義，稍與漢世不同矣。

　　漢世每逢災異，輒策免三公，人徒訾為迷信，而不知其為民主古義之告朔餼羊也。夫餘俗水旱不調，輒歸咎於王，或言當易，或言當殺，《三國志》本傳。夫餘俗最類有殷，明此亦中國古法。尸其事者職其咎，義固當然。然其後為一國之主者，地位稍尊，又其所繫者重，不可加誅，則移其責於左右。古小國見誅於大國，輒殺其大臣以說；周公請代成王曰「王少未有識，姦神命者乃旦也」；此災異策免三公之原，所策免者三公，其咎實在人君也。世事日新，人之見解亦日變，此等舊法，自不能維持矣。

第二節　封建

　　戰國之季，列國並立之制，業已不能維持，然人心殊未能悟。陳勝、吳廣之謀起事也，曰：「等死，死國可乎？」及會三老豪傑於陳，皆稱其復立楚社稷，功宜為王。勝敗，范增說項梁，謂其「不立楚後而自立，其勢不長。今君起江東，楚蜂起之將皆爭附君者，以君世世楚將，為能復立楚之後也」。周市不肯自立，而必欲立魏咎。武臣之死也，客說張耳、陳餘曰：「兩君羈旅，而欲附趙，難獨立。立趙後，扶以義，可就功。」此皆六國之民，以為其國當復立之證：[129] 而當戰國之世，諸稱王者，率封其臣為侯。是時之崛起者，大者望專制一方，小者亦圖南鄉稱孤，皆是物也。諸侯之相王，及漢初之封建，皆列爵二等，職是故耳。

　　高祖雖滅項籍，然謂一人可以專制天下，此當時之人心所必不許，而

---

[129]　封建：秦末六國欲復為國。

亦非高祖之所敢望也。[130] 是時之所欲者，則分天下而多自予，使其勢足
以臨制諸侯；又多王同姓，俾其勢足相夾輔耳。秦郡三十六，而漢初得其
十五；語出《史記·漢興以來諸侯年表》，《漢書·諸侯王表》仍之。齊召
南曰：「此以秦地計之。內史一，河東二，河南、河內即三川郡三，東郡
四，潁川五，南陽六，南郡七，蜀郡八，巴郡九，漢中十，隴西十一，北
地十二，上郡十三，雲中十四，以《史記》言內地北距山以東盡諸侯地推
之，則上黨郡十五也。若計高帝所自立之郡，則不止於十五矣。」見《漢
書殿本考證》。又王子弟以大封由此也。高祖之不可信，韓信、彭越等寧
不知之？猶奉之以帝號者？帝之與王，各有其君國子民之實。謂帝者可以
隨意廢置其王，固非其時之人所能信。抑後來高祖之滅異姓，非詭謀掩
襲，即舉兵相屠，此猶楚、漢之相爭，初非共主之征討也。是時所務者，
為鋤異姓，樹同姓，惠、文以後，則所患者轉在同姓矣。於是眾建而少其
力之策稍行，封建遂名存實亡矣。《漢書·王子侯表》言：王莽擅朝，偽
褒宗室，侯及王孫，居攝而愈多，猶此策也。

漢初列爵二等，特依戰國以來故事。王莽秉政，乃列爵五等，地為四
等，而去王封。案王為專制一方之名，漢後來之諸王，既無其實，而襲其
名，則為不正，去之是也。後漢光武建武十五年 (39)，朱祐奏古者人臣
受封，不加王爵，可改諸王為公。帝即施行。及十七年 (41)，廢皇后郭
氏為中山太后，進右翊公輔為中山王。其餘九國，皆即舊封晉爵為王。至
十九年 (43)，又進趙、齊、魯三國公爵為王。蓋因廢后故而為是，可謂
以私意亂制度矣。

《漢書·百官公卿表》云：「諸侯王，掌治其國。有太傅輔王，內史治
國民，中尉掌武職，丞相統眾官。群卿大夫都官如漢朝。景帝中五年 (前
145)，令諸侯王不得復治國。《續漢書·百官志》：令內史主治民。天子為

---

[130] 封建：獨有天下之想，非漢初所能有。

置吏。《續志》云：國家唯為置丞相，其大夫以下，皆自置之。改丞相曰相。省御史大夫、廷尉、《續志》多「少府」二字。宗正、博士官。大夫、郎、謁者諸官皆損其員。武帝改漢內史為京兆尹，中尉為執金吾，郎中令為光祿勳，故王國如故。損其郎中令秩。改太僕曰僕。成帝綏和元年（前8），更令相治民如郡太守，中尉如郡都尉。」事由何武之奏，見《漢書》本傳。《續志》：太傅但曰傅。《注》引《東觀書》曰：其紹封削黜者，中尉、內史官屬，亦以率減。其時有左官之律，附益之法，已見第四章第六節。《後漢書·光武帝紀》：建武二十四年（48），詔有司申明舊制阿附蕃王法。《注》云：「即左官律、附益法也。」又漢制，王國人不得在京師，亦不得宿衛，見《漢書·彭宣傳》及《兩龔傳》。宮人出嫁不得適諸國，見《後書·孝明八王傳》。樂安靖王。後漢初，禁網疏闊，諸王引致賓客稍盛。然經沛王輔之禍，即不復自由矣。見本傳及《樊宏傳》。《三國志·諸葛恪傳》：恪箋諫孫奮曰：「自光武以來，諸王有制，唯得自娛宮內，不得臨民干與政事。其與交通，皆有重禁。」其防制之嚴如此。此固由帝室之猜忌。然諸王多生於深宮之中，長於阿保之手，雖有中駟，亦成下材。既多昏愚，又益淫虐。如江都王建、膠西於王端、趙。敬肅王彭祖、長沙王建德、廣川王去等皆是。《景十三王傳贊》云：「漢興至於孝平，諸侯王以百數，率多驕淫不道。」人民何辜，罹此荼毒？享虛號而不得有為，已為逾分矣。

　　《漢書·景武昭宣元成功臣表》云：「漢興，至於孝文時，乃有弓高、壯侯韓頹當，以匈奴相國降，故韓王信子。襄城哀侯嬰，以匈奴相國降，故韓王太子之子。之封，雖自外來，本功臣後。故至孝景始欲侯降者，丞相周亞夫守約而爭。帝黜其議，初開封賞之科。又有吳、楚事，至興胡、越之伐，將帥受爵，應本約矣。後世承平，頗有勞臣。」《外戚恩澤侯表》云：「至於孝武，元功宿將略盡。會上亦興文學，進拔幽隱。公孫弘自海

瀕而登宰相，於是寵以列侯之爵。又疇咨前代，詢問耆老，初得周後，復加爵邑。自是之後，宰相畢侯矣。元、成之間，晚得殷世，以備賓位。見下。漢興，外戚與定天下侯者二人。故誓曰：非劉氏不王；若有亡功非上所置而侯者；天下共誅之。是以高后欲王諸呂，王陵廷爭；孝景將侯王氏，脩侯犯色。卒用廢黜。是後薄昭、竇嬰、上官、衛、霍之侯，以功受爵；其餘，後父據《春秋》褒紀之義；帝舅緣《大雅》申伯之意，浸廣博矣。」此漢代侯封之大略也。若執初約，多不相應。故後漢趙典諫桓帝，言恩澤侯宜一切削免爵土也。後漢建武二年（26），封功臣皆為列侯。大國四縣，餘各有差。宗室列侯為王莽所廢者，並復故國。十三年（37），宗室及絕國封侯者，凡一百三十七人。功臣增邑更封，凡三百六十五人。其外戚、恩澤封者，四十五人。前代之封，始於武帝。元鼎四年（前113），封周后嘉為周子南君。元帝初元五年（前44），以周子南君為周承休侯。成帝綏和元年（前8），據通三統之義，封孔吉為殷紹嘉侯。旋與周承休侯皆進爵為公。平帝元始四年（4），改殷紹嘉公曰宋公，周承休公曰鄭公。建武二年（26），以周后姬常為周承休公。五年（29），封殷後孔安為殷紹嘉公。十三年（37），以殷紹嘉公為宋公，周承休公為衛公。先是元始元年（1），又封周公後公孫相如為褒魯侯，孔子後孔均為褒成侯。追諡孔子曰褒成宣尼公。案封孔子後為湯後，唱自匡衡，成於梅福，見《漢書·福傳》。其時通三統與封聖人之後，並為一談，至此始分。後漢亦紹褒成之封，見《後書·孔僖傳》。魏文帝黃初二年（221），以議郎孔羨為宗聖侯，奉孔子祀。

　　漢代婦人，亦有封爵。高祖兄伯之妻封陰安侯。[131] 見《史記·孝文本紀》。呂嬃封臨光侯。見《樊噲傳》。魯侯奚涓亡子，封其母疵。見《史記·功臣侯表》。《漢書·高惠高后文功臣表》作母底。後漢東海王強無

---

[131]　封建：秦漢婦人亦有封爵，魏乃罷。

子，亦封其三女為小國侯。《後漢書·皇后紀》云：「漢制：皇女皆封縣公主，儀服同列侯。其尊崇者加號長公主，儀服同蕃王。諸王女皆封鄉亭公主，儀服同鄉亭侯。皇女封公主者，所生之子，襲母封為列侯，皆傳國於後。鄉亭之封，則不傳襲。」「皇后秩比國王」，見《續漢書·百官志注》。《三國志·皇后傳》：黃初中，文帝欲追封太后父母。尚書陳群奏曰：「案典籍之文，無婦人分土命爵之制。在禮典，婦因夫爵。秦違古法，漢氏因之，非先王之令典也。」帝曰：「此議是也。其勿施行。」以著作詔下，藏之臺閣，永為後式。

宦者封列侯，始於前漢之張釋之，事在高后八年（前180）。[132] 見《漢書》本紀。時諸中官宦者令丞皆賜爵關內侯，食邑。後漢順帝陽嘉四年（135），詔宦官養子，悉聽得為後，襲封爵。見本紀及《宦者·孫程傳》。

非劉氏不王之制，漢初果有其事以否，頗為可疑，說見第四章第四節。[133] 然後遂執為故實。《三國志·武帝紀》：建安二十一年（216），天子進公爵為魏王。《注》引《獻帝傳》載詔曰「自古帝王，雖號稱相變，爵等不同，至乎襃崇元勳，建立功德，光啟氏姓，延於子孫，庶姓與親，豈有殊焉？昔我聖祖受命，創業肇基，造我區夏。鑑古今之制，通爵等之差。盡封山川，以立藩屏。使異姓、親戚，並列土地，據國而王。所以保乂天命，安固萬嗣。歷世承平，臣主無事。世祖中興，而時有難易。是以曠年數百，無異姓諸侯王之位」云云。蓋相傳數百年之制，至此不復能堅持矣。《董昭傳注》引《獻帝春秋》：昭與列侯、諸將議，以丞相宜進爵國公，九錫備物。書與荀彧，謂太祖之功，方之呂望、田單，若泰山之與丘垤。徒與列侯功臣，並侯一縣，豈天下之所望？此自事理之至平，非苟阿所好也。

《漢書·百官公卿表》曰：「爵：一級曰公士。二上造。三簪裊。四不

---

[132]　封建：宦者之封。

[133]　封建：非劉氏不王之制之破。

更。五大夫。六官大夫。七公大夫。八公乘。九五大夫。十左庶長。十一右庶長。十二左更。十三中更。十四右更。十五少上造。十六大上造。十七駟車庶長。十八大庶長。十九關內侯。二十徹侯。皆秦制，以賞功勞。徹侯避武帝諱曰通侯，或曰列侯。改所食國令長名相。」《續漢書‧百官志注》引劉劭《爵制》曰：「秦依古制，其在軍，賜爵為等級。其帥人皆更卒也，有功賜爵，則在軍吏之例。自一爵以上至不更四等，皆士也。大夫以上至五大夫五等，比大夫也。自左庶長以上至大庶長，九卿之義也。關內侯者，依古圻內諸侯之義也。列侯者，依古列國諸侯之義也。」《漢書‧樊噲傳》云：「噲賜爵國大夫」。文穎曰：「即官大夫也，爵第六級。」又賜爵七大夫。文穎曰：「即公大夫也，爵第七級。」又賜上聞爵。又賜爵五大夫。又賜爵卿。又賜爵封號賢成君。張晏曰：「食祿比封君而無邑也。」臣瓚曰：「秦制列侯乃有封爵。」師古曰：「瓚說非也。楚、漢之際，權設寵榮，假其位號，或得邑地，或空受爵，此例多矣。約以秦制，於義不通。」案上聞介第七第九級之間，其即公乘無疑。《高帝紀》：五年（前202），詔軍吏卒七大夫以上，皆令食邑，則得食邑者吏不必列侯。然詔又言：「七大夫公乘以上，皆高爵也。諸侯子及從軍歸者，甚多高爵。吾數詔吏：先與田宅；及所當求於吏者亟與。爵或人君，上所尊禮，久立吏前，曾不為決，甚亡謂也。」則七大夫、公乘，有望田宅而不可得者矣，安敢望封邑？[134] 劉劭《爵制》曰：「吏民爵不得過公乘者，得貰與子若同產。」《後漢書‧安帝紀》：元初元年（107），爵過公乘得移與子若同產、同產子，蓋權制。蓋爵至五大夫則免役，故靳而不與也。免役且不輕予，況於封邑？《留侯世家》謂高帝已封大功臣三十餘人，其餘爭功未得行封，上居南宮，從複道上，見諸將往往耦語，以問良。良言軍吏計功，天下不足遍封，而恐以過失及誅，故相聚謀反。非虛語也。留侯難酈食其謀封六國後

---

[134] 封建：七大夫，公乘，有望田宅而不敢得者，安得有封邑。爵不得過公乘者，得貰與子若同產。

曰：「天下游士，離親戚，棄墳墓，去故舊，從陛下游者，徒欲日夜望咫尺之地」。所望者亦即此等封邑，非敢望通侯也。此大封之制格於事而不可行者也。

　　高帝詔言爵或人君，師古曰：「爵高有國邑者，則自君其人，故云或人君也。」[135]《續漢書・百官志》云：「列侯大者食縣，小者食鄉亭，得臣其所食吏民。」此乃後來定制，漢初或尚不止此。高帝十二年（前195）詔言列侯皆自置吏，得賦斂。文帝七年（前173）詔，令列侯大夫人、夫人，諸侯王子，及吏二千石，毋得擅徵捕。使人人自賦斂，擅徵捕，豈不縱百萬虎狼於民間？幸而當時諸侯皆樂在長安，不肯就國耳。然猶有吏卒遠輸之弊。《漢書・文帝紀》：二年（前178），以列侯多居長安，邑遠，吏卒給輸費苦，令之國。三年十一月，詔曰：「前日詔遣列侯之國，辭未行。丞相朕之所重，其為朕率列侯之國。」遂免丞相勃，遣就國。《景帝紀》：後二年十月，省徹侯之國。然武帝初年，趙綰、王臧之敗，實以列侯不願就國，毀日至竇太后故，見第五章第二節，則文、景時雖屢有詔命，其事仍未能行也。《後漢書・光武帝紀》：建武六年（30），始遣列侯就國。其不得不去其臨民之實者勢也。《後漢書・黃瓊傳》：瓊言「今諸侯以戶邑為制，不以里數為限。[136] 蕭何識高祖於泗水，霍光定傾危以安國，皆益戶增封，以顯其功」。論戶邑而不論里數，則意但在於食祿，自易與治民分離。其後遂有但錫名號而不與之邑者。《漢書・高后紀》八年（前180）《注》引如淳曰：「列侯出關就國，關內侯但爵耳。其有加異者，與之關內之邑，食其租稅。《宣紀》曰德、武食邑是也。」案此指劉德、蘇武，事見本始元年（前73）。《續志》云：「關內侯無土，寄食在所縣。民租多少，各有戶數為限。」雖僅云關內侯，然霍去病封冠軍侯，本無縣，後乃以南陽穰縣盧陽鄉、宛縣臨駣聚為冠軍侯國；《霍光傳》：光封博陸侯，文穎

---

[135]　封律：列侯有國，漢初猶有君民之實。
[136]　封建：論戶邑不論國土，則不治民矣。

曰「博大，陸平，取其嘉名，無此縣也，食邑北海河東城」；則列侯亦有
然者矣。然此尚實有所食，若明帝送列侯印十九枚與東平憲王，諸王子年
五歲以上，能趨拜者，皆令帶之，則恐並無祿入。《三國志·武帝紀》：
建安二十年十月，始置名號侯至五大夫，與舊列侯關內侯凡六等，以賞軍
功。《注》引《魏書》曰：「名號侯爵十八級，關中侯爵十七級，又置關內
外侯十六級，五大夫十五級，皆不食租，與舊列侯關內侯凡六等。」裴氏
謂「今之虛封，蓋自此始」，實則其所由來者遠矣。封建之義有二：君國子
民；子孫世襲，此自其為部落酋長沿襲而來，錫以榮名，畀之租入，則凡
人臣之所同也。有爵邑而不得有為，或有爵而並無邑祿，封建固已徒存其
名矣。

　　封爵有遞減之法，又有終其身不得傳於後者。[137]前引鄉亭公主之封不
得傳襲，即其一端。《漢書·景武昭宣元功臣表》：荻苴侯韓陶，「封終身，
不得嗣」。瓡讘侯杅者，「制所幸封不得嗣」。《後漢書·光武帝紀》：建武
十三年 (37)，詔曰：「長沙王興、真定王得、河間王茂皆襲爵為王，不應
經義。其以興為臨湘侯，得為真定侯，邵為樂成侯，茂為單父侯。」《注》
曰：「以其服屬既疏，不當襲爵為王。」《鄧禹傳》：孫康，永初六年 (112)
紹封。「時諸紹封者皆食故國半租，康以皇太后戚屬，獨三分食二」。《寇
恂傳》：同產弟及兄子姊子以軍功封列侯者凡八人，終其身，不傳於後。

　　《漢書·惠帝紀》：元年 (前 194)，民有罪得買爵三十級，以免死罪。
應劭曰：「一級值錢二千，凡為六萬，若今贖罪入三十匹縑矣。」六年 (前
189)，令民得買爵。文帝後六年 (前 158)，大旱蝗，民得買爵。《食貨志》
言：帝從晁錯之言，「令民入粟邊，六百石爵上造，稍增至四千石為五大
夫，萬二千石為大庶長，各以多少級數為差」。景帝時，「上郡以西旱，復
修賣爵令，而裁其賈以招民」。案《貨殖傳》言糶上者八十，下者三十。以

---

[137]　封建：封爵遞減及不得傳後。

三十計之，四千石當十二萬，萬二千石三十六萬；以八十計，則四千石三十二萬，萬二千石九十六萬矣；其賈遠較惠帝時為貴。蓋民入粟較入錢為易，故不可並論也。《食貨志》言：武帝時，有司請令民得買爵。又「請置賞官，名曰武功爵。級十七萬，[138] 凡直三十餘萬金。諸買武功爵官首者，試補吏先除，千夫如五大夫，其有罪又減二等，爵得至樂卿」。臣瓚曰：「《茂陵中書》有武功爵，一級曰造士，二級曰閒輿衛，三級曰良士，四級曰元戎，五級曰官首，六級曰秉鐸，七級曰千夫，八級曰樂卿，九級曰執戎，十級曰政戾庶長，《史記集解》引作左庶長。十一級曰軍衛，此武帝所制，以寵軍功。」師古曰：「此下云級十七萬凡值三十餘萬金，今瓚所引《茂陵中書》，止於十一級，則計數不足，與本文乖矣，或者《茂陵書》說之不盡也。」《史記・平準書・索隱》曰：「大顏云：一金萬錢也，計十一級，級十七萬，合百八十七萬金，而此云三十餘萬金，其數必有誤者。顧氏案或解云：初一級十七萬，自此已上，每級加二萬，至十七級，合成三十七萬也。」案《茂陵書》說武功爵級無不盡之理。顧氏之說，亦近鑿空。成帝鴻嘉三年（前18），令民得買爵，級千錢。較惠帝時賈適裁其半。武功爵有罪得減，若案六萬之賈而裁其半，則級得三萬，十一級凡三十三萬。疑「級十七萬」四字為級十一或級三萬之訛；「凡直三十餘萬金」之金，則衍字也。武功爵之置，事在元朔六年（前123）。本紀載詔，以「受爵賞而欲移賣者，無所流貤」，故有此舉。如一級貴至十七萬，尚安可賣，此亦級十七萬為誤字之一徵也。《成帝紀》：永始二年（前15），吏民以義收食貧民者，其百萬以上，加爵右更。此則本以義動，與買爵又有不同也。

　　眾建親戚以為屏藩之計，至漢末猶有存者。[139]魏武帝建安十五年十二月己亥令，言「前朝恩封三子為侯，固辭不受，今更欲受之，非復欲以

---

[138]　封建：級十七萬。
[139]　封建：眾建親戚以為屏藩之思想，漢末猶存。

為勞，欲以為外援，為萬安計」；董昭說太祖建封五等，亦言「大甲、成王，未必可遭；今民難化，甚於殷、周；宜稍建立，以自藩衛」；則其事也。然魏世殊不能行。文帝黃初三年（222），始立皇子叡、霖，弟鄢陵侯彰等十一人皆為王。初制封王之庶子為鄉公，嗣王之庶子為亭侯，公之庶子為亭伯。五年（224），以天下損耗，詔改封諸王，皆為縣王。見《武文世王公》、《彭城王據傳》。明帝大和六年（232），詔改封諸侯王，皆以郡為國。魏世猜忌諸王最甚。太祖已重諸侯賓客交通之禁，使與犯妖惡同。明帝青龍二年（234）賜趙王幹璽書，見本傳。文帝又著令：諸王不得在京都。見明帝大和五年（231）詔。並敕藩王不得輔政。《明帝紀》景初二年（238）《注》引《漢晉春秋》。劉放以此沮帝用燕王宇。國有老兵百餘人。縣隔千里之外，無朝聘之儀。鄰國無會同之制。游獵不得過三十里。又為設防輔監國之官，以伺察之。皆思為布衣而不能得。《武文世王公傳注》引《袁子》。可參看《陳思王傳》。蓋文帝本與陳思王爭為繼嗣，而任城威王勢亦甚逼，時當革易之初，天澤之分，猶未大定，故其勢相激至此也。魏以孤立亡，晉復大封宗室，以招八王之亂。家天下者，莫不欲為子孫帝王萬世之計，而患恆出於所備之外，自今日觀之，皆一丘之貉而已。魏封亦二等，陳留王咸熙元年（264），相國晉王乃奏復五等之爵。又文帝黃初元年（220），以漢諸侯王為崇德侯，列侯為關中侯，則前代有爵者降封之制也。

第三節　官制

漢代官制，大體承秦。《漢書‧百官公卿表》云：「秦兼天下，建皇帝之號，立百官之職，漢因循而不革。」其後復有改易。至東漢世祖，乃大加並省。《續漢書‧百官志》云：「故新汲令王隆作《小學漢官篇》，諸文倜說，較略不完。唯班固著《百官公卿表》，記漢承秦置官本末，訖於王

莽，差有條貫。然皆孝武奢廣之事，又職分未悉。世祖節約之制，宜為常憲，故依其官簿，粗注職分。」蓋兩漢官制，略具班、馬二家之表、志，而秦制亦可推考矣。三國之世，損益無多。今以班、馬《表》、《志》為本，述其大要如下：

相國、丞相，皆秦官。掌丞天子，助理萬機。秦有左右。高帝即位，置一丞相。十一年（前 196），更名相國。孝惠、高后置左右丞相。文帝二年（前 193），復置一丞相。哀帝元壽二年（前 1），更名大司徒。武帝元狩五年（前 118），初置司直，掌佐丞相舉不法。大尉，秦官。武帝建元二年（前 139）省。《史記·絳侯世家》：孝惠帝六年（前 189），置大尉官，以勃為大尉。《集解》引徐廣曰：「《功臣表》及《將相表》，皆高后四年（前 184）始置。」《漢書·文帝紀》：三年十二月，大尉灌嬰為丞相，罷大尉官屬丞相。《景帝紀》：七年二月，罷大尉官。元狩四年（前 119），初置大司馬，以冠將軍之號。宣帝地節三年（前 67），置大司馬，不冠將軍，亦無官屬。成帝綏和元年（前 8），置官屬，祿比丞相，去將軍。哀帝建平二年（前 5），復去官屬，冠將軍如故。元壽二年（前 1），復置官屬，去將軍，位在司徒上。御史大夫，秦官。位上卿。掌副丞相。成帝綏和元年（前 8），更名大司空。祿比丞相。哀帝建平二年（前 5），復為御史大夫。元壽二年（前 1），復為大司空。王莽時，定三公之號，曰大司馬、大司徒、大司空。世祖即位因之。《續書》注引《漢官儀》。建武二十七年（51），令二府去大字，又改大司馬為大尉。《續漢書·百官志注》引《漢官儀》曰：「元狩六年（前 117），罷大尉，法周制置司馬。時議者以為漢軍有官候、千人、司馬，故加大為大司馬。綏和元年（前 8），罷御史大夫官，法周制，初置司空。議者又以縣道官獄司空，故復加大為大司空。」案三公並去大名，議出朱祐，見《後漢書》本傳。獻帝初，董卓自大尉進為相國，而司徒不省。及建安末，曹公為丞相，郗慮為御史大夫，則罷三公官。《續志

注》、《注》又引荀綽《晉百官表注》曰：「獻帝置御史大夫，職如司空，不領侍御史。」魏世仍有三公，但不與事，故《齊王紀》：嘉平元年 (249)，以司馬懿為丞相，《注》引孔衍《漢魏春秋》載懿讓書曰「今三公之官皆備，橫復寵臣，違越先典」也。案《史記‧蕭相國世家》言：上已聞淮陰侯誅，使使拜丞相何為相國，益封五千戶。《曹相國世家》言：高帝以長子肥為齊王，以參為齊相國。孝惠帝元年 (前 194)，除諸侯相國法，更以參為齊丞相。則相國之名，似較丞相為尊。[140] 秦置兩相，其原不可考。《漢書注》引荀悅曰「秦本次國，命卿二人，是以置左右丞相」，臆度無他證。然漢初但置一相，亦未聞其闕於事。孝惠、高后置二相者？初以王陵少戇，而以陳平佐之。陵免，則審食其為左相、給事中，此為高后所便安。孝文初立，平、勃同功，難去其一，遂因循焉。故勃免，即復一相之制矣。後唯武帝以劉屈氂為左丞相，分丞相長史為兩府，欲以待天下遠方之選，然右相亦卒未除人也。綏和改制，議出何武；建平復舊，事由朱博；見《漢書‧博傳》。元壽改制，蓋欲以位置董賢，亦為因人而設。唯何武及王莽，真欲釐正制度耳。武言「末俗之弊，政事煩多，宰相之材，不能及古，而丞相獨兼三公之事，所以久廢而不治」。當時議者，即以為「古今異制。漢自天子之號，下至佐史，皆不同於古，而獨改三公，職事難分明，無益於治亂」。後漢仲長統亦云：「任一人則政專，任數人則相倚，政專則和諧，相倚則違戾，未若置一人以總之。若委三公，則宜分任責成。」然據《續漢書‧百官志》，三公雖各有所掌，大尉掌四方兵事。司徒掌人民事。司空掌水土事。而國有大造、大疑則通論，有大過則通諫爭，終不能截然分立也。竇融為司空，以司徒舉人盜金下獄三公參職免，此或欲免融而藉口於此，然三公職事難分明，則於此可見矣，固不如專任一人之為得也。朱博言：「故事：選郡國守相高第為中二千石，選中二千石為

---

[140]　封建：眾建親戚以為屏藩之思想，漢末猶存。

御史大夫，任職者為丞相。今中二千石未更御史大夫而為丞相，權輕，非所以重國政。」以用人之序論，固亦不如舊制之善也。漢世宰相，體制頗尊，《續書·百官志注》引荀綽《晉百官表注》云：漢丞相府門無蘭，不設鈴，不警鼓，言其深大闊遠，無節限也。權限亦廣，觀申屠嘉欲殺鄧通及悔不先斬晁錯可知。仲長統言之，猶神往焉。見本傳。所置掾屬尤詳，《續書·百官志注》引《漢書音義》曰：「正曰掾副曰屬。」丞相府分曹不可考。《續志》載大尉所屬諸曹云：「西曹主府史署用。東曹主二千石長吏遷除及軍吏。戶曹主民戶、祠祀、農桑。奏曹主奏議事。辭曹主辭訟事。法曹主郵驛科程事。尉曹主卒徒轉運事。賊曹主盜賊事。決曹主罪法事。兵曹主兵事。金曹主貨幣鹽鐵事。倉曹主倉穀事。黃閣主簿錄省眾事。」當略沿相府之舊也。蓋誠能總統眾事。東漢以後，事歸臺閣，非復舊觀矣。

御史大夫有兩丞。一曰中丞，在殿中蘭臺，掌圖籍祕書，外督部刺史，《薛宣傳》：成帝初即位，宣為中丞，執法殿中，外總部刺史。內領侍御史，員十五人。受公卿奏事舉劾案章。成帝更名大司空。如同而。《晉書·職官志》引作而。中丞官職如故。《續志》云：為御史臺率。後屬少府。

太傅，高后元年（前 187）初置。後省。八年（前 199）復置。後省。哀帝元壽二年（前 1）復置，位在三公上。太師、太保，平帝元年（1）皆初置。後漢太傅上公，一人，世祖以卓茂為之。薨因省。其後每帝初即位，輒置太傅錄尚書事，薨輒省。師、傅、保本天子私昵，說見《先秦史》第十四章第二節。每有幼帝輒置，猶沿斯義。世祖之處卓茂，蓋以其年高不能煩以職事故。董卓為太師，位在太傅上，《續志注》引胡廣《漢官篇注》。則苟欲自尊，於義無取矣。

前、後、左、右將軍，秦位上卿。漢不常置。或有前、後，或有左、右，皆掌兵及四夷。後漢將軍比公者四：第一大將軍，次驃騎將軍，次車騎將軍，次衛將軍。又有前、後、左、右將軍。《續志》云：武帝以衛青

為大將軍，欲尊寵之。以古尊官唯有三公，皆將軍，始自秦、晉，以為卿號，故置大司馬官號以冠之。其後霍光、王鳳等皆然。世祖中興，吳漢以大將軍為大司馬，景丹為驃騎大將軍，位在公下。及前、後、左、右雜號將軍眾多，皆主征伐。事訖皆罷。明帝初即位，以弟東平王蒼為驃騎將軍。以王故，位在公上。數年後罷。章帝即位，西羌反，以舅馬防行車騎將軍征之。還後罷。和帝即位，以舅竇憲為車騎將軍，征匈奴，位在公下。還，復有功，遷大將軍，位在公上。復征西羌。還，免，官罷。安帝即位，西羌寇亂，復以舅鄧騭為車騎將軍征之。位如憲。數年，復罷。安帝始以嫡舅耿寶為大將軍，常在京都。順帝即位，又以皇后父、兄、弟相繼為大將軍，如三公焉。度遼將軍，明帝初置。以衛南單于眾新降有二心者。其後數有不安，遂為常守。

奉常，秦官，掌宗廟禮儀。景帝中六年（前 144），更名太常。博士及諸陵縣皆屬焉。博士，《前書》云秦官，掌通古今。或云：《史記·循吏傳》云：公儀休為魯博士；《漢書·賈山傳》云：祖父袪，故魏王時博士弟子；財六國蚤有博士之官。然六國縱有博士，漢之博士，無礙其為承秦。凡《漢表》云秦官者，本指漢之所承，非謂其官始於秦也。[141]《續書》云：掌教弟子，蓋自武帝置五經博士弟子以來。參看第十九章第一節。陵縣，元帝永光元年（前 41），分屬三輔。太史，掌天時星曆，亦屬太常。

郎中令，秦官，掌宮、殿、掖門戶。武帝太初元年（前 104），更名光祿勳。屬官有大夫、郎、謁者，皆秦官。又期門、羽林皆屬焉。大夫，掌論議。有大中大夫、中大夫、諫大夫，皆無員，多至數千人。武帝太初元年（前 104），更名中大夫為光祿大夫。諫大夫，後漢曰諫議大夫。又有中散大夫，見《蕭望之傳》。郎，掌守門戶，出充車騎。有議郎、中郎、侍郎、郎中，無員，多至千人。中郎有五官、左、右三將，所謂三署郎也。

---

[141]　職官：《漢表》云秦官者，指漢所承，非謂其官始於秦。

郎中有車、戶、騎三將。車郎亦曰輦郎。後漢省。《續志》云：凡郎官，皆主更直執戟宿衛諸殿門，出充車騎。唯議郎不在直中。又云：凡大夫、議郎，皆掌顧問應對。蓋初任武士，後乃漸用文學之臣也。謁者，掌賓讚受事，員七十人。有僕射。期門，掌執兵送從。武帝建元三年（前138）初置。比郎。無員，多至千人。有僕射。平帝更名虎賁郎，置中郎將。羽林，掌送從，次期門。武帝太初元年（前104）初置，名曰建章營騎。蓋以衛建章宮。後更名羽林騎。常選漢陽、隴西、安定、北地、上郡、西河六郡良家補焉。又取從軍死事之子孫養羽林官，教以五兵，號曰羽林孤兒。荀綽《百官表注》曰「羽林諸郎，皆父死子代」，後人所由以擬唐之長從也。羽林有令、丞。後漢省令，有左右監。宣帝令中郎將騎都尉監羽林。《續志》有騎都尉，云本監羽林騎。奉車都尉，掌御乘輿車；駙馬都尉，掌駙馬；皆武帝置。後漢亦屬光祿勳。

衛尉，秦官，掌宮門衛屯兵。景帝初更名中大夫令。後元年，復為衛尉。案武帝時李廣為未央衛尉，程不識為長樂衛尉，《表》有廣無不識；宣帝時范明友為未央衛尉，鄧廣漢為長樂衛尉，《表》有明友無廣漢；知《表》所列乃未央衛尉也。長樂、建章、甘泉等宮，亦有衛尉，而不常置。公車司馬，屬衛尉，有令、丞。天下上事及四方貢獻闕下，凡所徵召，皆總領之。據《漢書注》引《漢官儀》。

太僕，秦官，掌輿馬。有牧師諸苑三十六所，分置北邊、西邊，分養馬三十萬頭。中興省。唯漢陽有流馬苑，以羽林郎監領。

廷尉，秦官，掌刑辟。《續志》云：「掌平獄奏當所應。凡郡國讞疑罪，皆處當以報。」景帝中六年（前144），更名大理。武帝建元四年（前137），復為廷尉。哀帝元壽二年（前1），復為大理。後漢仍為廷尉。

典客，秦官。掌諸歸義蠻夷。景帝中六年（前144），更名大行令。《史記・景帝紀》但作大行。武帝太初元年（前104），更名大鴻臚。典屬

國，秦官。掌蠻夷降者。《續志》云：別主四方夷狄朝貢侍子。成帝河平元年（前28）省，並大鴻臚。

宗正，秦官。掌親屬。《續志》云：掌序錄王國適庶之次，及諸宗室親屬遠近，郡國歲因計上宗室名籍。若有犯法當髡以上，先上諸宗正，正以聞，乃報決。平帝元始四年（4），更曰宗伯。後漢仍曰宗正。

治粟內史，秦官。掌穀貨。景帝後元年（前143），更名大農令。武帝太初元年（前104），更名大司農。大倉、均輸、平準、都內、籍田五令、丞，斡官、鐵市兩長、丞，又郡國諸倉農監、都水、六十五官長、丞皆屬焉。後漢僅有大倉、平準兩令、丞，以鹽、鐵官中興皆屬郡縣也。《續志》云：掌諸錢穀、金帛諸貨幣。郡國四時上月旦見錢穀簿。其逋未畢，各具別之。邊郡諸官請調度者，皆為報給。損多益寡，取相給足。實漢時財政之總匯也。

少府，秦官。掌山、海、池、澤之稅，以給共養。屬官甚多。後漢山、澤、陂、池之稅，改屬司農，考工轉屬太僕，都水屬郡國，先漢司農、少府，各有都水官。故設官較簡。然其中之尚書，則浸成政治之樞機焉。前表少府屬官有尚書，又有中書謁者令、丞，云「成帝建始四年（前29），更名中書謁者令為中謁者令。初置尚書員五人」。《續志》云：「尚書令一人，承秦所置。武帝用宦者，更為中書謁者令。成帝用士人，復故。」案《前書·成帝紀》：建始四年（前29），罷中書宦官。臣瓚曰：「漢初中人有中謁者令。孝武加中謁者令為中書謁者令，置僕射。宣帝時，任中書官弘恭為令，石顯為僕射。元帝即位數年，恭死，顯代為中書令。專權用事。成帝乃罷其官。」《霍光傳》：霍山言上書者益黠，盡奏封事，輒下中書令出取之，不關尚書，則中書、尚書，明係兩官。《司馬遷傳》言遷既被刑之後，為中書令，尊寵任職，此孝武加中謁者令為中書謁者令之徵。不云謁者，辭略。《佞幸傳》：石顯、弘恭，以選為中尚書。宣帝時任

中書官，恭為令，顯為僕射。元帝即位數年，恭死，顯代為中書令。所言亦與臣瓚合。《蕭望之傳》言中書令弘恭、石顯，疑奪僕射二字。望之言「中書政本，宜以賢明之選」。《佞幸傳》作「尚書百官之本，國家樞機」，尚書乃中尚書之略。則《續志》謂武帝更尚書為中書者誤也。成帝罷中書宦官，則閹豎專權之局，自此而終。其置尚書員五人，《注》引《漢舊儀》曰：「尚書四人為四曹：常侍尚書，主丞相御史事。二千石尚書，主刺史二千石事。戶曹尚書，《晉書・職官志》作民曹。主庶人上書事。主客尚書，主外國事。成帝置五人，有三公曹，主斷獄事。」亦不過增置一曹，以掌文書而已，其權未嘗加廣也。《續志》：尚書令一人，掌凡選署及奏下尚書曹文書眾事。僕射一人，署尚書事。令不在則奏下眾事。尚書六人，無三公曹，而分二千石曹，又分客曹為南北。左右丞各一人，掌錄文書期會。侍郎三十六人，一曹六人，主作文書起草。《晉書・職官志》云：後漢光武以三公曹主歲盡考課諸州郡事。改常侍曹為吏部曹，主選舉、祠祀事。民曹主繕修、功作、鹽池、園苑事。客曹主護駕羌、胡朝賀事。二千石曹主辭訟事。中都官曹主水火、盜賊事。合為六曹，並令、僕二人，謂之八座。尚書雖有曹名，不以為號。靈帝以侍中梁鵠為選部尚書，於此始見曹名。及魏，改選部為吏部，主選部事。又有左民、客曹、五兵、度支，凡五曹尚書、二僕射、一令為八座。韋彪言天下樞要，在於尚書。陳忠言漢典舊事，丞相所請，靡有不聽。今之三公，雖當其名，而無其實。選舉誅賞，一由尚書。其職與前漢大異矣。仲長統言：光武「忿強臣之竊命，政不任下，雖置三公，事歸臺閣」，此其見任之由。然「權移外戚之家，寵被近習之豎」，「光武奪三公之重，至今而加甚，不假後黨之權，數世而不行」。則徒失正色立朝之臣，使權戚宵小，益恣肆無所忌憚而已。廢宰相而任尚書，實君權相權之一大消長，然宰相所失之權，人君卒亦不能自有也。自此以後，遂成故事。高柔以魏初三公無事，又希與朝政，嘗

上疏言之。陳壽亦言魏世事統臺閣，重內輕外。八座尚書，即古六卿之任。《三國志·桓階》等傳贊。蜀漢先主即帝位，諸葛亮以丞相錄尚書事。及病篤，託孤於亮，而以尚書令李嚴為副。亮卒，蔣琬為尚書令。俄錄尚書事。後費禕代為令。又遷大將軍，錄尚書事。董允以侍中守尚書令為之副。呂乂、陳祗繼之。蜀人以亮、琬、禕、允為四相，一號四，《董允傳注》引《華陽國志》。而黃皓之亂政，論者歸咎於祗之與相表裡焉。孫權用顧雍為相，初亦任職尚書者也。又自魏武帝為魏王，置祕書令，典尚書奏事，文帝黃初，改為中書，置監、令，據《晉書·職官志》。以劉放、孫資為之。魏祚實由此而移，已見第十二章第六節。《三國志·蔣濟傳》：濟以中書監、令，號為專任，嘗上疏言之。則近習專權，轉與強臣相句結矣。

中書宦官雖廢，其人又以常侍等官為窟穴。侍中、左右曹、諸吏、散騎、中常侍，在前漢皆加官。給事中亦加官。中黃門有給事黃門。後漢中常侍、小黃門，皆以宦者為之。朱穆謂始於和熹鄧后，《後書·朱暉傳》：穆上疏曰：「案漢故事，中常侍參選士人。建武以後，乃悉用宦者。」後穆因進見，口復陳曰：「臣聞漢家舊典，置侍中、中常侍各一人，省尚書事。黃門侍郎一人，傳發書奏。皆用姓族。自和熹太后以女主稱制，不接公卿，乃以閹人為常侍、小黃門，通命兩宮。」然後遂相沿不改云。

太常、光祿勳、衛尉、大尉所部。太僕、廷尉、大鴻臚、司徒所部。宗正、大司農、少府司空所部。為九卿，分屬三公。此徒取應經說而已，無他義也。

水衡都尉，武帝元鼎二年（前 115）初置。掌上林苑。應劭曰：「古山林之官曰衡，掌諸池苑，故稱水衡。」師古曰：「衡，平也，主平其稅入。」案《食貨志》言初大農盡榦鹽鐵官布，多置水衡，欲以主鹽鐵，及楊可告緡，上林貯物眾，乃令水衡主上林，則其所豫甚廣，非徒掌山林者也。其均輸、鐘官、辨銅三令丞，即志所謂專令上林三官鑄者，見第五章第十

節。後漢省，並其職於少府。鑄錢在前漢亦本屬少府。

中尉，秦官。掌徼循京師。武帝太初元年（前 104），更名執金吾。胡廣曰：「衛尉巡行宮中，執金吾徼於外，相為表裡，以擒姦討猾。」

將作少府，秦官。掌治宮室。景帝六年（前 151），更名將作大匠。

護軍都尉，秦官。武帝元狩四年（前 119），屬大司馬。成帝綏和元年（前 8），居大司馬府，比司直。哀帝元壽元年（前 2），更名司寇。平帝元始元年（1），更名護軍。

司隸校尉，武帝征和四年（前 89）初置。持節，從中都官徒千二百人，捕巫蠱，督大姦猾。後罷其兵，察三輔、三河、弘農。元帝初元四年（前 45），去節。成帝元延四年（前 9）省。綏和二年（前 7），哀帝復置，但為司隸，屬大司空，比司直。亦見《鮑宣傳》。後漢建武中復置。並領一州。

城門校尉，掌京師城門屯兵。中壘校尉，掌北軍壘門內外，掌西域。王念孫云：「西域當為四城。《漢紀·孝惠紀》：中壘校尉，掌北軍壘門外及掌四城是其證。」案王說是也。屯騎校尉，掌騎士。步兵校尉，掌上林苑門屯兵。越騎校尉，掌越騎。長水校尉，掌長水宣曲胡騎。胡騎校尉，掌池陽胡騎。射聲校尉，掌待詔射聲士。虎賁校尉，掌輕車。王莽時有輕車都尉，即此。凡八校尉，皆武帝初置。後漢省中壘，但置中候以監五營。胡騎並長水。虎賁並射聲。事在建武七年（31），見《紀》。九年三月，初置青巾左校尉官。十五年（39），復屯騎、長水、射聲，改青巾左校尉為越騎校尉。

西域都護，加官。宣帝地節二年（前 68）初置。有副校尉，戊、己校尉，元帝初元元年（前 48）置。已見第五章第十四節、第九章第三節。護羌校尉，見第五章第五節。後漢亦有之。置於光武建武九年（33），見《本紀》。又有使匈奴中郎將，主護南單于。護烏桓校尉，主烏桓。《續志注》

引應劭《漢官》曰：「並領鮮卑。」又引《晉書》曰：「漢置東夷校尉，以撫鮮卑。」

漢有太子太傅、少傅。又有詹事，掌皇后、太子家。將行，秦官。景帝中六年（前 144），更名大長秋。或用中人，或用士人。成帝鴻嘉三年（前 18），省皇后詹事，並屬大長秋。中興常用宦者。太子亦無詹事，少傅悉主官屬。太后亦置詹事，隨所居為名。景帝中六年（前 144），更長信詹事為長信少府。其後有太后等亦率置少府，崩則省。諸公主家令，屬宗正。

內史，秦掌治京師。景帝二年（前 155），分置左內史。師古曰：「《地理志》云：武帝建元六年（前 135），置左右內史。據《史記》知志誤。」案《表》：景帝元年（前 156），中大夫晁錯為左內史，二年（前 155），左內史錯為御史大夫，則分置又在景帝二年（前 155）之前。右內史，武帝太初元年（前 104），更名京兆尹。左內史更名左馮翊。主爵中尉，秦官，掌列侯。景帝中六年（前 144），更名都尉。武帝太初元年（前 104），更名右扶風，治內史右地。列侯更屬大鴻臚。與左馮翊、京兆尹，是為三輔。服虔曰：皆治在長安中。元鼎四年（前 113），更置二輔都尉。左輔都尉治高陵，右輔都尉治郿，見《地理志》。中興，更以河南郡為尹。以三輔陵廟所在，不改其號，但減其秩。

監御史，秦官。掌監郡。漢省。丞相遣史分刺州，不嘗置。武帝元封五年（前 106），初置部刺史，奉詔條察州。員十三人。成帝綏和元年（前 8），更名牧。哀帝建平二年（前 5），復為刺史，元壽二年（前 1），復為牧。光武建武十八年（42），復為刺史。十二人，各主一州。其一州屬司隸校尉。十二州之名，據《續書‧郡國志》，為豫、冀、兗、徐、青、荊、揚、益、涼、并、幽、交。司隸校尉之設，事在征和四年（前 89），後於元封五年（前 106）者十七年，而其察三輔、三河、弘農，更在其後，則

武帝時之十三州缺其一。《漢書・地理志》言「武帝南置交阯，北置朔方之州；兼徐、梁、幽、並夏、周之制；《禹貢》九州外、益交阯、朔方、幽、并。改雍曰涼，改梁曰益；凡十三部，置刺史」；《後漢書・光武帝紀》：建武十一年（35），省朔方牧，並并州；則武帝時實有朔方，《平當傳》：坐法左遷朔方刺史可證。《注》云「武帝初置朔方郡，別令刺史監之，不在十三州之限」，非也。馮野王為上郡太守，朔方刺史蕭育薦之。《續志注》引《古今注》曰：「建武十一年十月，西河、上郡屬魏。」魏系誤字。此即朔方屬并州之事也。西河、上郡，羔本隸朔方，五原亦當屬焉。《武帝紀》云「初置刺史部十三州」，而《百官公卿表》但云「置部刺史」，《武帝紀》亦但云「罷部刺史」，則當時實無州名，後乃借古名以為稱。交阯、朔方非古州，又兩字可以成辭，故其下不加州字。《御覽》百五十七引應劭《漢官儀》，謂交、朔獨不稱州者以此。顏師古《平當傳注》，蓋由此致誤。《通典・職官》十四云：「惠帝三年（前192），又遣御史監三輔郡，察辭訟。所察之事凡九條。二歲更之。常以十月奏事，十二月還監。其後諸州復置監察御史。文帝十三年（前167），以御史不奉法，下失其職，乃遣丞相史出刺，並督察御史。」衛宏《漢舊儀》亦云：「丞相初置吏員十五人，分為東西曹。東曹九人，出督州為刺。嘗以秋分行部。日食，即日下赦書，命刺史出刺。並察監御史。元封元年（前110），御史止不復監。」是漢初實沿秦御史監郡之制，《史》、《漢》皆失載也。刺史之設：監糾非法，不過六條；傳車周流，匪有定鎮；《續志》劉昭注語。六條：《注》引蔡質《漢儀》曰：「一條：強宗豪右，田宅逾制，以強凌弱，以眾暴寡。二條：二千石不奉詔書，遵承典制，倍公向私，旁詔守利，侵漁百姓，聚斂為姦。三條：二千石不恤疑獄，風厲殺人，怒則任刑，喜則任賞。煩擾苛暴，剝戮黎元，為百姓所疾。山崩石裂，妖祥訛言。四條：二千石選署不平，苟阿所愛，蔽賢寵頑。五條：二千石子弟，怙恃榮勢，請託所監。六條：二千

石違公下比，阿附豪強。通行貨賂，割損政令。」「非條所問即不省。」
《漢書・薛宣傳》：成帝初即位，宣為中丞，執法殿中，外總部刺史。上疏
言：「吏多苛政，政教煩碎，大率咎在部刺史，或不循守條職，舉錯各以
其意，多與郡縣事。至開私門，聽讒佞，以求吏民過失。譴訶及細微，責
義不量力。郡縣相迫促，亦內相刻。流至眾庶。是故鄉黨闕於嘉賓之歡，
九族忘其親親之恩。飲食周急之厚彌衰，送往勞來之禮不行。」《朱博傳》：
遷冀州刺史。博本武吏，不更文法。及為刺史行部，吏民數百人，遮道自
言，官寺盡滿。從事白請「且留此縣，錄見諸自言者，事畢乃發」，欲以
觀試博。博心知之，告外趣駕。既白駕辦。博出就車，見自言者。使從事
明敕告吏民：「欲言縣丞尉者，刺史不察黃綬，各自詣郡。欲言二千石墨
綬長吏者，使者行部還詣治所。其民為吏所冤，及言盜賊辭訟事，各使屬
其部從事。」博駐車決遣，四五百人皆罷去，如神。吏民大驚，不意博應
事變乃至於此。後博徐問，果老從事教民聚會，博殺此吏。《何武傳》：武
為刺吏，二千石有罪，應時舉奏。其餘賢與不肖，敬之如一。是以郡國各
重其守相，州中清平。《鮑宣傳》：哀帝初，遷豫州牧。歲餘，丞相司直
郭欽奏宣「舉錯煩苛，代二千石署吏聽訟。所察過詔條。行部乘傳，去法
駕，駕一馬，舍宿鄉亭，為眾所非」。宣坐免。是漢之刺史，本以能舉弘
綱為美，苛細為失，雖改牧後猶然也。《三國志・賈逵傳》：逵曰：「州本
以御史出監諸郡，以六條詔書察長吏二千石已下，故其狀皆言嚴能鷹揚，
有督察之才；不言安靜寬仁，有豈弟之德也。」然嚴能鷹揚，非所施於百
姓。即督守令，亦當循法。乃後漢質帝本初元年（146）詔曰：「頃者州郡，
輕慢憲防，競逞殘暴，造設科條，陷入無罪。或以喜怒，驅逐長吏。恩阿
所私，罰枉仇隙。至令守闕訴訟，前後不絕。送故迎新，[142] 人離其害。
怨氣傷和，以致災眚。」桓帝建和元年（147），又「詔州郡不得迫脅驅逐長

---

[142] 職官：送故迎新。

吏。長吏臧滿三十萬而不糾舉者，刺史二千石以縱避為罪。若有擅相假印綬者，與殺人同棄市論。」當時刺史之專橫下比，可以想見。秩卑賞厚，勸功樂進；《朱博傳》：博言部刺史「故事居部九歲，舉為守相。其有異材、功效著者，輒登擢。秩卑而賞厚，咸勸功樂進。前丞相方進奏罷刺史，更置州牧，秩真二千石，位次九卿，九卿缺以高第補。其中材則苟自守而已，恐功效陵夷，姦宄不禁」。以老成任事，而使新進者司監察，實行政之微權也。朱博、劉昭，咸稱美之。而何武、翟方進，謂「《春秋》之義，用貴臨賤，不以卑臨尊，刺史位下大夫，秩六百石。而臨二千石，輕重不相準，失位次之序」，亦見《朱博傳》。因有綏和改牧之舉，非也。建平之復，事由朱博。元壽改牧，亦緣泥古，與其改相職為三公同。其實天子使大夫為三監，[143] 監於方伯之國，大夫秩本下於方伯，泥古者正乃不知古義耳。靈帝中平五年 (188)，因四方兵寇，復有改牧之舉。其議發自劉焉。焉謂「刺史威輕，既不能禁；且用非其人，輒增暴亂」。乃議「改置牧伯，鎮安方夏。清選重臣，以居其任」。則所重者亦在於人，不專在制度也。此時所改，實僅數州；《後漢書·焉傳》云：「會益州刺史郄儉，在政煩擾，謠言遠聞；而并州刺史張懿，涼州刺史耿鄙，並為寇賊所害；故焉議得用。出焉為監軍使者，領益州牧，太僕黃琬為豫州牧，宗正劉虞為幽州牧，皆以本秩居職。州任之重，自此而始。」《三國志·二牧傳注》引《續漢書》曰：「是時用劉虞為幽州，劉焉為益州，劉表為荊州，賈琮為冀州。」裴松之曰：「靈帝崩後，義軍起，孫堅殺荊州刺史王睿，然後劉表為荊州，不與焉同時也。」其後亦仍刺史與牧二制並行；然刺史無不：兼兵者。因此不能專心民事，《三國志·杜畿傳》畿子恕，以為州郡典兵，則專心軍功，不勤民事。宜別置將守，以盡治理之務。而轉生陵犯之釁。至晉武平天下，乃去之。而「雖有其言，不卒其事。後嗣纘繼，牧鎮愈重。

---

[143] 職官：大夫為三監，秩卑於方伯，何武、翟方進謂春秋之義，不以卑臨尊，改刺為牧非。

據地分爭，竟覆天下」。致「雒京有銜璧之痛，秦臺有不守之酷」。「摩滅群黎，流禍百世。」亦劉昭語。豈不哀哉？《獻帝紀》：興平元年六月，分涼州河西四郡為廱州。《注》云：金城、張掖、酒泉、敦煌。建安十八年正月，復《禹貢》九州。《注》引《獻帝春秋》曰：「時省幽、并州，以其郡國並於冀州。省司隸校尉及涼州，以其郡國並為雍州。省交州，並荊州、益州。於是有兗、豫、青、徐、荊、揚、冀、益、雍也。」《續漢書·百官志注》引《獻帝起居注》，所載較此為詳。云司隸所部，分屬豫、冀、雍三州，其說是也。《三國志·荀彧傳》：建安九年（204），太祖拔鄴，領冀州牧。彧說太祖：「宜復古置九州，則冀州所制者廣大，天下服矣。」太祖將從之。彧言曰：「若是，則冀州當得河東、馮翊、扶風、西河、幽、并之地，所奪者眾。前日公破袁尚，擒審配，海內震駭，必人人自恐，不得保其土地，守其兵眾也。今使分屬冀州，將皆動心。且人多說關右諸將以閉關之計。今聞此，以為必以次見奪，一旦生變，雖有善安者，轉相脅為非，則袁尚得寬其死，而袁譚懷貳，劉表遂保江、漢之間，天下未易圖也。願公急引兵先定河北；然後修復舊京，南臨荊州，責貢之不入；則天下咸知公意。人人自安。天下大定，乃議古制，此社稷長久之利也。」太祖遂寢九州議。然則初欲更張，特為自大之計，復因有所顧忌中輟，至十八年（213）天下形勢略定，乃復卒行之耳。刺史分部，特因監察之便，本非有意於疆理，其欲按地理而定制者，實始新莽，已見第七章第三節，此不更述。以上論兩漢州制，略據近人顧頡剛《兩漢州制考》。

　　衰敝之世，刺史不能舉其職，則或更遣使臣，此亦猶明之既有巡按，又遣巡撫耳。武帝所遣繡衣直指是也，見第五章第六節。後漢和帝即位，嘗分遣使者，微服單行，各至州縣，觀採風謠。見《後漢書·方術李郃傳》。順帝漢安元年（142），詔遣八使巡行風俗。皆選素有威名者。乃拜周舉為侍中，與侍中杜喬，守光祿大夫周栩，前青州刺史馮羨，尚書欒

巴，侍御史張綱，兗州刺史郭遵，大尉長史劉班，並守光祿大夫，分行天下。其刺史二千石有臧罪顯明者，驛馬上之。墨綬已下，便輒收舉。其有清忠惠利，為百姓所安，宜表異者，皆以狀上。於是八使同時俱拜，天下號曰八俊，《周舉傳》。《雷義傳》在《獨行傳》中。謂義使持節督郡國行風俗，太守、令、長坐者，凡七十人焉。靈帝時，蔡邕上封事，言光和「五年制書，議遣八使，又令三公謠言奏事，是時奉公者欣然得志，邪枉者憂悸失色，未詳斯議，所由寢息」，特使之風采可想。《吳志·孫休傳》：永安四年 (261)，遣光祿大夫周奕、石偉巡行風俗，察將吏清濁，民所疾苦，為黜陟之詔，蓋亦有志於漢安之舉。然《陸凱傳》載凱陳孫皓二十事，其十七云「今所在監司，已為煩猥，兼有內使，擾亂其中，一民十吏，何以堪命？昔景帝時交阯反亂，實由於此」，案事在孫休永安六年 (263)。則其弊亦甚大。蓋此本起衰振敝之事，可以偶用而不可以常行；尤不可使小人竊之，以作威福也。

　　郡守，秦官。掌治其郡。景帝中二年 (前 148)，更名太守。有丞。邊郡又有長史，掌兵馬。《續志》云：「郡當邊戍者，丞為長史。」《注》引《古今注》云：「建武十四年 (38)，罷邊郡太守丞，長史領丞職。」蓋亦取減省也。郡尉，秦官，掌佐守典武職甲卒。景帝中二年 (前 148)，更名都尉。關都尉，秦官。農都尉，屬國都尉，皆武帝初置。建武六年 (30)，省諸郡都尉，並職太守，無都試之役。省關都尉，事在建武九年 (33)。見紀，十九年 (43)，復置函谷關都尉。唯邊郡往往置都尉。案非邊郡亦有置者，唯多事已即罷。如桓帝永壽元年 (155)，置泰山、琅邪都尉官，延熹五年 (162) 罷琅邪，八年 (165) 又罷泰山是也。靈帝中平元年 (184)，置八關都尉。亦因亂而置，與桓帝同。及屬國都尉，稍有分縣治民，比郡。《漢書·武帝紀》元狩二年《注》云：「凡言屬國者，存其國號，而屬漢縣，故曰屬國。」郡有鹽官、鐵官、工官、都水官者，隨事廣狹，

置令長及丞。秩次皆如縣道。案郡之設，本為兵備，已見《先秦史》第十四章第一節。秦所以胥天下皆設郡者，即以六國初定，是處皆當設兵填壓也。故漢世議論，尚有甚忌郡守者。如嚴安上書，謂「今外郡之地，或幾千里，列城數十，形束壤制，帶脅諸侯，非宗室之利也」。又謂「今郡守之權，非特六卿之重也；地幾千里，非特閭巷之資也；甲兵器械，非特棘矜之用也；以逢萬世之變，則不可勝諱也」是也。漢宣帝以為太守吏民之本，數變易則下不安，民知其將久，不可欺罔，乃服從其教化，故二千石有治理效，輒以璽書勉厲，增秩賜金，《漢書·循吏傳》。詳見第五章第十二節。此倚任之於平時者也。王嘉言諸侯「居其國，累世尊重，然後士民之眾附焉，是以教化行而治功立。今之郡守，重於古諸侯。孝文時，吏居官者或長子孫，其二千石、長吏，亦安官樂職，然後上下相望，莫有苟且之意。其後稍稍變易。公卿以下，傳相促急。又數改更政事。司隸、部刺史，察過悉劾，發揚陰私。吏或居官數月而退。送故迎新，交錯道路。中材苟容求全，下材懷危內顧，一切營私者多。二千石益賤，吏民漫易之，或持其微過，增加成罪，言於刺史、司隸，或至上書章下。眾庶知其易危，小失意則有離畔之心。前山陽亡徒蘇令等從橫，吏士臨難，莫肯伏節死義，以守相威權素奪故也。國家有急，取辦於二千石，二千石尊重難危，乃能使下」。此欲倚杖之於亂世者也。其用意雖與嚴安不同，而其視郡守為治亂之樞機則一。唯夏侯玄以為「司牧之主，欲一而專」。「秦世不師聖道，私以御職，姦以待下。懼宰官之不修，立監牧以董之；畏督監之容曲，設司察以糾之。宰牧相累，監察相司，人懷異心，上下殊務。漢承其緒，不能匡改。」「若郡所攝，唯在大較，則與州同，無為再重。宜省郡守，但任刺史。」「縣皆徑達，事不擁隔，官無留滯。簡一之化，庶幾可致。」蓋設郡本資鎮壓，非以為治。郡之體制，優於魯、衛，雖去世

襲，不能無猜，乃又重設監司，以相糾察。[144]此自天下初定，不得不然。漢世天澤之分久嚴，久已有叛國而無叛郡，太守之制，實為疣贅。夏侯氏之論，可謂正本清源者也。

　　縣令、長，皆秦官，掌治其縣。萬戶以上為令，減萬戶為長。皆有丞、尉。大率十里一亭，亭有長。十亭一鄉，鄉有三老、有秩、（《續志》：「有秩，郡所署。其鄉小者置嗇夫一人，皆主知民善惡，為役先後；知民貧富，為賦多少；平其差品。」《張敞傳》以鄉有秩補太守卒吏。師古曰：鄉有秩者，嗇夫之類也。）嗇夫、游徼。三老掌教化。[145]嗇夫職聽訟，收賦稅。游徼掌徼循，禁賊盜。縣大率方百里，其民稠則減，稀則曠，鄉亭亦如之。皆秦制也。列侯所食縣曰國。皇太后、皇后、公主所食曰邑。有蠻夷曰道。《續志》云：又有鄉佐，屬鄉，主民，收賦稅。里魁掌一里百家，什主十家，伍主五家，以相檢察。民有善惡事，以告監官。邊縣有障塞尉。案秦、漢之縣，即古之國，令長即古國君，與民實不相及。所恃以為治者，則古鄉遂之官，即秦、漢鄉、亭之吏也。漢世三老，體制甚尊，其人亦多才智。高帝二年（前205），嘗置縣三老，與縣令、丞、尉，以事相教，漢王為義帝發喪，則新城三老建其策。戾太子走死，則壺關三老訟其冤。相如傳檄，讓三老、孝弟以不教誨之過。延壽閉閣，而令、丞、三老、嗇夫皆自繫。王尊免官，湖三老上書為訟，守堤則白馬三老奏其狀。朱邑為桐鄉嗇夫。後為大司農。病且死，屬其子曰：「必葬我桐鄉。後世子孫奉嘗我不如桐鄉民。」民果共為起塚立祠，歲時祠祭不絕，《漢書・循吏傳》。爰延為鄉嗇夫，仁化大行，人但聞嗇夫，不知郡縣。秦彭遷山陽太守，以禮訓人，不任刑罰。有遵奉教化者，擢為鄉三老，常以八月致酒肉勸勉之。此等事後世恆以為美談。實由鄉遂之職，自古相傳，威權尚在，故民有嚴畏之心。民有嚴畏之心，則有擅作威福者，視為固然

---

[144]　封建：漢忌郡守。
[145]　職官：漢三老嗇夫權大。

而不以為怨；有能稍施仁恩者，則相與稱頌不置矣。去古漸遠，民嚴上之心益亡；而鄉亭之吏，本出於民間之自相推擇者，亦益依附其上，以刻剝其下，則愁怨之聲，囂然起矣。左雄謂「鄉官部吏，職斯祿薄。車馬衣服，一出於民。廉者取足，貪者充家。特選橫調，紛紛不絕」。其暴虐之情形，可以想見，安得以一二賢者，遂謂其制可常行乎？魏、晉以降，鄉遂之職，稍以廢墜，而終至於漸滅，蓋有由也。

　　孝、弟、力田，在漢世與三老同有教化人民之責。惠帝四年（前191），舉民孝、弟、力田者復其身。高后元年（前187），初置孝、弟、力田，二千石者一人。錢大昭曰：當是二千石各一人。文帝十二年（前168），遣謁者勞賜三老、孝者、悌者、力田、廉吏帛，以戶口率置三老、孝、弟、力田常員。武帝元狩六年（前117），遣博士大等六人分循行天下，諭三老、孝、弟以為民師。昭帝元鳳元年（前80），賜郡國所選有行義者涿郡韓福等五人帛人五十匹，遣歸。詔曰：「朕閔勞以官職之事。其務修孝弟，以教鄉里。」亦見《兩龔傳》。成帝陽朔四年（前21），詔「先帝勸農，薄其租稅，寵其強力，令與孝弟同科」。皆可見孝弟力田，與三老同有教化斯民之責，故司馬相如諭巴、蜀，以二者並舉也。

　　《續志》百官受奉例：「大將軍、三公奉月三百五十斛。中二千石奉月百八十斛。二千石奉月百二十斛。比二千石奉月百斛。千石奉月八十斛。六百石奉月七十斛。比六百石奉月五十斛。四百石奉月四十五斛。比四百石奉月四十斛。三百石奉月四十斛。比三百石奉月三十七斛。二百石奉月三十斛。比二百石奉月二十七斛。一百石奉月十六斛。斗食奉月十一斛。（《漢書·薛宣傳注》曰：「斗食者，祿少，一歲不滿百石，計日以斗為數也。」）佐史奉月八斛。凡諸受奉者，皆半錢半穀。」此為建武二十六年（50）之例。《古今注》。《漢書·宣帝紀》神爵四年（前58），及《汲黯傳》、《外戚傳》述二千石、真二千石、中二千石俸；《王莽傳》天鳳三年（16）莽

所下吏祿制度，大致相同。斗食、佐史之入，不足農夫一家五口之入，則下吏之祿頗薄。仲長統《昌言》曰「薄吏祿以豐軍用，緣於秦征諸侯，續以四夷，漢承其業，遂不改更」，則其所由來者舊矣。宣帝神爵三年（前59），嘗益百石以下奉十五，亦無濟於事也。弊之著者，厥為妄取於下。漢人多以為言者，在新舊迎送之間。《漢書·游俠原陟傳》言哀帝時天下殷富，大郡二千石死官，賦斂送葬，皆千萬以上。《後漢書·張禹傳》：父歆，終於汲令，汲吏人賻送前後數百萬。《漢書·循吏·黃霸傳》言許丞老，病聾，督郵白欲逐之，霸不聽。或問其故。霸曰：「數易長吏，送故迎新之費；及姦吏緣絕簿書，盜財物，公私費耗甚多，皆當出於民。」是其事。《高惠高后文功臣表》：清安侯更，元鼎元年（前116）坐為九江太守受故官送免。然觀前引左雄之言，則取民者又不獨送迎之際矣。

第四節　選舉

秦、漢選舉之法，亦承古代而漸變。古者平民登庸，僅止於士，大夫以上，即不在選舉，已見《先秦史》第十四章第三節。至秦而父兄有天下，子弟為匹夫；及漢，更開布衣卿相之局；實為曠古一大變，亦已見本篇第三章第四節。然其制仍有相因者。古者地治之責，實在於士，秦、漢之三老、嗇夫其選。其仕於郡縣者，蓋猶古者之仕於諸侯、大夫。因計吏而進於朝，及以口率察舉秀、孝，則諸侯之貢士於天子也。天子屢詔公卿、郡國，使舉賢才；又或遣使咨訪；或下詔徵召；則古者聘名士、禮賢者之制也。士上書自衒鬻，則古之遊說也。給事於官者古之宦。任子則古世祿之家，以父兄餘蔭進者也。事雖相承，然一統之世，規模遠較列國為大，其利弊，遂亦難以一言盡矣。

秦漢選舉：
- 士　三老
- 仕郡縣　古仕諸侯大夫
- 計吏　察舉　貢士
- 令舉
  - 詔　聘禮（制科）
  - 遣使
  - 徵
- 上書　遊說
- 質事　宦
- 任子

　　漢高帝十一年（前 196）詔曰：「蓋聞王者莫高於周文，伯者莫高於齊桓，皆待賢人而成名。今天下賢者智慧，豈特古之人乎？患在人主不交故也。士奚由進？今吾以天之靈，賢士大夫，定有天下，以為一家，欲其長久，世世奉宗廟亡絕也。賢人已與我共平之矣，而不與吾共安利之，可乎？賢士大夫，有肯從我遊者，吾能尊顯之。布告天下，使明知朕意。御史大夫昌下相國，相國酇侯下諸侯王。御史中執法下郡守，其有意稱明德者，必身勸為之駕，遣詣相國府署行義年。有而弗言，覺免。年老、癃病，勿遣。」此為漢有天下後首次求賢之詔。其後屢詔公卿、郡國等薦舉。其科目，以賢良方正直言極諫為最多。文帝二年（前 178）、十五年（前 165），武帝建元元年（前 140）、元光元年（前 134），宣帝本始四年（前 70）、地節三年（前 67），元帝永光元年（前 43），成帝建始二年（前 31）、三年（前 30）、元延元年（前 12），哀帝元壽元年（前 2），後漢光武建武六年（30），章帝建初元年（76）、五年（80），安帝永初元年（107）、五年（111）。順帝漢安元年（142），沖帝即位後，桓帝建和元年（147）、三年（149）、永興二年（154）、延熹八年（165）、永康元年（167）。又宣帝神爵四年（前 58），多可親民三字。此外日明當世之務，習先聖之術。武帝元

光五年（前 130）。曰文學高第。宣帝本始元年（前 73）。曰孝弟有行義，聞於鄉里。宣帝地節三年（前 67）。曰厥身修正，通文學，明於先聖之術，宣究其意。宣帝元康元年（前 65）。曰明陰陽災異。元帝初元三年（前 46）。曰茂材異等。元帝永光元年（前 43）。曰敦厚有行義，能直言。成帝鴻嘉元年（前 20）。平帝元始元年（1），無有行義三字。曰勇猛知兵法。成帝元延元年（12）。曰勇武有節明兵法。平帝元始二年（2）。曰孝弟敦厚，能直言，通政事，延於側陋，可親民。哀帝建平元年（前 6）。曰明兵法，有大慮。哀帝建平四年（前 3）。明誤作民。《息夫躬傳》作明習兵法有大慮。曰至孝，與眾卓異。安帝永初五年（111）。曰列將子孫，明曉戰陳，任將帥。同上。曰敦厚質直。安帝元初元年（114）。曰有道之士。安帝建光元年（121），靈帝建寧元年（168）。曰武猛堪將帥。安帝建光元年（121）。曰剛毅武猛，有謀謨，任將帥。順帝永和三年（138）。曰武猛，試用有效驗，任為將校。順帝漢安元年（142）。曰至孝篤行。桓帝建和元年（147）。曰至孝。桓帝延熹九年（166），獻帝建安五年（200）。隨所求而標舉之，無定格。此後世制科之先河也。

武帝元狩六年（前 117），遣博士大等六人分循行天下，舉獨行之君子，徵詣行在所。昭帝始元元年（前 86），遣故廷尉王平等五人持節行郡國，舉賢良。宣帝元康四年（前 62），遣大中大夫強等十二人循行天下，舉茂材異倫之士。成帝永始三年（前 14），臨遣大中大夫嘉等循行天下，與部刺史舉惇讓有行義者。元帝建昭四年（前 35），臨遣諫大夫博士賞等二十一人循行天下，舉茂材特立之士。此為漢世遣使聘賢之事。其特詔徵召者，則以後漢為多。《後書·逸民傳》言：光武側席幽人，求之若不及。肅宗亦禮鄭均，征高鳳。其後順帝備玄纁玉帛，以聘樊英。天子降寢殿，設壇席，尚書奉引，問失得，李固稱其猶待神明。然所徵之士，竟無他異。李固、朱穆等以為處士純盜虛聲，無益於用。其中如黃瓊者，固足以

雪斯恥，然究不能多得。此則其時風氣之敝也。此節采《後漢書・左周黃傳》、《逸民傳》、《方術傳》。

州郡舉茂材、孝廉，《漢書》云自董仲舒發之。[146] 仲舒對策日：「長吏多出於郎中、中郎、吏二千石子弟，選郎吏又以富訾，未必賢也。且古所謂功者，以任官稱職為差，非所謂積日累久也。故小材雖累日，不離於小官；賢材雖未久，不害為輔佐。今則不然。累日以取貴，積久以致官。是以廉恥貿亂，賢不肖渾殽，未得其真。臣愚以為使諸列侯、郡守二千石各擇其吏民之賢者，歲貢各二人，以給宿衛。且以觀大臣之能。」其意蓋欲以求非常之才也。《漢書・武帝紀》：元光元年十一月，初令郡國舉孝、廉各一人。事在仲舒對策前數月。蓋創始雖與仲舒無涉，其後以為恆典，或由仲舒之言；又古書記事，歲月多不審諦；不可泥也。《續漢書・百官志注》引胡廣說，謂州刺史狀州中吏民茂材異等，歲舉一人。《志》則謂郡舉孝廉，口二十萬一人。《後漢書・丁鴻傳》云：「時大郡口五六十萬舉孝廉二人，小郡口二十萬並有蠻夷者亦舉二人。帝以為不均，下公卿會議。鴻與司空劉方上言：『凡口率之科，宜有階品。蠻夷錯雜，不得為數。自今郡國率二十萬口歲舉孝廉一人，四十萬二人，六十萬三人，八十萬四人，百萬五人，百二十萬六人，不滿二十萬二歲一人，不滿十萬三歲一人。』帝從之。」此事當在和帝永元四年（92）至六年（94）之間。《傳》記此事於竇憲自殺之後，憲自殺在永元四年六月，而鴻以六年卒。及十三年，詔日：「幽、并、涼州，戶口率少。邊役眾劇，束脩良吏，進仕路狹。撫接夷狄，以人為本。其令緣邊郡口十萬以上歲舉孝廉一人，不滿十萬二歲舉一人，五萬以下三歲舉一人。」蓋所以撫慰邊垂也。《三國志》：魏文帝黃初二年（221），初令郡國口滿十萬者，歲察孝廉一人。其有秀異，無拘戶口。蓋承大亂之後，人戶凋零，故口率之科，亦寬於平世矣。

---

[146] 選舉：舉秀才孝廉自仲舒，本欲求非常之才。

　　漢武帝元朔元年（前 128），以詔書令二千石舉孝廉，而或至闔郡不薦一人，令有司議不舉者罪，蓋其初之難進如此。乃《後漢書‧種暠傳》言：「河南尹田歆，外甥王諶名知人。歆謂之曰：『今當舉六孝廉，多得貴戚書命，不宜相違。欲自用一名士，以報國家。爾助我求之。』」則舉之者與所舉者，皆已視為利途矣。於是考試之法出焉。[147]《左雄傳》：雄上言：「郡國孝廉，古之貢士。出則宰民，宣協風教。若其面牆，則無所施用。請自今孝廉年不滿四十，不得察舉，（《後漢書‧儵傳》：儵上言：『郡國舉孝廉，率取年少能報恩者。耆宿大賢，多見廢棄』；《三國志‧秦宓傳》：宓奏記劉焉，亦言海內察舉，率多英俊而遺舊齒；此限年之由也。）皆先詣公府諸生試家法，文吏課牋奏。帝從之。」此事在順帝陽嘉元年（132）。見《紀》。史稱自是「牧守畏栗，莫敢輕舉，迄於永熹，察選清平，多得其人」焉。雄所建白，胡廣與郭虔、史敞，皆不謂然，見《廣傳》。其說似無足采。其後黃瓊以雄所上孝廉之選，專用儒學、文吏、於取士之義，猶有所遺，乃奏增孝弟及能從政者為四科。及魏文帝黃初三年（222），詔郡國所選，勿拘老幼。儒通經術，吏達文法，到皆試用。《華歆傳》謂三府議舉孝廉，本以德行，不復限以試經。歆以為喪亂以來，六籍墮廢，當務存立，以崇王道。帝從其言。蓋人物凋敝，故復稍寬其選矣。漢世用人，多本行實。昭帝元鳳元年（前 80），賜郡國所選有行義者涿郡韓福等帛遣歸，已見上節。宣帝地節三年（前 67），令郡國舉孝弟有行義聞於鄉里者各一人。《馮唐傳》：唐以孝著為郎中署長。郅惲守長沙，以孝子為首舉；張酺守東郡，以王青三世死節，擢用極右曹；黃香年十二，太守劉護召署門下孝子；皆見《後書》本傳。又《韋彪傳》：陳事者多言郡國貢舉，率非功次，故守職益懈，而吏事浸疏。詔下公卿朝臣議。彪言「國以簡賢為務，賢以孝行為首。人才行少能相兼。忠孝之人，持心近厚，鍛鍊之

---

[147]　選舉：左雄試牋奏家法，黃瓊益孝弟能從政，即丞相四科也。

吏，持心近薄。士宜以才行為先，不可純以閥閱。」皆漢世用人重行實之證也。或則試之以事。元朔元年（前 128），有司議不舉孝不奉詔，當以不敬論，不察廉不勝任也，當免，則當時孝廉分為兩項。孝本行實，廉必歷事，故和帝永元五年（93）詔：謂郡國舉吏，「先帝明敕所在，令試之以職」也。孝廉雖不限曾歷職者，然欲觀其材能，自以曾歷職者為宜，故孝宣又有吏六百石不得舉廉吏之詔也。後來此意微矣。所謂策問者，亦以其人為通於政理而諮詢之，非以其人為意存冒濫而考校之。《文獻通考》三十三云：「自孝文策晁錯之後，賢良方正，皆承親策。至孝昭年幼未即政，乃詔有司問以民所疾苦。」又言：「漢武帝之於董仲舒也，意有未盡，則再策之，三策之，晉武帝之於摯虞、阮種也亦然。」皆策問意在諮詢之證。後世則名為策問，實與射策無異矣。然意存冒濫者漸多，加以考試之事，遂終不可免。章帝建初五年（80）詔，稱建武詔書曰「堯試臣以職，不直以言語筆札」，可見言語筆札，已漸見重。左雄建策，則純乎考試矣。此後世科目之先河也。

《續漢書・百官志注》引應劭《漢官儀》曰：「世祖詔方今選舉，賢佞朱紫錯用。丞相故事，四科取士：一曰德行高妙，志節清白。二曰學通行修，經中博士。三曰明達法令，足以決疑，能案章覆問，文中御史。四曰剛毅多略，遭事不惑，明足以決，才任三輔令。皆有孝弟廉公之行。自今以後，審四科辟召。」又引《漢官目錄》曰：「建武十二年八月乙未詔書：三公舉茂才各一人，廉吏各二人。光祿歲舉茂才四行各一人，察廉吏三人。中二千石歲察廉吏各一人。廷尉、大司農各二人。將兵將軍歲察廉吏各二人。監察御史、司隸、州牧歲舉茂才各一人。」[148]四行者，元帝永光元年（前 43）詔：丞相御史，舉質樸、敦厚、遜讓、有行者。光祿歲以此科第郎從官。其後遂為故事焉。何武以射策甲科為郎，光祿勳舉四行，遷

---

[148] 政治：文法之治。

為鄠令。《後漢書・吳祐傳》：祐以光祿四行遷膠東相。《注》引《漢官儀》曰：四行，敦厚、質樸、遜讓、節儉也。《黨錮・范滂傳注》引同。《後漢書・黃瓊傳》云：舊制：光祿舉三署郎，以高功久次，才德尤異者為茂材四行。《漢官儀》曰：「五官署，左、右署也。各置中郎將以司之。郡國舉孝廉，以補三署郎。年五十以上屬五官，其次分在左、右署。凡有中郎、議郎、侍郎、郎中四等，無員。」《後漢書・和帝紀》元興元年（105）《注》引。《後漢書・和帝紀》：永元十四年（102），初復郡國上計補郎官。《注》曰：「《前書音義》曰：舊制使郡丞奉歲計。武帝元朔中，令郡國舉孝廉各一人，與計偕，拜為郎中，中廢，今復之。」《楊秉傳》云延熹五年（162），代劉矩為大尉。時郡國計吏，多留拜為郎。秉上言：「三署見郎，七百餘人。帑藏空虛，浮食者眾。而不良守相，欲因國為池，澆濯釁穢。宜絕橫拜，以塞覬覦之端。自此終桓帝世，計吏無復留拜者。」《前書音義》似指孝廉言之。《後書》紀傳之文，皆指計吏，似非一事，《注》恐誤引也。漢世郎選，所繫最重。楊惲遷中郎將，薦舉其高第有行能者，至郡守九卿。館陶公主光武女。為子求郎，明帝不許。謂群臣曰：「郎官上應列宿，出宰百里。苟非其人，則民受其殃。」見《明帝紀》末。案章帝建初元年（76），初舉孝廉、郎中寬博有謀，任典城者以補長、相。和帝永元元年（89），初令郎官詔除者，得占丞、尉，以比秩為真。七年（95），詔有司詳選郎官寬博有謀，才任典城者三十人。既而悉以所選出補長、相。元興元年（105），引三署郎召見禁中，選除七十五人補謁者、長、相。安帝元初六年（119），詔三府選掾屬高第，能惠利牧養者各五人，先祿勳與中郎將選孝廉郎寬博有謀，清白行高者五十人，出補令、長、丞、尉。皆郎官出任宰牧之事。故史公以入財者得補郎，而嘆息於郎選之衰也，《平準書》。

　　《漢書・東方朔傳》云：「武帝初即位，徵天下舉方正賢良文學材力之

士，待以不次之位。四方士多上書言得失。自衒鬻者以千數。」朱買臣、
主父偃、徐樂、嚴安、終軍等，蓋其人也。《蕭望之傳》：「宣帝初即位，
思進賢良，多上書言便宜，輒下望之問狀。案望之時為謁者。高者請丞相
御史，次者中二千石。試事滿歲，以狀聞。下者報聞，或罷歸田里。」賈
捐之以元帝初即位，上疏言得失，召待詔金馬門。此皆古游士之類也。梅
福言：「孝武皇帝好忠諫，說至言，出爵不待廉茂，慶賜不須顯功，是以
天下布衣，各勵志竭精，以赴闕庭，自衒鬻者，不可勝數。漢家得賢，於
此為盛。」揚雄《解嘲》言：「鄉使上世之士，處乎今，策非甲科，行非孝
廉，舉非方正，獨可抗疏時道是非，高得待詔，下賜問罷。」足見其為進
取之一途矣。漢世諸侯王好士者，亦能多致異材。如梁孝王、淮南王安皆
是。然天下一家，競爭不烈，諸侯王能好士者卒少，故士之由此進者亦不
多也。韓延壽守東郡，門卒本諸生，聞延壽賢，無因自達，故代卒，可見
儒者進身之難。

　　博士及博士弟子入官，為漢世特辟之途，與秦之燔燒詩書，欲學法
令，以吏為師適相反，蓋自武帝崇儒以來也。《儒林傳》：公孫弘請博士
弟子。一歲皆輒課，能通一藝以上，補文學掌故缺。其高弟可以為郎中，
太常籍奏。即有秀才異等，輒以名聞。平帝時，王莽秉政，歲課甲科四十
人為郎中，乙科二十人為太子舍人，丙科四十人補文學掌故。蕭望之以射
策甲科為郎。[149] 匡衡射策甲科，以不應令除為太常掌故。師古曰：「射策
者，謂為難問疑義，書之於策，量其大小，署為甲乙之科，刊而置之，不
使彰顯。有欲射者，隨其所取，得而釋之，以知優劣。射之言投射也。對
策者，顯問以政事、經義，令各對之，而觀其文辭，定高下也。」《蕭望
之傳注》。《後漢書·順帝紀》陽嘉元年（132）《注》引《前書音義》曰：「甲
科，謂作簡策難問，列置案上。任試者意投射，取而答之，謂之射策。上

---

[149]　選舉：射策與對策。射策即今新法考試。

者為甲，次者為乙。若錄政化得失，顯而問之，謂之對策也。」此其考試之法也。博士亦由公舉，成帝陽朔二年（前 23），詔丞相、御史與中二千石、二千石雜舉可充博士位者是也。限年五十以上，見《後漢書‧儒林楊仁傳注》引《漢官儀》。其選，成帝時為三科：高為尚書，次為刺史，其不通政事，以久次補諸侯太傅，見《前書‧孔光傳》。

漢世儒士，進取之途頗優。公孫弘言治禮、掌故，以文學、禮義為官，遷留滯。請選擇其秩比二百石以上，及吏百石通一藝以上，補左右內史、大行卒史。比百石以下，補郡太守卒史。皆各二人。邊郡一人。先用誦多者。不足，擇掌故以補中二千石屬文學掌故補郡屬備員。請著功令。他如律令。制曰可。史稱「自此以來，公卿大夫士吏，彬彬多文學之士」焉。《儒林傳》。後漢章帝元和二年（85），令郡國上明經者，口十萬以上五人，不滿十萬三人。和熹聽政時，三署郎能通經術者，皆得察舉。《儒林傳》。順帝陽嘉元年（132）。以太學新成，試明經下第者補弟子，增甲乙科員各十人，除郡國耆儒九十人補郎、舍人，《本紀》。《左雄傳》曰：「除京師及郡國耆儒年六十以上為郎、舍人、諸王國郎者百三十八人。」案此事亦見《儒林傳》，辭又較略。質帝本初元年（146），令郡國舉明經年五十以上、七十以下詣太學。靈帝熹平五年（176），試太學生年六十以上百餘人，除郎中、太子舍人至王家郎、郡國文學史。光和三年（180），詔公卿舉能通《尚書》、《毛詩》、《左氏》、《穀梁春秋》各一人，悉除議郎。獻帝初平四年（193），試儒生四十餘人。上第賜位郎中，次太子舍人，下第者罷之。詔曰：「今者儒年逾六十，去離本土，營求糧資，不得專業。結童入學，白首空歸。長委農野，永絕榮望。朕甚愍焉。其依科罷者聽為太子舍人。」魏明帝大和二年（228），敕郡國貢士以經學為先。四年（230），詔郎吏學通一經，才任牧民，博士課試。擢其高第者亟用。其浮華不務道本者，皆罷退之。蓋自武帝崇儒以後，利祿之途，正不獨學校一端矣。亦

有名為招致文學，實則登庸嬖倖者，靈帝之鴻都門學是也。已見第十章第五節。

《漢書‧哀帝紀》：帝即位，除任子令。《注》引應劭曰：「《漢儀注》：吏二千石以上，視事滿三年，得任同產若子一人為郎。不以德選，故除之。」案《漢書‧馮唐傳》：武帝即位，求賢良，舉唐，唐時年九十餘，不能為官，乃以子遂為郎；《兩龔傳》：王莽白遣龔勝、邴漢，令上子若孫若同產子一人；則推恩又有出於定令之外者。此為董仲舒所深非，王吉亦極言之。《後漢書‧侯霸傳》：族父淵，以宦者有才辯任職，元帝時佐石顯等領中書，號曰太常侍，成帝時，任霸為太子舍人，此為宦者得任人之始。至後漢而其弊大著。李固言：「詔書禁侍中、尚書、中臣子弟不得為吏，察孝廉，而中常侍子弟，祿仕曾無限極。諂佞之徒，望風進舉。今可為設常禁，同之中臣。」《楊秉傳》：延熹五年（162），代劉矩為大尉。是時宦官方熾，任人及子弟為官，布滿天下。秉與司空周景上言：「舊典，中臣子弟，不得居位秉勢。可遵用舊章，退貪殘，塞災謗。」蓋宦豎之禍，至斯而極矣。《漢書‧元帝紀》：初元五年（前44），除光祿大夫以下至郎中保父母同產之令。應劭曰：「舊時相保，一人有過當坐之。」師古曰：「除此令，所以優之也。」一家哭何如一路哭？此等寬典，誠不如其無有也。

漢世公府掾史，皆自辟除，見《續書‧百官志》。而二千石所屬，亦由其任用。《張敞傳》：渤海、膠東盜賊起，敞上書自請治之。天子徵敞，拜膠東相。敞辭之官，請吏追捕有功者，願得一切比三輔尤異。天子許之。敞到膠東，吏追捕有功，上名尚書，調補縣令者數十人。其用人之權之大如此。

景帝後二年詔曰：「人不患其不知，患其為詐也。不患其不勇，患其為暴也。不患其不富，患其無厭也。其唯廉士，寡慾易足。今訾算十以上乃得官。廉士算不必眾。訾算四得官。亡令廉士久失職，貪夫長利。」應

勑曰：「古者疾吏之貪，衣食足知榮辱，故有十算之限。」此與今之保證金，意頗相類。《韓信傳》言信家貧無行，不得推擇為吏。王尊教府丞悉署吏行能，分別白之。賢為上，毋以富。賈人百萬，不足與計事。此則習俗相沿，好用富人耳，未嘗著為法令也。然《後書·第五倫傳》言：「遷蜀郡太守。蜀郡肥饒，人吏富實。掾史家貲，[150] 多至千萬。皆鮮車怒馬，以財貨自達。倫悉簡其豐贍者遣還之。更選孤貧志行之人，以處曹任。於是爭賕抑絕。」《朱暉傳》：暉子穆作《崇厚論》，言「以韓、翟之操，為漢名宰，猶不能振一貧賢，薦一孤士」，則孤寒之士，欲求聞達亦難矣。漢世爵得買賣，而試補吏則五大夫先除。[151] 及武帝置武功爵，則千夫如五大夫。又入奴婢者為郎增秩。入羊為郎。吏得入穀補官，郎至六百石。株送徒入財者得補郎。桑弘羊又請令民入粟補吏。皆見《平準書》。王莽亦令民入米六百斛為郎。其郎吏增秩，賜爵至附城。此皆公然鬻賣。《成帝紀》：永始二年（前 15），詔曰：「關東比歲不登。吏民以義收食貧民，入穀物助縣官振贍者已賜直。其百萬以上，加賜爵右更。欲為吏補三百石。其吏也，遷二等。三十萬以上，賜爵五大夫。吏亦遷二等。民補郎。」雖出財者意不在得官爵，然國家之以官爵為酬賞則一也。張釋之及司馬相如皆以訾為郎。《釋之傳注》：蘇林曰：雇錢若出穀也。如淳曰：漢法：訾五百萬，得為常侍郎。《循吏·黃霸傳》：武帝末，以待詔入錢賞官補侍郎、謁者。後復入穀沈黎郡，補左馮翊二百石卒史。馮翊以霸入財為郎，不補右職。《楊敞傳》：郎官故事：令郎出錢市財用，給文書乃得出，名曰山郎。移病盡一日，輒償一沐。或致歲餘不得沐。其豪富郎日出遊戲，或行錢得善部。貨賂流行，傳相倣效。蓋雖政以賄成，然語其所由進，則終輕之也。靈帝賣官之事，已見第十章第五節。此亦亂政，非法令，不足論。

---

[150]　選舉：富者樂為掾史。此送迎者所以多，並有送長吏喪者。

[151]　選舉：漢世訾選。

　　《史記‧平準書》言孝惠、高后時，「為天下初定，復弛商賈之律，然市井之子孫，亦不得仕宦為吏」。《漢書‧食貨志》作「亦不得為官吏」。此乃妄人所改。宦、學也。[152] 謂給事於官而未有爵位者。《漢書‧惠帝紀》：帝即位後，爵五大夫，吏六百石以上，及宦皇帝而知名者，有罪當盜械者皆頌繫。師古謂「早事惠帝，特為所知，故優之」。此即宦於太子家者也。貢禹言：文帝時，賈人、贅婿及吏坐贓者皆禁錮，不得為吏。景帝後二年詔有市籍者不得官。《後漢書‧逸民高鳳傳》：自言本巫家，不應為吏。然孔僅、東郭咸陽幹鹽鐵，除故鹽鐵家富者為吏；羲和置命士督五均六斡，亦皆用富賈；流品之異，業已不能堅持。《後漢書‧第五倫傳》：竇氏始貴，倫上疏言：「諸出入貴戚者，類多瑕釁禁錮之人。三輔議論，至云以貴戚廢錮，當復以貴戚浣濯之，猶解酲當以酒。」《楊震傳》：震上疏言：「周廣、謝惲兄弟，依倚近幸姦佞之人，與樊豐、王永等分威共權，屬託州郡，傾動大臣。宰司辟召，承望旨意。招來海內貪汙之人，受其貨賂。至有減錮棄世之徒，[153] 復得顯用。」《後漢書‧袁安傳》：為河南尹，政號嚴明，然未曾以贓罪鞫人。常稱曰：「凡學仕者，高則望宰相，下則希牧守，錮人於聖世，尹所不忍為也。」《劉般傳》：安帝初，清河相叔孫光坐贓抵罪，增錮二世。《陳寵傳》：子忠，奏解贓吏三世禁錮。[154] 桓帝即位，詔贓吏子孫不得察舉。《黨錮傳》：岑晊，父以貪叨誅死，晊往候同郡宗慈，慈以晊非良家子不肯見。蓋漢於贓吏法特嚴，而俗亦疾之甚深。贓吏亦可顯用。而綱紀蕩然矣。左雄亦言：「考奏捕案，亡不受罪，會赦行賄，復見洗滌。」則有罪禁錮，亦成空言矣。《漢書‧息夫躬傳注》云：「錮，謂終身不得仕。」然亦有行寬典者。平帝即位，詔諸有贓及內惡未發而薦舉者，皆勿案驗。殤帝延平元年（106），太后詔「自建武以來，諸犯

---

[152]　選舉：宦。

[153]　選舉：贓吏見賂及禁錮。

[154]　選舉：錮。

禁錮，詔書雖解，有司持重，多不奉行，其皆復為平民」是也。其時權戚牽引，後則重以黨人，禁錮所涉尤廣。章帝元和元年（84），詔曰：「往者妖言大獄，所及廣遠。一人犯罪，禁至三屬。莫得垂纓，仕宦王朝。如有賢才，而沒齒無用。朕甚憐之。非所謂與之更始也。諸以前妖惡禁錮者，一皆蠲除之，以明棄咎之路。但不得在宿衛而已。」此所錮僅及三屬。《順帝紀》：永建四年（129）赦詔，閻顯、江京等知識婚姻禁錮，一原除之。靈帝建寧二年（129），鉤黨之禍，「諸附從者，錮及五屬」。熹平五年（176），詔黨人門生故吏父兄子弟在位者，皆免官禁錮。光和二年（179）大赦，僅除小功以下而已。

　　左官之律，起自武帝，已見第四章第六節。後漢建武二十四年（48），申明《阿附蕃王法》，《注》云：即《左官律附益法》也，亦已見本章第二節。此亦仕進之一途也。安帝永初二年（108），詔王主官屬墨綬下至郎、謁者，其經明任博士，居鄉里有廉清孝順之稱，才任理人者，國相歲移名，與計偕上尚書、公府通調，令得外補。王主，劉放謂當作王國，蓋是。主官屬只有家令，無郎謁者也。

　　《後漢書·蔡邕傳》云：「初，朝議以州郡相黨，人情比周，乃制婚姻之家，及兩州人士，不得對相監臨。至是復有三互法。禁忌轉密，選用艱難。」此為迴避之始。邕疏言「韓安國起自徒中，朱買臣出於幽賤，並以才宜，還守本邦」，可知前漢本無其法。《三國志·劉馥傳注》引《晉陽秋》，言馥子弘在晉世為荊州刺史。帝在長安，命弘得選用宰守。征士武陵伍朝，高尚其事。牙門將皮初，有勳江、漢。弘上朝為零陵太守，初為襄陽太守。詔書以襄陽顯郡，初資名輕淺，以弘婿夏侯陟為襄陽。弘曰：「夫統天下者當與天下同心，治一國者當與一國推實。吾統荊州十郡，安得十女婿然後為治哉？」乃表陟姻親，舊制不得相監臨，初勳宜見酬。報聽之。眾益服其公。則晉初猶可援引也。

　　漢世選舉，其權本在三府，東京以後，乃漸移於尚書。順帝陽嘉元年（132）詔言：「今刺史二千石之選，歸任三司。」二年（133），郎顗以公車徵，詣闕拜章，亦言「今選舉牧守，委任三府」。而靈帝時呂強上疏，言「舊典選舉，委任三府。三府有選，參議掾屬。咨其行狀，度其器能，受試任用，責以成功。若無可察，然後付之尚書。尚書舉劾，請下廷尉，覆案虛實，行其誅罰。今但任尚書，或復敕用」云云。似尚書之權，至末葉乃大張者。然《朱浮傳》言：「舊制州牧奏二千石長吏不任位者，事皆先下三公，三公遣掾史案驗，然後黜退，帝光武。時用明察，不復委任三府，而權歸刺舉之吏，」則三司之喪權，由來舊矣。此亦有所不得已。楊興訾史高所舉，不過私門賓客，乳母子弟。見《漢書·匡衡傳》。楊震為大尉。耿寶薦中常侍李閏兄於震，震不從。閻顯薦所親厚於震，震又不從。司空劉授聞之，即辟此二人，旬日中皆見拔擢。三公之徇私阿好如此。郎顗條便宜言：「今選舉皆歸三司。每有選用，輒參之掾屬。公府門巷，賓客填集。送去迎來，財貨無已。其當遷者，競相薦謁。各遣子弟，充塞道路。開長姦門，興致浮偽。非所謂率由舊章也。尚書職在機衡，宮禁嚴密，私曲之意，差不得通；偏黨之恩，或無所用；選舉之任，不如還在機密。」觀此，可知其遷變之由矣。

　　慎舉於進用之初，終不過觀其大略，其人究可用與否，必歷試然後知之。故考課之法，實較選拔為尤要。[155] 京房首創斯議，已見第六章第一節。魏盧毓為吏部尚書。明帝詔之日：「選舉莫取有名。名如畫地作餅，不可啖也。」毓對日：「名不足以致異人，而可以得常士。常士畏教慕善，然後有名，非所當疾也。愚臣既不足以識異人，又主者正以循名案常為職，但當有以驗其後。故古者敷奏以言，明試以功。今考績之法廢，而以毀譽相進退，故真偽渾雜，虛實相蒙。」其言可謂知本矣。帝納其言，

---

[155] 選舉：考課。杜預委任達官恐失其意。

即詔作考課法。《劉劭傳》云：「景初中，受詔作都官考課七十二條，又作說略一篇。事成未上，會明帝崩，不施行。」劭、毓所為，當即一物。杜恕言「奏考功者綴京房之本旨」，杜預亦言「魏氏考課，即京房遺意」，見《晉書》本傳。其學蓋有所承。劉劭言百官考課，歷代弗務。王昶亦受詔撰百官考課事。昶以為唐、虞雖有黜陟之文，而考課之法不垂。周制塚宰之職，大計群吏之治而誅賞，又無校比之制。杜恕亦謂歷六代而考績之法不著，閱七聖而課試之文不垂。傅嘏言劉劭考課論，雖欲尋前代黜陟之文，然其制度略以闕亡。則自京、焦以至盧毓輩，議論雖有所承，條例殆皆新造也。考績之弊有二：一為專尚苛猛。章帝元初二年（115）詔所謂「以苛為察，以刻為明」；左雄所謂「謂殺害不辜為威風，聚斂整辦為賢能，以理己安民為劣弱，以奉法循理為不化也」。一則參以私意。劉廞曰：「長吏之所以為佳者，奉法也，憂公也，恤民也，此三事者，或州郡有所不便，往來有所不安。」而「黜陟頗以州郡之毀譽，聽往來之浮言」，則阿不烹，即墨不封矣。二者之弊，皆起於無法。故奉行者無所准，而懷私者得肆其譸張。然則考課之法，蓋相需孔殷矣，而惜乎其終不成也。

漢世選舉不實，厥罰頗重，《漢書・百官公卿表》：竟寧元年（前33），張譚為御史大夫，陽朔三年（前22），韓立子淵為執金吾，後皆坐選舉不實免。綏和元年（前8），遂義子贛為左馮翊，坐選舉免，元壽二年（前1），梁相為大理，三年（1），坐除吏不次免。嚴延年為河南尹，察獄史康，有臧不入身，坐選舉不實貶秩。張湯曾孫勃舉陳湯茂材，以湯有罪削戶二百。湖三老訟王尊曰：「審如御史章，任舉尊者，當獲選舉之辜，不可但已。」知漢世選舉不實，未有能辭其責者也。然終不能絕其弊者，則以私黨牢固，力不能勝也。自封建之制既壞，士無恆產，競以遊說為務，至秦、漢之世猶然。[156] 陳涉之王，事至微淺，而縉紳先生之徒，負

---

[156]　選舉：士結黨，賢否混淆，九品中正所由立。

孔子禮器往委質為臣，《史記·儒林傳》。叔孫通之降漢也，從儒生弟子百餘人。初無所言進，弟子皆竊罵。及高帝悉以為郎，通又以賜金五百斤分賜諸生，則喜而稱為聖人。其時酈生、陸賈之徒，以及後來伍被、羊詭、公孫勝、鄒陽、枚乘之輩，皆古游士之類也。既非縱衡之時，好士之主，不可數遇，則不得不結黨以相援引。孔光不結黨友，養遊說，史家著其特操。薛宣無私黨遊說之助，薦者以為美談。何武恂恂，猶且問文吏必於儒者，問儒者必於文吏，以相參檢。見本傳。又云：「欲除吏，先為科例，以防請託。」降逮東京，其弊彌甚。章帝建初五年（80），以日食詔公卿以下舉直言極諫之士。「其以岩穴為先，勿取浮華」。和帝永元六年（94）詔亦令昭岩穴，披幽隱。劉愷為太常，史稱其每有徵舉，必先岩穴。所謂浮華者，謂其「講偶時之說，結比周之黨，更相嘆揚，迭為表裡，既獲者賢己而遂往，羨慕者並驅而從之」者也。《中論·譴交篇》語。當時風氣之弊，詳見《中論》此篇及《考偽篇》。又《潛夫論·務本》、《賢難》、《考績》、《潛嘆》、《實貢》、《交際》，《抱樸子·審舉》、《交際》、《名實》、《漢過》諸篇。朱穆《絕交》、劉梁《破群》之論，亦有激而然也。劉梁見《後漢書·文苑傳》。此曹既合黨連群，其聲勢亦覺可畏，故當路者咸敷衍焉。《中論·譴交篇》言「桓、靈之世，公卿大夫，州牧郡守，王事不恤，賓客為務。冠蓋填門，儒服塞道。饑不暇餐，倦不獲已，殷殷沄沄，俾夜作晝。下及小司，列城墨綬，莫不相商以得人，自矜以下士。星言夙駕，送往迎來。亭傳常滿，吏卒傳問，炬火夜行，闇寺不閉。文書委於官曹繫囚積於圄圉。」甚至有如晉文經、黃子文者，炫曜上京，臥托養疾，而三公辟召，輒詢訪之，隨所臧否，以為予奪，見《後漢書·符融傳》。尚復成何事體？夫顯為名者，未有不陰為利者也。當時李膺、郭泰等，所以為士林所歸仰者，實亦欲藉彼聲華，以資進趨耳。然虛名所歸，率多矯偽之士，其居心有不可問者。黃允以俊才知名。司徒袁隗，欲為從女求姻，見

允而嘆曰：「得婿如是，足矣。」允聞而黜遣其妻。婦大集賓客三百餘人，中坐攘袂，數允隱惡十五事。允以此廢於世。《後漢書‧郭泰傳》。此與第十三章第一節所引李充事，可以參觀。彼為充者，亦幸而其妻不能數其惡耳，設其能之，充亦一黃允也，而公卿倒屣，天子動容，其敗壞風俗，為何如哉？孔融稱盛憲曰「天下譚士，依以揚聲」，又曰：「今之少年，喜謗前輩，或能譏評孝章。」許劭初善李逵，後更為隙。又與從兄靖不睦。劭為郡功曹，遂排擯靖不得齒敘。《申鑑考偽》謂「父盜子名，兄竊弟譽，骨肉相給，朋友相詐」，信非虛言。卒之祿位有限。「求度者十，一未能得。」終至「身歿他邦，親戚隔絕，閨門分離」，亦《譴交篇》語。亦何為哉？然喪亂以來，斯風不革。《三國志‧魏武帝紀》：建安十年九月令曰：「阿黨比周，先聖所疾也。聞冀州俗父子異部，更相毀譽。昔直不疑無兄，世人謂之盜嫂；第五伯魚三娶孤女謂之擊婦翁；王鳳擅權，谷永比之申伯；王商忠議，張匡謂之左道；此皆以白為黑，欺天罔君者也。吾欲整齊風俗，四者不除，吾以為羞。」《陳矯傳注》引《魏氏春秋》載公令曰：「喪亂以來，風教凋薄。謗議之言，難用襃貶。自建安五年（200）以前，一切勿論。其以斷前誹議者，以其罪罪之。」其疾惡之至於如此。然大和中董昭上疏曰：「近魏諷伏誅建安之末，曹偉斬戮黃初之始。伏唯前後聖詔，深疾虛偽，欲以破散邪黨，常用切齒。而執法之吏，皆畏其權勢，莫能糾擿。毀壞風俗，浸欲滋甚。竊見當今年少，不復以學問為本，專更以交遊為業。國士不以孝弟清修為首，乃以趨勢游利為先。合黨連群，互相襃嘆。以毀訾為罰戮，用黨譽為爵賞。附己者則嘆之盈言，不附者則為作瑕釁。至乃相謂：今世何憂不度邪？但求人道不勤，羅之不博耳。又何患其不知己矣？」則其風氣絕未變也。《昭傳》謂明帝以昭此疏，發切詔斥免諸葛誕、鄧颺等。案《誕傳》謂誕入為吏部郎，人有所屬託，輒顯其言而承用之，後有當否，則公議其得失，以為襃貶。自是群僚莫不慎其所舉。

則其人非騖浮華者。《傅嘏傳注》引《傅子》，力詆何晏、鄧颺、夏侯玄三人。則嘏本司馬氏之黨；其說或亦事後附會，不必實也。史於曹爽之黨多溢惡。觀昭之疏，實非指誕、颺等言。然當時有此等風氣，則不誣也。王昶名子曰渾，曰深，兄子曰沉，曰默，可見時人唯口舌之尚。欲救此弊，唯有二法：一如魏武帝、諸葛武侯，專校功能。此可施之於考課之時，而不能用之於選拔之際。一如毛玠選舉，「拔貞實，斥華偽，進遜行，抑阿黨。」「雖於時有盛名，而行不由本者，終不得進。」然不能考之於其鄉里，而徒就典選者耳目所及，終不免為矯偽所欺，此則九品中正之制所由立也。

漢世用人，本重鄉舉。故杜欽對策，有「觀本行於鄉黨，考功能於官職」之語，王吉為沛相，「課使郡內各舉姦吏、豪人。諸常有微過，酒肉為臧者，雖數十年，猶加貶棄，注其名籍」，《後漢書‧酷吏傳》。則鄉里官司，於善惡之有記注舊矣。[157] 和帝永元五年（93）詔曰「科別行能，必由鄉曲，故先帝明敕所在，令試之以職，乃得充選」，則薦舉亦本功能。自朋黨熾盛以來，遂捨歷試而憑虛譽，而毀譽則為矯誣者所把持。[158]《後漢書‧趙岐傳》，言中常侍唐衡兄玹，為京兆虎牙都尉。郡人以玹進不由德，皆輕侮之。岐及從兄襲，又數為貶議。玹深毒恨。《許劭傳》言：劭與從兄靖，俱有高名，好共核論鄉黨人物。每月輒更其品題，故汝南俗有月旦評。《黨錮‧范滂傳》云：太守宗資請為功曹。滂外甥西平李頌，公族子孫，而為鄉曲所棄。唐衡以頌請資，資用為吏。滂以非其人，寢而不召。觀此三事，可知鄉評之重。夫既為矯誣者所把持，其論復何足采？然時人不知此義。何夔謂魏武：「自軍興以來，制度草創，用人未詳其本，是以各引其類。」以為「自今所用，必先核之鄉間，使長幼順敘，無相踰越」，傅嘏難劉劭考課，亦謂「方今九州之民，爰及京城，未有六

---

[157]　選舉：鄉里官司於善惡，舊有記注。
[158]　選舉：舍歷試，重虛譽，善惡由諸，而時人之見反之，為九品中正所由立。

鄉之舉，選才之職，專任吏部，考課是先，為本末立而治末」。時人所見如此，九品中正之法，安得不立？其實鄉評所與，每多矯偽之人。畫餅充饑，正指是輩。魏武所以求盜嫂受金，不仁不孝之士，建安十五年（210）、十九年（214）、二十二年（215）令。見《本紀注》引《魏書》。正有激而然也。然則九品中正之法之不足用，在三國之世，早見其端倪矣，而惜乎時人之不悟也。此法創自陳群，其弊至晉世而始著，別於《晉南北朝史》中詳之。

第五節　賦稅

漢世輕典，莫如田租。《漢書·食貨志》言：高祖輕田租，什五而稅一。《惠帝紀》：帝即位，「減田租，復十五稅一。」鄧展曰：「漢家初十五稅一，中間廢，今復之也。」[159] 如淳曰：「秦作阿房之宮，收大半之賦，至此乃復十五而稅一。」師古曰：「鄧說是。」案秦以前不聞十五稅一之舉，師古然鄧說，當不誤也。文帝從晁錯言，令民入粟邊拜爵。錯復奏邊食足支五歲，可令入粟郡縣；足支一歲以上，可時赦勿收農民租。上復從其言。乃下詔賜民十二年田租之半。明年，遂除民田之租稅。後十三歲，孝景二年（前155），乃令民半出田租，三十而稅一焉，《食貨志》；亦見《本紀》。據《文帝紀》，文帝二年（前178），業已賜天下民今年田租之半。後漢光武建武六年十二月，詔曰：「頃者帥旅未解，用度不足，故行什一之稅。今軍士屯田，糧儲差積。其令郡國收見田租，三十稅一如舊制。」自是終後漢世，未之有改。唯桓帝延熹八年（165），初令郡國有田者畝斂稅錢；《注》曰：「畝十錢也。」靈帝欲鑄銅人，詔調民田畝斂十錢，《陸康傳》。為橫斂。[160] 然漢世田稅，本不收錢。此仍可謂之加賦，按田而賦。而不

---

[159] 賦稅：古無十五稅一事，如淳謂詔復輕典耳。
[160] 賦稅：漢斂畝錢，乃加賦非加稅。

可謂之加稅也。三十稅一之制，仲長統非之，謂無以備稸積，豐吏祿。其言曰：「二十稅一，名之曰貉，況三十乎？」似矣。然古公稅之外，無復私租，故什一之稅不為重。漢則「豪民侵陵，分田劫假，厥名三十，實十稅五」，王莽行王田詔語。無以正之，而復重稅，可乎？貢禹言農夫「已奉穀租，又出槀稅。鄉部私求，不可勝供」。左雄言：「鄉官部吏，職斯祿薄，車馬衣服，一出於民，特選橫調，紛紛不絕。」則絕誅求誠為急務。欲絕私求，固宜豐吏祿，然是否吏祿豐而私求即絕，亦復難言；況不能正豪民之侵陵，又重稅之以供吏祿，民力安可勝邪？然則地權不均，文、景姑息之策，亦有所不得已也。槀稅，亦曰芻槀，後漢常與田租並免，[161]或令半入，或以實除，見《紀》建武二十二（217），中元元（149），元和二（85），永元四（92）、九（97）、十三（101）、十四（102）、十六（104），延平元（106），永初四（110），延先三（124），永建六（131）諸年。蓋農田普出之稅。《光武紀注》引《東觀記》曰：帝嘗為季父故舂陵侯詣大司馬府訟地皇元年十二月王寅前租二萬六千斛，芻槀錢若干萬，[162]更始元年（23）。則穀租雖徵本色，芻槀已徵折色矣。不知侯家如此邪？抑民間亦然也？

　　《刑法志》言：「稅以足食，賦以足兵」；《食貨志》云「稅謂公田十一及工商衡虞之入，賦共車馬、甲兵、士徒之役」；則賦之始本專以共軍。然有所須即斂之於民，由來舊矣。故《食貨志》又言「賦充實府庫賜與之用」也。《高帝紀》：四年八月，初為算賦。如淳曰「《漢儀注》民年十五以上至五十六，出錢人百二十為一算，為治庫兵、車馬」，此仍以共軍用。《惠帝紀》：六年（前189），女子年十五以上至三十不嫁五算。《注》引應劭曰：「漢律：人出一算，算百二十錢。唯賈人與奴婢倍算。今使五算，罪謫之也。」《後漢書·明帝紀》：永平九年（66），詔郡國死罪囚減罪，與妻子詣

---

[161]　賦稅：槀稅即曰芻槀，與田租並言，蓋頗重。
[162]　賦稅：芻槀已有徵錢者。

五原、朔方，占著所在。其妻無父兄，獨有母者，賜其母錢六萬，又復其口算。蓋古者兵役，女子亦與焉，故其算賦亦無分男女也。[163]奴婢之算，蓋當使主人出之。《王莽傳》：天鳳四年（17），一切調上公以下諸有奴婢者，率一口出錢三千六百其證。《昭帝紀》：元鳳四年（前77），帝加元服，毋收四年、五年口賦。如淳曰：「《漢儀注》：民年七歲至十四，出口賦錢人二十三。二十錢以食天子。其三錢者，武帝加口錢以補車騎馬也。」《貢禹傳》：禹以為「古民亡賦算、口錢，起武帝征伐四夷，重賦於民。民產子三歲則出口錢，故民重困，至於生子輒殺，甚可悲痛。宜令兒七歲去齒乃出口錢，年二十乃算」。天子下其議，令民七歲乃出口錢自此始。口錢算賦，初本兩事，其後遂為通名。然三錢以補車騎馬仍不失賦以足兵之本意也。其隨意敷取於民者：賈捐之言文帝民賦四十，武帝民賦數百；輪臺之詔，言前有司欲益民賦三十助邊困《西域傳》。皆是。《高帝紀》：十一年二月，詔曰：「欲省賦甚。今獻未有程，吏或多賦以為獻，而諸侯王尤多，民疾之。令諸侯王、通侯常以十月朝獻；及郡各以其口數率，人歲六十三錢，以給獻費。」《武帝紀》元鼎五年（前122）《注》引如淳曰：「《漢儀注》：諸侯歲以戶口酎黃金於漢廟。」此因貢獻而賦諸民者也。《文帝紀》：元年六月，令郡國毋來獻。後六年四月，大旱蝗，令諸侯毋入貢。蓋亦以貢獻須煩民也。賈山亦美文帝止歲貢。《高后紀》：二年（前182），丞相臣平言：列侯幸得賜餐錢奉邑。《注》引文穎曰：「飡邑中更名算錢，如今長吏食奉自復勝錢，即租奉也。」《貨殖傳》言列侯、封君食租稅，歲率戶二百。此則封君自賦諸民者也。《昭帝紀》：元鳳二年（前79），詔令郡國毋斂今年馬口錢。此蓋自武帝事四夷以來，《西域傳贊》所謂租及六畜者即指此。算賦、口錢，漢世屢有減免。賈山《至言》：文帝九十者一子不事，八十者二算不事。師古曰：「二算不事，免二口之算賦也。」《昭帝紀》：元鳳四

年（前 77），帝加元服，毋收四年、五年口賦。元平元年（前 74），詔減口賦錢。有司奏請減什三。上許之。《宣帝紀》：五鳳三年（前 55），減天下口錢。甘露二年（前 52），減民算三十。師古曰：「一算減錢三十也。」《成帝紀》：建始二年（前 31），減天下賦錢算四十。後漢亦屢有復口算之舉，今不備征。漢世錢買貴，民於算賦、口錢，頗覺其重，減免實為惠政。又民得錢頗難。[164] 昭帝元鳳元年（前 80）、六年（前 75），皆詔三輔、太常以叔粟當賦，亦便民之事也。其橫調雜物，則無如何。《漢書・薛宣傳》：「邛成太后崩，喪事倉卒，吏賦斂以趨辦。」《三國志・華覈傳》：覈言「都下諸官，所掌別異，各自下調，不計民力」。此等皆取之無定物，無定數，亦無定時，為虐最甚。宜乎吳無賦而百姓歸心；史以民不益賦稱桑弘羊之功；而成帝時有司奏請加賦，谷永亟言其不可許矣。古無戶賦，魏武帝始行之。見《三國志・趙儼傳》。《三國志》本紀建安九年（204）《注》引《魏書》載公定河北後令曰「其收田租畝一升，戶出絹二匹，綿二斤而已，他不得擅興發」，蓋亦所以止橫斂也。

　　《續漢書・百官志》言：有秩、嗇夫，皆主知民善惡，為役先後；知民貧富，為賦多少；平其差品。《後漢書・劉平傳》言：平拜全椒長，政有恩惠，百姓懷感。人或增貨就賦，或減年從役。則漢世賦以貧富為準，役以善惡、老少為差。[165] 《潛夫論・愛日篇》言：「化國之日舒以長，亂國之日促以短。舒長者非謂義、和安行，乃君明民靜而力有餘；促短者非謂分度損減，乃上暗下亂而力不足。禮義生於富足，盜竊起於貧窮。富足生於寬暇，貧窮起於無實。」可見役事繁簡，與民生關係實大。賈山稱文帝減外徭衛卒；賈捐之言文帝時丁男三年而一事；則其時徭役頗希。然能如此者卒鮮。漢世大役可考者：如惠帝三年（前 192）、五年（前 190），發長安六百里內男女十四萬餘人城長安，皆三十日；武帝欲築通天臺，未有

---

[164] 賦稅：漢算頗重。古無賦算。他派尤甚。
[165] 賦稅：漢賦以貧富，役以善惡、老少為差。

人，王溫舒請覆中尉脫卒，得數萬人作皆是。然此尚非民所甚苦，其最苦者，則為遠役。[166]賈生言：「古者天子地方千里，中之而為都，輸將繇使，其遠者不五百里而至。公侯地百里，中之而為都，輸將繇使，遠者不五十里而至。輸將者不苦其勞，繇使者不傷其費。及秦，輸將起海上而來，一錢之賦，十錢之費弗能致也。故陳勝一動而天下不振。」「今淮南地遠者或數千里，越兩諸侯而縣屬於漢。其吏民繇役，往來長安者，自悉而補，中道衣敝，錢用諸費稱此。」「漢往者家號泣而送之；其來繇使者，家號泣而遣之。」「其苦屬漢而欲得王至甚；逋逃而歸諸侯者，已不少矣。」雜采《新書》及《漢書》本傳。秦時諸侯吏卒，常以繇使屯戍過秦中，已見第三章第二節。《漢書·枚乘傳》言：梁孝王嘗上書，願賜容車之地，徑至長樂宮，自使梁國士眾築作甬道朝太后，此諸侯之虐用其人。然《魏相傳》言河南卒戍中都官者二三千人；朱買臣吳人也，而隨上計吏為卒將車至長安；《三國志·管寧傳》言：建安二十三年（218），陸渾長被書調丁夫給漢中；則王室之役使其民，其路亦不為近矣。谷永對策，欲使民不苦逾時之役，安可得哉？邊戍之役亦特重。賈誼言：「今西北邊之郡：雖有長爵，不輕得復，五尺以上，不輕得息。斥候望烽燧不得臥，將吏被介冑而睡。」魏王觀為涿郡太守，明帝即位，下詔書使郡縣條為劇、中、平者。主者欲言郡為中平。觀教曰：「此郡濱近外虜，數有寇害，云何不為劇邪？」主者曰：「若郡為外劇，恐於明府有任子。」觀曰：「夫君者所以為民也。今郡在外劇，則於役條當有降差，豈可為太守之私，而負一郡之民乎？」遂言為外劇郡。此邊郡繇役重難之證。《平準書》言漢誅羌，滅南越，番禺以西至蜀南者，置初郡十七，且以其故俗治，無賦稅。南陽、漢中以往，郡各以地比給初郡，吏卒奉食幣物傳車馬被具，此又以開邊而勞及內郡者也。其得復者：或以宗室。文帝四年（前176），復諸劉有屬籍家

---

[166]　賦稅：民苦遠役，因而謫發。奴隸、異族。

無所與。或以帝王鄉里。漢高祖以沛為湯沐邑，復其民，世世無有所與。後又復豐比沛，事在十二年（前195）。光武建武六年（30），改舂陵為章陵縣，世世復徭役，比豐、沛，無有所與。或以吏。惠帝即位，詔曰：「吏所以治民也。能盡其治，則民賴之。故重其祿，所以為民也。今吏六百石以上，父母妻子與同居；及故吏嘗佩將軍、都尉印將兵；及佩二千石官印者；家唯給軍賦，他無有所與。」或以爵。《漢書‧食貨志》：晁錯說文帝曰：「令民入粟受爵，至五大夫以上，乃復一人耳。」武功爵，則千夫如五大夫。或以功臣之後。漢功臣之後多復家，見表。《王子侯表注》曰：「復家，蠲賦役也。」《高惠高后文功臣表注》引孟康曰：「諸復家皆世世無所與，得傳同產子。」《後漢書‧王良傳》：「復其子孫邑中繇役。」或以學。《三國志‧王朗傳注》引《魏略》，言大和、青龍中，太學諸生千數，率皆避役。《王脩傳注》引王隱《晉書》：王裒門人為本縣所役，求裒為屬。裒曰：「卿學不足以庇身，吾德薄不足以蔭卿，屬之何益？且吾不捉刀筆，已四十年。」乃步擔乾飯，兒負鹽豉。門徒從者千餘人。安丘令以為見己，整衣出迎之於門。裒乃下道，至土牛，磬折而立，云「門生為縣所役，故來送別。」執手涕泣而去。令即放遣諸生。或以有車騎馬。《食貨志》：晁錯言：「今令，民有車騎馬一匹者，復卒三人。」武帝欲修馬復令，見第十七章第六節。或以老。《漢書‧武帝紀》：建元元年（前140），年八十復二算。九十復甲卒。民年九十以上，為復子若孫。《鹽鐵論‧未通篇》：御史曰：「古者十五入太學，與小役。二十冠而成人，與戎事。五十以上，血脈溢剛曰艾壯。《詩》曰：方叔元老，克壯其猷。今陛下哀憐百姓，寬力役之政，二十三始賦，五十六而免，所以輔耆壯而息老艾也。」文學曰：「十九年以下為殤，未成人也。二十而冠。三十而娶，可以從戎事。五十已上曰艾老，杖於鄉，不從力政。今五十以上至六十，與子孫服輓輸，並給徭役，非養老之意也。」是漢從戎事者自二十三至五十六，他

役則不限此也。[167] 參看第六節。或以喪。宣帝地節四年（前66），詔有大父母、父母喪者勿繇事。《後漢書·陳忠傳》：元初三年（116），上言：孝宣皇帝，人從軍屯及給事縣官者，大父母死未滿三月，皆勿繇，令將葬送。請依此制。太后從之。或以流移。宣帝地節三年（67），詔流民還歸者，假公田，貸種食，且勿算事。本始三年（前71），三輔民就賤者且毋收事。或以行義。如《後漢書·列女傳》，漢中陳文矩妻，蠲除家繇。或由鬻賣。漢武募民入奴婢，入粟，得以終身復。又民多買復，及千夫五大夫，徵發之士益鮮。見《平準書》、《食貨志》。然仍有成為具文者。如魏明帝起宮室，公卿以下，至於學生，莫不展力。見《三國志·高堂隆傳》。參看第十二章第四節。又如孫權改作太初宮，諸將及州郡皆義作本傳赤烏十年（247）。是也。其酷者：則或五人三人兼役，見《三國志·孫休傳》永安元年（258）詔。或一家而父子並役，見《三國志·陸凱傳》。又有役及女子者。惠帝城長安即然，已見前。《三國志·楊洪傳》：先主爭漢中，急書發兵。諸葛亮以問洪。洪曰：「漢中益州咽喉，無漢中則無蜀矣。方今之事，男子當戰，女子當運，發兵何疑。」其人或以賄免，或則鋌而走險。《吳志·駱統傳》：統言「每有徵發，小有財貨，傾居行賂，不顧窮盡。輕剽者則迸入險阻，黨就群惡」。案此當時山民之所以多也。雖擅繇之律頗重，不能止也。《漢書·王子侯表》：江陽侯仁，元康元年（前65），坐役使附落免。師古曰：「有聚落來附者，輒役使之，非法制也。」又：柞陽侯仁，初元五年（前44），坐擅興繇賦，削爵一級為關內侯。《高惠高后文功臣表》：信武肅侯靳歙，子亭，孝文後三年（前161），坐事國人過律免。又：東茅侯劉告，孝文十六年（前164），坐事國人過員免。又：祝阿侯高成，孝文後三年（前161），坐事國人過律免。又：平陽侯杜相夫，元封三年（前108），坐為太常，與大樂令中可當鄭舞人擅繇，闌出入關免。師古

---

[167]　賦稅：漢從戎者，自二十三至五十六，他役不限此。

曰：「擇可以為鄭舞而擅役之，又闌出入關。」相夫，《百官公卿表》作杜相，未知孰是。此諸事可見擅繇之律之嚴。然梁冀起菟苑河南城西，發屬縣卒徒繕修樓觀，數年乃成，則有權勢者之擅繇，終莫之能止也。又更亦役之一，見第六節。王莽訾漢家「常有更賦，罷癃咸出」，行王田詔。見《食貨志》及本傳。其屬民亦不為不甚也。

　　武帝榷鹽鐵，已見第五章第十節。昭帝即位，六年（前81），詔郡國舉賢良文學之士，問以民所疾苦。皆對願罷酒榷、均輸官。御史大夫桑弘羊難，以為此國家大業，所以制四夷，安邊足用之本，不可廢也。乃與丞相田千秋共奏罷酒酤。元帝時，嘗罷鹽鐵官，三年而復之。罷在初元五年（前44），復在永光元年（前43），見《紀》。云以用度不足。東漢鹽官、鐵官，皆屬郡縣。本屬司農，見《續書·百官志》。置令、長及丞，以主鹽稅、鼓鑄。案《漢書·地理志》，郡有鹽官者二十八，鐵官四十。元和中，尚書張林上言鹽官可自煮，尚書僕射朱暉奏不可施行，事遂寢。後陳事者重述林議。帝然之。有詔施行。大司農鄭眾固執不可，不聽。和帝即位，乃以遺詔罷之。《三國志·王脩傳注》引《魏略》：脩為司金中郎將，太祖與脩書云：「察觀先賢之論，多以鹽鐵之利，足贍軍國之用。昔孤初立司金之官，念非屈君，餘無可者」云云。《太平御覽》引此事作河北始開冶，以脩為司金中郎將。據殿本《考證》。《衛覬傳》云：覬留守關中，時四方大有還民，諸將多引為部曲。覬書與荀彧，請置使者監賣鹽，以其直共給歸民。或以白太祖。太祖從之。始遣謁者僕射監鹽官。蜀漢先主定益州，置鹽府校尉，較鹽鐵之利，王連、岑述等為之，利入甚多，有裨國用，見《連》及《呂乂》、《楊洪傳》。又《張嶷傳》：定莋、臺登、卑水三縣，定莋在今西康鹽源縣南，臺登在今冕寧縣東，卑水在今會理縣北。舊出鹽鐵及漆。夷徼久自固食，嶷率所領奪取，署長吏焉。《吳志·朱桓傳》：桓卒，孫權賜鹽五千斛，以周喪事。則三國亦皆有鹽利也。鹽鐵之利，多以共

軍。桓寬《鹽鐵論》寬，汝南人，見《漢書‧田千秋傳贊》。備載大夫與賢良文學相難之語，理致殊有可觀。儒家一概斥之，非也。唯征榷所入，雖云有利於國，而辦理不善，則亦貽害於民，觀第五章第十節所引賢良文學之言可見。當時卜式來自郡國，亦言其不便，可知其非賢良文學訾謷之辭也。和帝詔言肅宗復收鹽鐵，由於匈奴未賓；而吏多不良，動失其便，可知東京利弊，正與西京同。董仲舒言秦田租、口賦、鹽鐵之利，二十倍於古，見《食貨志》。秦時未榷鹽鐵，《太史公自序》，其高祖昌為秦主鐵官，當係漢時郡國鐵官之類。則郡國何嘗不可厲民？馬稜遷廣陵太守，穀貴民饑，奏罷鹽官以利百姓，《後漢書‧馬援傳》。而徐偃矯制，使膠東、魯國鼓鑄鹽鐵，云從民望，《漢書‧終軍傳》。則官賣鹽鐵，利弊亦不一矣。彭寵轉漁陽鹽鐵以貿穀，劉虞亦通漁陽鹽鐵之饒，此固開州郡割據之漸。衛覬勸魏武收鹽利以業還民，則又足以裁抑兵家。前漢陽朔、永始之間，潁川、山陽鐵官徒皆起為亂。而《後書‧循吏傳》：衛颯守桂陽。耒陽縣出鐵石。佗郡民庶常依因聚會，私為冶鑄，遂招來亡命，多致姦盜。颯乃上起鐵官，罷斥私鑄。歲所增入，五百餘萬。則欲安民者，官榷與放民私營，亦各有利弊矣。要之官榷鹽鐵之病民，首以辦理不善，次則賣價大貴。宣帝地節四年（前 66），詔鹽民之食，而賈咸貴，眾庶重困，其減天下鹽賈。除此二弊，則人民所出少而官家為利多，尚不失為良稅也。

山海池澤之稅，屬於少府，已見第三節。《食貨志》言：「山川、園池、市肆租稅之入，自天子以至封君湯沐邑，皆各為私奉養，不領於天子之經費。」蓋自晚周以來，名山大澤，久為有土者所障管，秦、漢皆承其舊也。山澤之稅，謂之假稅。有時亦或免收。《漢書‧宣帝紀》：地節三年（前 67），詔池籞未御幸者，假與平民。《元帝紀》：初元元年（前 48），江海、陂湖、園池屬少府者，假與平民。《後漢書‧安帝紀》：永初元年（107），以廣成苑及被災郡國公田假與貧民。皆不言有稅。然《和帝紀》永

元五年（93）詔，則云自京師離宮、果園，上林廣成囿，悉以假貧民，恣得採捕，不收其稅。又詔令郡勸民蓄疏食，以助五穀。其官有陂池，令得採取，勿收假稅二歲。其後九年（97）、十一年（99）、十五年（103）之詔，亦咸有勿收假稅之文。則凡但言假之者，皆收其稅，李尋說王根省池澤之稅，蓋即指此。《漢書・文帝紀》：後六年（前158），大旱蝗，弛山澤。《武帝紀》：元鼎二年（前115）詔言「京師山林池澤之饒，與民共之」，亦不過許其採取，不設禁籞而已，未嘗不收其稅也。案《食貨志》言：五鳳中，耿壽昌白增海租三倍。蕭望之奏言：「故御史屬徐宮，家在東萊，言往年加海租，魚不出。長老皆言：武帝時，縣官嘗自漁，海魚不出，後復予民，魚乃出。」海漁之稅，亦名為租，則先漢視海與田同。海可禁民漁而自漁，其非私有可知。然則土田雖云私有，而循田租之名，猶可知其義非私有，[168] 特格於事而無可如何。山澤之稅，名之曰假，義亦同此。此皆古土地公有之遺蹟也。《續漢書・百官志》：凡郡縣有水池及魚利多者，置水官、平水，收漁稅。《三國志・王昶傳注》引《任嘏別傳》云：遇荒亂，家貧賣魚。會官稅魚，魚貴數倍，嘏取直如常。《吳志・孫皓傳》建衡三年（271）《注》引《吳錄》云：孟仁除為鹽池司馬。自能結網，手以捕魚，作鮓寄母。母因以還之，曰：「汝為魚官，而以鮓寄我，非避嫌也。」則三國時仍有魚稅矣。

　　《續志》又言郡縣有工多者，置工官，主工稅物，其稅當不甚多。若商稅則由來甚久。武帝之算緡錢、舟車，公卿言異時算軺車、賈人緡錢各有差，請算如故，可見非是時新創矣。緡錢、舟車之算，已見第五章第十節。今不更贅。主父偃言臨菑十萬戶，市租千金。《漢書・高五王傳》。馮唐言魏尚為雲中守，軍市租盡以給士卒。趙敬肅王使使即縣為賈人榷會，入多於國租稅。何武弟顯，家有市籍，租常不入，縣數負其課。市嗇夫求

---

[168] 地權：田海同名租；山澤之稅曰假，皆證地非私有。

商捕辱顯家。後漢明帝永元六年(94)，詔流民所過郡國，皆實稟之。其有販賣者，勿出租稅。光武帝賜劉盆子滎陽均輸官地，以為列肆，使食其稅終身。皆漢代徵商之事。《後書‧朱暉傳》：尚書張林上言：「宜因交阯、益州上計吏往來市珍寶，收採其利，武帝所謂均輸者也。」此即宋代藉香藥、寶貨以富國之策，然未能行。《三國志‧文帝紀注》引《魏書》，載延康元年二月庚戌令曰「關津所以通商旅，池苑所以禦災荒，設禁重稅，非所以便民也，其除池籞之禁，輕關津之稅，皆復什一」，則漢世商稅之率，本為什一，而漢季嘗行重稅也。《吳志‧孫皓傳注》：天璽元年(276)，會稽太守車浚、湘東太守張詠不出算緡，就所在斬之，徇首諸郡，則孫皓時又嘗有算緡之法。

　　酒酤起於武帝天漢三年(前98)，罷於昭帝始元六年(前81)，已見第五章第十節。《昭帝紀》「罷榷酤，令民以律占租」，如淳曰：「《律》：諸當占租者，家長身各以其物自占。占不以實，家長不身自書，皆罰金二斤，沒入所不自占物及賈錢縣官也。」師古曰：「蓋武帝時賦斂繁多，律外而取，今始復舊。」案下文又云：「賣酒升四錢。」劉放謂此數語「共是一事。以律占租者，謂令民賣酒，以所得利占而輸其租，租即賣酒之稅也。升四錢，所以限民不得厚利爾。《王子侯表》：旁況侯殷坐貸子錢不占租免侯，義與此占租同。如顏說，官既罷榷酤矣，何處賣酒乎？」案其說是也。然則官不榷酤，亦仍有酒稅。榷如今之官賣。《武帝紀注》引韋昭曰：「以木渡水曰榷，謂禁民酤釀，獨官開置，如道路設木為榷，獨取利也。」其說蓋有所受之矣。《三國志‧顧雍傳》言：呂一、秦博為中書，典校諸官府及州郡文書。一等因此，漸作威福，遂造作榷酤障管之利，舉罪糾姦，纖介必聞，重以深案醜誣，毀短大臣，排陷無辜，則吳時亦有榷酤，且貽害頗烈。

　　秦、漢賦稅，用之之途，頗為分明。《食貨志》言：「賦共車馬甲兵士

徒之役，充實府庫賜與之用。稅給郊社宗廟百神之祀，天子奉養，百官祿食，庶事之費。」案《漢儀注》言「田租芻藁，以給經用；山澤、魚鹽、市稅，少府以給私用」；《續漢書‧百官志注》引。則《漢志》所謂給郊社、宗廟、百神之祀，百官祿食、庶事之費者，指田租言；所謂天子奉養者，指山澤之稅言，而市稅亦屬焉。此又《漢志》所謂「山川、園池、市肆租稅之入，自天子以至封君湯沐邑，皆各為私奉養」者也。毋將隆言：「大司農錢，自乘輿不以給共養。共養勞賜，一出少府。」武帝欲榷鹽鐵，孔僅、東郭咸陽言：「山海天地之藏，宜屬少府，陛下弗私，以屬大農。」《路溫舒傳》：遷廣陽私府長。師古曰：「藏錢之府，天子曰少府，諸侯曰私府。」此蓋自古相傳之法，非秦、漢所創也。然其時郡國財計，已頗受中央指揮。《續漢書‧百官志》云：「大司農，掌諸錢穀、金帛、諸貨幣。郡國四時上月旦見錢穀簿。其逋未畢，各具別之。邊郡諸官請調度者，皆為報給，損多益寡，取相給足。」「郡國歲盡遣吏上計，《注》引盧植《禮注》曰：「計斷九月，因秦以十月為正故。」縣秋冬上計於所屬郡國。」則統屬之規模已具。《後漢書‧伏湛傳》：湛上疏諫征彭寵云：「漁陽以東，本備邊塞。地接外虜，貢稅微薄。安平之時，尚資內郡，況今荒耗，豈足先圖？」《劉虞傳》言幽部應接荒外，資費甚廣，歲常割青、冀賦調二億有餘以給足之。此即《續志》所謂損多益寡，取相給足者，猶後世之協餉也。則中央又能令各地相調劑矣。《漢書‧宣帝紀》：黃龍元年（前49），詔責上計簿為具文。《景武昭宣元功臣表》：眾利侯郝賢，元狩二年（前121），坐為上谷太守，入戈卒財物計謾免。則漢時財政，亦未可謂之清明。然此乃政事之失，與規制無涉也。桓譚《新論》云：「漢百姓賦斂，一歲四十餘萬萬。吏奉用其半。餘二十萬萬，藏於都內，為禁財。《漢書‧外戚恩澤侯表》：陽城侯田延年，坐為大司農，盜都內錢三千萬自殺。如淳曰：「天子錢藏中都內，又曰大內。」《百官公卿表》：大司農屬官有都內令丞，即

此。《續書‧百官志》曰：「凡山澤陂池之稅，名曰禁錢，屬少府，世祖改屬司農」，與此相似，實不同也。少府所領園池作務之入，十三萬萬，以供常賜。」其歲出入大略如此。

第六節　兵制

　　秦、漢之世，為中國兵制之一大變。古代兵農合一之說雖誣，然至戰國，業已成為舉國皆兵之局，已見《先秦史》第十四章第五節。一統之後，疆理既恢，征戍之途彌遠。夫地大人眾，則不必舉國皆兵，而後足以禦侮；征戍遠則民勞，不得不加以體恤；於是罪人、奴隸與異族之降者雜用。蓋自秦已啟其端，至漢武之世而大盛。更經新室之亂，光武崛起，急欲與民休息，而民兵之制遂廢。[169] 國之強弱，誠不盡繫乎兵；兵之強弱，亦不盡繫乎制度；然使民兵之制猶存，終必略加以訓練，不致盜賊攻之而不能禦，戎狄略之而不能抗矣。然則典午以降，異族之憑陵，武夫之跋扈，其原雖不一端，要不得謂與民兵之廢無關係也。

　　《漢書‧刑法志》述漢兵制云：「天下既定，蹠秦而置材官於郡國。京師有南北軍之屯。至武帝平百粵，內增七校，外有樓船。皆歲時講肄修武備云。」案《漢書‧高帝紀》：十一年（前 196），發上郡、北地、隴西車騎，巴、蜀材官，及中尉卒三萬人，為皇太子衛，軍霸上。《注》引應劭曰：「材官，有材力者。」張晏曰：「材官，騎士。習射御騎馳戰陳。常以八月，太守、都尉、令、長、丞會都試，課殿最。水處則習船。邊郡將萬騎行障塞。」《惠帝紀》：七年（前 188），發車騎材官詣滎陽。師古曰：「車，常擬軍興者，若近代之戍車也。騎，常所養馬，並其人使行充騎，若今武馬及所養者主也。」《晁錯傳》：「材官騶發。」臣瓚曰：「材官，騎射之官也。」《高帝紀》：二年（前 205），蕭何發關中老弱未傅者悉詣軍。《注》引孟康

---

[169]　兵：民兵之廢，乃征三邊。風氣轉變非難。中外強弱。

曰：「古者二十而傅，三年耕有一年儲，故二十三而後役之。」如淳曰：「《律》：年二十三，傅之疇官，各從其父疇學之。高不滿六尺二寸以下為罷癃。《漢儀注》云：民年二十三為正，一歲為衛士，一歲為材官騎士，習射御、騎馳、戰陳。年五十六，衰老，乃得免為庶民，就田里。」[170] 據此諸說，材官、車騎是一。習射御為車，習騎馳為騎。有車騎之地，並徵發其車騎稱車騎；無車騎之地，徒徵發其人，則稱材官耳。有車騎與否，蓋視乎其地。大體北多而南少。故桓將軍說吳王，言吳多步兵，漢多車騎也。秦、漢之世，車戰雖未盡廢，要不若用騎之多，故諸書多言騎士。《漢書·馮唐傳》：「唐拜為車騎都尉，主中尉及郡國車士。」則車與騎又有別。水戰之士，亦稱輯濯士，見《劉屈氂傳》。亦曰棹卒，見《後漢書·岑彭傳》。南軍屬衛尉，北軍屬中尉，已見第三節。黃霸為京兆尹，坐發騎士詣北軍，馬不適士，劾乏軍興；而《漢儀注》言民一歲為衛士；則南北軍皆調自民間。《續書·禮儀志》有饗遣故衛士儀，其人蓋以時更代，故論者以擬唐府兵之番上，而以七校擬唐之長從也。《國語·齊語》述管子作內政寄軍令曰：「五家為軌，故五人為伍，軌長帥之。十軌為里，故五十人為小戎，里有司帥之。四里為連，故二百人為卒，連長帥之。十連為鄉，故二千人為旅，鄉良人帥之。五鄉一帥，故萬人為一軍，五鄉之帥帥之。」「內教既成令勿使遷徙。伍之人祭祀同福，死喪相恤，禍災共之。人與人相疇，家與家相疇」云云。則所謂疇官者，即軌長、里有司、連長、鄉良人、軍帥；各從父疇，猶言仍隸其父之伍耳。罷癃當免役，故王莽訾漢常有更賦，疲癃咸出也。《食貨志》載莽王田令。

　　《漢書·昭帝紀》：元鳳四年（前 77），帝加元服，三年以前逋更賦未入者皆勿收。《注》引如淳曰：「更有三品：有卒更，有踐更，有過更。古者正卒無常，人皆當迭為之，一月一更，是為卒更也。貧者欲得顧更錢

---

[170]　兵：車騎、材官是一。

者，次直者出錢顧之，月二千，是謂踐更也。天下人皆直戍邊三日，亦名為更，《律》所謂繇戍也。雖丞相子亦在戍邊之調。不可人人自行三日戍；又行者當自戍三日，不可往便還；因便住，一歲一更，諸不行者出錢三百入官，官以給戍者，是謂過更也。《律說》：卒踐更者，居也。居更縣中五月乃更也。後從《尉律》，卒踐更一月，休十一月也。《食貨志》曰：月為更卒，已復為正，一歲屯戍，一歲力役，三十倍於古，此漢初因秦法而行之也。後遂改易，有謫乃戍邊一歲耳。」《吳王濞傳》：「卒踐更。輒與平賈。」《注》引服虔曰：「以當為更卒，出錢三百，謂之過更。自行為卒，謂之踐更。吳王欲得民心，為卒者顧其庸，隨時月與平賈也。」晉灼曰：「謂借人自代為卒者，官為出錢，顧其時庸平賈也。」案如說與服說異，晉說同。如淳據律，似不當有誤，故師古以晉說為是也。卒更蓋調民為衛，律所謂繇戍者則守邊。此唯極小之國，[171] 人數不多，不能借代，而邊地距所居不遠者，乃能行之，稍大，則無不行踐更、過更者矣。故吳王於卒踐更輒與平賈，而不聞其有惠於卒更；晁錯言遠方之卒守塞，一歲而更；蓋寬饒之子自戍北邊，則當時以為異聞矣。《漢書·酷吏傳》：人有變告王溫舒受員騎錢；《游俠傳》：郭解陰請尉史，脫人於踐更時；則徵調不能無弊。鮑宣言民有七亡，縣官重責更賦租稅其一；《後書》安帝永初四年（110），順帝永建五年（130），皆有免過更之詔；則過更亦由官責其錢矣。秦爵二十級，四日不更。師古曰：「言不與更卒之事。」蓋民之苦兵役久矣。[172]《後漢書·陳寵傳注》引謝承書，言施延取卒月直，賃作半路亭父，以養其母，則亭卒初亦行卒更法，而後變如踐更。

《漢書·武五子傳》：「將軍都郎羽林。」師古曰：「都，大也。謂大會試之。《漢光祿挈令》：諸當試者不會都所，免之。」《霍光傳》：「光出都肄郎羽林。」孟康曰：「都，試也。肄，習也。」蓋都本大義，因大試

---

[171] 兵：人人戍邊三日，必極古小國之制。
[172] 賦役：四爵不更，不與更賦，九乃五大夫，則免兵先他役。

稱都試，後遂稱試為都耳。觀都之名及《光祿摯令》，則知其初所試極為普遍，而脫漏之法亦嚴。然《韓延壽傳》，述延壽在東郡試騎士，盛為威儀，以奢僭見劾；《後漢書‧耿弇傳》，言弇常見郡試騎士，由是好將帥之事；即可見其徒飾耳目之觀。《刑法志》言「春秋之後，滅弱吞小，並為戰國，稍增講武之禮，以為戲樂，用相誇視；而秦更名角抵；先王之禮，沒於淫樂中矣。至元帝時，以貢禹議，始罷角抵，而未正治兵振旅之事也。」《武帝紀》：元封三年（前108）春，作角抵戲，三百里內皆來觀。《注》引應劭曰：「角者，角技也。抵者，相抵觸也。」文穎曰：「名此樂為角抵者，兩兩相當，角技藝射御，故名角抵。蓋雜技樂也。巴、俞戲魚龍蔓延之屬也。漢後改名平樂觀。」元封六年（前105）夏，京師民觀角抵於上林平樂館。師古曰：「抵者，當也，非謂抵觸。文說是也。」案師古說非也。角抵之技，蓋起於兩人角力，後乃益以射御等事耳。此本與治兵振旅無關，宜其徒為戲樂也。角抵如此，都試如彼，則講武久已徒有其名。《漢書‧鄒陽傳》：公孫獲言吳、楚之王，練諸侯之兵，驅白徒之眾，而與天子爭衡。師古曰：「白徒，言素非軍旅之人，若今言白丁矣。」可見民之未經訓練者已多。然告朔餼羊猶在。故燕刺王欲反，數閱其車騎、材官、卒；光武與李通，初亦欲因都試起事也。光武建武六年（30），罷郡國都尉官，及罷輕車、騎士、材官、樓船士及軍假吏，還復民伍。《續書‧百官志》云「自是無復都試之役」，而講武之意蕩然矣。《三國志‧魏武帝紀》建安二十一年（216）《注》引《魏書》：有司奏「四時講武於農隙。漢承秦制，三時不講，唯十月都試車馬，幸長水南門，會五營士，為八陳進退，名曰乘之。今金革未偃，士民素習。自今以後，可無四時講武，但以立秋擇吉日大朝車騎，號曰治兵。上合禮名，下承秦制。」奏可。乘之之制，見於《續漢書‧禮儀志》，此亦徒飾耳目，三國相承，未能變也。是年，冬十月，治兵，遂征孫權。二十三年七月，治兵，遂西征劉備。文帝延康元

年六月，治兵於南郊，西征。則征伐皆先治兵，不限於立秋之日也。

於役者最苦其遠，已見第五節。兵亦役之一，讀《鹽鐵論·備胡》、《執務》、《繇役》諸篇可知。為免人民之困，於是乎有謫發。謫發緣起，已見第二章第二節。《漢書·武帝紀》：天漢四年（前97），發天下七科謫以擊匈奴。張晏曰「吏有罪一，亡命二，贅婿三，賈人四，故有市籍五，父母有市籍六，大父母有市籍七」，即晁錯所言秦法也。較晁錯所言，多一亡命，蓋錯言之不具，貳師再伐大宛，亦發天下七科謫，《史記·大宛列傳》、《漢書·李廣利傳》同。七科中除第一二科外，皆不可謂之有罪，蓋特以免擾累。錯又言秦有閭左之戍，《伍被傳》亦有其文，案陳勝即其事。勝之令其徒屬曰：「藉第令毋斬，而戍死者固十六七。」可見其用之之酷，天下所由怨叛也。楚、漢之世，用兵仍徵自民間。《高帝紀》：五年五月，兵皆罷歸家。十年（前197），陳豨反。高祖自言「吾以羽檄徵天下兵」。十一年（前196），黥布反，赦天下死罪以下，皆令從軍，然仍徵兵於諸侯。其赦死罪，蓋亦如楚令適卒分守成皋，見《酈生傳》。聊以佐正卒之不足耳。是年，發上郡、北地、隴西車騎，巴蜀材官為皇太子衛，已見前。高后五年（183），發河東、上黨騎屯北地。文、景之世，匈奴入寇，亦恆發郡國兵。武帝建元三年（前138），救東甌，尚遣嚴助持節發會稽兵。及元朔六年（前123），大將軍再出塞，詔言「諸禁錮及有過者，咸蒙厚賞，得免減罪」，蓋用謫發始多。其後元鼎五年（前112）平南越，元封二年（前109）定朝鮮，六年（前105）擊昆明，太初元年（前104）征大宛，四年（前101）伐匈奴，天漢元年（前100）屯五原，無不以謫發者。昭帝元鳳元年（前80），擊武都氏，四年（前77）屯遼東，宣帝神爵元年（前61）征羌亦然。王莽亦大募天下囚徒、人奴，名曰豬突豕勇。見《漢書·食貨志》及本傳。皆因用兵多且數，不欲煩擾農民故也。漢自武、宣以後，不甚勞民之事，轉有發卒為之者。如甘露三年（前51）單于入朝，

發所過七郡二千騎為陳道上，後又發邊郡士馬以千數，送之出雞鹿塞是也。真用以攻戰者，往往致敗。如王莽發巴、蜀、犍為吏士擊益州，巴、蜀騷動；大發天水、隴西騎士，巴、蜀、犍為吏以擊之，騷擾彌甚；即其一證。《漢書·蕭望之傳》：張敞以羌叛，欲令隴西、安定等八部贖，令罪人出財以誅之，賢於煩擾良民，橫興賦斂，此謫發代徵調而興之理也。就一時言之，自亦未嘗無益，然久之則民不習於兵矣。用奴隸者：章邯以人奴產子距楚，已見第三章第一節。漢誑淮陰侯欲詐赦諸官徒奴。貢禹欲免諸官奴婢，令代關東戍卒乘北邊亭塞候望。王莽募人奴為豬突豨勇。後漢時有所謂家兵者，見《後漢書·朱俊傳》、《袁紹傳》、《三國志·曹洪傳》、《呂虔傳》。《後書注》曰家兵，僮僕之屬」也。用異族者：趙破奴用屬國騎擊姑師。李廣利擊大宛，亦發屬國六千騎。皆見《史記·大宛列傳》，《漢書·西域傳》、《李廣利傳》同。范明友擊益州用羌。見《漢書·昭帝紀》元鳳四年（前77）詔。宣帝時擊羌用婼羌、月氏。見《趙充國傳》。元帝時平羌用呼速累嗕種。見《馮奉世傳》。而烏桓處五郡塞外，為漢偵察匈奴，後漢南匈奴既降，列置諸王，為郡縣偵羅耳目，其規模尤廣。偏隅用兵，後漢亦多用異族者：如建武十九年（43），劉尚發廣漢、犍為、蜀郡民及朱提夷人擊益州；建初元年（76），肅宗募發越巂永昌夷、漢討哀牢皆見《後漢書·西南夷列傳》是也。戍邊亦多用繫囚，赦其罪，令與妻子俱往占著。明帝永平八年（65）、十六年（73）、十七年（74），章帝建初七年（82）、元和元年（84）、章和元年（87），和帝永元元年（89），安帝延光三年（124），順帝永建元年（126）、五年（130），沖帝建康元年（144），桓帝建和元年（147）、和平元年（150）、永興元年（153），皆有是詔。其調發郡國兵者：建武二十三年（47），劉尚發南郡、長沙、武陵兵討南蠻，馬援發長沙、桂陽、零陵、蒼梧兵討交阯；永元十三年（101），巫蠻許聖反，明年，遣使者督荊州諸郡兵討之：皆見《後漢書·南蠻傳》。元初五年

（118），代郡鮮卑入塞，發緣邊甲卒、黎陽營兵屯上谷，《鮮卑傳》。乃罕有之事矣。

郡國都尉之罷，一時似無甚關係，然未久而其弊即見。應劭言：「自郡國罷材官騎士之後，官無警備，實啟寇心。黔首囂然，不及講其射御，用其戒誓，驅以即敵，每戰常負。爾乃遠征三邊。殊俗之兵，非我族類。忿鷙縱橫，多僵良善。財貨冀土。」《續漢書·百官志注》引。鄭泰策關東義兵曰「中國自光武以來，無雞鳴狗吠之警，百姓忘戰日久。仲尼有言：不教民戰，是謂棄之。雖眾不能為害」。《三國志·鄭渾傳注》引張璠《漢紀》。《後漢書·泰傳》本之。王朗奏言「舊時：虎賁、羽林、五營兵及衛士，或商賈惰遊，或農野樸鈍；既不簡練，又希更寇，名實不副，難以備急。有警而後募兵，軍行而後運糧。或乃兵既久屯，而不務營佃，不修器械。一隅馳羽檄，則三面並荒擾。此亦漢氏近世之失，而不可式者也。當今諸夏已安，而巴、蜀在畫外。宜因年之大豐，遂寄軍政於農事。吏士小大，並勤稼穡。止則成井里於廣野，動則成校隊於六軍。」《三國志》本傳《注》引《魏名臣奏議》。司馬朗亦言：「天下土崩之勢，由秦滅五等之制，而郡國無搜狩習戰之備。今雖五等不可復行，可令州郡置兵，外備四夷，內威不軌。」《三國志》本傳。凡此所云，並足見民兵之廢，其詒患為如何也。

民兵之制既廢，募兵之法旋起。《漢書·昭帝紀》：始元元年（前86），益州二十四邑反，遣呂破胡募吏民及發犍為、蜀郡奔命擊之。應劭曰：「舊時郡國皆有材官、騎士，以赴急難。今夷反，常兵不足以討之，故權選取精勇。聞命奔走，故謂之奔命。」李斐曰：「平居發者二十以上至五十為甲卒，今者五十以上六十以下為奔命。奔命，言急也。」師古曰：「應說是也。」案《後漢書·任光傳》：光武欲入城頭子路、力子都兵，光勸云「可募發奔命，出攻旁縣，若不降者，恣聽略之，人貪財物，則兵可

招而致」，此明是臨時選取。光武自信都而北，所過發奔命兵，《本紀》。武陵蠻圍劉尚，詔宋均發江夏奔命三千人救之，《均傳》。蓋亦此類。竊疑奔命本指發及羸老，後乃變為選取精勇也。《漢書·王莽傳》：莽發郡國勇士、武庫精兵，各有所屯守。議滿三十萬眾，十道並出，窮追匈奴，內之丁令。勇士，蓋即李陵所將勇敢五千人之類，此亦當出召募。《淮南衡山王列傳》言，時有欲從軍輒詣京師；而衛青、霍去病之出塞，私負從馬至十四萬匹，則其時之人頗樂從軍。[173] 此召募之所以易集。馬援擊五溪蠻夷，以十二郡募士，則募兵之用漸廣矣。喪亂之世，民無所歸，或自托於營伍，故欲募兵更易。魏武帝建安十五年十二月己亥令言欲合兵能多得，《本紀注》引《魏武故事》，詳見第十二章第一節。孫策入曲阿，令告諸縣：劉繇、笮融等故鄉部曲「來降首者，一無所問。樂從軍者，一身行，復除門戶。不樂者勿強也」。旬日之間，四面雲集。得見兵二萬餘人，馬千餘匹。《三國志》本傳《注》引《江表傳》。呂又遷巴西太守。諸葛亮連年出軍，調發諸郡，多不相救。又募取兵五千人詣亮。慰喻檢制，無逃竄者。皆募兵易得之證。然《魏志·杜畿傳》言：衛固欲大發兵，畿說其徐以貨募，遂延至數十日乃定，則調發之成規尚存。田況之守翼平也，發民年十八以上四萬餘人，授以庫兵，赤眉聞之，不敢入界，《漢書·王莽傳》。羊續之守廬江也，發縣中男子二十以上，皆持兵勒陳。其小弱者，使負水灌火。會集數萬人，並勢力戰，大破黃巾。則未經訓練之眾，苟臨時有以部勒之，亦未嘗遂不可用。孫策絕袁術書，論當時山東義兵曰：「以中土希戰之兵，當邊地勁悍之虜。」然又曰：「今四方之人，皆玩敵而便戰鬥矣。」本傳《注》引《吳錄》。可見風氣轉變非難。韓信之背水為陳，自言驅市人而用之。戾太子之叛，驅四市人以為用，見《漢書·劉屈氂傳》。此信言之明驗。故先漢之七科謫，賈人居其四焉。此承戰國之餘俗，人人習

---

[173]　兵：樂從軍。

兵使然。然先主之起，實賴中山大商張世平、蘇雙等多與之財；而孫堅從朱俊討黃巾，亦募諸商旅以為用；可見右武之遺風，東京末猶未盡泯。苟能善用之，固未始不可以戡亂禦侮也。然是時之取兵，則有如袁譚，名為召募，實則放兵捕索者。又有如孫休，使勑交阯太守鎖送其民，發以為兵者。呂興之亂，由此激成，見《魏志‧陳留王紀》咸熙元年（264）詔。案吳發調之弊亦極甚。陸遜陳便宜極言之，見《孫權傳》黃武五年（226）。曷怪民之視充兵為畏途，而民兵之制，日益廢墜哉？

　　外強中弱，自前漢時已肇其機。光武之定河北也，實以上谷、漁陽突騎。《後漢書‧景丹傳》：從擊王郎將兒宏等於南䜌（漢縣，今河北鉅鹿縣北）。郎兵迎戰，漢軍退卻。丹等縱突騎擊，大破之。世祖謂曰：「吾聞突騎天下精兵，今乃見其戰，樂可言邪？」可見是時突騎之強。然《吳漢傳》：廣樂之戰，廣樂，城名，在今河南虞城縣西。漢以烏桓突騎三千餘人齊鼓而進，則突騎中實頗雜異族。竇融欲據河西，而曰：「張掖屬國，精兵萬騎。」則西北情形，亦與東北相類。後漢大舉外攘，每多兼用蕃兵。如永平十六年（73）、永元元年（89）之伐北匈奴，南單于而外，又有羌、胡、烏桓、鮮卑。延平元年（106）西域之叛，梁慬以河西羌、胡赴之。永建元年（126）遼東鮮卑寇邊，耿曄以烏桓率眾王擊之。任延守武威，選集武略之士千人，令將雜種胡騎休屠、黃石，屯據要害皆是。甚有以戡內亂者，如陳球被圍，度尚以幽、冀、黎陽烏桓騎救之是也。腹裡空虛，邊垂強悍，遂成偏重之勢。虞詡言：涼州「習兵壯勇，實過餘州。」傅燮言：「邊兵多勇，其鋒難當。」鄭泰言：「關西諸郡，數與胡戰，婦女猶載戟操矛，挾弓負矢，況其悍夫？以此當山東忘戰之民，譬驅群羊向虎狼。」又言：「天下強勇，今見在者，不過并、涼、匈奴、屠谷、湟中、義從、西羌八種，皆百姓素所畏服。」蔡文姬之詩曰：「卓眾來東下，兵甲耀日光。平土人脆弱，來兵皆胡羌。獵野圍城邑，所向悉破亡。斬戮無子

遺，屍骸相掌拒。馬邊懸男頭，馬後載婦女。長驅西入關，回路險且阻。所略有萬計，不得令屯聚。或有骨肉俱，欲言不敢語。失意幾微間，輒此斃降虜。要當以亭刃，我曹不活汝。豈復惜性命？不堪其詈罵。或便加捶杖，毒痛參並下。旦則號泣吟，夜則悲吟坐。欲死不能得，欲生無一可。彼蒼者何辜，乃遭此危禍？」讀此，乃知當時董卓、李傕、郭汜等殘暴無人理之由。邊章、韓遂為寇，鄒靖欲開募鮮卑，應劭駁之曰：「鮮卑天性貪暴不拘信義。數犯障塞，且無寧歲。唯至互市，乃來靡服。苟欲中國珍貨，非為畏威懷德，計獲事足，旋踵為害。是以朝家，外而不內，蓋為此也。往者匈奴反叛，度遼將軍馬續、烏桓校尉王元發鮮卑五千餘騎。又武威太守趙沖，亦率鮮卑征討叛羌。斬獲醜虜，既不足言，而鮮卑越溢，多為不法。裁以軍令，則忿戾作亂。制御小緩，則陸掠殘害。劫居人，鈔商旅。啖人牛羊，略人兵馬。得賞既多，不肯去，復欲以物買鐵。邊將不聽，便取縑帛，聚欲燒之。邊將恐怖，畏其反叛。辭謝撫順，無敢拒違。今狡寇未殄，而羌為巨害。如或致悔，其可追乎？」同為中國之民，猶必主軍強於客軍，乃能藉以為用，況其為異族乎？此五胡之亂之一大原因也。

晁錯比較漢與匈奴兵力曰：「上下山阪，出入溪澗，中國之馬弗與也。險道傾仄，且馳且射，中國之騎弗與也。風雨罷勞，饑渴不困，中國之人弗與也。此匈奴之長技也。若夫平原易地，輕車突騎，則匈奴之眾易撓亂也。勁弩長戟，射疏及遠，則匈奴之弓弗能格也。堅甲利刃，長短相雜，游弩往來，什伍俱前，則匈奴之兵弗能當也。材官騶發，矢道同的，則匈奴之革笥木薦弗能支也。下馬地鬥，劍戟相接，去就相薄，則匈奴之足弗能給也。此中國之長技也。」二者相較，匈奴之眾，並不視中國為強。然梁商移書馬續，言「良騎野合，交鋒接矢，決勝當時，戎狄之所長，而中國之所短也。強弩乘城，堅營固守，以待其衰，中國之所長，戎狄之所短

也」，《後漢書‧南匈奴傳》。則中國徒能自守，而野戰不如異族矣。此忘戰之禍也。趙充國策屯田曰：「竊見北邊，自敦煌至遼東，萬一千五百餘里，乘塞列隧，有吏卒數千人，虜數大眾攻之而不能害。今留步士萬人屯田。地勢平易，多高山遠望之便。部曲相保，為塹、壘、木樵，師古曰：「樵與譙同，謂為高樓以望敵也。」校聯不絕。便兵弩，飭鬥具。烽火幸通，勢及併力。以逸待勞，兵之利者也。」侯應議罷邊備塞吏卒曰：「臣聞北邊塞至遼東。外有陰山。東西千餘里。草木茂盛，多禽獸。本冒頓單于依阻其中，治作弓矢，來出為寇，是其苑囿也。至孝武世，出師征伐，斥奪此地，攘之於幕北，建塞徼，起亭隧，築外城，設屯戍以守之，然後邊竟得用少安。幕北地平，少草木，多大沙。匈奴來寇，少所蔽隱。從塞以南，徑深山谷，往來差難。邊長老言：匈奴失陰山之後，過之未嘗不哭也。」又曰：「起塞以來，百有餘年，非皆以土垣也，或因山岩石，木柴僵落，溪谷水門，稍稍平之。卒徒築治，功費久遠，不可勝計。」《漢書‧匈奴傳》。蓋其守禦之精嚴如此。《匈奴傳》述昭帝時事云「漢邊郡烽火候望精明，匈奴為邊寇者少利，希復犯塞」，蓋有由也。有障塞而不乘，候望偵伺，責之異族，而地利轉為他人用矣。

漢世兵器，猶多出於官。主製造者為考工，成則藏諸武庫。《續漢書‧百官志》：考工令一人。本《注》曰：主作兵器弓弩刀鎧之屬。成則傳執金吾入武庫。案《前書‧百官公卿表》：中尉屬官，有武庫令及三丞。後漢改中尉為執金吾。有武庫令一人，兵器丞一人。又漢世郡國，多有武庫。《成帝紀》：建始元年（前32），立故上郡庫令良為王。如淳曰：「漢官，北邊郡庫，官之兵器所藏，故置令。」又田千秋為洛陽武庫令，見《魏相傳》。少府屬官若盧，亦主弩射。見《百官公卿表》。服虔曰：「若盧，詔獄也。」鄧展曰：「舊雒陽兩獄：一名若盧，主受親戚婦女。」如淳曰：「若盧，官名也。《藏兵器品令》曰：若盧郎中二十人，主弩射。《漢儀注》有

215

若盧獄令，主治庫兵、將、相、大臣。」《王吉傳》：補若盧右丞。師古曰：「少府之屬官有若盧令丞，《漢舊儀》以為主治庫兵者。」漢世作亂者多盜庫兵。[174] 事見《成帝紀》陽朔三年（前 22）、鴻嘉三年（前 18）、永始三年（前 14），《平帝紀》元始三年（3）。《後漢書·梁統傳》：統言「隴西、北地、西河之賊，度州越郡，萬里交結，攻取庫兵，劫略吏人」。戾太子之叛，亦出武庫兵。燕刺王言武帝時受詔領庫兵。《後漢書·羌傳》述永初叛羌情形曰：「歸附既久，無復器甲。或持竹竿木枝以代矛，或負版案以為楯，或執銅鏡以象兵。」說本《潛夫論》。則當時民間，兵器本少，賈生謂秦末起事者，「斬木為兵，揭竿為旗」，非盡形容之語，故秦皇欲銷天下之兵；公孫弘欲禁民挾弓弩，見《漢書·吾丘壽王傳》。王莽禁民挾弩鎧，《王莽傳》始建國二年（10）。徐邈為涼州刺史，亦以漸收斂民間私仗，藏之府庫也。《日知錄》言：「古者以銅為兵。戰國至秦，攻爭紛亂，銅不充用，以鐵足之。漸染遷流，遂成風俗。鐵工比肩，銅工稍絕。二漢之世，愈見其微。」案賈誼說漢文收銅勿令布，而云以作兵器，則漢世之兵，猶以銅為貴。淮南厲王袖金椎擊辟陽侯，其椎未必鐵製也。賈山言秦為馳道，隱以金椎，役夫未必有銅椎，蓋以習用之語言之，可見椎初亦以銅為之也。張良為鐵錐以擊秦皇，或轉為特異之事。銅為在官之物。鐵則用作農器，民間本多。[175] 以之作兵，兵遂散布於民間矣。故呂母散家財買兵弩，見《漢書·王莽傳》。《後漢書·劉盆子傳》云「買刀劍」。光武起兵時，亦得市兵弩也。《律》：胡市，吏民不得持兵器出關。《漢書·及黯傳注》引應劭說。然漢亡卒已教西域鑄鐵器及他兵器；見《漢書·西域傳》。鮮卑得賞賜，輒欲買鐵；見上引應劭說。蔡邕議伐鮮卑，謂「關塞不嚴，禁網多漏，精金良鐵，皆為賊有」，則禁令亦成具文。文明之傳布，固未易遏阻也。

　　公孫弘之議禁民挾弓弩也，曰：「十賊彍弩，百吏不敢前。禁民不得

---

[174]　兵：漢作亂多盜庫兵。

[175]　兵：鐵作兵則民間兵多。

挾弓弩，則盜賊執短兵。短兵接則眾者勝。以眾吏捕寡賊，其勢必得。」
則當時戰鬥，以弓弩為利器。是故引強、蹶張，視為長技；《史記‧絳侯
世家》言勃為材官引強。《漢書‧申屠嘉傳》，以材官蹶張從高帝擊項籍，
遷為隊帥。如淳曰：「材官之多力，能腳踏強弩張之，故曰蹶張。《律》有
蹶張士。」師古曰：「今之弩，以手張者曰擘張，以足蹋者曰蹶張。」《袁
盎傳》：盎說嘉曰：「君乃為材官蹶張，遷為隊帥。」良弩有遠射至千餘步
者，見《後漢書‧陳球傳》。而三國時諸葛亮及馬鈞，皆欲損益連弩之法
焉。見第十六章第二節。短兵接則殺傷多，《漢書‧劉屈氂傳》：武帝賜丞
相璽書曰：「毋接短兵，多殺傷士眾。」故能用短兵者，眾則譽為勇敢。
《漢書‧地理志》言吳、粵之君皆好勇，故其民至今好用劍，輕死易發；李
陵誇其眾為奇材劍客；王允以劍客遇呂布，而魏武以許褚所將劍客為虎士
也。[176]《三國志‧褚傳》：褚以眾歸太祖，即日拜都尉，引入宿衛。諸從
褚俠客，皆以為虎士。又云：「初，褚所將為虎士者從征伐，太祖以為皆
壯士也，同日拜為將。其後以功為將軍、封侯者數十人，都尉、校尉百餘
人，皆劍客也。」案謂之客者，蓋謂不自食而寄食於人。《史記‧游俠列
傳》曰：「要以功見言信，俠客之義，又曷可少哉？」當時之為游俠者，固
多不能自食之徒也。《漢書‧景武昭宣元成功臣表》：眾利侯伊即軒，以從
票騎將軍擊左王手劍合侯。

　　攻擊仍多用石，《三國志‧袁紹傳》：紹為高櫓，起土山射營中，營中
皆蒙楯。眾大懼。太祖乃為發石車，擊紹樓皆破。紹眾號曰霹靂車。《注》
引《魏氏春秋》曰「以古有矢石，又《傳》言旝動而鼓，說曰：旝發石也，
於是造發石車」，似即魏武之所造者。然此事非倉卒可成，亦必有所受之
也。晁錯言募民徙塞下曰：「以便為之高城、深塹，具藺石，布渠荅。」服
虔曰：「藺石，可投人石也。」如淳曰：「藺石，城上雷石也。」《李陵傳》：

---

[176]　階級：劍客、俠客。

陵軍入陘谷，單于遮其後，乘隅下壘石，即如淳所謂雷石也。蘇林曰：「渠
苔，鐵蒺藜也。」如淳曰：「墨子曰：城上二步一渠，立程長三尺，冠長
十尺，臂長六尺，二步一苔。苔廣九尺，表十二尺。」師古曰「藺石如說
是，渠苔蘇說是也」。皆當時攻守之具也。

《陳涉世家》言：涉起蘄，行收兵，至陳，車六七百乘，騎千餘，卒
數萬人。又云：周文西擊秦，行收兵，至關，車千乘，卒數十萬。似秦、
漢間車尚與騎並重者。然時灌嬰、傅寬、靳歙等皆以騎將立功，未聞有以
車將著者也。衛青令武剛車自環為營。韓延壽都試騎士，會騎士兵車四面
營陳。李陵軍至浚稽山，與單于相值，騎可三萬，圍陵軍，軍居兩山間，
以大車為營，且戰且引南行。數日，抵山谷中，連戰，士卒中矢傷，三創
者載輦，兩創者將車，一創者持兵戰。陵曰：「吾士氣少衰而鼓不起者，
何也？軍中豈有女子乎？」始軍出時，關東群盜妻子徙邊者，隨軍為卒妻
婦，大匿車中。陵搜得，皆劍斬之。及管敢亡降匈奴，教單于遮道急攻
陵。陵乃棄車去，士徒斬車輻而持之。史言驃騎將軍車重與大將軍等。
《漢書‧趙充國傳》言義渠安國以騎都尉將騎三千，屯備浩亹，為虜所擊，
失亡車重兵器甚眾。充國引兵至先零在所，虜久屯聚，解弛，望見大軍，
棄車重，欲渡湟水。道厄狹。充國徐行驅之，鹵馬牛羊十餘萬頭，車四千
餘兩。段熲策羌曰：「以騎五千，步萬人，車三千兩，三冬二夏，足以破
定。」則當時用兵，無論中國外夷皆有車，特皆以為營陳，供運載，而不
以事馳突耳。車與騎之用有別，故車將與騎將皆異其人。灌嬰、傅寬、靳
歙等傳言車司馬、候騎將、騎千人將、騎長、樓煩將；《張敞傳》：以正違
忤大將軍，使主兵車皆是。其車騎連言，如灌嬰、靳歙之稱車騎將軍者，
實則所主皆騎耳。《後漢書‧南匈奴傳》言光武造戰車，可駕數牛，作樓
櫓，置於塞上，以拒匈奴，亦用以拒馳突，而非以之逐利也。

第七節　刑法

　　吾國法律，完具而可考者，始於李悝之《法經》，而商君用以相秦，已見《先秦史》第十四章第六節。《漢書‧刑法志》曰：高祖初入關，約法三章，曰：殺人者死，傷人及盜抵罪。蠲削煩苛，兆民大說。其後四夷未附，兵革未息，三章之法，不足以禦姦，於是蕭何捃摭秦法，取其宜於時者，作律九章。孝武即位，外事四夷之功，內盛耳目之好，徵發煩數，百姓貧耗，窮民犯法，酷吏擊斷，姦宄不勝，於是招進張湯、趙禹之屬，條定法令，作見知、故縱、監臨、部主之法，《史記‧酷吏傳》：趙禹「與張湯論定諸律令，作見知，吏傳得相監司，用法益刻，蓋自此始」。《漢書》作「作見知，吏得傳相監司以法，盡自此始」。緩深故之罪，急縱出之誅。武帝又作《沈命法》，見第五章第十節。其後姦猾巧法，轉相比況，禁網浸密。律令凡三百五十九章。大辟四百九條，千八百八十二事。死罪決事比萬三千四百七十二事。文書盈於幾閣，典者不能遍睹，是以郡國承用者駁，或罪同而論異。姦吏因緣為市，所欲活則傅生議，所欲陷則與死比。議者咸冤傷之。宣帝即位，置廷平。見下。涿郡太守鄭昌上疏，言若開後嗣，不若刪定律令。帝未及修正。至元帝初立，乃下詔曰：「其議律令可蠲除輕減者條奏。」成帝河平中，復下議減死刑及可蠲除約省者。有司徒鉤摭微細，毛舉數事以塞詔而已。案《漢志》所述先漢刑法始末，不甚完具。當以《晉書‧刑法志》補之。《晉志》曰：秦、漢舊律，其文起自魏文侯師李悝。悝撰次諸國法，著《法經》。以為王者之政，莫急於盜賊。故其律始於《盜賊》。《盜賊》須劾捕，故著《網》、《捕》二篇。其輕狡、越城、博戲、借假不廉、淫侈逾制，以為《雜律》一篇。又以其律具其加減。是故所著六篇而已。然皆罪名之制也。商君受之以相秦。漢承秦制，蕭何定律，除參夷、連坐之罪，增部主、見知之條，益事律《興》、《廄》、《戶》三篇，合為九篇。叔孫通益律所不及旁章十八篇。張湯《越

宮律》二十七篇。趙禹《朝律》六篇。合六十篇。又漢時決事，集為《令甲》以下三百餘篇。《漢書·宣帝紀》地節四年（前66）《注》引文穎曰：「蕭何承秦法所作者為律，今《律經》是也。天子詔所增損，不在律上者為令。令甲者，前帝第一令也。」如淳曰：「令有先後，故有令甲、令乙、令丙。」師古曰：「如說是也。甲乙者，若今之第一第二篇耳。」案《蕭望之傳》：望之與李彊議令民入穀贖罪事，引《金布令甲》，則諸令皆以甲乙丙次之。及司徒鮑公撰嫁娶辭訟決為《法比》。《後漢書·陳寵傳》：辟司徒鮑昱府。轉為辭曹，掌天下獄訟。時司徒辭訟久者數十年，事類溷錯，易為輕重，不良吏得生因緣。寵為昱撰《辭訟比》七卷。決事科條，皆以事類相從。昱奏上之。其後公府奉以為法。都目凡九百六卷：世有增損。集類為篇，結事為章。一章之中，或事過數十。事類雖同，輕重乖異，而通條連句，上下相蒙。雖大體異篇，實相采入，《盜律》有賊傷之例，《賊律》有盜章之文，《興律》有上獄之法，《廐律》有逮捕之事。若此之屬，錯糅無常。後人生意，各為章句。叔孫宣、郭令卿、馬融、鄭玄諸儒章句十有餘家，家數十萬言。凡斷罪所當由用者，合二萬六千二百七十二條，七百七十三萬二千二百餘言。漢高約法三章，已見第三章第三節。據此，則「與父老約，法三章耳」，當於約字句絕，法字又一讀，謂於六篇之中，僅取殺人、傷人及盜三章，餘悉除去也。法律之原，一為民間之習俗，一為治者之所求，說亦已具《先秦史》。社會之演進愈深，則風俗之岐異愈甚，而上之所求於下者亦愈多，法令遂日益滋章，而亦益為人民所不習。其未備者，姦吏既得以意輕重；雖有其文，而編排不合部次，用者又得上下其手；而人民益苦，風俗亦愈益薄惡矣。秦、漢之世，蓋正其時也。職是故，當時之所急者，乃在刪除繁冗，依條理纂次。然終漢世，迄未能舉其事。其所行者：元帝初元五年（前44），輕殊刑三十四事。哀帝建平元年（前6），盡四年，輕殊死者八十一事。其四十二事手殺人，皆

減死罪一等，據《晉書・刑法志》。《後漢書・梁統傳》載統疏曰「元、哀二帝，輕殊死之刑，以一百二十三事，手殺人者減死一等」，辭不別白。《注》引《東觀記》與《晉志》同。唯元帝初元五年（前44）輕殊刑作輕殊死刑，又哀帝建平元年（前6）下無盡四年三字。光武建武二年（26），詔議省刑法。本紀。十四年（38），群臣上言宜增科禁。杜林奏宜如舊制，從之，《後漢書・林傳》。梁統以為法令輕，下姦不勝，宜遵舊典，《後漢書・統傳》。請舉初元、建平之所穿鑿，擇其善者而從之，其不善者而改之。不從，《晉書・刑法志》。桓譚疏言：法、令、決事，輕重不齊。可令通義理、明習法律者校定科比，一其法度，班下郡國，蠲除故條。亦不省，《後漢書》本傳。章帝納尚書陳寵言，詔有司禁絕鑽鑽諸酷痛舊制，解褙惡之禁，除文致請讞五十餘事，定著於令。永元六年（94），寵又代郭躬為廷尉。復校律令條法溢於《甫刑》者除之。曰：今律令犯罪應死刑者六百一十，耐罪千六百九十八，贖罪以下二千六百八十一，溢於《甫刑》千九百八十九。其四百一十大辟，千五百耐罪，七十九贖罪。宜令三公廷尉集平律令，應經合義可施行者。大辟二百，耐罪贖罪二千八百，合為三千，與禮相應。其餘千九百八十九事悉可詳除。未及施行，會寵抵罪，遂寢。寵子忠，後復為尚書。略依寵意，奏上三十二條，為決事比，以省請讞之弊。又上除蠶室刑；解贓吏三世禁錮；狂易殺人得減重論；母子兄弟相代死，聽敕所代者；事皆施行，以上據《晉書・刑法志》；《後漢書・陳寵傳》略同。唯陳忠奏上三十二條作二十三條，未知孰是。雖時有蠲革，而舊律繁廡，未經纂集。獻帝建安元年（196），應劭又刪定律令，以為漢儀，表奏之。曰：「故膠東相董仲舒，老病致仕，朝廷每有政議，數遣廷尉張湯，親至陋巷，問其得失。於是作《春秋折獄》、《後書・應奉傳》作決獄。二百三十二事。動以經對，言之詳矣。逆臣董卓，蕩覆王室，典憲焚燎，靡有孑遺臣竊不自揆，輒撰具律本章句，尚書舊事，廷

尉版令，決事比例，司徒都目，五曹詔書，及春秋折獄，《後書》此處作斷獄。凡二百五十篇。躡去復重，為之節文。又集議駁《後書》作駁議。三十篇，以類相從。凡八十二事。其見《漢書》二十五，《漢記》四，皆刪敘潤色，以全本體。其二十六，博采古今瑰瑋之士，文章煥炳，德義可觀。其二十七，臣所創造」云云。於是舊事存焉。以上亦采《晉志》。《後書·應奉傳》略同。魏明帝下詔：但用鄭氏章句，不得雜用餘家。其後又下詔改定刑制。命司空陳群，散騎常侍劉劭，給事黃門侍郎韓遜，議郎庾嶷，中郎黄休、荀詵等，刪約舊科，旁采《漢律》，定為魏法。制新律十八篇，州郡令四十五篇，尚書官令、軍中令合百八十餘篇。其序略曰：「舊律所以難知者，由於六篇篇少故也。篇少則文荒，文荒則事寡。是以後人稍增，更與本體相離。今制新律，宜都總事類，多其篇條」云云。其所定：集罪例以為刑名，冠於律首。分律令為劫略律、詐律、毀亡律、告劾律、系訊斷獄律、請賕律、興擅律、之留律、郵驛令、變事令、驚事律、償臧律、免坐律。凡所定增十三篇，故就五篇，合十八篇。改漢舊律不行於魏者皆除之。文帝為晉王，患前代律令，本注煩雜；陳群、劉劭，雖經改革，而科網本密；又叔孫、郭、馬、杜諸儒章句，但取鄭氏，又為偏黨，未可承用。於是令賈充定法律。令與太傅鄭沖、司徒荀顗、中書監荀勖、中軍將軍羊祜、中護軍王業、廷尉杜友、守河南尹杜預、散騎侍郎裴楷、潁川太守周權、齊相郭頎、都尉成公綏、尚書郎柳軌及吏部令史榮劭等十四人典其事。就漢九章，增十一篇。仍其族類，正其體號。改舊律為刑名法例。辨囚律為告劾，系訊斷獄，分盜律為請賕、詐偽、水火、毀亡。因事類為衛宮、違制，撰《周官》為諸侯律，合二十篇，六百二十條，二萬七千六百五十七言。其餘未宜除者，若軍事、田農、酤酒，權設其法，太平當除，故不入律，悉以為令。施行制度，以此設教，違令有罪則入律。其常事品式章程，各還其府為故事。凡律令，合二千九百二十六

條，十二萬六千三百言，六十卷。故事三十卷。泰始三年，事畢表上。四年五月，大赦天下，乃班新律。以上皆據《晉志》。是為《晉律》。自《晉律》定後，歷代大體相沿，無大改變矣。蓋自戰國以前，為法律逐漸滋長之時，至秦、漢，則為急待整齊之世，然皆徒託空言，直至曹魏而後行，至典午而後成也，亦可謂難矣。漢世小小改正，尚有見於史者，如漢惠帝四年（前 191），省法令妨吏民者，除挾書律。高后元年（前 187），詔曰：「前日孝惠皇帝言欲除三族罪妖言令，議未決而崩，今除之。」文帝二年（前 178）詔曰：「今法有誹謗妖言之罪，其除之。民或祝詛上以相約，而後更讕，吏以為大逆。其有他言，吏又以為誹謗。此細民之愚，無知抵死，朕甚不取。自今以來，有犯此者勿聽治。」光武建武十八（42），蠲邊郡盜穀五十斛死之法，同之內郡，皆是。

秦、漢法吏，亦有專門之學。[177] 李斯言欲學法令，以吏為師；樊準請復召郡國書佐，使讀律令，魏明帝時，衛覬請置律博士，轉相教授，事遂施行；此官學也。郭躬父弘習小杜律，躬少傳父業，講授徒眾，常數百人，此私學也。史言郭氏自弘後，數世皆傳法律。子孫至公者一人，廷尉七人，侯者三人，刺史、二千石、侍中、郎將者二十餘人，侍御史、正、監、平者甚眾；而吳雄以明法律，斷獄平，起自孤宦，致位司徒；亦見《郭躬傳》。則國家之於法吏，用之亦不為薄。然以大體言之，則儒家之學，漸奪法家之席。[178] 呂步舒治淮南獄，以《春秋》誼專斷於外，不請；見《漢書·五行志》。何敞遷汝南太守，分遣儒術大吏，案行屬縣，舉冤獄，以《春秋》義斷之；皆斷獄引用經義，不拘法律者。張湯決大獄，欲傅古義，乃請博士弟子治《尚書》、《春秋》補廷尉史；於定國少學法於父，後更迎師學《春秋》；丙吉起獄法小吏，後學《詩》、《禮》；皆法吏之折而入儒者也。史稱公孫弘習文法吏事，而又緣飾以儒術，此乃曲意詆毀之辭，實乃

---

[177]　刑法：秦漢法學。
[178]　刑法：經義斷獄，儒術奪法之席。

以儒正法耳。張湯為廷尉，有疑奏，再見卻。及兒寬為奏，即時得可。異日，湯見，上問曰：「奏非俗吏所及，誰為之？」路溫舒初為獄小吏，後學法律丞相府，又受《春秋》通大義。讀其尚德緩刑一書，可見其宗旨所在。人心趨鄉如此，儒家之學，安得不日盛？法家之學，安得不日微？斷獄者既習用經義，則經義已入於比之中。應劭撰《春秋決獄》，又益之以說。知魏、晉定律，以儒家之義，正法吏之傳者，必不少矣。《白虎通義》：父殺其子者當誅，見《誅伐篇》。《晉律》亦父母殺子同凡論，見章炳麟《太炎文錄・五朝法律索隱》。經義折獄，世人每以為怪，其實事之厭於眾心者，即成習慣，經義折獄，亦猶之據習俗，援法理耳，絕無足異也。

漢世法律，並不十分劃一。《後漢書・馬援傳》言：援條奏越律與漢律駁者十餘事。與越人申明舊制，以約束之。自後駱越奉行《馬將軍故事》。是越人本承用舊律，即援亦未能盡一之也。《三國志・何夔傳》：夔遷長廣太守。是時太祖始制新科下州郡。夔以郡初立，近以師旅之後，不可卒繩以法。乃上言：「此郡宜依遠域新邦之典。[179] 其民間小事，使長吏臨時隨宜。上不背正法，下以順百姓之心。比及三年，然後齊之以法。」太祖從其言。則雖在邦域之中，亦不急求一律矣。新科蓋權造以適時。《蜀志・伊籍傳》言籍與諸葛亮、法正、劉巴、李嚴共造《蜀科》，亦其類也。君子行禮，不求變俗，此其所以能泛應曲當，與民相安。律之一，俗之一實為之，非可強求也。然長吏擅立科條亦有弊。宣帝五鳳二年（前56），詔言郡國二千石，或擅為苛禁，禁民嫁娶不得具酒食相賀召；質帝本初元年（146），謂頃者州郡，輕慢憲防，競逞殘暴，造設科條，陷入無罪，皆其事。

刑法至孝文時為一大變。《漢書・刑法志》言韓任申子，秦用商鞅，連相坐之法，造參夷之誅，增加肉刑、大辟，有鑿顛、[180] 即黥。《後漢

---

[179]　刑法：新邦遠域，皆有特別法。
[180]　刑法：鑿顛——黥。

書・朱暉傳注》：「黥首，謂鑿額涅墨也。」抽脅、鑊烹之刑。漢興之初，大辟尚有夷三族之令。令曰：當三族者，皆先黥、劓、斬左右趾；笞殺之，梟其首，菹其骨肉於市：《漢書・英布傳》，謂彭越之死，盛其醢以遍賜諸侯。師古曰：「即《刑法志》所云菹其骨肉。」其誹謗詈詛者，又先斷舌；故謂之具五刑。彭越、韓信之屬，皆受此誅。文帝十三年（前167），齊大倉令淳于公有罪當刑，防獄逮繫長安。淳于公無男，有五女。當行會逮，罵其女曰：「生子不生男，緩急非有益也。」其少女緹縈，自傷悲泣。乃隨其父至長安。上書曰：「妾父為吏，齊中皆稱其廉平。今坐法當刑。妾傷夫死者不可復生，刑者不可復屬，雖欲改過自新，其道無繇也。妾願沒入為官婢，以贖父刑罪，使得自新。」書奏天子，天子憐悲其意。遂下令曰：「制詔御史。蓋聞有虞氏之時，畫衣冠、異章服以為戮，而民弗犯，何治之至也？今法有肉刑三，而姦不止，其咎安在？非乃朕德之薄而教不明歟？吾甚自愧。故夫訓道不純，而愚民陷焉。《詩》曰：『豈弟君子，民之父母。』今人有過，教未施而刑已加焉，或欲改行為善而道亡繇至，朕甚憐之。夫刑至斷支體，刻肌膚，終身不息，何其刑之痛而不德也？豈稱為民父母之意哉？其除肉刑，有以易之，及令罪人各以輕重不亡逃有年而免，具為令。」丞相張蒼御史大夫馮敬奏言：「肉刑所以禁姦，所由來者久矣。陛下下明詔，憐萬民之一有過被刑者終身不息，及罪人欲改行為善而道亡繇至，於盛德，臣等所不及也。臣謹議請定律曰：諸當完者臣瓚曰：「完當作髡。」《惠帝紀注》：孟康曰：「不加肉刑髡剔也。」案此亦曰耐。《高帝紀》：七年（前200）春，令郎中有罪耐，以上請之。應劭曰：「輕罪不至於髡，完其耏鬢，故曰耏。」[181]古耏字從彡，髮膚之意也。杜林以為法度之字皆改寸，後改如是。耐音若能。」如淳曰：「耐猶任也。」師古曰：「依應氏之說，耏當音而，如氏之解，則音乃代反。其義亦兩通。《功臣侯表》：

---

[181] 刑法：不至髡，但去耏鬢曰耐。

宣曲侯通彤為鬼薪，則應氏之說，斯為長矣。」案《說文》：「而，頰毛也，象毛之形。彤，罪不至髡也。從彡而，而亦聲。耐，或從寸。諸法度字從寸。」說與杜林合。彤，而之累增字，耐因刑名新造，其聲皆同，而與乃代反，亦一音也。此完字乃動字。完其彤鬢，正謂去其彤鬢。《說文段注》曰：「髡者剃髮也。不剃其髮，僅去鬚鬢，是曰耐，亦曰完。謂之完者，言完其髮。」其說是也。耐者雖不剃髮，其須力作則同，如淳誤謂刑名之意，係指其力作而言，故釋之以任，誤也。《文帝紀》元年（前179）《注》引蘇林曰「耐，能任其罪也」，誤與如淳同。完為城旦舂。《惠帝紀注》：應劭曰：「城旦者，旦起行治城。舂者，婦人不與外徭，但舂作米，皆四歲刑也。」當黥者髡鉗《漢書·高帝紀》九年（前198）《注》：「鉗，以鐵束頸也。」案鉗者又加釱。[182]《後漢書·朱暉傳注》：「繫趾謂之釱也。」不加鉗釱者曰弛刑，見《宣帝紀》神爵元年（前61）注。此謂尋常犯罪之人。其奴婢仍黥面。《三國志·毛玠傳》：鍾繇詰玠曰「《漢律》罪人妻子，沒為奴婢，黥面。今真奴婢祖先有罪，雖歷百世，猶黥面供官」是也。為城旦舂。當劓者笞三百。當斬左止者笞五百。當斬右止，及殺人先自告，及吏坐受賕枉法，守縣官財物而即盜之，已論命復有笞罪者皆棄市。罪人獄已決，完為城旦舂。滿三歲為鬼薪白粲。《惠帝紀注》：應劭曰：「取薪給宗廟為鬼薪，坐擇米使正白為白粲，皆三歲刑也。」鬼薪白粲一歲為隸臣妾。隸臣妾一歲免為庶人。王先謙曰：「此自鬼薪白粲遞減，故隸臣妾一歲即免為庶人，與下本罪為隸臣妾者不同。」隸臣妾滿二歲為司寇。司寇一歲，及作如司寇二歲，皆免為庶人。如淳曰：「罪降為司寇，故一歲，正司寇故二歲也。」沈欽韓曰：「《漢舊儀》：凡有罪：男髡鉗為城旦，女為舂，皆作五歲，完四歲，男鬼薪，女白粲，皆作三歲。司寇，男備守，女為作如司寇，皆作二歲。男為戍罰作，女為復作，皆一歲：此五歲刑

---

[182] 刑法：鉗又加，不鉗曰弛刑。

至一歲刑之次也。後周世改為五等徒，自一年至五年。唐因隋制，徒刑五：有一年，一年半，二年，二年半，三年。」案《宣帝紀》使女徒復作淮陽趙征卿、渭城胡組更乳養。李奇曰：「復作者，女徒也。謂輕罪，男子守邊一歲，女子軟弱不任守，復令作於官，亦一歲，故謂之復作徒也。」孟康曰：「復音服，謂弛刑徒也。有赦令詔書，去其鉗、釱、赭衣，更犯事，不從徒加，與民為例，故當復為官作，滿其本罪年月。《律》名為復作也。」又女徒後得顧山。[183]《平帝紀》：元始元年（1），天下女徒已論歸家，顧山錢月三百。如淳曰：「已論者，罪已定也。《令甲》：女子犯罪，作如徒六月，顧山遣歸。說以為當於山伐木，聽使入錢顧功直，故謂之顧山。」應劭曰：「舊刑鬼薪取薪於山，以給宗廟，今使女徒出錢顧薪，故曰顧山也。」師古曰：「如說近之。謂女徒論罪已定，並放歸家，不親役之，但令一月出錢三百以顧人也。」《後漢書·光武紀》：建武三年（27），女徒顧山歸家。《桓譚傳》：譚上疏陳時政之宜曰：「今宜申明舊令，若已伏官誅而私相傷殺者，雖一身逃亡，皆徙家屬於邊。其相傷者加常二等。不得顧山贖罪。」其亡逃，及有罪耐以上，不用此令。」制曰：可。案景帝元年詔，謂文帝「除宮刑，出美人，重絕人之世也」。晁錯對策，亦美文帝「除去陰刑」。《三國志·鍾繇傳》：繇欲復肉刑，上疏言：「其黥、劓、左趾、宮刑者，自如孝文易以髡笞。」可見孝文實並宮刑去之。[184]《史記·孝文本紀索隱》引崔浩《漢律序》云「文帝除肉刑而宮不易」，誤矣。文帝詔書，斷肢體指斬止，刻肌膚指黥、劓，終身不息指宮，此所謂肉刑三。張蒼等議，亦以終身不息與欲改行為善而道亡由至對舉。孟康以「黥、劓二，刖左右趾合一凡三」釋之，亦非也。宮刑之復用，蓋所以宥死罪。其可考者，始於景帝中四年（前146）。《紀》云死罪欲腐者許之。蓋後遂沿為故事。《後漢書·明帝紀》永平八年（65），《章帝紀》元和元年（84）、章

---

[183]　生計：顧山錢月三百。
[184]　刑法：文帝併除宮。

和元年（87），《和帝紀》永元八年（96），皆募繫囚減死詣邊戍，其犯大逆無道殊死者，則募下蠶室，蓋亦以其罪重，故不能徒宥之也。古無虧體之刑，其後乃因軍事而訑及刑法，已見《先秦史》第十四章第六節。漢世儒者，追懷古化，稱不虧體者為象刑。虧體者為肉刑。[185] 漢文詔書所稱，亦見伏生《書大傳》，實儒家經說也。肉刑實為殘酷之事，乃以緹縈一書而廢，緹縈固孝子，文帝亦仁君，而儒學之有裨於治者亦大矣。

然自肉刑廢後，欲復之者頗多。《晉書·刑法志》曰：「崔寔、鄭玄、陳紀之徒，咸以為宜復肉刑。漢朝既不議其事，故無所用。及魏武帝匡輔漢室，尚書令荀彧，博訪百官，復欲申之。而朝廷善少府孔融議，卒不改焉。及魏國建，陳紀子群，時為御史中丞。魏武帝下令，又欲復之。使群申其父論。群深陳其便。時鍾繇為相國，亦贊成之。而奉常王脩，不同其議，魏武帝亦難以藩國改漢朝之制，遂寢不行。魏文帝受禪，又議肉刑。詳議未定，會有軍事，復寢。明帝時，太傅鍾繇又上疏求復肉刑。詔下其奏。司徒王朗議又不同。時議百餘人，與朗同者多。帝以吳、蜀未平，又寢。」案諸家之論，略見《後漢書·仲長統》、《崔寔》、《孔融》，《三國志·王脩》、《鍾繇》、《王朗》、《陳群傳》中。主復肉刑者，實非嫌刑之過輕，而轉有惡於其重。《漢志》述其事云：「是後外有輕刑之名，內實殺人。斬右止者當死。斬左止者笞五百，當劓者笞三百，率多死。景帝元年（前156），下詔曰：『加笞與重罪無異。幸而不死，不可為人。其定律笞五百曰三百，笞三百曰二百。』猶尚不全。至中六年（前144），又下詔曰：『加笞者或至死而笞未畢，朕甚憐之。其減笞三百曰二百，笞二百曰一百。』又曰：『笞者，所以教之也。其定箠令。』丞相劉舍，御史大夫衛綰請笞者箠長五尺，其本大一寸。其竹也，末薄半寸，皆平其節。當笞者笞臀。如淳曰：「然則先時笞背也。」案賈誼言伏中行說而笞其背，可見先時笞背。

---

[185] 刑法：廢肉刑詔引書義。緹縈紀念人物。

毋得更人。畢一罪乃更人。自是笞者得全。《三國志·明帝紀》：青龍二年（234）詔曰：「鞭作官刑，所以糾慢怠也，而頃多以無辜死，其減鞭杖之制，著於令。」「然酷吏猶以為威。死刑既重，而生刑又輕，民易犯之。」其論曰：「禹承堯、舜之後，自以德衰而制肉刑。湯、武順而行之者，以俗薄於唐、虞故也。今漢承衰周、暴秦極敝之流，俗已薄於三代，而行堯、舜之刑，是猶以羈而御駻突，違救時之宜矣。且除肉刑者，本欲以全民也，今去髡鉗一等，轉而入於大辟，以死罔民，失本惠矣。故死者歲以萬數，刑重之所致也。至乎穿窬之盜；忿怒傷人；男女淫佚；吏為姦贓；若此之惡，髡鉗之罰，又不足以懲也。故刑者歲十萬數，民既不畏，又曾不恥，刑輕之所生也。故俗之能吏，公以殺盜為威。專殺者勝任，奉法者不治。亂民傷制，不可勝條。是以罔密而姦不塞，刑蕃而民愈嫚。豈宜唯思所以清原正本之論。刪定律令，篡二百章，以應大辟。其餘罪次，於古當生今觸死者，皆可募行肉刑。及傷人與盜；吏受賕枉法，男女淫亂，皆復古刑。為三千章。詆欺文致微細之法悉蠲除。如此，則刑可畏而禁易避；吏不專殺；法無二門；輕重當罪；民命得全。」仲長統之言曰：「肉刑之廢，輕重無品。下死則得髡鉗，下髡鉗則得鞭笞。髡笞不足以懲中罪，安得不至於死哉？今患刑輕之不足以懲惡，則假藏貨以成罪，託疾病以諱殺。」崔寔謂，「文帝除肉刑，雖有輕刑之名，其實殺也。當此之時，民皆思復肉刑」。陳紀謂「漢除肉刑而增加笞，本興仁惻，而死者更眾，所謂名輕而實重者也。名輕則易犯，實重則傷民」。陳群以為「漢律所殺殊死之罪，仁所不及也。其餘逮死者，可以刑殺。如此，則所刑之與所生，足以相貿矣。今以笞死之法，易不殺之刑，是重人支體，而輕人軀命也」。太祖下令，使平議死刑可宮割者。大和中，鍾繇上疏曰：「陛下遠追二祖遺意，惜斬趾可以禁惡，恨人死之無辜，乃明習律令，與群臣共議，出本當右趾而入大辟者，復行此刑。若如孝景之令，其當棄市欲斬右趾者許

之，其黥、劓、左趾、宮刑者，自如孝文易以髡笞。下計所全，歲三千人。」其惡肉刑廢而刑重之意，過於其惡刑輕，昭然可見矣。然孔融謂「繩末世以古刑，非所謂與時消息。九牧之地，千八百君，若各刖一人，是常有千八百紂。且被刑之人，慮不全生，志在思死，類多趨惡。不能止人遂為非，適足絕人還為善」。其言亦殊有理致。陳群謂「若用古刑，使淫者下蠶室，盜者刖其足，則永無淫放穿窬之盜矣」，其說似是，而於理實不可通。善夫王朗之議曰：「科律自有減死一等之法，不待遠假斧鑿於彼肉刑，然後有罪次也。今可按謠所欲輕之死罪，使減死之髡刖嫌其輕者，可倍其居作之歲數。」[186] 其言允矣，宜乎議者百餘人，多與之同也。

正刑而外，秦、漢時酷刑亦頗多。其用之最多者，曰要斬。曰烹。即所謂鑊烹也。項羽以沐猴而冠之言烹韓生。《史記》但作說者。又烹周苛。田廣烹酈食其。漢高祖欲烹酈徹。《漢書·諸侯王表》：廣川王去，本始四年（前70），坐烹姬不道，廢徙上庸，與邑百戶。曰焚。《漢書·武五子傳》：焚蘇文於橫橋上。《王莽傳》：莽作焚如之刑，燒殺陳良等。曰車裂。後漢車裂馬元義，見《皇甫嵩傳》。呂一罪發，或以為宜加焚裂，以闞澤言而止，見《三國志·澤傳》。既殺之後，又梟其首。梟，謂縣首於木上，見《漢書·高帝紀》四年（前203）《注》。或磔之。《漢書·景帝紀》：中二年（前148），改磔曰棄市，勿復磔。師古曰：「磔謂張其屍也。」案其後復有行之者。翟義親屬二十四人，皆磔暴於長安都市四通之衢，見《漢書·翟方進傳》。王球僵磔王甫屍於夏城門，見《後漢書·酷吏傳》。又或殘賊其屍。李通與光武舉事，南陽殺其兄弟門宗六十四人，皆焚屍宛市，見《後漢書·通傳》。皇甫嵩平張角，剖棺斷頭，傳送京師，見《靈帝紀》及《嵩傳》。王淩、令狐愚之死，朝議傅會齊崔杼、鄭歸生，發其塚，剖棺，暴屍於所近市三日，燒其朝服，親土埋之，見《三國志·

---

[186] 刑法：議復肉刑者王朗為是。案漢五歲刑。

凌傳》。孫霸之死，其黨楊竺流屍於江，見《霸傳》。其後殺諸葛恪，亦投其屍於石子岡，已見第十七章第五節。孫皓殺陳聲，投其身於四望之下，見第十二章第九節。又時樓玄、王蕃、李勖並焚爍流漂，棄之水濱，見《陸遜傳》。又有隨意殺人，如和熹鄧后欲撲殺杜根於殿上者。族誅及收孥相坐之律，漢初皆嘗除之，後亦多復用。《漢書‧刑法志》曰：「高后元年（前 187），除三族罪訞言令，孝文二年（前 78），除收律相坐法。其後新垣平為逆復行三族之誅。」案據本紀，「盡除收帑相坐律令」，事在孝文元年（前 179）。二年（前 178），詔除誹訞謗言罪，[187] 師古曰：「高后元年（前 187），詔除訞言之令，今此又有訞言之罪，是則中間曾重複設此條也。」案《王子侯表》溫子侯安固，本始三年（前 71），坐上書為訞言，會赦免。《景武昭宣元功臣表》：平通侯楊惲，坐為光祿勳誹謗政治免。《外戚恩澤侯表》：安平敬侯陽譚，五鳳四年（前 54），坐為典屬國，季父惲有罪，譚言誹謗免，而顏異且以腹誹誅，哀帝即位後，復除誹謗詆欺法。坐祝詛誅者，尤書不勝書，疑諸律令除者皆可以旋復，正不待復設科條也。王莽用法亦極酷，嘗作焚如之刑，又為投之四裔之法焉。以加非井田、私鑄、挾五銖錢、非沮寶貨者，見《食貨志》及本傳。

　　《漢書‧惠帝紀》：元年（前 194），民有罪，得買爵三十級，以免死罪。而貢禹言文帝時亡贖罪之法，則此蓋權制也。《食貨志》：晁錯說文帝募天下入粟縣官，得以拜爵，得以除罪，文帝僅許入粟拜爵，此禹言之徵。景帝時，上郡以西旱，復修賣爵令，乃許徒復作得輸粟於縣官以除罪。孝武時，有司請令民得買爵，及贖禁錮，免臧罪。桑弘羊又請令民得入粟補吏，及罪以贖。皆見《食貨志》。此尚為輕罪。淮南之獄，有司議「其非吏，它贖死金二斤八兩」，蓋因牽涉多而宥之，非普遍。武帝天漢四年（前 97），太始二年（前 95），並令民贖死罪，入錢五十萬，減死一等，

---

[187]　刑法：誹謗妖言等多復用。

則鬻及死刑矣。後漢中元二年（前148）、十五年（前135）、十八年（前132）、建初七年（82）、章和元年（87），並有令民入贖之詔。死罪縑二十匹，或三十匹，或四十匹。左趾至髡鉗、城旦舂十匹。完城旦舂至司寇五匹，或三匹。未發覺自告者半入贖。永初元年（107）、熹平四年（175）、六年（177）、光和三年（180）、五年（182）、中平四年（187）但云贖各有差。魏明帝大和四年（230），令罪非殊死，聽贖各有差。案《漢書·蕭望之傳》：宣帝時西羌反，張敞欲令諸有罪非盜、受財殺人及犯法不得赦者，入穀隴西以北、安定以西八郡贖罪。望之與少府李強言：天漢四年（前97），使死罪入錢減死，豪強吏民請奪假貸，至為盜賊以贖罪。《後漢書·虞詡傳》言：順帝時，長吏二千石聽百姓讁罰者輸贖，號為義錢，託為貧人儲，而守令因以聚斂。則流弊孔多矣。

　　陳群等定《魏律》，更依古義，制為五刑：其死刑有三，髡刑有四，完刑作刑各三，贖刑十一，罰金六，雜抵罪七，凡三十七名，以為律首。至於謀反大逆，臨時捕之或汙潴，或梟菹，夷其三族，不在律令。亦據《晉志》。

　　令長之始，本即一國之君，殺生得以專決。故蒯通說范陽令，謂「足下為令十餘年，殺人之父，孤人之子，斷人之足，黥人之首甚眾」也。然《漢書·酷吏傳》：嚴延年遷河南太守，冬月傳屬縣囚，會論府上。王溫舒遷河內太守，令郡具私馬五十匹為驛，捕郡中豪猾，上書請，大者至族，小者乃死，家盡沒入償臧，奏行不過十日得可，則郡縣皆不能專決矣。高帝七年（前200），制詔御史：「縣道官獄疑者，各讞所屬二千石官，二千石官以其罪名當報之。所不能決者，皆移廷尉，廷尉亦當報之。廷尉所不能決，謹具為奏，傅所當比律令以聞。」孝景中五年（前145），復下詔曰：「諸獄疑，若雖文致於法，而於人心不厭者，輒讞之。」後元年（前143），又下詔曰「獄疑者讞有司。有司所不能決移廷尉。有令讞而後不當讞者，不為失」。《漢書·刑法志》，景帝詔亦見《本紀》。是時廷尉「職典決疑，

當讞平天下獄」,《漢書・朱博傳》語。而三公所屬辭曹及尚書,亦主斷決。《漢書・薛宣傳》:谷永上疏,稱宣為左馮翊,辭訟者歷年不至相府。又云:宣為相府辭訟例,不滿萬錢,不為移書,後皆遵用薛侯故事。《後漢書・陳寵傳》:曾祖父咸,成、哀間以律令為尚書。王莽誅何武、鮑宣等,咸乞骸骨。收斂其家律令文書等,皆壁藏之。[188] 寵明習家業,少為州郡吏。辟司徒鮑昱府。轉為辭曹,掌天下獄訟。其所平決,無不厭服眾心。撰《辭訟比》七卷,已見前。《孔融傳》:張儉與融兄褒有舊,亡抵於褒。不遇,融舍之。後事泄,國相以下密就掩捕。儉得脫走。並收褒、融送獄。融曰:「保納舍藏者融也,當坐之。」褒曰:「彼來求我,非弟之過,請甘其罪。」吏問其母。母曰:「家事任長,妾當其辜。」一門爭死,郡縣疑不能決,乃上讞之,詔書竟坐褒焉。此漢世請讞之事也。漢宣帝地節三年(前 67),置廷尉平。又置治書侍御史。《續書》本注曰:凡天下諸讞疑事,掌以法律當其是非。又有專遣使平決者,如成帝鴻嘉元年(前 20),臨遣諫大夫理等舉三輔、三河、弘農冤獄是也。此等意皆主於矜慎,然仍時有非法之事。如薄昭與淮南屬王書,咎其幸臣有罪,大者立斷,師古曰:「斷謂斬也。」小者肉刑;《三國志・李通傳》,言是時殺生之柄,決於牧守是。蓋積習相沿,難於驟革,而在喪亂時,亦或不能以常理論也。人主亦時有軼法之舉。《漢書・張釋之傳》:上行出,中渭橋。有一人從橋下走,乘輿馬驚。於是使騎捕之,屬廷尉。釋之奏當此人犯蹕,當罰金。上怒曰:「此人親驚吾馬,馬賴和柔,令他馬,固不敗傷我乎?而廷尉乃當之罰金?」釋之曰:「法者,天子所與天下共也。共同恭。今法如是,更重之,是法不信於民也。且方其時上使使誅之則已。今已下廷尉。廷尉,天下之平也。一傾,天下用法皆為輕重,民安所錯其手足?唯陛下察之。」明知法之不可傾,而仍不能舉人主而範諸法之內,則積習之難改也。杜周

---

[188]　經籍:壁藏。

曰：「三尺安出哉？前主所是著為律，後主所是疏為令。當時為是，何古之法乎？」君主專制之世，固不能別有立法之司，然唯所是而即行之，亦終不慊於義也。《三國志‧夏侯尚傳注》引《魏氏春秋》，謂夜送李豐尸付廷尉，廷尉鐘毓不受，曰：非法官所治也。以其狀告，且勅之，乃受。其所持與張釋之同。《高柔傳》：柔為廷尉，文帝欲殺鮑勳，柔固執不從，帝怒甚，遂召柔詣臺，而使殺勳。見第十二章第四節。

　　尋常審理，皆屬地方官。《續漢書‧百官志》謂縣令長掌理訟，郡國秋冬遣無害吏案訊諸囚，平其罪法是也。間有郡縣不能決者，如宗室有犯法當髡以上，郡國先上諸宗正，正以聞乃報決是。漢世嗇夫職聽訟，其權尚遠大於後世。[189]《潛夫論‧愛日篇》言：冤民仰希申訴，而令長以神自居，鄉亭部吏，亦有任決斷者，意欲令民不必赴縣，以省日力。然又言：「理直則恃正而不橈，事曲則詔意以行賕。不橈故無恩於吏，行賕故見私於法。若事有反覆，吏應坐之。吏以應坐之故，不得不枉之於廷，以羸民之少黨，而與豪吏對訟，其勢得無屈乎？縣承吏言，故與之同。若事有反覆，縣亦應坐之。縣以應坐之故，而排之於郡。以一民之輕，而與一縣對訟，其理豈得申乎？事有反覆，郡亦坐之。郡以共坐之故，排之於州。以一民之輕，與一郡為訟，其事豈獲勝乎？既不肯理，乃遠詣公府。公府復不能察，而當延以歲月。貧弱者無以曠旬，強富者可盈千日。理訟若此，何枉之能理乎？此小民之所以易侵苦，而天下所以多困窮也。」則鄉官聽訟之弊，亦已漸著矣。

　　別設偵緝之司，詒禍往往甚烈。如孫吳之有校事是也。其事已見第十二章第八節。《魏志‧高柔傳》言：魏國建，柔為法曹掾。時置校事盧洪、趙達等，使察群下。柔諫宜檢治之。太祖曰：「卿知達等，恐不如吾也。要能刺舉而辦眾事；使賢人君子為之，則不能也。昔叔孫通用群盜，

---

[189] 刑法：郡斷不休則詣公府。斷罪者。

良有以也。」達等後姦利發，太祖殺之，以謝於柔。文帝踐阼，以柔為治書侍御史。轉加治書執法。校事劉慈等，自黃初數年之間，舉吏民姦罪以萬數。柔皆請懲虛實。其餘小小掛法者，不過罰金。《程昱傳》：昱孫曉，嘉平中為黃門侍郎。時校事放橫。曉上疏曰：「昔武皇帝大業草創，眾官未備。而軍旅勤苦，民心不安，乃有小罪不可不察，故置校事，取其一切耳。然檢御有方，不至縱恣也。其後漸蒙見任，復為疾病。轉相因仍，莫正其本。遂令上察官屬，下攝眾司。官無局業，職無分限。隨意任情，唯心所適。法造於筆端，不依科詔。獄成於門下，不顧覆訊。其選官屬，以謹慎為粗疏，以譏訶為賢能。其治事，以刻暴為公嚴，以循理為怯弱。外則托天威以為聲勢，內則聚群姦以為腹心。大臣恥與分勢，含忍而不言。小人畏其鋒芒，鬱結而無告。至使尹摸公於目下，肆其姦慝。罪惡之著，行路皆知。纖惡之過，積年不聞」云云。於是遂罷校事官。則其詒患於魏，亦不下於其在吳也。

　　《漢書‧張湯傳注》引蘇林曰：「《漢儀注》：獄二十六所。」《續書‧百官志》云：「孝武帝以下置中都官獄二十六所。世祖中興皆省。唯廷尉及雒陽有詔獄。」息夫躬繫洛陽詔獄，見《前書》本傳。前漢時，魏郡亦有詔獄，見《江充傳》。漢獄名之可考者，如若盧，屬少府，主受親戚婦女，治將相大臣，見《百官公卿表》。《後漢書‧和帝紀》：永元九年(97)，復置若盧獄官。共工，亦屬少府，見《漢書‧劉輔傳》。左右司空，亦屬少府，見《百官公卿表》。保宮，亦屬少府。本名居室，武帝太初元年(前104)更名保宮，見《百官公卿表》。《竇田灌韓傳》：劾灌夫罵坐不敬，繫居室。《李陵傳》：自痛負漢，加以老母繫保宮。都司空，屬宗正，見《百官表》。槀官，《漢書‧張湯傳》：謁居病死，事連其弟，弟繫槀官。蘇林曰：「《漢儀注》獄二十六所，槀官無獄也。」師古曰：「時或以諸獄皆滿，故權寄在此署繫之。」掖庭詔獄，《漢書‧劉輔傳注》引《漢舊儀》云：「令

丞宦者，主理婦人女官。」《續書·百官志》：掖庭令有暴室丞，本《注》曰：宦者，主中婦人疾病者，就此室治，其皇后、貴人有罪，亦就此室。《前書·宣帝紀》：為取暴室嗇夫許廣漢女。應劭曰：「暴室，宮人獄也。今曰薄室。許廣漢坐法腐為宦者，作嗇夫也。」師古曰：「暴室者，掖庭主織染練之署，故謂之暴，字取曝晒為名耳。或曰薄室者，薄亦暴也。蓋暴室職務既多，因為置獄，主治其罪人。然本非獄名，應說失之矣。嗇夫者，暴室屬官，亦猶鄉之嗇夫也。」大鴻臚郡邸獄，《漢書·宣帝紀》：曾孫坐收繫郡邸獄。師古曰：「據《漢舊儀》，郡邸獄治天下郡國上計者，屬大鴻臚。此蓋巫蠱獄繁，收繫者眾，故曾孫寄在郡邸獄。」北軍尉，《漢書·楚元王傳》：更生上封事曰：「章交公車，人滿北軍。」如淳曰：「《漢儀注》：中壘校尉，主北軍壘門內，尉一人，主上書者獄。上章於公車，有不如法者，以付北軍尉，北軍尉以法治之。楊惲上書，遂幽北闕，北闕公車所在。」，軍司空，《漢書·杜周傳》：少子延年補軍司空。蘇林曰：「主獄官也。」，如淳曰：「《律》：營軍司空、軍中司空各二人。」都船獄，《漢書·薛宣傳》：少為廷尉書佐，都船獄史。《王嘉傳》：廷尉收嘉丞相新甫侯印綬，縛嘉載致都船詔獄。案《百官公卿表》：中尉屬官有都船令丞。如淳曰：「《漢儀注》有都船獄令。」黃門北寺獄等皆是。谷永言掖庭詔獄之弊曰：「榜箠慘於炮烙，絕滅人命。主為趙、李報德復怨。反除白罪，建治正吏。多係無辜，掠立迫恐。至為人起責，分利受謝。生入死出者，不可勝數。」范滂繫黃門北寺獄，桓帝使中常侍王甫以次辨詰。其流弊深矣。

秦、漢法吏，多務刻深。其可考見尤甚者：如周亞夫之子，為父買尚方甲楯可以葬者，取庸苦之，庸知其盜買官器，怒而上變。廷尉遽責亞夫欲反。亞夫曰：「臣所買器，乃葬器也。」吏曰：「君侯縱不反地上，即欲反地下耳。」匈奴渾邪王來降，賈人與市長安中，吏繩以為闌出財物於邊關，當死者五百餘人，《史記·汲鄭列傳》。可見其深文周內之狀。絳侯見

囚，既出，曰：「吾嘗將百萬軍，然安知獄吏之貴乎？」無怪諺云「畫地為牢勢不入，削木為吏議不對」；見《漢書・司馬遷傳》，又見《路溫舒傳》。而李廣謂「廣年六十餘，終不能復對刀筆之吏」也。言其弊最深切者，莫如路溫舒。溫舒之言曰：「秦有十失，其一尚存，治獄之吏是也。」又曰：「今治獄吏上下相敺，以刻為明。深者獲公名，平者多後患。故治獄之吏，皆欲人死。非憎人也，自安之道，在人之死。」《漢書・刑法志》曰：「今之獄吏，上下相驅，以刻為明，深者獲功名，平者多後患。諺曰：鬻棺者欲歲之疫，非憎人欲殺之，利在於人死也，今治獄吏欲陷害人，亦猶此矣。」深者獲功名之功疑亦當作公。又曰：「人情安則樂生，痛則思死。箠楚之下，何求而不得？故囚人不勝痛，則飾辭以視之；吏治者利其然，則指道以明之：上奏畏卻，則鍛鍊而周內之。蓋奏當之成，雖咎繇聽之，猶以為死有餘辜。何則？成練者眾，文致之罪明也。」《酷吏傳》言：嚴延年善史書，所欲誅殺，奏成於手中，主簿親近史不得聞知，而按其獄，皆文致不可得反，此所謂鍛鍊周內也。尹賞疾病且死，戒其諸子曰：丈夫為吏，正坐殘賊免，追思其功效，則復進用矣。坐軟弱不勝任免，終身廢棄，無有赦時，其羞辱甚於貪汙坐贓，慎無然。」此則所謂上下相敺者也。雖時主或務於寬仁，然其弊終難卒改，蓋所謂獄吏者，已自成為一種風氣矣。[190]

　　《漢書・刑法志》言：「秦始皇專任刑罰，躬操文墨。晝斷獄，夜理書。自程決事，日縣石之一。赭衣塞路，囹圄成市。」《志》又曰：「孝惠高后時，百姓新免毒蠚蠚，人欲長幼養老；蕭、曹為相，填以無為，從民之欲，而不擾亂。是以衣食滋殖，刑罰用希。及孝文即位，躬修玄默，勸趣農桑，減省租賦。而將相皆舊功臣，少文多質，懲惡亡秦之政，論議務在寬厚；恥言人之過失。化行天下，告訐之俗易。吏安其官，民樂其業。畜積歲增，戶口浸息。風流篤厚，禁網疏闊。選張釋之為廷尉，罪疑者予

---

[190]　刑法：漢獄吏自沿一種風氣。

民。是以刑罰大省，至於斷獄四百，有刑錯之風。」《志》言武帝時事已
見前。《杜周傳》言：「至周為廷尉，詔獄亦益多矣。二千石繫者，新故相
因，不減百餘人。郡吏大府，舉之廷尉，一歲至千餘章。章大者連逮證案
數百，小者數十人。遠者數千里，近者數百里會獄。吏因責如章告劾，不
服，以掠笞定之。於是聞有逮證皆亡匿。獄久者至更數赦，十餘歲而相告
言。」其煩擾亦云甚矣。《志》又云：「宣帝自在閭閻，而知其若此。及即
尊位，廷史路溫舒上疏，上深愍焉。乃下詔曰：今遣廷史與郡鞠獄，任輕
祿薄。其為置廷尉平，秩六百石，員四人。其務平之，以稱朕意。於是選
於定國為廷尉。求明察寬恕黃霸等以為廷平。季秋後請讞時，上常幸宣
室，齊居而決事。獄刑號為平矣。」又述元、成時事，亦已見前，皆以輕
刑為主。然又云：「昭、宣、元、成、哀、平六世之間，斷獄殊死，率歲
千餘口而一人；耐罪至右止，三倍有餘。」又言「郡國被刑而死者，歲以
萬數。天下獄二千餘所，其冤死者，多少相覆，獄不減一人」。輕刑之效
安在？豈不以獄吏之殘酷，已成風氣，在上者雖務寬仁，其弊亦非一時
所能革邪？《志》又言：「自建武、永平，民亦新罹兵革之禍，人有樂生
之慮，與高、惠之間同；而政在抑強扶弱，朝無威福之臣，邑無豪傑之
俠。以口率之，斷獄少於成、哀之間什八。」《晉書・刑法志》云：「光武
中興，留心庶獄。常臨朝聽訟，斷決疑事。明帝臨聽訟觀，錄洛陽諸獄。
帝性既明察，能得下姦。故尚書奏決罰，近於苛碎。至章帝時，尚書陳寵
上疏。帝納寵言，決罪行刑，務於寬厚。」蓋自先漢以來，在上者多以輕
刑為主，而獄吏之風氣，至斯亦稍變矣。《漢書・酷吏傳》：「漢興，破觚
而為圜，斲雕而為樸，號為罔漏吞舟之魚，而吏治烝烝，不至於姦，黎民
乂安。高后時，酷吏獨有侯封，刻轢宗室，侵辱功臣。呂氏已敗，遂夷侯
封之家。」又言：「自郅都以下，皆以酷烈為聲。自此以至哀、平，酷吏
眾多。」《後書・酷吏傳》言：「漢承戰國餘烈，多豪猾之民。其並兼者則

陵橫邦邑，桀健者則雄張閭里。且宰守曠遠，戶口殷大。故臨民之職，專事威斷。族滅姦宄，先行後聞。肆行剛烈，成其不撓之威。違眾用己，表其難測之知。至於重文橫入，為窮怒之所遷及者，亦何可勝言？自中興以後，科網稍密，吏人之嚴害者，方於前世省矣，而閹人親婭，侵虐天下。至使陽球磔王甫之屍，張儉剖曹節之墓，若此之類，雖厭快眾憤，亦云酷矣。」此亦可見後漢之酷刑，特由政事之昏亂，以治獄者之風氣論，較之前漢，固已稍變矣。漢世用刑寬平者，如於定國、虞經等，經，詡祖父，事見《詡傳》。兩《漢書》各有傳。

　　漢世每有大獄，被禍者必多。如武帝時淮南、衡山之獄，死者數萬人。見《漢書・本紀》元狩元年（前 122），又見《食貨志》。巫蠱之獄亦然。見《江充傳》。後漢廣陵、楚、淮陽、濟南之獄，徙者萬數。見《後漢書・楊終傳》。《傳》云：「章帝以終言，聽還徙者。」《光武十王傳》云：「楚獄累年，其辭語相連，自京師親戚，諸侯州郡豪傑，及考案吏阿附相陷，坐死徙者以千數。」而《紀》言建初二年（77），詔還坐楚、淮陽事徙者四百餘家，令歸本郡，則所歸者殊少矣。和帝永元十二年（100），東平、清河奏訑言卿仲遼等，所連及且千人，見《文苑・黃香傳》。靈帝熹平元年（172），宦者諷司隸校尉段熲捕繫太學諸生千餘，見《紀》。而鉤黨之獄無論矣。成帝鴻嘉四年（17），詔言「數詔有司，務行寬大而禁苛暴，迄今不改，一人有辜，舉宗拘繫」，則在平時如此者亦不少也。其榜掠之酷，亦殊出意外。章帝元和元年（84）詔曰「《律》云掠者唯得榜、笞、立」，[191] 而用酷刑者無數。如貫高以訟張王，「榜笞刺爇，身無完者」。江充治巫蠱，「燒鐵鉗灼」。戴就仕郡倉曹掾。揚州刺史歐陽參奏太守成公浮臧罪，遣部從事薛安案倉庫、簿領，收就於錢唐縣獄，幽囚考掠，五毒參至。就慷慨直辭，色不變容。又燒鋘斧，使就挾於肘腋。就語獄卒：「可熟燒斧，

---

[191]　刑法：立。

勿令冷。」每上彭考，因止飯食，不肯下。肉焦毀墮地者，掇而食之。主者窮竭酷慘，無復餘方。乃臥就覆船下，以馬通薰之。一夜二日。皆謂已死。發船視之，就方張眼大罵曰：「何不益火，而使滅絕？」又復燒地，以大針炙指爪中，使以把土，爪悉墮落，《後漢書·獨行傳》。其慘酷，真聞之股慄矣。又漢世待士大夫至酷，賈生極言之。《傳》言文帝用誼說，大臣不受刑，武帝稍下獄，自寧成始焉。其後魏武猶加杖掾屬，[192] 文帝時亦於殿前杖人，見《三國志·何夔傳》及《裴潛傳注》。

　　復仇之風，秦、漢時尚極盛。此觀淮南王事，可以知之。見第四章第六節。案賈誼諫侯屬王四子曰：「此人少壯，豈能忘其父哉？白公勝所為父報仇者，大父與伯父、叔父也。白公為亂，非欲取國代主也，發憤快志，剚手以衝仇人之匈，固為俱靡而已。」於淮南王心事，可謂曲曲傳出。[193] 此可見淮南王等所為，皆受一時風氣所驅使，故人人能言之，且能豫知之也。當時雖女子，亦能手刃父仇。緱玉為父報仇，殺夫氏之黨，見《後漢書·申屠蟠傳》。趙娥事見《列女傳》及《三國志·龐淯傳》。劉恭為更始報殺謝祿，劉鯉又為其父報殺恭。鯉，更始子。怨劉盆子害其父，結客報殺盆子兄恭，見《後漢書·光武十王傳》。王裒於晉文王，雖不能報，而終身不鄉西坐。見《三國志·王脩傳注》引《漢晉春秋》。龐淯為州從事，欲為刺史報殺張猛。許貢之客，卒能報殺孫策。可見當時能腐心於君父之仇者極多。此外有報昆弟之怨者。崔瑗兄章，為州人所殺，瑗手刃報仇，見《後漢書·崔駰傳》。魏朗兄為鄉人所殺，朗白日操刃，報仇縣中，見《黨錮傳》。孫資兄為鄉人所害，資手刃報仇，見《三國志·劉放傳注》引《資別傳》。更始弟為人所殺，結客欲報之；王常為弟報仇，亡命江夏；皆見《後漢書》本傳。有復舅氏之仇者。翟酺以報舅仇，當徙日南，亡於長安，為卜相工，見《後漢書》本傳。賈淑為舅宋瑗報仇，繫

---

[192]　刑法：立。
[193]　刑法：賈誼諫侯淮南四子，於淮南心事曲曲傳出。七死之一。

獄當死，郭泰為言於郡而免之，見《泰傳》。有為友報仇者。《後漢書・黨錮傳》：何顒友人虞偉高，有父仇未報，而篤病將終，顒往候之，偉高泣而訴，顒感其義，為復仇，以頭醊其墓。徐庶中平末為人報仇，見《三國志・諸葛亮傳注》引《魏略》。有奴為其主報仇者。欒布為人所略賣，為奴於燕，為其主家報仇，見《史記》本傳。並有為不知誰何之人報仇者。如典韋為襄邑劉氏報睢陽李永，蓋此類。此等蓋徒以其勇力結托之而已，見《三國志》本傳。顏安樂，儒者也，而為仇家所殺。見《漢書・儒林傳》。杜詩，循吏也，亦以遣客為弟報仇被征。桓譚言：「今人相殺傷，雖已伏法，而私結冤仇，子孫相報，後忿深前，至於滅戶殄業，而俗稱豪健。故雖有怯弱，猶勉而行之。」漢人議論，於復仇者率多賢之，即在上者亦恆加以寬典。郭泰之請免賈淑，即其一事。緱玉之報父仇也，外黃令梁配欲論殺之，申屠蟠時年十五，為諸生，進諫，配善其言，乃為讞，得減死論，亦其類也。趙娥詣縣自首，福祿長尹嘉義之，解印綬欲與俱亡。又有吳許升妻呂榮。升為盜所害。刺史尹耀捕得之。榮詣州，請甘心仇人。耀聽之。榮乃手斷其頭，以祭升靈，亦見《後漢書・列女傳》。此亦非法也。鍾離意為堂邑令。縣人防廣，為父報仇繫獄。其母病死，廣哭泣不食。意憐傷之。乃聽廣歸家，使得殯斂。廣斂母訖，果還入獄。意密以狀聞，得以減死論。朱暉遷臨淮太守。暉好節概，有所拔用，皆屬行士。其諸報怨以義犯率，皆為求其理，多得生濟。其不義之囚，立時僵僕。杜安拜宛令。先是宛有報仇者，其令不忍致理，將與俱亡。縣中豪強，有告其處者，致捕得。安深疾惡之。到官治戮，肆之於市。見《三國志・杜襲傳注》引《先賢行狀》。其時吏之用法，尚不拘拘於法文也。可見當時之復仇者，多為風氣所鼓盪。夫為風氣所鼓盪者，必至於過當而失直。如劉鯉之報劉恭，即可謂失直之甚。《三國志・韓暨傳》：同縣豪右陳茂，譖暨父兄，幾致大辟。暨陰結死士，禽茂，以首祭父墓，由是知名。夫暨

父兄未嘗竟至大辟也，而暨遽殺茂，不亦過當矣乎？其甚者：蘇不韋父謙為郡督郵。時魏郡李暠為美陽令，與中常侍具瑗交通。謙案得其臧，論輸左校。謙累遷至金城太守。去郡歸鄉里。漢法：免罷守令，自非詔徵，不得妄到京師，而謙後私至洛陽。時暠為司隸校尉，收謙詰掠，死獄中，暠又刑其屍。不韋載喪歸鄉里，瘞而不葬。藏母武都山中。變名姓。盡以家財募劍客，邀暠於諸陵間，不克。會暠遷大司農。時右校芻廥在寺北垣下。不韋與親從兄弟潛入廥中。夜則鑿地，晝則逃伏。如此經月，遂得傍達暠之寢室，出其床下。直暠在廁。因殺其妾，並及小兒，留書而去。暠大驚懼。乃布棘於室，以版藉地。一夕九徙，雖家人莫知其處。每出，輒劍戟隨身，壯士自衛。不韋知暠有備。乃日夜飛馳，徑到魏郡，掘其父阜塚。斷取阜頭，以祭父墳。又標之於市，曰：「李君遷父頭。」暠匿不敢言，而自上退位，歸鄉里，私掩塞塚槨。捕求不韋，歷歲不能得。憤恚感傷，發病嘔血死。不韋後遇赦還家，乃始改葬行喪。士大夫多譏其發掘塚墓，歸罪枯骨，不合古義，而何休方之伍員，郭泰論之，以為更優於員，議者於是貴之，漢人之議論可見矣。初，張奐睦於蘇氏，而段熲與暠素善。後奐、熲有隙。及熲為司隸，以禮辟不韋。不韋懼之，稱病不詣。熲既積憤於奐，因發怒，乃追咎不韋前報暠事。以為暠表治謙事，被報見誅，君命天也，而不韋仇之。又令長安男子告不韋多將賓客，奪舅財物。遂使從事張賢等就家殺之，並其一門六十餘人。如此冤冤相報，各逞私忿，尚復成何事體？《三國志·關羽傳注》引《蜀記》云：龐德子會，隨鐘、鄧伐蜀。蜀破，盡滅關氏家。夫羽之殺德，乃因兩國相爭，豈有報諸其後嗣之理乎？故有白刃相仇，而所爭實不越於意氣恩怨之私者。秦、漢間人，最重恩怨。高祖於羹頡侯之母，韓信於城下漂母、南昌亭長、屠中少年皆是。欒布為燕相，至將軍，乃稱曰「窮困不能辱身下志，非人也，富貴不能快意，非賢也」，於是嘗有德者厚報之，有怨者必以法滅之。此

當時人人所有之想。嚴助、朱買臣、主父偃之倫，生平所志，不過如是而已。《後漢書·逸民傳》：周黨嘗於眾中為鄉佐所辱。後遊學長安，讀《春秋》，聞復仇之義，便輟講而還，與鄉佐剋日相鬥。《春秋》之義，豈若是邪？夏侯惇年十四，就師學，人有辱其師者，惇殺之，此非所謂一朝之忿者乎？《後漢書·張敏傳》言：建初中、有辱人父者，而其子殺之，肅宗貰其死刑而降宥之。自後因以為比。遂定其議，以為輕侮法。敏為駁議，謂輕侮之比，浸以繁滋，至有四五百科，可見時人之好爭意氣矣。並有不自問其當受誅與否，而與吏為仇者。張敞病卒，所誅太原吏家隨至杜陵，刺殺敞中子璜。尹齊所誅滅淮陽甚多，仇家欲燒其屍，妻亡去歸葬。後漢安城孝侯賜，兄顯報怨殺人，吏捕顯殺之。賜與顯子賣田宅，同拋財產，結客報吏。祭遵常為部吏所侵，結客殺之。永平時，謁者韓紆嘗考劾竇勳獄。竇憲令客斬紆子，以首祭勳塚。不徒仇吏非理，即以報怨論，亦多失直，至呂母而其禍博矣。夫豈謂吏之用法盡得其平？亦豈謂民間冤苦能盡假手於吏以平之？然如此兩下相殺，終非可久之道。鮑宣謂民有七死，怨仇相殘其一。觀當時避仇者之多，而知良民之不安矣。揚雄家以避仇遡江上處岷山之陽，見《漢書》本傳。元后父翁孺，以與東平陵終氏為怨，徙元城，見《元后傳》。張禹父歆，以報仇逃亡，見《後漢書·禹傳》。凌統父操，為甘寧所殺，統常欲報之。雖以孫權敕未敢動，然權亦令寧徙屯於半州，猶是古代令有仇者辟之之法也。故當時言法令者，恆欲嚴禁之。桓譚請「申明舊令，若已伏官誅，而私相傷殺者，雖一身逃亡，皆徙家屬於邊，其相傷者加常二等。不得以徥山贖罪」。魏武帝平冀州，令民不得復私仇，禁厚葬，皆一之於法。《三國志·本紀》建安十年（205）。文帝黃初四年（223），詔敢有私復仇者，皆族之。其法似失之峻，蓋欲以一切止之也。《魏律》：賊鬥殺人，以劾而亡，許依古義，聽子弟得追殺之；會赦及過誤相殺，不得報仇，見《晉書·刑法志》。似頗能劑其平也。

第七章　秦漢學術

第一節　學校

　　古代士大夫之學，出於與宗教相合之哲學及官守；民間之教育，則隨順習俗，以前輩之所知所能者，傳諸後輩；《先秦史》第十五章第二、第四節已言之。東周以降，社會之等級漸平，人民之好學者日眾，士大夫所專之學，漸次被及於氓庶，此乃自然之勢，無可遏抑。秦始皇帝及李斯，顧力反之，而欲復諸政教合一之舊，於道可謂大悖。漢興，除挾書之律，設學校之官，既逢清晏之時，益以利祿之路，於是鄉學者益眾，學術為士大夫所專有之局，至此全破矣。此實古今政教之一大變也。

　　《漢書·武帝紀》：建元五年（前 136），置五經博士。元朔五年（前124），詔曰：「蓋聞道民以禮，風之以樂。今禮壞樂崩，朕甚閔焉。故詳延天下方聞之士，咸薦諸朝。其令禮官勸學，講議洽聞，舉遺興禮，以為天下先。[194] 太常其議與博士弟子崇鄉黨之化，以屬賢材焉。」丞相弘請為博士置弟子員，學者益廣。《儒林傳》載弘議曰：「聞三代之道，鄉里有教。夏曰校，殷曰庠，周曰序。《史記》作殷曰序，周曰庠。其勸善也，顯之朝廷。其懲惡也，加之刑罰。故教化之行也，建首善自京師始，繇內及外。今陛下昭至德，開大明；配天地，本人倫；勸學興禮，崇化屬賢，以風四方，太平之原也。古者政教未洽，不備其禮請因舊官而興焉。為博士官置弟子五十人，復其身。太常擇民年十八以上，儀狀端正者，補博士弟子。郡、國、縣官《史記》作郡、國、縣、道、邑。有好文學，敬長上，肅政教，順鄉里，出入不悖所聞，令、相、長、丞上屬所二千石；二千石

---

[194]　學校：元朔五年詔以崇鄉黨之化為言，公孫弘議亦曰庠序，重行禮。

245

謹察可者，常《史記》作當。與計偕，詣太常，得受業如弟子。一歲皆輒
試。能通一藝以上，補文學掌故缺。其高第可以為郎中，太常籍奏。即有
秀才異等，輒以名聞。其不事學若下材，及不能通一藝，輒罷之，而請諸
能稱者。」《史記》作「而請諸不稱者罰」。制曰可。案《賈山傳》：山祖父
袪，故魏王時博士弟子；師古曰：「六國時魏也。」《董仲舒傳》曰：「孝景
時為博士，下帷講誦，弟子傳以久次相受業，或莫見其面」；則博士故有
弟子，此時特官為增置耳。故公孫弘議言得受業如弟子，《本紀》言學者
益廣也。《儒林傳》又云：「昭帝時舉賢良文學，增博士弟子員滿百人。宣
帝末增倍之。元帝好儒，能通一經者皆復。數年，以用度不足，更為設員
千人。成帝末，或言孔子布衣，養徒三千人，今天子太學弟子少。於是增
弟子員三千人。歲餘，復如故。平帝時，王莽秉政，增元士之子得受業如
弟子，勿以為員。歲課甲科四十人為郎中，乙科二十人為太子舍人，丙科
四十人補文學掌故云。」《本紀》：元帝初元五年（前44），詔「博士弟子毋
置員，以廣學者」。永光三年（前41），復博士弟子員。以民多復除，無以
給中外繇役。此先漢太學之大略也。

　　《漢書‧禮樂志》言：「成帝時，犍為郡於水濱得古磬十六枚，議者以
為善祥。劉向因是說上：『宜興辟雍，設庠序。』成帝以向言下公卿議。
會向病卒。丞相、大司空奏請立辟雍。案行長安城南。營表未作，遭成帝
崩。群臣引以定謚。及王莽為宰衡，欲耀眾庶，遂興辟雍。」《平帝紀》：
元始四年（4），「安漢公奏立明堂、辟雍」。《蕭望之傳》：望之子由，元始
中作明堂、辟雍，大朝諸侯，徵為大鴻臚，會病不及賓贊是也。《王莽傳》
云：「莽奏起明堂、辟雍、靈臺，為學者築舍萬區。」《兒寬傳》云：武帝
封泰山，還登明堂，寬上壽曰：「間者聖統廢絕，陛下發憤，祖立明堂、
辟雍。」《河間獻王傳》：來朝，對三雍宮。《注》云：「三雍，明堂、辟雍、
靈臺也。」《後漢書‧光武帝紀》：中元元年（前149），初起明堂、靈臺、
辟雍。《儒林傳》云：中元元年（前149），初建三雍。《文獻通考‧學校考》

謂「據《禮樂志》，則辟雍王莽時方立。武帝置博士弟子員，未嘗築宮以居之也。然考兒寬所言，與河間獻王事，則似已立於武帝時，何也？蓋古明堂、辟雍，共為一所。武帝時，濟南人公玉帶上黃帝時明堂圖，上令奉高作明堂汶上如帶圖，案見《史記‧封禪書》。《漢書‧郊祀志》同。《漢書‧武帝紀》：元封二年（前 109），秋，作明堂於泰山下；《地理志》：泰山郡奉高，有明堂，在西南四里，武帝元封二年（前 109）造，即此。然《志》又云：琅邪郡不其有太一仙人祠九所及明堂，武帝所起，則武帝所作明堂，尚不止奉高一處也。奉高，今山東泰安縣。不其，今山東即墨縣。修封時以祠太一、五帝。兒寬所指，疑此明堂；意獻王所對，亦是其處；非養士之庠序也。」案馬氏謂兒寬所登為奉高明堂是也，謂河間獻王所對亦其處則誤。《漢書‧藝文志》，有《獻王對上下三雍宮》三篇。胡三省《通鑑注》謂對三雍之制度，非召對於三雍宮，其說是也。然馬氏謂辟雍非養士之所，武帝置博士弟子，未嘗築宮以居之則是矣。《後漢書‧光武帝紀》：建武四年（28），初起太學。[195]中元元年（前 149），初起明堂、靈臺、辟雍。《翟酺傳》言：明帝時辟雍始成，欲毀太學，大尉趙憙以為太學、辟雍，皆宜兼存，故並傳至今，尤顯見其為二事。馬氏又言：「徐天麟《西漢會要》言：《三輔黃圖》：漢辟雍在長安西北七里，恐即王莽所立。又言太學亦在長安西北七里，有市有獄，豈即辟雍邪？或別一所邪？」《案黃圖》所云太學，疑即王莽為學者所築舍。馬氏又引鮑宣得罪下獄，博士弟子王咸舉幡太學下，曰：欲救鮑司隸者集此下，諸生會者千餘人，謂「此亦西都已立太學之一證，當考」。案自王莽已前，雖未嘗為學者築舍，然博士弟子，亦必有受學之處，此所謂太學，當指其地言之，特其所在不可考耳。馬氏又以建武已立太學，而班固尚言庠序未設為疑，則漢人言庠序，皆指地方之學，不足疑也，見後。

---

[195]　學校：西漢未立太學，太學與辟雍異物。

《後漢書‧儒林傳》云：「光武中興，愛好經術。未及下車，而先訪儒雅；採求闕文，補綴漏逸。先是四方學士，多懷挾圖書，遁逃林藪，自是莫不抱負墳策，雲會京師。於是立五經博士，各以家法教授。」《易》有施、孟、梁丘、京氏，《尚書》歐陽、大、小夏侯，《詩》齊、魯、韓、毛，毛字衍，見第三節。《禮》大、小戴，《春秋》嚴、顏，凡十四博士。太常差次總領焉。建武五年（29），仍修起太學。案《紀》云四年，蓋四年修起，五年成。中元元年（前149），初建三雍。明帝即位，親行其禮。坐明堂而朝群後。登靈臺以望雲物。袒割辟雍之上，尊養三老五更。饗射禮畢，帝正坐自講，諸儒執經問難於前。冠帶縉紳之人，圜橋門而觀聽者，蓋億萬計。事在永平二年（59），見《本紀》及《續書‧禮儀志》。其後復為功臣子孫，四姓末屬，別立校舍。《明帝紀》：永平九年（66），為四姓小侯開立學校，置五經師。《注》云：「外戚樊氏、郭氏、陰氏、馬氏。以非列侯，故曰小侯。」《張酺傳》：永平九年（66），顯宗為四姓小侯立學於南宮，置五經師，酺以《尚書》教授。又《和喜鄧皇后紀》：元初六年（119），太后詔徵和帝弟濟北、河間王子男女年五歲四十餘人，又鄧氏近親子孫三十餘人，並為開邸第，教學經書，躬自監試。尚幼者使置師保。朝夕入宮，撫循詔導，恩愛甚渥。搜選高能，以受其業。自期門羽林之士，悉令通《孝經》章句。匈奴亦遣子入學。《樊宏傳》：「樊準上疏云：『匈奴遣伊秩訾王大車且渠來入就學。濟濟乎，洋洋乎，盛於永平矣。建初中，大會諸儒於白虎觀，考詳同異，連月乃罷。肅宗親臨稱制，如石渠故事。顧命史臣，著為通義。又詔高材生受《古文尚書》、《毛詩》、《穀梁》、《左氏春秋》。雖不立學官，然皆擢高第為講郎，給事近署。孝和亦數幸東觀，覽閱書林。及鄧后稱制，學者頗懈。時樊準、徐防，並陳敦學之宜。又言儒職多非其人。』準疏言：『今學者蓋少，遠方尤甚。博士倚席不講，儒者競論浮麗。忘謇謇之忠，習諓諓之辭。』」「於是制詔公卿，妙簡其選。三

署郎能通經術者，皆得察舉。自安帝覽政，薄於藝文。博士倚席不講，朋徒相視怠散。學舍頹敝，鞠為園蔬。牧兒蕘豎，至於薪刈其下。順帝感翟酺之言，乃更修黌宇。凡所造構，二百四十房，千八百五十室。試明經下第補弟子，增甲乙之科員各十人。除郡國耆儒皆補郎、舍人」。事在永建六年（131），見《紀》。陽嘉元年（132），帝臨辟雍饗射。《左雄傳》：雄上言：宜崇經術，繕修太學。帝從之。陽嘉元年（132），太學新成，詔試明經者補弟子，增甲乙之科員各十人。除京師及郡國耆儒年六十以上為郎、舍人、諸王國郎者百三十八人。本初元年（146），梁太后詔曰：大將軍下至六百石悉遣子就學。《質帝紀》：本初元年（146），令郡國舉明經年五十以上七十以下詣太學。自大將軍至六百石，皆遣子受業。歲滿課試。以高第五人補郎中，次五人太子舍人，又千石、六百石、四府掾屬、三署郎。四姓小侯先能通經者，各令隨家法。其高第者上名牒，當以次賞進。案四府，謂諸大將軍、大尉、司徒、司空也。每歲輒於鄉射月一饗會之，以此為常。《注》：《漢官儀》曰：春三月、秋九月習鄉射禮，禮生皆使太學學生。自是遊學增盛，至三萬餘生。然章句漸疏，而多以浮華相尚，儒者之風蓋衰矣。

　　《三國志・文帝紀》：黃初五年（224），立太學。制五經課試之法。置《春秋穀梁》博士。《王郎傳注》云：《魏略》以董遇、賈洪、邯鄲淳、薛夏、隗禧、蘇林、樂詳七人為《儒宗》。引其《傳序》曰：「從初平之元，至建安之末，天下分崩，人懷苟且。紀綱既衰，儒道尤甚。至黃初元年（220）之後，新主乃復始，掃除太學之灰炭，補舊石碑之缺壞，備博士之員錄，依漢甲乙以考課。申告州郡：有欲學者，皆遣詣太學。太學始開，有弟子數百人。至大和、青龍中，中外多事，人懷避就。雖性非解學，多求詣本或作請誤。太學，太學諸生有千數。而諸博士率皆粗疏，無以教弟子。弟子本亦避役，竟無能習學。冬來春去，歲歲如是。又雖有精者，而臺閣舉

格大高；加不念統其大義，而問字指、墨法、點注之間；百人同試，度者未十。是以志學之士，遂復陵遲，而來求浮虛者各競逐也。正始中，有詔議圜丘，普延學士。是時郎官及司徒領吏二萬餘人，雖復分布，見在京師者，尚且萬人，而應書與議者，略無幾人。又是時朝堂公卿以下四百餘人，其能操筆者未有十人。多皆相從飽食而退。嗟夫！學業沈隕，乃至於此。是以私心常區區貴乎數公者，各處荒亂之際，而能守志彌敦者也。」《杜畿傳注》引《魏略》言：樂詳，「黃初中徵拜博士。於時太學初立，有博士十餘人。學多偏狹，又不熟悉。略不親教，備員而已。唯詳五業並授。其或難解，質而不解，詳無慍色，以杖畫地，牽譬引類，至忘寢食。以是獨擅名於遠近」。蓋能如是者寡矣。案前漢太學，頗多孤寒之士。如兒寬詣博士受業，貧無資用，常為弟子都養，及時時間行傭賃，以給衣食；翟方進西至京師受經，後母憐其幼，隨之長安，織履以給；王章學長安，獨與妻居，疾病臥牛衣中皆是。[196] 後漢亦非無其人，如桓榮少學長安，貧窶無資，常客傭以自給；公沙穆遊太學，無資糧，乃變服客傭，為吳祐賃春是也。然時儒學既行，時主復加提倡，貴遊子弟，屬入其中，風氣遂至一變。《三國志・董昭傳》：大和六年 (232)，昭上疏曰：竊見當今年少，不復以學問為本，專更以交遊為業。國士不以孝弟清修為首，乃以趨勢游利為先。《劉馥傳》：馥子靖上疏曰：「自黃初以來，崇立太學，二十餘年，而寡有成者。蓋由博士選輕，諸生避役，高門子弟，恥非其倫。故夫學者，雖有其名，而無其人，雖設其數，而無其功。宜高選博士，取行為人表，經任人師者，掌教國子。依遵古法，使二千石以上子孫，年從十五，皆入太學。明制黜陟榮辱之路。其經明行修者，則進之以崇德；荒教廢業者，則退之以懲惡。舉善而教，不能則勸，浮華交遊，不禁自息矣。」然則是時貴遊子弟，不復入學，而浮華之風氣，則未變也。然標榜之風，本

---

[196]　學校：貧賤者入學漸少。入學者年漸少。

起太學，即如劉靖之議，悉驅之入學校，亦豈能矯正之哉？參看第十八章第四節自明。

　　前漢定制，雖云太常擇民年十八以上補博士弟子，然就學者多遲。蕭望之治《齊詩》，事同縣後蒼且十年，乃以令詣太常受業，其年必已頗長。翟方進年十二三，失父孤學，給事太守府為小史，數為掾史所蟄辱，辭其後母，西至京師從博士受《春秋》，其年當較少，則積十餘年而後經學稱明習。終軍年十八，選為博士弟子，軍固雅材，亦仍符法令年歲也。後漢杜安年十三，入太學，號奇童。安，根父，見《後書·根傳》。任延年十二，顯名太學，學中號為任聖童。魯恭年十五，即與弟丕俱居太學。鍾會亦十五即入太學。見《三國志》本傳《注》引其母傳。甚至有如梁竦，弱冠即事教授者，竦，統子，見《後書·統傳》。聰慧夙成之士，世固非無其人，然此等豈能皆名副其實哉？此亦章句之所以漸疏邪？

　　今世學校，有所謂風潮者，漢世即已有之。《漢書·鮑宣傳》：宣為司隸，鉤止丞相掾史，沒入其車馬。事下御史中丞。侍御史至司隸官，欲捕從事，閉門不肯內。坐距閉使者，下廷尉獄。博士弟子濟南王咸舉幡太學下，曰：「欲救鮑司隸者會此下。」諸生會者千餘人。朝日，遮丞相孔光自言，丞相車不得行。又守闕上書。《後漢書·儒林傳》：歐陽歙徵為大司徒，坐在汝南贓罪千餘萬發覺下獄。諸生守闕為歙求哀者千餘，至有自髡剔者。案宣本著高節。歙之被繫也，平原禮震，自繫上書，求代其死。高獲亦冠鐵冠，帶鈇鑕，詣闕請歙，見《方術傳》。光武不赦，歙死獄中。歙掾陳元又上書追訟之，言甚切至。帝乃賜以棺木，贈印綬，賻縑三千匹，子復並獲嗣爵。則歙獄蓋實冤。[197] 不然，以光武用法之嚴，未必肯輕於平反也。楊政訟范升事，可以參觀，見《後書·儒林傳》。然則諸生之所爭者，固皆合於義，非徒集眾要挾也。桓帝時，梁冀專朝，而帝無子，

---

[197]　史事：歐陽歙獄蓋實冤。

連歲饑荒，災異數見，劉陶遊太學，乃上疏陳事。朱暉孫穆，以治宦者趙忠，輸作左校，陶等數千人又詣闕上書訟之。桓帝覽其奏，為之赦穆。時有上書言宜改鑄大錢者，事下四府群僚及太學能言之士，陶上議沮之，帝竟不鑄錢。則漢於諸生，不徒不禁其言，又道之使言，且時能用其言也。靈帝時，皇甫規為徐璜等所陷，下吏，論輸左校，諸公及太學生張鳳等三百餘人上書訟之，史云規以會赦歸家，不云由鳳等之訟，則靈帝之聽言，更不如桓帝。至熹平元年（172），有何人書朱雀闕，言天下大亂，曹節、王甫幽殺太后。侯覽多殺黨人。公卿皆屍祿，無有忠言者。司隸校尉劉猛不肯急捕，月餘主名不立，猛坐左轉，代以段熲，四出逐捕，及太學遊生繫者千餘人，見《宦者傳》。《靈帝紀》云：「宦官諷司隸校尉段熲捕繫太學諸生千餘人。」則並公然與輿論為敵矣。諸生之好言，固未必非激於意氣，然朝廷之拒之，亦適形其昏亂而已矣。陳蕃聞竇武難作，將官屬諸生八十餘人，並拔刃突入承明門，則漢世儒生，不徒主持清議，並有能奮身以赴國難者矣。要不失為正氣也。

　　《續漢書·百官志》云：太常卿，每選試博士，奏其能否。然其事初非專由太常。《漢書·成帝紀》：陽朔二年（前23），詔曰：「古之立太學者，將以備先王之業，流化於天下也。儒林之官，四海淵原，宜皆明於古今，溫故知新，通達國體，故謂之博士。否則學者無述焉，為下所輕，非所以尊道德也。工欲善其事，必先利其器。丞相御史，其與中二千石、二千石雜舉可充博士位者，使卓然可觀。」《後漢書·朱浮傳》：建武七年（31），浮上書曰：「舊事策試博士，必廣求詳選，延及四方。伏聞詔書，更試五人，唯取見在洛陽城者。臣恐求之容或未盡，而四方之學，無所勸樂。」《楊震傳》：元初四年（117），遷太常。先是博士選舉，多不以實。震舉薦明經名士陳留楊倫等，顯傳學業，諸儒稱之。《注》引謝承書云：「薦楊仲桓等五人，各從家拜博士。」仲桓，倫字。《儒林傳》：太常上楊仁經中博

士，仁自以年未五十，不應舊科，上府讓選。《注》引《漢官儀》曰：「博士限年五十以上。」《漢書‧兒寬傳》：治《尚書》，事歐陽生。以郡國選詣博士，受業孔安國。《景武昭宣元成哀功臣表》：山陽侯張當居，元朔五年（前124），坐為太常，擇博士弟子故不以實，完為城旦。《百官公卿表》云：「坐選子弟不以實免。」皆可見漢世法令，於博士及博士弟子之選，視之頗重也。

古代學業，多得之在官，漢世猶有其意。《漢書‧馬宮傳》云「本姓馬矢，宮仕學稱馬氏」，此以仕學並稱也。《樓護傳》云：長者咸愛重之，共謂曰：「以君卿之材，何不宦學乎？」此以宦學並稱也。然學術日益精深，終非徒習於事者所能深究，故雖以法令之最重當代者，亦且別有傳授，如第十八章第七節所述是也。王官之學，變為九流，固由封建破壞，官失其守，亦由學術日精，非仕宦所能兼。秦皇、李斯，顧欲使欲學法令者，以吏為師，倒行逆施，宜其終於無成也。

蜀漢以許慈、胡潛，並為博士；慈子勳復為博士；見《三國志‧慈傳》：孫休永安元年（258），詔案古置學官，立五經博士。科見吏之中，及將吏子弟，有志好學者，各令就業。一歲課試，差其品第，加以位賞，見《吳志休傳》。

古代學校，本講教化，非重學業，漢人猶有此見解，故武帝興學之詔，以崇鄉里之化為言；而公孫弘等之議，亦云建首善自京師始也。夫既講教化，自宜普及全國。故《漢書‧禮樂志》言：「顯宗宗祀光武皇帝於明堂，養三老、五更於辟雍，威儀既盛美矣，然德化未流洽者，禮樂未具，庠序未設之故也。」夫如是，則地方之學，當重於京師；人倫之教，當先於咕嗶。此自漢人議論推之則然，然漢人之所行，終未能與此見解相副也。

漢世郡國之學，始自文翁。《漢書‧循吏傳》云：「文翁，景帝末為蜀

郡守。仁愛，好教化。見蜀地辟有蠻夷風。乃選郡縣小吏開敏有材者張叔等十餘人，親自飭屬，遣詣京師，受業博士，或學律令。數歲，蜀生皆成就還歸。文翁以為右職，用次察舉，官有至郡守、刺史者。又修起學官於成都市中。招下縣子弟，以為學官弟子，為除更繇。高者以補郡縣吏，次為孝弟力田。常選學官僮子，使在便坐受事。每出行縣，益從學官諸生明經飭行者與俱。使傳教令，出入閨閣。縣邑吏民，見而榮之。數年，爭欲為學官弟子。富人至出錢以求之。繇是大化。蜀地學於京師者，比齊、魯焉。至武帝時，乃令天下郡國皆立學校官，自文翁為之始云。」武帝令郡國皆立學校官，[198] 他無可考，恐雖有此令，郡國未盡奉行。然《何武傳》言：武為刺史，行部必先即學宮見諸生，試其誦論，則亦非盡不奉行也。《儒林傳》言：元帝於郡國置五經百石卒史，蓋教官之設，至是而始普遍。《平帝紀》：元始三年 (3)，安漢公奏立學官。郡、國曰學，縣、道、邑、侯國曰校，校、學置五經師一人。鄉曰庠，聚曰序，序、庠置《孝經》師一人。其制尤為美備，然亦未必能行也。《續漢書·百官志》：司隸校尉所屬有《孝經》師，主監試經。

學校既講教化，故其所最重者為行禮。《漢書·成帝紀》：鴻嘉二年三月，博士行飲酒禮，《漢紀》作鄉飲酒禮，《五行志》作大射禮，蓋射鄉並行。《後漢書·伏湛傳》：建武三年 (27)，為大司徒，奏行鄉飲酒禮。《續漢書·禮儀志》：明帝永平二年三月，上始帥群臣躬養三老人五更於辟雍，行大射之禮。郡、縣、道行鄉飲酒於學校。皆祀聖師周公、孔子，牲以犬。《注》引鄭玄注《鄉飲酒禮》曰「今郡國十月行鄉飲酒禮」，蓋自永平，遂為常典矣。韓延壽所至必修治學宮，春秋饗射，陳鐘鼓管弦，盛升降揖讓。李忠遷丹陽太守，以越俗不好學，嫁娶禮儀，衰於中國，乃為起學校，習禮容，春秋鄉飲。鮑永拜魯郡太守。孔子闕里，無故荊棘自除。

---

[198] 學校：漢有郡國學，文學。

乃會人眾修饗射之禮，因以格殺彭豐。永孫德，為南陽太守。修起橫舍。備俎豆黼冕，行禮奏樂。又尊饗國老，宴會諸儒。百姓觀者，莫不勸服。秦彭遷山陽太守。敦明庠序。每春秋饗射，輒修升降揖讓之儀。陳禪以北匈奴入遼東，拜為太守。禪不加兵，但使吏卒往曉慰之。單于隨使還郡。禪於學行禮。為說道義，以感化之。單于懷服，遺以胡中珍寶而去。則漢世良吏，確有能推行其事者。即私家講學亦然。如劉昆，王莽世教授弟子五百餘人。每春秋饗射，常備列典儀。以素木瓠葉為俎豆。桑弧蒿矢，以射菟首。每有行禮，縣宰輒率吏屬而觀之是也。案《史記·孔子世家》言：諸儒講禮、鄉飲、大射於孔子塚。太史公自言：適魯，觀仲尼廟堂、車服、禮器，諸生以時習禮其家。《自序》言觀孔子之遺風，鄉射鄒嶧。則儒者之躬行禮樂，由來已久。《後書·酷吏傳》言：「黃昌本出孤微，數見諸生修庠序之禮，因好之，遂就經學」，則為所感化者，亦未嘗無其人。然果有益於治化乎？禮云禮云，玉帛云乎哉？樂云樂云，鐘鼓云乎哉？富必先教，救死不贍，奚暇治禮義；古之人早言之矣。禮者，履也。欲行禮，必不能離乎人生日用。韓延壽與郡中長老議定嫁娶、喪祭儀品，令文學、校官諸生，皮弁執俎豆，為吏民行喪、嫁娶禮。黃霸使郵亭鄉官，皆畜雞豚，以贍鰥寡貧窮者。然後為條教，置父老、師帥、伍長，班行之於民間，勸以為善防姦之意，及務耕桑，節用殖財，種樹畜養，去食穀馬。仇覽為蒲亭長，勸民生業，為制科令，至於果菜為限，雞豚有數。農事既畢，乃令子弟群居，還就黌學。其剽輕遊恣者，皆役以田桑，嚴設科罰。躬助喪事，振恤貧窮。似漢人之於禮樂，尚未大遠乎人生日用，亦非不知先富後教之義。然所謂貧富者，實不繫乎足不足，而繫乎其均不均。甘苦相共，雖寒餓無怨咨，有一飽暖者以觀欲之，而不平之聲，囂然起矣。漢世之言禮樂者，果能使其民皆守軌物乎？即不論此，能使其衣食皆饒足乎？不能，是救死不贍，而使之治禮義也，其效安可睹？騖聲華者，遂或

徒飾觀聽，以徹虛譽。《漢書‧循吏傳》言：黃霸代丙吉為丞相。時京兆尹張敞舍鶡雀飛集丞相府。霸以為神雀，議欲以聞。敞奏霸曰：「竊見丞相請與中二千石、博士雜問郡國上計長吏、守、丞：為民興利除害，成大化。條其對。有耕者讓畔，男女異路，道不拾遺，及舉孝子、弟弟、貞婦者為一輩，先上殿。舉而不知其人數者次之。不為條教者，在後叩頭謝。丞相雖口不言，而心欲其為之也。長吏、守、丞對時，臣敞舍有鶡雀，飛止丞相府屋上。丞相以下見者數百人。邊吏多知鶡雀者，問之，皆陽不知。丞相圖議上奏，曰：臣問上計長吏以興化條，皇天報下神雀。後知從臣敞舍來，乃止。郡國吏竊笑丞相，仁厚有知略，微信奇怪也。臣敞非敢毀丞相也。誠恐群臣莫白，而長吏、守、丞，畏丞相指，歸舍法令，各為私教。務相增加，澆淳散樸，並行偽貌，有名無實，傾搖解怠，甚者為妖。假令京師先行讓畔異路，道不拾遺，其實亡益廉貪貞淫之行，而以偽先天下，固未可也。即諸侯先行之，偽聲軼於京師，非細事也。漢家承敝通變，造起律令，即以勸善禁姦。條貫詳備，不可復加。宜令貴臣，明飭長吏守丞：歸告二千石：舉三老、孝弟、力田、孝廉、廉吏，務得其人。郡事皆以義、法令檢式。毋得擅為條教。敢挾詐偽以姦名譽者，必先受戮。以正明好惡。」案叔孫通之制禮也，使徵魯諸生三十餘人。魯有兩生不肯行，曰：「今天下初定，死者未葬，傷者未起。禮樂所由起，積德百年而後可興也，公所為不合古。」此兩生所言真古義。不能富而言教，不能均而言富，終必至於飾偽姦名而後止也。漢儒言興教化者甚多，如《禮樂志》所引賈誼、董仲舒、王吉、劉向之論即是。誼、仲舒、吉之論，又詳見本傳。又如賈山，亦欲定明堂，造太學。匡衡言：「今天下俗貪財賤義，好聲色，上侈靡，廉恥之節薄、淫辟之意縱。苟合僥倖，以身設利。不改其原，雖歲赦之，刑猶難使錯而不用也。臣愚以為宜一曠然大變其俗。」其用意亦與誼等同。然諸儒亦無不以革正制度均貧富為言者。不言

富而言教，不言均而言富，非黃霸則宋梟也。宋梟為涼州刺史，謂蓋勳曰：「涼州寡於學術，故屢致反叛。今欲多寫《孝經》，令家家習之，庶幾使人知義。」見《後漢書・蓋勳傳》。人莫不以為笑矣。然不揣其本而齊其末者，何莫非宋梟之類邪？

漢人言庠序，尚多講教化，罕言學問，然其時之言教化者，多有名無實，而能講學問者，卻頗有之，蓋亦風氣使然也。劉梁除北新城長，大作講舍，延聚生徒數百人，身執經卷，試策殿最。《後漢書・文苑傳》。此為郡縣校官講學之最著者。賈洪歷守三縣令，所在輒開除廄舍，親授諸生。《三國志・王肅傳注》引《魏略》。杜畿守河東，開學官，親自執經教授。《三國志・管輅傳注》引《輅別傳》：父為琅邪即丘長，時年十五，來至官舍讀書。於時黌上有遠方及國內諸生四百餘人，皆服其才。則雖喪亂之世，郡國弦誦，亦未盡廢也。

是時郡縣長官，於吏民之好學者，多能加以資助。如焦延壽以好學得幸梁王，王共其資用，令極意學，《漢書・京房傳》。楊終年十三，為郡小吏，太守奇其才，遣詣京師受業。陳寵少作縣吏，常給事廄役。縣令鄧邵，與語奇之，聽受業太學。公孫瓚為郡門下書佐，太守器之，以女妻焉，遣詣涿郡盧植讀經是也。其所任用，亦多簡有學者，或則令更就學。如李忠選用明經。欒巴遷桂陽太守，雖幹吏卑末，皆課令習讀，程試殿最，隨任升授。任延守武威，造立校官，自掾吏子孫，皆令詣學受業，復其徭役。章句既通，悉顯拔榮進之。秦彭為人設四誡，以定六親長幼之禮，有遵奉教化者，擢為鄉三老，常以八月致酒肉以勸勉之。顏斐為京兆太守，起文學，聽吏民欲讀書者，復其小徭。《三國志・倉慈傳注》引《魏略》。顧邵為豫章太守，小吏姿質佳者，輒令就學，擇其先進，擢置右職《吳志・顧雍傳》。皆是。穀熟長呂岐，善朱淵、袁津，遣使行學。還召用之。與相見，出，署淵師友祭酒，津決疑祭酒。淵等因各歸家，不受署。

岐大怒，將吏民收淵等，皆杖殺之。《三國志‧袁渙傳注》引《魏書》。蓋亦有激而然也。

漢世良吏，多能興學於辟陋之地。如前引之文翁、李忠即是。欒巴守桂陽，宋均長辰陽，應奉守武陵，衛颯守桂陽，見《後漢書‧循吏傳》。錫光守交阯，任延守九真，王追守益州，見《南蠻傳》、《西南夷列傳》。徐邈刺涼州，亦咸有興學之效。牽招守雁門，簡選有才識者，詣太學受業，還相教授，數年中，庠序大興，則所就彌廣矣。孔融為北海相，為賊張饒等所敗，收散兵保朱虛縣，稍復鳩集吏民為黃巾所誤者，男女四萬餘人。更置城邑，立學校。劉表在荊州，開立學官，博求儒雅，使綦毋闓、宋忠等撰定五經章句謂之後定。《三國志》本傳《注》引《英雄記》。《後書‧表傳》本之。劉馥為揚州刺史，單馬造合肥空城，建立州治。數年中，流民越江山而歸者以萬數。於是聚諸生，立學校。杜畿守河東，百姓勤農，家家富實，畿乃曰：「民富矣，不可不教也。」於是冬月修戎講武，又開學宮。楊俊守南陽，王基刺荊州，皆修立學校。劉璋以王商為蜀郡太守，亦修學、廣農。《三國志‧許靖傳注》引《益州耆舊傳》。孫靜子瑜，領丹陽太守。濟陰人馬普，篤學好古，瑜厚禮之，使將吏子弟數百人就受業。遂立學宮，臨饗講肄。弟奐亦愛樂儒生，復令部曲子弟就業，後仕進朝廷者數十人。造次顛沛不廢如此，亦風氣使然也。

《三國志‧魏武帝紀》：建安八年七月，令曰：「喪亂已來，十有五年。後生者不見仁義禮讓之風，吾甚傷之，其令郡國各修文學。縣滿五百戶置校官，選其鄉之俊造而教學之。庶幾先王之道不廢，而有以益於天下。」《高柔傳》：柔上疏言「太祖初興，在於撥亂之際，並使郡縣立教學之官」，蓋指此事也。二十一（216）年，公進爵為魏王。二十二年五月，作泮宮。

漢世文學之職，於郡國教化，關係頗大。諸葛豐及翟方進父翟公，皆嘗為郡文學。匡衡調補平原文學。學者多上書薦衡「經明，當世少雙。

今為文學就官，京師後進，皆欲從衡平原，衡不宜在遠方」，可見當時文學，頗有名人為之。《三國志·杜畿傳注》引《魏略》，言畿為河東太守，署樂詳為文學祭酒，使教後進。於是河東學業大興。《倉慈傳注》引《魏略》，言令狐邵為弘農太守。是時郡無知經者。乃歷問諸吏，有欲遠行就師，輒假遣，令詣河東就樂詳學，經粗明乃還。因設文學。由是弘農學業轉興。皆可見文學一官，於地方教化，頗有裨益。

孔子舊居，既為諸儒習禮之所，則亦不翅私立之學矣。魏文帝黃初三年 (222)，以孔羨為宗聖侯，令魯郡修起舊廟，又於其外廣為室屋，以居學者，則又不翅官為立學矣。文翁終於蜀，吏民為立祠堂。楊厚門人為之立廟，郡文學掾史，春秋饗射常祠之，亦後世於先賢講學之地立書院之意也。

趙氏翼《陔餘叢考》，謂漢時受學者皆赴京師。[199] 蓋遭秦滅學，天下既無書籍，又少師儒；郡國雖已立學，然經義之專門名家，唯太學為盛；故士無不游太學者。及東漢中葉以後，學成而歸者，各教授門徒，每一宿儒，門下著錄者至千百人；由是學遍天下矣。此言頗為失考。《漢書·儒林傳》言：「自武帝立五經博士，開弟子員，設科射策，勸以官祿。訖於元始，百有餘年，傳業者浸盛。支葉繁滋，一經說至百餘萬言，大師眾至千餘人，蓋祿利之途然也。」元始者，平帝年號也。疏廣家居教授，學者自遠方至；翟宣教授，諸生滿堂；吳章弟子千餘人；見《云敞傳》。皆前漢事。《後書》所載，諸儒門下，受業著錄者之多，誠若遠過前漢者，然此或記載有詳略，又或有傳不傳，未必私家教授，後漢遠盛於前漢也。[200]《後書》所載，諸儒門下，受業著錄，動至數千，甚或盈萬，其不及千人者，幾不足數矣。如楊厚，門生上名錄者三千餘人。樊儵，門徒前後三千餘人。曹褒，諸生千餘人。鄭玄，弟子自遠方至者數千。丁鴻，遠方至者

---

[199]　學校：謂漢時受學者皆赴京師之誣。
[200]　學校：漢時學者不皆居門下。

數千人。周磐，門徒常千人。姜肱，士之遠來就學者三千餘人。張奐，養徒千人。李膺，免官還居綸氏，教授常千人。郭泰，閉門教授，子弟以千數。張興，著錄萬人。曹曾，門徒三千人。牟長，自為博士，及在河內，諸生講學者，常有千餘人。著錄前後萬人。子紓，門生千人。宋登，教授數千人。楊倫，弟子千餘人。魏應，弟子自遠方至者，著錄數千人。杜撫，弟子千餘人。丁恭，諸生自遠方至者，著錄數千。樓望，諸生著錄九千餘人。張玄，著錄千餘人。潁容，避亂荊州，聚徒千餘人。謝該，門徒數百千人。蔡玄，門徒常千人，其著錄者萬六千人。杜恭，門徒常千餘人。索盧放，以《尚書》教授千餘人。徐房、李子云，養徒各千人。以上皆見《後漢書》各本傳及《儒林》、《文苑》、《逸民傳》。又《三國志·杜畿傳注》引《魏略》：樂詳為博士，年老罷歸，門徒亦數千人。《儒林傳贊》言：「自光武中年以後，干戈稍戢，專事經學，自是其風世篤焉。其服儒服，稱先王，遊庠序，聚橫塾者，蓋布之於邦域矣。若乃經生所處，不遠萬里之路，精廬暫建，贏糧動有千百。其耆名高義，開門受徒者，編牒不下萬人。」蓋其風至季世猶未衰也。案漢世儒生講學者，多不親授。《史記·儒林傳》言：董仲舒下帷講誦，弟子傳以久次相受業，或莫見其面蓋三年。《後漢書·馬融傳》言：融弟子以次相傳，鮮有入其室者。《鄭玄傳》言：融門徒四百餘人，升堂進者五十餘生。融素驕貴，玄在門下，三年不得見。乃使高業弟子傳受於玄，間或大會諸生，不過講正大義。《漢書·孔光傳》言：光自為尚書，止不教授。後為卿時，會門下大生，講問疑難，舉大義；《翟方進傳》言：方進候伺胡常大都授時，遣門下諸生至常所問大義疑難是也。甚有不過存一名籍者。《後書·黨錮傳》云：景毅子顧，為李膺門徒，而未有錄牒，故不及於譴。毅乃慨然曰：「本謂膺賢，遣子師之，豈可以漏奪名籍，苟安而已？」遂自表免歸。此即《儒林傳贊》所謂編牒。此等人自不必常居門下，故《儒林程曾傳》言會稽顧奉等數百

人，常居門下也。間有不然者，如《三國志·程秉傳注》引《吳錄》，言徵崇好尚者從學，所教不過數人輒止，欲令其業必有成也。此等人蓋為數甚少。徒務其名之風氣，最易於踵事增華。後漢容或更甚於前漢，然必謂私家教授至後漢而始盛，則理有難信也。不特此也，陳平家貧，兄伯常耕田，縱平使遊學；叔孫通崎嶇戎馬之際，弟子從之者猶百餘人，則東周之世，孔子養徒三千，孟子後車數十乘，從者數百人之風，蓋自秦及漢初，未之有改矣。抑謂漢儒鄉學，皆為利祿，亦近厚誣。夏侯勝每講授，常謂諸生日：「士病不明經術。經術苟明，其取青紫，如俛拾地芥耳。」桓榮拜太子太傅，賜輜車乘馬。榮大會諸生，陳其車馬印綬，日：「今日所蒙，稽古之力也，可不勉哉？」此二事最為尚論者所鄙夷。《後書》云：自榮至典，父子兄弟，代作帝師；受其業者，皆至卿相，實非為己之學。然究出耽慕榮寵之情，抑係勉人鄉學之意，尚難論定。《榮傳》又言：榮初遭倉卒，與族人桓元卿同饑厄。而榮講誦不息。元卿嗤榮日：「但自苦氣力，何時復施用乎？」榮笑不應。及為太常，元卿嘆日：「我農家子，豈意學之為利，乃至是哉？」此說蓋亦出榮家，當時自有此等鄙論。翟方進給事太守府為小吏，數為掾史所署辱，乃西至京師受經。郭丹買符入關，慨然嘆日：「丹不乘使者車，終不出關。」王霸少為獄吏，常慷慨不樂吏職，其父奇之，乃遣西學長安。馮良少作縣吏，年三十，為尉從佐，奉檄迎督郵，恥在廝役，遁至犍為從杜撫學，見《後漢書·周燮傳》。郭泰家世貧賤，而早孤，母欲使給事縣廷。泰日：「大丈夫焉能處斗筲之役乎？」遂辭就成皋屈伯彥學。范冉為縣小吏，遁到南陽，受業樊英。又遊三輔，就馬融通經，歷年乃還，《後漢書·獨行傳》。此等非為富貴利祿之謀，則厭食貧居賤之苦，誠亦不得謂之為己。然如孫期，牧豕大澤中，遠人從其學者，皆執經壟畔以追之。楊倫講授大澤中，弟子至千餘人。此皆窮居獨處之儒，從之有何利祿？《後漢書·吳祐傳》：年二十，喪父，居無儋石，而不受

贍遺，常牧豕於長垣澤中。行吟經書。遇父故人，謂曰：「卿二千石子，而自業賤事。縱子無恥，奈先君何？」祐辭謝而已。可見牧豕在漢世為賤業也。而其人雖桃李盈門，亦仍躬自作苦，又豈志於利祿者？承宮遭天下大亂，將諸生避地漢中。劉般轉側兵革中，甫歸洛陽，即修經學。穎容，初平中避亂荊州，聚徒千餘人，《後書·儒林傳》。國淵在遼東，常講學於山岩，《三國志》本傳《注》引《魏書》。管寧客遼東，亦講詩書，陳俎豆，《三國志》本傳《注》引《傅子》。當喪亂顛沛之餘，而其學之不廢如此，此豈有所利而為之？周黨家產千金，散與宗族，免遣奴婢，而至長安遊學，是為欲富乎？然則漢世社會，好學之風實極盛，雖有若干志在利祿之人，要不敵不為利祿者之眾也。當時朝廷之興學，實受民間風氣之鼓動而不自知耳。參看第五章第二節。據《史》、《漢》、《儒林傳》，五經之學，固皆起自民間，安得謂遭秦滅學，民間遂無專門名家之大師哉？

　　漢儒居官者，多不廢教授。施讎與孟喜、梁丘賀，並為田王孫門人。謙讓，常稱學廢，不教授。[201] 及賀為少府，事多，乃遣子臨分將門人張禹等從讎問。則賀當未為少府時，教授不廢，即為少府，教授亦未盡廢也。翟方進以射策甲科為郎。二三歲，舉明經，遷議郎。是時宿儒有清河胡常，與方進同經。常為先進，名譽出方進下。心害其能，論議不右方進。方進知之。候伺常大都授時，遣門下諸生至常所問大義疑難，因記其說。如是者久之。常知方進之宗讓己，內不自得。其後居士大夫間，未嘗不稱述方進。遂相親友。是方進為郎，教授亦未嘗廢也。魯恭弟丕拜趙相，門生就學者常百餘人；歐陽歙遷汝南太守，在郡教授數百人；牟長自為博士，及在河內，諸生講學者，常有千餘人；伏恭遷常山太守，教授不輟，由是北州多為伏氏學；皆見《後書·儒林傳》。則傳業彌盛矣。又有棄官教授者：如孔光左遷虹縣長，自免歸教授。吳祐為梁冀長史，自免歸家，以經

---

[201]　學校：漢儒居官者不廢教授。

術教授。延篤為京兆尹，忤梁冀，以病免歸，教授家巷。劉焉以宗室拜郎中，去官，居陽城山，精學教授是也。張奐為使匈奴中郎將，休屠谷及朔方烏桓反叛，煙火相望。兵眾大恐，各欲亡去。奐安坐帷中，與弟子講誦自若。則雖在兵間，猶不廢教授矣。夫居官而猶教授，去官而必教授，似不免借此為名高，抑或以結合徒黨；而就學者必走集於達官貴人之門，亦似欲借資援引者。《孔光傳》云：其弟子多成就為博士大夫者，見師居大位，幾得其助力，光終無所薦舉，至或怨之。然楚王聘龔舍為常侍，隨王歸國，固辭願卒學，復至長安；朱暉，光武召拜為郎，尋以病去，卒業太學；則固有棄軒冕而就橫舍者。宋均以父任為郎，時年十五，好經書，每休沐日輒受業博士，是又宦而兼學者也。夫居官而猶學，所謂不挾貴也。朱穆年五十，奉書趙康稱弟子，及康歿，喪之如師，所謂不挾長也。然則漢世學者，雖或有所為而為之，要不能掩其好學之誠矣。

　　《後漢書·儒林傳贊》稱述儒學之效曰：「所談者仁義，所傳者聖法也。故人識君臣父子之綱，家知違邪歸正之路。自桓、靈之間，君道秕僻，朝綱日陵，國隙屢啟；自中知以下，靡不審其崩離；而權強之臣，息其窺盜之謀，豪俊之夫，屈於鄙生之議者？人誦先王言也，下畏逆順勢也。至如張溫、皇甫嵩之徒，功定天下之半，聲馳四海之表，俯仰顧盼，則天業可移，猶鞠躬昏主之下，狼狽折札之命，散成兵，就繩約而無悔心。暨乎剝橈自極，人神數盡，然後群英乘其運，世德終其祚。跡衰敝之所由致，而能多歷年所者，豈非學之效乎？」乍觀此言，一似阿私所好。然試思：何進所召，苟非董卓而為張溫、皇甫嵩，漢室之禍，何遽至此？夫張溫、皇甫嵩，固非有為之人，蔚宗謂其俯仰顧盼，則天業可移，庸或大過。然魏武蹇蹇，終執臣節；諸葛亮鞠躬盡瘁，死而後已；謂非當時之風氣有以使之然乎？魏朗、徐庶、何顒，皆嘗殺人報仇。見第十八章第七節。顒為宦官所陷，亡匿汝南間，所至皆親其豪傑。袁紹慕之，私與往來，結為奔走

之友。是時黨事起，天下多罹其難。顯常私入洛陽，從紹計議。其窮困閉厄者為求援救，以濟其患。有被掩捕者，則廣設權計，使得逃隱。此等皆豪俠者流，使無名教以範圍之，當九州澒洞之時，固未知其何以自處也。然則蔚宗之言，殆不為阿好矣。不特此也，漢人不能均平貧富，而好講教化，空言無施，雖切何補，其弊前已言之。然此亦充類至義之盡之言，若論一時之效，固亦不能謂其無有。司馬均隱居教授，不應辟命，信誠行乎州里。鄉人有所計爭，輒令祝少賓。均字。不直者終無敢言，《後漢書·賈逵傳》。蔡衍少明經講授，以禮讓化鄉里，《黨錮傳》。更觀管寧、邴原、王烈等之所為，固不能謂無化民成俗之效也。要之，當時之所謂道德倫理者，得漢世之興學而益普遍益深入乎人心，則必不可誣矣。[202] 此勸學之效也。興學術改變風俗，效亦不自後漢始。光武嘗之長安受《尚書》，伯升亦嘗與順陽懷侯俱學長安習《尚書》、《春秋》，一時佐命之臣，如李通、鄧禹、朱祐等，亦少嘗學問。故光武雖戎馬倥傯，而能興文教，諸將亦頗有不嗜殺人者，非偶然也。

　　游談之風，雖不足以概兩漢之學者，然終為其時風氣之累。魯丕居太學，杜絕交遊，不答候問之禮，士友以此短之。王渙署侯覽為主簿，已而謝遣之，曰：「今日太學，曳長裾，飛名譽，皆主簿後耳。以一月奉為資，勉卒景行。」覽入太學。時諸生同郡符融有高名，與覽比宇，賓客盈室。覽常自守，不與融言。融觀其容止，心獨奇之。乃謂曰：「與先生同郡壤，鄰房牖。今京師英雄四集，志士交結之秋，雖務經學，守之何固？」覽乃正色曰：「天子修設太學，豈但使人游談其中？」高揖而去，不復與言，《後漢書·循吏傳》。觀此二事，當時太學中之風氣，可以概見。然亦非特太學中如此。邴原十一喪父家貧。鄰有書舍，原過其旁而泣。師問曰：「童子何悲？」原曰：「孤者易傷，貧者易感。夫書者必皆具有父兄，一則羨

---

[202]　學校：範論儒學之效。曾、左不替清由宋學。

其不孤，二則羨其得學，心中惻然，而為涕零也。」師哀其言，為之泣，曰：「欲書可耳。」答曰：「無錢資。」師曰：「童子苟有志，我徒相教，不求資也。」於是就書。一冬之間，誦《孝經》、《論語》。及長，欲遠遊學。詣安丘孫崧。崧辭焉，曰：「君鄉里鄭君，君知之乎？」曰：「然。」崧曰：「鄭君學覽古今，博聞強識，鉤深致遠，誠學者之師模也。君乃舍之，躡屩千里，所謂以鄭為東家丘者也。」原曰：「人各有志，所規不同，故有登山而採玉者，有入海而採珠者。豈可謂登山者不知海之深，入海者不知山之高哉？君謂僕以鄭為東家丘，君以僕為西家愚夫邪？」崧辭謝焉。又曰：「兗、豫之士，吾多所識，未有若君者，當以書相分。」原重其意，難辭之，持書而別。藏書於家而行。至陳留，師韓子助，潁川宗陳仲弓，汝南交范孟博，涿郡親盧子幹，歸以書還孫崧。《三國志·原傳注》引《原別傳》。夫經師易得，人師難求，原之學苟誠為己，鄰捨生足以為師矣，何待他求？必更遠遊者，非是不足以立名。鄭君雖在鄉里，不肯相師者，收合徒黨者，必騖聲華，未必肯誘掖鄉里寒峻，[203] 孫崧之辭原，亦未必不以此也。郭泰識拔茅容、孟敏、庾乘，皆勸之學，蓋亦以資推挽。然遂有如竇瓌，「妄搆講舍，外招儒徒，實會姦黨」者。周行劾瓌之語，見《後書·酷吏傳》。竇武得兩宮賞賜，悉散與太學諸生，及載肴糧於路，匄施貧民。其視諸生亦與貧民之受匄施者等耳，豈不哀哉？

第二節　文字

　　秦、漢之世，為我國文字變遷最烈之時。綜其事：則字形變遷之多，一也。字數一面增加，一面淘汰，二也。文字之學，成於是時，三也。行文漸以古為準，浸成文言分離之局，四也。書法漸成藝事，五也。蓋文字之用，遠較先秦時為宏，故其變遷之烈如此。自經此大變後，其勢遂漸趨

---

[203]　學校：不肯誘掖鄉里後進。

於安定矣。

歷來言文字變遷者，多據許氏《說文解字序》。據許《序》，則自皇古至漢末，文字凡經四大變：古文，一也。籀文，即大篆，二也。小篆，三也。隸書，四也。漢、魏間之章程書，即今所謂正書，當又為隸書後之一大變，而行草為其旁支。此皆積漸而致，在當時之人，或不自覺。昧者乃謂有一人焉，創制新體，與舊體格不相入，後一時之人，見前一時之字，幾於不復能識，則大誤矣。

《漢書‧藝文志》曰：「古者八歲入小學，故《周官》保氏，掌養國子，教之六書，謂象形、象事、象意、象聲、轉注、假借，造字之本也。漢興，蕭何草律，亦著其法。曰：太史試學僮，能諷書九千字以上，乃得為史。又以六體試之。課最者以為尚書御史史書令史。吏民上書，字或不正，輒舉劾。六體者，古文、奇字、篆書、隸書、繆篆、蟲書，皆所以通知古今文字，摹印章，書幡信也。」《說文解字序》則曰：「秦書有八體：一曰大篆，二曰小篆，三曰刻符，四曰蟲書，五曰摹印，六曰署書，七曰殳書，八曰隸書。《尉律》：學僮十七已上始試，諷書九千字，乃得為史，又以八體試之。郡移太史並課。最者以為尚書史。書或不正，輒舉劾。及亡新居攝，使大司空甄豐校文書之部。自以為應制作，頗改定古文。時有六書：一曰古文，孔子壁中書也。二曰奇字，即古文而異者也。三曰篆書，即小篆，秦始皇帝使下杜人程邈所作也。四曰左書，即秦隸書。五曰繆篆，所以摹印也。六曰鳥蟲書，所以書幡信也。」衛恆《四體書勢》與許說略同。此中最可異者，《漢志》試學僮六體，蓋上承周之六書，故云亦著其法，許《序》則作八體，下承秦制；而《漢志》所謂六體者，卻與亡新六書相同。果如許《序》，《漢志》安得舛漏至此？若據《漢志》，則許《序》秦書八體及所述亡新之制，悉成億造矣，又安有是理邪？案《漢志》所云六書，非可以教學僮，已見《先秦史》第十五章第一節。《漢志》著錄之書

有《八體六技》。八體,《注》引韋昭說,即以許《序》所謂秦書八體者說之,於六技則無說。隸之初興,與篆本非異體,小篆實多用大篆,說亦已見《先秦史》。若合大小篆與隸書為一,則八體實止六體。[204]竊疑此即《周官》所謂六書,自戰國以來,相沿未改,至亡新始立新制。是時小學漸興,務於辨別書體,以為篆隸既殊,大小篆亦非同物,乃析六體為八;然史書之家,則仍守其師師相傳之舊,作大小篆與隸書,非有異法,故體雖八而技則六。蔡邕《篆書勢》曰「體有六,篆為真」,亦守六體之說。許氏不知所謂八體者,乃後人分別之辭,誤以為秦制如是,敘之周、漢之間,而改《漢律》之六體為八體以就之,遂至殽亂史實矣。自周至秦、漢之六體,疑《漢志》曾述其名,而後人妄以謂象形云云十八字易之也。六書本藝事之異,猶今雕刻、榜署,法各不同。至論字體,則自皇古以來,皆有變遷而無改制,故許《序》述時人之語,稱隸書為倉頡時書也。新莽改制,始以古今字體之異,與史書家作書之技,並為一談,非復周、秦、漢相沿之舊法矣,此亦其時小學漸興為之也。

東京之季,又有所謂科斗書者,蓋即擅蟲書之技者所為,後人以為古之遺文,則又誤矣。《後漢書·盧植傳》:植上書曰:「古文科斗,近於為實,而厭抑流俗降在小學。」[205]《尚書偽孔傳序疏》引鄭玄曰:「《書》初出屋壁,皆周時象形文字,今所謂科斗書。」此為言科斗文字較早者。其後王肅《孔子家語後序》、《尚書偽孔傳序》,皆稱古文《尚書》為科斗字;杜預《春秋經傳集解·後序疏》引王隱《晉書·束皙傳》,及今《晉書·束皙傳》,又稱汲塚所得《竹書》之字為科斗字;人遂以科斗為古文真形。其實鄭玄固明言其稱名之出於當時,而王隱亦明云:「其字頭粗尾細,似科斗之蟲,故俗名之」也。《經典釋文》云:「科斗,蟲名,蝦蟆子,書形似之。」《書序疏》云:「頭粗尾細,狀腹團圓,似水蟲之科斗,故曰

---

[204]　文字:八體實亦六禮,即周官六書,本藝事,非字體之異。
[205]　文字:科斗疑即蟲書,鳥方蟲圓,上粗下細。

科斗。」案今《晉書》及王隱《晉書》並云竹書漆字，而杜氏《後序》無是語。汲塚得書事，兩《晉書》之所言，似不如杜說之確。竊疑漢世作書，多用簡牘，罕用縑帛。見下。秦書八體，唯蟲書施諸縑帛，漆性膠黏，縑帛亦不滑易，故畫之上半截濃厚，下半截枯淡，遂成頭粗尾細之形。《後漢書·蔡邕傳》，謂靈帝時待詔鴻都門下者，多工為鳥篆之人，而陽球劾之，亦曰「或鳥篆盈簡」，見《後書·酷吏傳》。衛恆《四體書勢》曰：「魏初傳古文者，出於邯鄲淳。恆祖敬侯，覬。寫淳尚書，後以示淳，而淳不別。至正始中，立三字石經，轉失淳法，因科斗之名，遂效其形。太康元年（280），汲縣人盜發魏襄王塚，得策書十餘萬言。案敬侯所書，猶有彷彿。」而《三國志·王粲傳注》引《魏略》，言淳善《倉》、《雅》、蟲篆。《衛覬傳》言覬好古文、鳥篆。明科斗書即工鳥蟲書者所為。鳥篆之形，諸家無說，竊疑其當上豐下銳，如鳥之喙。蟲書畫圓，鳥書畫方，其由漆性膠黏，縑帛亦不滑易以致畫之上半截與下半截粗細不能一律則一也。《後漢書·杜林傳》言：林於西州得漆書《古文尚書》一卷，可見時人之於經典，頗有以漆書之者矣。

　　《漢志》云：隸書「起於官獄多事，苟趨簡易，施之於徒隸也」。《四體書勢》曰：「秦既用篆，奏事繁多，篆字難成，即令隸人佐書，曰隸字。漢因用之，獨符璽、幡信、題署用篆。」蓋隸書即篆書之書寫草率者，本非異體，而初出時筆勢亦相近，故秦權、漢量上字，人多誤以為篆也。其後沿用日久，復求美觀，乃又有所謂八分書者。顧藹吉《隸八分考》曰：「隸與八分，有波勢與無波勢微異，非兩體也。漢世統名曰隸，八分之名，亦後人名之耳。」又曰：「王僧虔能書人名云：鍾有三體：一曰銘石之書，最妙者也。二曰章程書，傳祕書、教小學者也。三曰行狎書，相聞者也。所謂銘石書，蓋八分也。《世說新語注》云：鍾會善效人書，於劍閣要鄧艾章程白事，皆易其言，又毀文王報書，手作以疑之。章程白事者，以章程

書白事也。章程書者，正書也。當時以八分用之銘石，其章奏、箋表、傳寫、記錄日用之字，皆用正書。唐所謂隸書，即今之正書。所謂八分，即漢之隸書。魏、晉以降，凡工正書者，史皆稱其善隸。《王羲之傳》云：善隸為古今之冠是也。」愚案此蓋隸書之求美觀者變古，八分。而供日用者不變，故仍襲舊名耳。八分亦稱楷書，又謂之楷法。莊綏甲《釋書名》曰：「王愔《文字志》古書三十六種，有楷書而無八分；《初學記》蕭子良《古今篆隸文體》，亦有楷書而無八分；《玉海》引《墨藪》五十六種書，有程邈隸書王次仲八分而無楷法；明八分與楷，異名同實。」案莊氏說是也。然楷書之名，後亦移於正書。蓋楷字之意，但謂謹守法式，故凡能守法式者，皆可稱之耳。凡書體之變，皆積漸所致，鑿指一人為作者，如云程邈立隸，見《四體書勢》。王次仲作八分等見張懷瓘《書斷》。皆非。

　　《說文》云：「漢興有草書。」《書勢》及《魏書》江式表同。《書勢》曰：「漢興而有草書，不知作者姓名。」式表曰：「又有草書，莫知誰始。」趙一《非草書》曰：「夫草之興也；其於近古乎？蓋秦之末，刑峻罔密，官書繁冗，戰攻並作，軍事交馳，羽檄紛飛，故為隸草，趨急速耳。」張懷瓘《書斷》引梁武帝《草書狀》曰：「蔡邕云：昔秦之時，諸侯爭長，簡檄相傳，望烽走驛。以篆隸之難，不能救速，遂作赴急之書，蓋今草書？」懷瓘曰：「王愔云：藁書者，似草非草，草行之際者非也。藁亦草也。因草呼藁，正如真正書寫，而又塗改，亦謂之草。楚懷王使屈原造憲令，草藁未上，上官氏見而欲奪之；董仲舒欲言災異，草藁未上，主父偃竊而奏之並是也。」案藁、草之名，蓋正原於起草，其事當自古有之，而諸家或以為秦，或以為漢者，蓋至是公家始許其行用耳，非謂人之能作草書，始於是時也。《三國志·劉廙傳》：文帝命廙通草書。廙答書曰：「初以尊卑不逾，禮之常分也，是以貪守區區之節，不敢修草。必如嚴命，誠知勞謙之素，不貴殊異若彼之高，而敦白屋如斯之好，虧匹夫之節，成巍巍之美，

雖愚不敏，何敢以辭？」此草書不能施於所尊之證。然當官獄多務之秋，羽檄交馳之際，許其作草徑上，固亦事所可有矣。張芝下筆則為楷則，號匆匆不暇草書，蓋時人習以薰草相遺，故託言不暇為此。魏武帝欲使十吏就蔡琰寫所誦憶。琰曰：「妾聞男女之別，禮不親授，乞給紙筆，真草唯命」，此草書行用漸廣之證。崔瑗《草書勢》曰：「爰暨末葉，典籍彌繁。時之多僻，政之多權。官事荒蕪，剿其墨翰。唯作佐隸，舊事是刪。草書之法，蓋又簡略。應時諭指，用於卒迫。兼功並用，愛日省力。」其言，固亦與趙、蔡二家無異也。

　　當多務之際，書體輒因應急而更，及乎承平之時，則又因藝事而變，篆、隸、八分之遞嬗然，草書之變，亦無不然也。《書斷》云：「章草者，漢黃門令史游所作也。衛恆、李誕並云：漢初而有草法，不知其誰。蕭子良云：章草者，漢齊相杜操始變薰法，非也。王愔云：漢元帝時，史游作《急就章》，解散隸體粗書之，漢俗簡惰，漸以行之是也。」又云：「自杜度妙於章草，崔瑗、崔實，父子繼能。伯英張芝字。得崔、杜之法，溫故知新，因而變之，以成今草。字之體勢，一筆而成。偶有不連，而血脈不斷。及其連者，氣脈通其隔行。唯王子敬深明其旨。故行首之字，往往繼前行之末。世稱一筆書起自張伯英，即此也。」又曰：「章草之書，字字區別。張芝變為今草，上下牽連。或借上字之下，而為下字之上。呼史游草為章草，因伯英草而謂也。」杜操即杜度，大徐《說文注》作杜探，他書亦有作杜伯度者。莊綏甲云：「作操是，探文相似而誤，伯度蓋其字。」唯史游乃撰《急就章》之人，王愔之意，若以解散隸體，即游之所為，則誤耳。草書變為張草，業成藝事，難供實用，[206] 於是行書又興。

　　張懷瓘《書議》曰：「行書非草非真，在乎季、孟之間。兼真者謂之真行，帶草者謂之行草。」案真行乃正書之草率者，行草則草書之凝重者

---

[206]　文字：草因應急而興，美術而變，行書又行，以備實用。

耳。《書勢》曰：「魏初有鍾、胡二家，俱學之於劉德升，而鍾氏小異，然亦各有其巧。」《書斷》曰：「行書者，漢潁川劉德升所造也。即正書之小訛。務從簡易，相間流行，故謂之行書。」王僧虔《古來能書人名》曰：「鍾繇書有三體：三曰行狎書，相聞者也。河東衛覬子瓘，采張芝法，以覬法參之，更為草藁，草藁是相聞書也。」曰正書之小訛，即真行；曰采張芝法，即行草也。行書至此，與草分途，然原其朔，則草之初興，正當略如後來之行書耳。《四體書勢》行書即在隸書中，可證其去隸不遠。

秦時李斯作《倉頡篇》，趙高作《爰歷篇》，胡毋敬作《博學篇》，亦已見《先秦史》。三書後之字書，《漢志》備載其名：曰《凡將》一篇，司馬相如作。曰《急就》一篇，元帝時黃門令史游作。曰《元尚》一篇，成帝時將作大匠李長作。曰《訓纂》一篇，揚雄作。曰《別字》十三篇。《漢志》云：「閭里書師，合《倉頡》、《爰歷》、《博學》三篇，斷六十字以為一章，凡五十五章，並為《倉頡篇》。」其都數當得三千三百字。又云：「《訓纂》順續《倉頡》，又易《倉頡》中重複之字，凡八十九章。」是雄所作者三十四章，得二千四十字。二書合計，五千三百四十字。許《序》云：「凡倉頡以下十四篇，凡五千三百四十字」，蓋《倉頡》、《爰歷》、《博學》、《凡將》、《急就》、《元尚》、《訓纂》七書，時人各分為上下篇，去其復字而計之，其數如此也。班氏云：「臣復續揚雄作十三章，凡一百三章，無複字。」十三章當得七百三十二字，都計字數，凡六千有七十二。許書字數，九千三百十三，又增三千二百四十一，在字書中最為完備矣。此等陸續增加之字，果何自來邪？觀許書中音義相同字之多，則知李斯所罷不與秦合之字，[207] 為諸家所搜採者不少。然亦有新造者。《三國志・孫休傳》永安五年（262）《注》引《吳錄》，載休為四子作名字，各造新字。其詔云：「夫書八體，損益因事而生。」又《虞翻傳注》引《會稽典錄》，言孫亮時有

---

[207]　文字：李斯罷不與秦文合者，許書仍存，但亦多歸洮汰。

山陰朱育，少好奇字。凡所特達，依體象類，造作異字，千名以上。可見是時造新字者尚多。然以大體言之，新字實無庸增造，舊字且須洮汰。何也？文字之用，若主形而實主聲。聲同即可通用。除慮淆混者外。故假借之用漸廣。時人所造之字，彼此各不相謀，又或與舊有者重複；又複音之字漸多，單字更可減省；故隨造作隨洮汰。李斯所罷六國文字，亦必此等與秦文重複者。近人考證《石鼓文》為秦物，則秦文頗類籀書。《倉頡》、《博學》、《爰歷》三篇，《漢志》許《序》，皆云取史籀大篆，或頗省改，與《籀篇》當無大異。今之許書，恐非復此三篇之舊也。漢世籀文罕用，則六國之字仍行，而秦文轉歸廢棄。蓋由字體繁簡，文化程度高低使然。然音義皆同之字，不必並存，即音同義異，借用而不虞混淆者，亦必汰多而存一，則事理之自然，莫能外也。

　　中國文字之學，早有萌芽，說亦已見《先秦史》。其成為一種學問，則似在兩漢之間。[208] 試觀許書所引，字說之較早者，如王下引董仲舒說等是。緯書說字，亦多此類。皆借字體以言義理，而晚出者則多合於許氏所謂「字例之條」可知。許《序》云：「孝宣皇帝時，召通《倉頡》讀者，張敞從受之。涼州刺史杜業，沛人爰禮，講學大夫秦近，亦能言之。孝平皇帝時，徵禮等百餘人，令說文字未央廷中。以禮為小學元士。黃門侍郎揚雄采以作《訓纂》篇。」《漢志》云：「《倉頡》多古字，俗師失其讀。宣帝時，徵齊人能正讀者，張敞從受之。傳至外孫之子杜林，為作訓故。」《郊祀志》言宣帝時美陽得鼎獻之，下有司議，多以為宜薦見宗廟，如元鼎時故事。張敞好古文字，按鼎銘勒而上議曰：「此鼎殆周之所以褒賜大臣，子孫刻銘其先功，臧之於宮廟，不宜薦見於宗廟。」《杜鄴傳》言鄴從敞子吉學問，得其家書。吉子竦又從鄴學問，尤長小學。子林，正文字過於鄴、竦。故世言小學者由杜公。《揚雄傳》言劉棻嘗從雄學作奇字。《後漢

---

[208]　文字：小學興於漢世。

書‧馬援傳注》引《東觀記》曰：援上書：「臣所假伏波將軍印，書伏字犬外鄉。成皋令印皋字為白下羊，丞印四下羊，尉印白下人，人下羊。即一縣長吏，印文不同，恐天下不正者多。薦曉古文字者，事下大司空，正郡國印章。」奏可。《三國志‧劉劭傳注》引《魏略》云：蘇林博學，多通古今字指，凡書傳文間危疑，林皆釋之。《蜀志‧來敏傳》云：尤精於《倉》、《雅》訓詁，好是正文字。《吳志‧嚴峻傳》云：少耽學，善《詩》、《書》、《三禮》，又好《說文》。《虞翻傳注》引《翻別傳》載翻奏鄭玄解《尚書》違失曰：「《顧命》康王執瑁，古文曰似同，從誤作同，既不覺定，復訓為杯，謂之酒杯。成王疾困，馮幾洮頮為濯以為汗衣成事此處文有奪誤。洮字虛更作濯，以從其非。又古大篆卯字讀當為柳，古柳卯同字，而以為昧。分北三苗，北古別字，又訓北，言北猶別也。若此之類，誠可怪也。」此皆漢世之小學家，能是正文字者也。六書之說，實當出於是時，已見《先秦史》，今不贅。

公孫弘請置博士弟子曰：「詔書律令下者，明天人之際，通古今之義，文章爾雅，訓辭深厚，恩施甚美。小吏淺聞，不能究宣，無以明布諭下。」顏師古曰：「爾雅，近正也。」案《史記‧樂書》曰：「今上即位，作十九章。通一經之士，不能獨知其辭，皆集會五經家，相與共誦、講習之，乃能通知其意。多爾雅之文。」《漢書‧王莽傳》言莽班符命四十二篇於天下，「其文爾雅依託，皆為作說」。則爾雅之辭，實多近古，故吏弗能通。雅、夏一字。音讀之殊，實唯楚、夏。古蓋以夏言為正，故《論語》言子所雅言，詩、書、執禮；《述而》。而孟子譏許行為南蠻鴃舌之人，《滕文公上》。更由此引伸為正。漢人好古，辭以近古者為正，而爾雅之義，遂由近古變為近正矣。[209]此與秦人之同文字適相反。其好搜籀、篆以外之古字，亦此意耳。此為文字語言分離之漸。洪興祖《楚辭補注》曰：漢宣

---

[209]　文字：漢重爾雅，以古為準，與秦相反，為言文分離之漸。

帝時，九江被公能為楚辭。隋有僧道騫者善讀之。能為楚聲，音韻清切。至唐，傳楚辭者，皆祖騫公之音。則楚音仍有存者，然希矣。

　　文字始於象形，本與圖畫同原，自可寓有美術之意，六書早稱為技者以此。然亦至漢世始盛。兩《漢書》中稱人善史書者，前漢實多指文字，後漢則多指書法矣。[210]《貢禹傳》：禹訾當時郡國，擇便巧史書，習於計簿，能欺上府者，以為右職。《王尊傳》：少孤，歸諸父，使牧羊澤中，尊竊學問，能史書。年十三，求為獄小吏。數歲，給事太守府。問詔書、行事，尊無不對。《酷吏‧嚴延年傳》：尤巧為獄文，善史書。所欲誅殺，奏成於手中，主簿親近，不得聞知。所謂史書，皆今所謂公文也。《張安世傳》：少以父任為郎，用善書給事尚書。上行幸河東，嘗亡書三篋，詔問莫能知，唯安世識之，具作其事。後購求得書，以相校，無所遺失。此正王尊之類。《外戚傳》：孝成許皇后善史書，又載其疏辭頗美，此則嚴延年之類也。《西域傳》：楚主侍者馮嫽能史書，習事，嘗持漢節，為公主使，行賞賜於城郭諸國。敬信之，號曰馮夫人。西域諸國，安知耽玩漢文字哉？《游俠傳》：陳遵性善書，與人尺牘，主皆藏去以為榮，似指書法言之。然又云：遵為河南太守，至官，嘗遣從史西，召善書吏十人於前，治私書謝京師故人。遵馮幾口占書吏，且省官事。書數百封，親疏各有意。則藏去之者，亦仍貴其文辭也。《元帝紀贊》稱帝善史書，竊疑亦非指書法。帝之所以篤信弘恭、石顯者，正以其熟於文法耳。《後漢書‧安帝紀》言帝年十歲，好學史書。《和熹鄧皇后紀》云：六歲能史書。《順烈梁皇后紀》云：少善女工，好史書。齠齔之年，焉知文法為何事？所謂史書，必指書法矣。《齊武王傳》言其孫北海敬王睦善史書，當世以為楷則。及寢病，明帝驛馬令作草書尺牘十首，其明徵也。《安帝紀注》曰：「史書者，周宣王太史籀所作之書，凡十五篇，可以教童幼。」此言固失之拘，當時

---

[210]　文字：「史書」初指文辭，後指書法。

教學童恐未必用《史籀篇》。且據《漢志》，《史籀篇》建武時已亡其六矣。然和帝及鄧梁二后、北海敬王等，必閑於小學家之書則無疑。何者？識字習書，同為小學所當務。觀草書漸行，遂有解散隸體以書《急就章》者，可知識字之書，兼資楷則。樂成靖王黨，史亦稱其善史書，而又言其喜正文字，安帝生母左姬，史亦言其好史書，而又云其喜辭賦；見《章帝八王傳》。正由習書法者皆據識字之書而然。鴻都諸生，兼擅辭賦楷則，亦正由此也。漢、魏之間，藝事彌盛。《書勢》所稱：古文有邯鄲淳、衛覬。《三國志·覬傳》云：好古文。鳥篆、隸、草，無所不善。篆有曹喜、邯鄲淳、韋誕、蔡邕。隸有王次仲、師宜官、梁鵠、毛弘、左子邑。草有杜度、崔瑗、崔寔、張伯英、伯英弟文舒、名昶，見《後漢書·張奐傳》。姜孟穎、梁孔達、田彥和、韋仲將、即誕。羅叔景、趙元嗣、元嗣名襲，岐從兄，叔景名暉，見《後書·趙岐傳注》引《決錄注》。張超。見《後漢書·文苑傳》。此外見於史者，又有魏武帝、《本紀》建安二十五年（220）《注》引《博物誌》曰：漢世安平崔瑗，瑗子實，弘農張芝，芝弟昶，並善草書，而太祖亞之。胡昭、《三國志·管寧傳》：胡昭善史書，與鍾繇、邯鄲淳、衛覬、韋誕並有名。尺牘之跡，動見模楷焉。索靖、衛瓘、《衛覬傳注》引《世語》曰：瓘與扶風內史敦煌索靖，並善草書。張紘、《吳志》本傳《注》引《吳書》曰：紘既好文學，又善楷、篆書。與孔融書自書。融遺紘書曰：前勞手筆多篆書。每舉篇見字，欣然獨笑，如復睹其人也。張昭、《吳志》本傳：少好學，善隸書。皇甫規妻等。《後漢書·列女傳》：善屬文，能草書，時為規答書記，眾人怪其工。士大夫之好書法，已成為風氣矣。

文具之用，仍以竹木為多。《後漢書·光武帝紀》建武元年（196）《注》引《漢制度》曰：「帝之下書有四：一曰策書，二曰制書，三曰詔書，四曰誡敕。策書者，編簡也。[211] 其制長二尺，短者半之。篆書。起年月

---

[211]　文具：漢多用簡牘，紙貴而少。

日，稱皇帝。以命諸侯王。三公以罪免亦賜策，而以隸書，用尺一寸，兩行，唯此為異也。」《論衡・量知篇》云：「截竹為簡，破以為牒，大者為經，小者為傳記。斷木為槧，析之為版，力加刮削，乃成奏牘。」秦始皇帝以衡石呈書。褚先生言：東方朔初入長安，至公車上書，凡用三千奏牘。公車令兩人共持舉其書，僅然能勝之，《史記・滑稽列傳》。此言自屬附會，然當時奏事用牘，則由此可見。《漢書・高帝紀》：十年（前197），上曰：吾以羽檄徵天下兵。《注》曰：「檄者，以木簡為書，長尺二寸，用徵召也。其有急事，則加以鳥羽插之，示速疾也。」又引《魏武奏事》曰：「今邊有警，輒露檄插羽。」《史記・匈奴列傳》：漢遺單于書，牘以尺一寸，中行說令單子遺漢書以尺二寸牘。《後漢書・循吏傳》言：光武以手跡賜方國，皆一札十行，細書成文。《漢書・路溫舒傳》：父為里監門，使溫舒牧羊，溫舒取澤中蒲截以為牒，編用寫書。曹褒撰新禮，寫以二尺四寸簡。吳恢為南海太守，欲殺青簡寫經書，《後漢書・吳祐傳》。周磐令二子：命終之日，編二尺四寸簡，寫《堯典》一篇，並刀筆各一，以置棺前，示不忘聖道。朱博召見功曹，與筆札，使自記姦臧。對以實，乃投刀使削所記。原陟欲助所知之喪，削牘為疏，具記衣被、棺木，下至飯含之物。可見大之詔令、奏議，小至尋常疏記，及寫經典者，無不唯簡牘之資。《漢書・趙充國傳》言：張安世本持囊簪筆，事孝武帝數十年。《後漢書・劉盆子傳》言：臘日，樊崇等設樂大會。公卿皆列坐殿上。酒未行，其中一人出刀筆書謁欲賀，其餘不知書者起往請之，各各屯聚，更相背鄉。《袁紹傳注》引《九州春秋》，言韓馥至廁，以書刀自殺。則時人刀筆，無不隨身者。縑帛則為用頗希。《後書・和熹鄧皇后紀》云：是時方國貢獻，競求珍麗之物，自後即位，悉令禁絕，歲時但供紙筆而已，是帝王之家也。《竇融傳注》引《孔融集》，言融玄孫章與融書，兩紙，紙八行，行七字，則貴戚之家也。《潛夫論・淫侈篇》，眥巫者刻畫好繒，以書祝辭，侫

神者於財物固匪所惜。《延篤傳》言：篤從唐溪典受《左氏》，《注》引《先賢行狀》，言篤欲寫《左氏傳》無紙，典以廢箋記與之，篤以箋記紙不可寫傳，乃借本諷之。《三國志‧闞澤傳》：居貧無資，常為人傭書，以供紙筆。皆可見紙之難得。張芝家之衣帛，必書而後練之，《書勢》。《後書‧張奐傳注》引王愔《文字志》同。蓋亦以此也。《後書‧宦者蔡倫傳》曰：「自古書契，多編以竹簡。其用縑帛，謂之為紙。縑貴而簡重，並不便於人。倫乃造意，用樹膚、麻頭及敝布、魚網以為紙。元興元年（105）奏上之，帝善其能。自是莫不從用焉。故天下咸稱蔡侯紙。」《水經‧耒水注》：肥川西北逕蔡洲，洲西即蔡倫故宅，傍有蔡子池。倫漢黃門。順帝之世，搗故魚網為紙，用代縑素。案蔡洲，當在今湖南耒陽縣境。然《四體書勢》言：師宜官甚矜其能，每書輒削之而焚其樹，梁鵠乃益為版而飲之酒，候其醉而竊其樹，則漢末工書之家，其技仍施諸簡牘。《三國志‧張既傳注》引《魏略》，言既為郡下小吏而家富，自唯門寒，念無以自達，乃常畜好刀筆及版奏，伺諸大吏有乏者輒給與。觀此及《後書‧循吏傳》所記光武事，知簡牘亦未嘗不貴。紙之初興，價未必能甚賤，其通用，恐亦未必能甚廣也。

　　古欲傳諸久遠之文，輒鐫諸金石。至漢世猶然。《後漢書‧蔡邕傳》：靈帝熹平四年（175），邕與五宮中郎將唐溪典，光祿大夫楊賜，諫議大夫馬日磾，議郎張馴、韓說，太史令單颺等奏求正定六經文字。靈帝許之。邕乃自書冊於碑，使工鐫刻，立於太學門外。於是後儒晚學，咸取正焉。及碑始立，其觀視及摹寫者，車乘日千餘兩，填塞街陌。此以傳世之經典刻石，與秦刻石徒欲自誇耀者不同。正始中復刻三體石經，《後書‧儒林傳》云「為古文、篆、隸三體，以相參檢」，乃誤以正始中事繫之漢。又刻《典論》。見第十七章第三節。雖尚未知摹拓，然亦不能不推為印刷術之遠源也。

第三節　儒家之學

　　漢代之顯學莫如儒，然儒家自為帝王所表章後，其學顧浸流於破碎，徒存形質，精意日漓，魏、晉以後，有思想者遂折而入於佛、老，此學術之一大變也。今先敘述其原流派別，及其風尚之變遷，然後進論其得失。

　　《史記・儒林傳》云：言《詩》，於魯則申培公，於齊則轅固生，於燕則韓太傅。言《尚書》，自濟南伏生。言《禮》，自魯高堂生。言《易》，自菑川田生。言《春秋》，於齊、魯自胡母生，於趙自董仲舒。此漢代經師可考之最早者也。其後派別漸繁。據《漢書・儒林傳》：則《易》有施、孟、梁丘之學，施讎、孟喜、梁丘賀，皆田何三傳弟子。施氏復有張（張禹，本梁丘賀弟子，賀為少府，事多，使子臨將禹等從施讎問。）、彭（彭宣，施讎再傳弟子。），孟氏復有翟（翟牧）、白（白光）。《漢書》云「繇是有翟、孟、白之學」，蓋文有倒誤。梁丘復有士孫（士孫張）、鄧（鄧彭祖）、衡（衡咸），皆再傳。《書》有歐陽（伏生傳歐陽生）、大、小夏侯，見下。歐陽復有平（平當）、陳（陳翁生），歐陽生六傳。大夏侯又有孔（孔霸）、許（許商），再傳。小夏侯又有鄭（鄭寬中）、張（張無故）、秦（秦恭）、假（假倉）、李（李尋），皆再傳。[212]《魯詩》有韋氏，韋玄成，再傳。又有張（張長安）、唐（唐長賓）、褚氏（褚少孫），皆三傳。張家復有許氏，許晏，長安再傳。《齊詩》有翼（翼奉）、匡（匡衡）、師（師丹）、伏（伏理，與師丹皆匡衡弟子）。《韓詩》有王（王吉）、食（食子公），皆六傳，長孫（長孫順，吉弟子）。《禮》有大、小戴、慶氏。見下。大戴有徐氏，徐良。小戴有橋氏（橋仁）、楊氏（楊榮）。《春秋》分為嚴、顏，顏氏復分為泠、任、管、冥。皆見下。既各自名家，則其說必有同異，今多不可考。然就遺說之存者觀之，其異同似尚無關大體也。至所謂古文經者出，而其分裂乃益甚。

---

[212]　經學：李尋為小夏侯之傳。

　　得古文經之事，見於《漢書·藝文志》、《楚元王傳》、《景十三王傳》。
《藝文志》所載：有《尚書古文經》四十六卷，《禮古經》五十六卷，《春秋
古經》十二篇，《論語》古二十一篇，《孝經》古孔氏一篇。《志》云：「《古
文尚書》者，出孔子壁中。武帝末，魯共王壞孔子宅，欲以廣其宮，而
得《古文尚書》及《禮》句。此即《禮古經》。下記字指《明堂陰陽》、《王
史氏記》。《記》、《論語》、《孝經》，凡數十篇，皆古字也。共王往入其
宅，聞鼓琴瑟鐘磬之音，乃止不壞。孔安國者，孔子後也。悉得其書。以
考二十九篇，得多十六篇。安國獻之。遭巫蠱事，未列於學官。」又曰：
「《禮古經》者，出於魯淹中。及孔氏學七十篇當作十七篇。文相似。多
三十九篇，及《明堂陰陽》、《王史氏記》。」又云：「《論語》出孔子壁中。」
又云：「《孝經》諸家所傳，經文皆同，唯孔氏壁中古文為異。」《楚元王
傳》載劉歆移太常博士曰：「及魯共王壞孔子宅，欲以為宮，而得古文於
壞壁之中，[213]《逸禮》有三十九，疑當作三十有九。《書》十六篇。天漢
之後，孔安國獻之遭巫蠱倉卒之難，未及施行。」《景十三王傳》曰：「共
王初好治宮室，壞孔子舊宅，以廣其宮。聞鐘鼓琴瑟之聲，遂不敢復壞。
於其壁中得古文經傳。」三說似相符會。然共王以孝景三年（前 154）徙王
魯，二十六年卒，《史記·五宗世家》。時在武帝元光五年（前 130），早於
麟止者尚八年。《史記》言王好治宮室，苑囿、狗馬，下云季年好音，則
其好治宮室，尚非季年事，距麟止更遠。《孔子世家》云：「魯世世相傳，
以歲時奉祠孔子塚，而諸儒亦講禮、鄉飲、大射於孔子塚。孔子塚大一
頃。故所居堂，弟子內，後世因廟，藏孔子衣冠、琴、車、書。至於漢，
二百餘年不絕。高皇帝過魯，以大牢祠焉。諸侯卿相至，嘗先謁然後從
政。」聲靈赫濯如此，共王即好土木，安敢遽壞其宅？孔子宅果見壞，史
公安得不及？而《漢書》除此三處外，亦更無一語及之乎？其可疑一也。

---

[213]　經學：孔壁得書之誣。

《孔子世家》曰：安國為今皇帝博士，遷臨淮太守，早卒。《漢書・兒寬傳》：寬詣博士受業，受業孔安國，補廷尉史，廷尉張湯薦之。《百官公卿表》：湯遷廷尉，在元朔三年（前126）。是安國為博士在元朔三年（前126）以前。使其年甫二十，至巫蠱禍作，亦已過五十。安得云早卒？據崔適《史記探原》。崔氏又云：荀悅《漢紀》云：安國家獻之，此家字亦知安國之年不及天漢而增。案漢世博士之選，必年過五十，已見第一節。此法雖不知其起於何時，然武帝時，博士之年亦必不能甚少也。其可疑二也。孔子塚大一頃，非宅大一頃也。一頃之地，而弟子及魯人往從塚而家者百有餘室，蓋室不逮一畝矣。孔子故居即少大，亦必不能甚大。淹中是否孔壁，姑措弗論，而《漢志》言《書》凡百篇合《論語》、《孝經》，已百二十篇矣，簡策繁重，安能容之？其可疑三也。《史記・六國表》言：《詩》、《書》所以復見者，多藏人家，則知焚書之令，行之實不甚嚴。即謂甚嚴，亦無天下之書無不焚燒之理。《漢書・藝文志》所載之書，凡五百九十六家，三千二百九十六卷。雖有漢人著述，究以先秦所遺為多。固非盡藏之屋壁，亦豈皆出於記誦？挾書律之除，在孝惠帝四年（前191），然漢高帝五年（前202）滅項羽至魯，已聞絃歌之音矣，見《儒林傳》。可見鄒、魯之間，弦誦實未嘗絕。即自孝惠四年（前191）上溯，距秦焚書，亦僅二十二歲。壁藏非一人一家所能為。更謂唯孔氏為之，而孔襄為惠帝博士，當孔氏藏書時，亦必已有知識，何至遷延不發，浸至失傳，而待共王於無意中得之乎？其可疑四也。此尚僅就其大者言之，若深求之，可疑之端，實尚不止此，其不足信甚明。得古文經之事，《漢書》而外，又見於許慎之《說文解字序》，及《論衡》之《案書》、《正說》、《佚文》等篇。許《序》與班《書》略同。《論衡》多野言，無足深辯。或謂劉歆移太常博士，明言《書》、《禮》、《春秋》，臧於祕府，孝成皇帝陳發祕藏，校理舊文，得此三事，斷非誣妄之辭？苟其誣罔，博士豈不能據事折之。殊不知漢人之於史

事，多不審諦。試觀王充號為通人，而其述及史事，十九皆為野言可知。然則不徒劉歆不知核實，即博士亦未必知折歆當指其事之不實也。故漢世得古文經之事，以尋常事理折之，即知其不足信，正不必高談學術源流，求之深而反失之也。

　　古學家所言傳授源流，亦多誕謾不中情實。夫師師相授，固必有其淵源，[214]然斷無久而不昧之理。前人記識，偶有疏舛，後人為之補正，亦為事所可有，然必不能甚多。《漢書·外戚傳》：定陶丁姬，《易》祖師丁將軍之玄孫。師古曰：《儒林傳》，丁寬《易》之始師。蓋漢時學者，所溯止此，自此以上，浸以淡忘矣。《史記》所述八家，正是此類。乃群經傳授源流，見於《史記》及兩《漢書·儒林傳》、《漢書·藝文志》、《隋書·經籍志》、《經典釋文·敘錄》者，大抵後詳於前，而其說又多不中情實。如《史記》言《易》，僅祖田何，而《漢書》則補出商瞿以下五傳，直接孔子。《史記》申公僅傳《詩》，《漢書》則兼傳《穀梁》，而瑕丘江公受焉。其述《古文尚書》，謂孔安國傳都尉朝，朝傳庸生，庸生傳胡常，胡常傳徐敖，徐敖傳王璜。夫胡常乃傳《穀梁》、《左氏》之人，徐敖則傳《毛詩》，王璜則傳費直《易》，何古文傳授，輾轉皆出此數人也？且《史記》僅言高祖過魯，申公以弟子從師入見，不言其師為何人。下文又云：呂太后時，申公遊學長安，與劉郢同師，絕不及楚元王。乃《漢書》謂申公與元王俱事浮丘伯，呂太后時，浮丘伯在長安，元王遣子郢與申公俱卒業，然則身受學不竟，而使其子繼之邪？申公為漢名儒，《魯詩》早立學官，而其任意附會如此，他可知矣。《漢志》云：又有毛公之學，自謂子夏所傳，自謂云者，人不信之之辭，即毛公亦不知其為何如人也。乃鄭玄《詩譜》，謂毛公有大小二人。《後書·儒林傳》云：毛萇傳《詩》，萇大毛公邪？小毛公邪？《經典釋文》引陸璣云：卜商傳曾申，曾申傳李克，李克傳孟仲子，

---

[214]　經學：古學傳授源流不足信。孔安國非書家，庸生非安國再傳。

孟仲子傳根牟子，根牟子傳荀卿，荀卿授魯人毛亨、趙人毛萇，何其言之歷歷也？今更綜合今古學，粗述其源流派別如下：

《詩》三家已亡，其說略見於清陳喬樅所輯《三家詩遺說考》。其中除翼氏五際之說，附會災異外，大義實無以異，唯《毛詩》為不同。《漢書·儒林傳》言：毛公，趙人也。治《詩》，為河間獻王博士。授同國貫長卿。長卿授賈延年。延年為阿武令，授徐敖。敖授九江陳俠，為王莽講學大夫。由是言，《毛詩》者本之徐敖。然則自賈延年以上，其信否實不可知也。《後書·儒林傳》言：謝曼卿善《毛詩》，乃為之訓。衛宏從曼卿受學，因作《毛詩序》。中興後鄭眾、賈逵傳《毛詩》，馬融作《毛詩傳》，鄭玄作《毛詩箋》。然則今之《毛詩詁訓傳》及《小序》，實成於衛曼卿、衛宏、馬融等數人之手也。

《書》之分裂較早。《漢書》兩《夏侯傳》言建師事勝及歐陽高，左右採獲。又從《五經》諸儒問與《尚書》相出入者，牽引以次章句。具文飾說。勝非之曰：「建所謂章句小儒，破碎大道。」建亦非勝疏略，不足應敵。建卒自專門名經。建之學蓋力求佐證之多，其大義，初未有以異於歐陽及大夏侯也。古文之學，托之孔安國，其不足信，已述於前。《漢書·儒林傳》言申公弟子為博士十餘人，孔安國官至臨淮太守。又言歐陽生事伏生，授兒寬，寬又受業孔安國。蓋寬受《尚書》又受《詩》，孔安國且非今文《書》家，更無論其為古文也。《漢書·儒林傳》言安國授都尉朝，朝授膠東庸生，此即劉歆移太常博士所謂傳問民間，則有魯國桓公、趙國貫公、膠東庸生之遺，學與此同者也。庸生之學，果出安國，劉歆無緣不知。不云其為再傳弟子，而云學與之同，可乎？庸生授胡常，常授徐敖，敖授王璜、塗惲、桑欽。賈逵受《古文尚書》於塗惲。又《後書·杜林傳》云：河南鄭興、東海衛宏等，皆長於古學。興常師事劉歆。林既遇之，欣然言曰：「林得興等，固諧矣，使宏得林，且有以益之。」及宏見林，闇然

而服。濟南徐巡，始師事宏，後皆更受林學。林前於西州得漆書《古文尚書》一卷，常寶愛之，雖遭艱困，握持不離身。出以示宏等曰：「林流離兵亂，常恐斯經將絕。何意東海衛子、濟南徐生，復能傳之，是道竟不墜於地也？古文雖不合時務，然願諸生無悔所學。」宏、巡益重之。於是古文遂行。賈逵一派之學，似即始於庸生，妄依附孔安國。杜林之學，則未必有何師承也。

　　《禮》之傳授，最為混茫。《史記‧儒林傳》曰：「諸學者多言禮，而魯高堂生最。本《禮》，固自孔子時而其經不具。及至秦，焚書，散亡益多。於今獨有《士禮》，高堂生能言之。而魯徐生善為容。孝文帝時，徐生以容為禮官大夫。傳子至孫徐延、徐襄。襄，其天姿善為容，不能通《禮經》。延頗能，未善也。襄以容為漢禮官大夫，至廣陵內史。延及徐氏弟子公戶滿意、桓生、單次，皆嘗為漢禮官大夫。而瑕丘蕭奮，以《禮》為淮陽太守。」是漢世《禮》家，分為二派：徐生一派，僅能為容，而能通《禮經》之蕭奮，實不知其所祖也。然徐氏一派，亦非全不知《禮》，故《史記》又言是後能言《禮》為容者由徐氏焉。《儒林傳》所云桓生，當即劉歆所謂魯國桓公其證。《漢書‧儒林傳》云：孟卿事蕭奮，以授後倉。倉授聞人通漢、戴德、戴聖、慶普。其後二戴與後氏，並列於學官，見下。而曹褒父充，治慶氏禮，首創制禮之議，至褒卒成之。劉歆所立《逸禮》，無傳於後。至《周官》則本非《禮》類。《漢紀》言劉歆以《周官經》六篇為《周禮》，王莽時奏以為《禮經》，置博士，然至後漢仍廢。賈公彥《序疏》引馬融《傳》，言「歆末年乃知其為周公致太平之跡。弟子死喪，徒有里人河南緱氏杜子春尚在。永平之初，年且九十，家於南山，能通其讀，頗識其說。鄭眾、賈逵，往受業焉。眾、逵洪雅博聞，又以經、書、記、轉當作傳。相證明為解。」《後漢書‧鄭興傳》言其好古學，尤明《左氏》、《周官》。《賈逵傳》云：父徽，從劉歆受《左氏春秋》，兼習《國語》、

《周官》。逵亦作《周官解詁》。其後鄭玄出，乃稱《周官》為經禮，《儀禮》為曲禮焉。然經曲當如綱目之相附麗，而《周宮》之與《儀禮》，則固非同類之物也。

　　《易》亦早有異說。《漢書·儒林傳》言：田何於王同之外，復授洛陽周王孫、丁寬、齊服生。又云：寬至洛陽，復從周王孫受古義，號《周氏傳》。則周王孫、丁寬之學，已不盡純。然未聞其有大異。觀下文劉向之言可知。至孟喜而異說興。《儒林傳》言：喜得《易》家候陰陽災變書，詐稱師田生且死時，枕喜卻獨傳喜。諸儒以此耀之。同門梁丘賀疏通證明之曰：田生絕於施讎手中，時喜歸東梅，安得且此事？又蜀人趙賓，好小數書。後為《易》。持論巧慧。《易》家不能難，皆曰：非古法也。云受孟喜，喜為名之。後賓死，莫能持其說，喜因不肯仍，以此不見信。又言京房受《易》梁人焦延壽。延壽嘗從孟喜問《易》。會喜死。房以為延壽《易》即孟氏學，翟牧、白生不肯，皆曰：非也。至成帝時，劉向校書，考《易》說，以為諸家《易》說，皆祖田何、楊叔、丁將軍，《史記·儒林傳》：田何傳王同，王同傳楊何。《漢書·儒林傳》：田何又傳丁寬。大誼略同，唯京氏為異黨。焦延壽獨得隱士之說，托之孟氏，不相與同。案許慎《說文解字序》稱孟氏為古文，則孟氏之學，必非純於田何者也。費直長於卦筮，亡章句，徒以《彖》、《象》、《繫辭》、十篇《文言》解說《上下經》；高相亦亡章句，專說陰陽災異；蓋皆無本之學。相自言出於丁將軍，不足信也。

　　今古文相爭之烈，莫如《春秋》。《史記·儒林傳》言：公孫弘頗受諸胡母生。董仲舒弟子遂者，有褚大、殷忠、徐廣曰：殷一作段，又作瑕也。案《漢書》作段仲。呂步舒。《漢書》則又有嬴公，授孟卿、眭孟。嚴彭祖、顏安樂，俱事眭孟。顏安樂授泠豐、任公。由是顏家有泠、任之學。疏廣事孟卿，授筦路。貢禹事嬴公，成於眭孟，授棠溪惠。惠授冥都。都與路又事顏安樂。故顏氏復有筦、冥之學。此皆同出一原。《史

記・儒林傳》言瑕丘江生為《穀梁春秋》，自公孫弘得用，嘗集比其義，卒用董仲舒，可見胡母生之學，與仲舒亦相近也。江生之學，《史記》不言其所自來。《漢書》則云：江公受《穀梁春秋》及《詩》於魯申公，傳子至孫為博士。武帝時，江公與董仲舒並。仲舒通《五經》，能持論，善屬文。江公呐於口。上使與仲舒議，不如仲舒。而丞相公孫弘，本為《公羊》學，比輯其議，卒用董生。於是上因尊《公羊》家，詔太子受《公羊春秋》。由是《公羊》大興。太子既通，復私問《穀梁》而善之。《武五子傳》：少壯，受《公羊春秋》，又從瑕丘江生受《穀梁》。其後浸微。唯魯榮廣、皓星公二人受焉。廣盡能傳其《詩》、《春秋》。高才捷敏，與《公羊》大師眭孟等論，數困之。故好學者頗復受《穀梁》。沛蔡千秋，梁周慶、丁姓，皆從廣受。千秋又事皓星公，為學最篤。宣帝即位，聞衛太子好《穀梁春秋》，以問丞相韋賢，長信少府夏侯勝，及侍中樂陵侯史高，皆魯人也，言穀梁子本魯學，公羊氏乃齊學也，宜興《穀梁》。時千秋為郎，召見，與《公羊》家並說。上善《穀梁》說，擢千秋為諫大夫，給事中。後有過，左遷平陵令。復求能為《穀梁》者，莫及千秋。上愍其學且絕，乃以千秋為郎中戶將，選郎十人，從受。汝南尹更始，本自事千秋，能說矣。會千秋病死。徵江公孫為博士。劉向以故諫大夫通達待詔受《穀梁》，欲令助之，《楚元王傳》：會初立《穀梁春秋》，徵更生受《穀梁》。又曰：歆及向始皆治《易》。宣帝時，詔向受《穀梁春秋》，大明習。江博士復死，乃徵周慶、丁姓，待詔保宮，使卒授十人。自元康中始講，至甘露元年（前53），積十餘歲，皆明習。乃召《五經》名儒太子太傅蕭望之等大議殿中，平《公羊》、《穀梁》同異，各以經處是非。時《公羊》博士嚴彭祖，侍郎申挽、伊推、宋顯，《穀梁》議郎尹更始，待詔劉向、周慶、丁姓並論。《公羊》家多不見從。願請內侍郎許廣。使者亦並內《穀梁》中郎王亥，各五人。議三十餘事。望之等十一人各以經義對，多從《穀梁》。由是《穀

梁》之學大盛。又曰：漢興，北平侯張蒼及梁太傅賈誼、京兆尹張敞、大中大夫劉公子，皆修《春秋左氏傳》。誼為《左氏傳訓故》，授趙人貫公，為河間獻王博士。子長卿，授清河張禹。非成帝師張禹。禹與蕭望之同時，為御史。數為望之言《左氏》。望之善之，上書數以稱說。後望之為太子太傅，薦禹於宣帝。徵禹待詔。未及問，會疾死。授尹更始。更始傳子咸及翟方進、胡常。常授黎陽賈護。護授蒼梧陳欽。欽以《左氏》授王莽。而劉歆從尹咸及翟方進受。《方進傳》：方進雖受《穀梁》，然好《左氏傳》、天文、星曆。其《左氏》則國師公劉歆，星曆則長安令田終術師也。由是言《左氏》者本之賈護、劉歆。此先漢時《春秋》三家之情形也。至後漢，《左氏》與《公羊》之爭尤烈，詳見《後漢書·范升》、《陳元》欽子。《賈逵傳》。案《漢書·楚元王傳》言：「初，《左氏傳》多古字古言，學者傳訓詁而已。及歆治《左氏》，引傳文以解經，轉相發明，由是章句義理備焉。」《後漢書·鄭興傳》言：「少學《公羊春秋》。晚善《左氏傳》。遂積精深思，通達其旨。同學者皆師之。天鳳中，將門人從劉歆講正大義。歆美興才，使撰條例、章句、訓詁。」可見《左氏》之解經及其條例、章句，悉歆、興等所為。今《左氏》解經處甚少，條例亦不備，蓋撰而未成。故范升謂《左氏》不祖孔子，而出於丘明，師徒相傳，又無其人也。《鄭興傳注》引《東觀記》云：興從博士金子嚴為《左氏春秋》，其說殆不足信。後漢言《左氏》者多祖興，而賈逵自傳其父業，故有鄭、賈之學。

《漢書·儒林傳贊》言：初《書》唯有歐陽，《禮》後，《易》楊，《春秋》公羊而已。至孝宣世，復立《大》、《小夏侯尚書》，《大》、《小戴禮》，《施》、《孟》、《梁丘易》，《穀梁春秋》。《宣帝紀》：甘露三年（前51），詔諸儒講《五經》同異。太子太傅蕭望之等平奏其議，上親稱制臨決焉。乃立《梁丘易》，《大》、《小夏侯尚書》，《穀梁春秋》博士。劉歆移太常博士，亦僅言宣帝廣立《穀梁春秋》、《梁丘易》、《大》、《小夏侯尚書》。《後漢書·

章帝紀》：建初四年（79）詔言孝宣皇帝以為去聖久遠，學不厭博，故遂立
《大》、《小夏侯尚書》，後又立《京氏易》，至建武中，復置《嚴氏》、《顏氏
春秋》，《大》、《小戴禮》博士，則《大》、《小戴》似非宣帝所立。[215] 陳元
言宣帝為石渠之論而《穀梁》興。案石渠之論，亦見《漢書·劉向》及《韋
玄成傳》。至元帝世，復立《京氏易》。范升言：《京氏》雖立，輒復見廢。
平帝時，又立《左氏春秋》、《毛詩》、《逸禮》、《古文尚書》。《劉歆傳》：
歆親近，欲建立《左氏春秋》及《毛詩》、《逸禮》、《古文尚書》，皆立於學
官。哀帝令歆與《五經》博士講論其義。諸博士或不肯置對。歆因移書太常
博士責讓之。諸儒皆怨恨。是時名儒光祿大夫龔勝，以歆移書，上疏深自
罪責，願乞骸骨罷。及儒者師丹為大司空，亦大怒。奏歆改亂舊章，非毀
先帝所立。上曰：歆欲廣道術，亦何以為非毀哉？歆由是忤執政大臣，為
眾儒所訕，懼誅，求出補吏。案《平帝紀》：元始五年（5），徵天下通知逸
經、古記、天文、曆算、鐘律、小學、史篇、方術、本草，及以《五經》、
《論語》、《孝經》、《爾雅》教授者，在所為駕一封軺傳，遣詣京師，至者數
千人。《王莽傳》事在前一年，云：是歲，莽奏起明堂、靈臺、辟雍，為學
者築舍萬區。立《樂經》。益博士員，經各五人。徵天下通一藝，教授十一
人以上，及有《逸禮》、《古書》、《毛詩》、《周官》、《爾雅》、天文、圖讖、
鐘律、月令、兵法、史篇文字，通知其意者，皆詣公車。網羅天下異能之
士，至者前後千數。皆令記說廷中，將令正乖繆，一異說云。蓋《王莽傳》
繫於其徵之年，《平紀》記於其至之歲也。《儒林傳》言：孔安國以《古文尚
書》授都尉朝，朝授膠東庸生，庸生授胡常，常又傳《左氏》，授徐敖，敖
又傳《毛詩》，授王璜、塗惲，惲授桑欽，王莽時諸學皆立。宋祁曰：新本
改論作諸，則本作論學，改諸者實誤。論學，即指記說廷中言之。《左氏
春秋》、《毛詩》、《逸禮》、《古文尚書》之立，[216] 當在此時也。光武中興，

---

[215]　經學：《大》、《小戴》非宣帝時立。
[216]　經學：左氏、毛詩、逸禮、古文尚書之立。

《易》有施、孟、梁丘賀、京房，《書》有歐陽和伯、夏侯勝、建，《詩》有申公、轅固、韓嬰，《春秋》有嚴彭祖、顏安樂，《禮》有戴德、戴聖，凡十四博士。《後漢書・徐防傳儀》引《漢官儀》。時尚書令韓歆上疏，欲為《費氏易》、《左氏春秋》立博士。詔下其議。建武四年正月，朝公卿大夫，博士見於雲臺。范升與歆及許淑等互相辨難。升退，復奏言之。陳元聞之，詣闕上疏。升復與元相辯難，凡十餘上。帝卒立《左氏學》。太常選博士四人，元為第一。帝以元新忿爭。乃用其次司隸從事李封。於是諸儒以《左氏》立，論議歡嘩。自公卿以下，數廷爭之。會封病卒，《左氏》復廢。肅宗好《古文尚書》、《左氏傳》。建初元年（76），詔賈逵入講。帝善逵說。使出《左氏傳》大義長於二傳者。逵具條奏。帝嘉之。令逵自選《公羊》嚴、顏諸生高才者二十人，教以《左氏》。逵數為帝言：《古文尚書》與經傳爾雅訓詁相應。詔令撰《歐陽》、《大》、《小夏侯尚書》古文同異。逵集為三卷。帝善之。復令撰《齊》、《魯》、《韓詩》與毛氏異同，並作《周官解故》。八年（83），乃詔諸儒各選高才生受《左氏》、《穀梁春秋》、《古文尚書》、《毛詩》。由是四經遂行於世。皆拜逵所選弟子及門生為千乘王國郎，朝夕受業黃門署。學者皆欣欣羨慕焉。據《後漢書・逵傳》，事亦見《章帝紀》。案逵奏言光武皇帝奮獨見之明，興立《左氏》、《穀梁》，會二家先師，不曉圖讖，故令中道而廢，則《穀梁》當光武時亦嘗立學也。《安帝紀》：延光二年（123），詔選三署郎及吏民能通《古文尚書》、《毛詩》、《穀梁春秋》各一人。《靈帝紀》：光和三年（180），詔公卿舉能通《尚書》、《毛詩》、《左氏》、《穀梁春秋》各一人，悉除議郎。《尚書》上當奪古文二字。靈帝熹平四年（175），立太學石經。盧植又上書，言《毛詩》、《左氏》、《周禮》宜置博士，未見聽。魏文帝黃初五年四月，立太學，制《五經》課試之法，置《春秋穀梁》博士。齊王正始六年（245），詔故司徒王朗所作《易傳》令學者得以課試。此兩漢三國諸經立學之大略也。

　　淺者一聞今古文之名，每謂其經文必有大異，其實不然。[217]《漢書·藝文志》云：劉向以中古文校歐陽、大、小夏侯三家經文，《酒誥》脫簡一，《召誥》脫簡二，率簡二十五字者，脫亦二十五字，簡二十二字者，脫亦二十二字，果如所言，文義豈復可解？鄭注《儀禮》，備詳今古文異字，不過位作立，義作誼之類，有關大義者安在？知《漢志》之云，乃曲學既興後之讕言。《後漢書·劉陶傳》：推三家《尚書》及古文，是正文字三百餘事，名曰《中文尚書》。其後遂有行賂定蘭臺漆書經字者。見《後漢書·蔡邕傳》、《宦者·呂強傳》、《儒林傳序》及《張馴傳》。斤斤於文字之末，乃東京一種風氣，其原則自西京末葉開之，西京中葉以前無是也。今古學之異，實不在經文而在經說，《六經》本相傳古籍，孔子取以立教，不過隨順時俗，因書見義，所重原不在其書。孔門之傳經者，亦以經為孔子口說所寓而重之，非重其經也。故漢儒引用，經傳每不立別。且徒讀《堯典》，有何意義？一讀《孟子·萬章上篇》，則禪讓之大義存焉。此篇與伏生之《書大傳》，《史記》之《五帝本紀》、《夏本紀》，互相出入，蓋同述孔門書說也。王魯，新周，故宋，《春秋》之大義存焉，既不見於經，亦不見於《公羊傳》，而《繁露》之《三代改制質文篇》著之，此口說可貴之驗。晁錯上書，言皇太子所讀書多矣，而未深知術數者，不問其說也，多誦讀而不知其說，所謂勞苦而不為功，漢武帝言吾始以《尚書》為樸學，弗好，及聞兒寬說，可觀，乃從寬問一篇，宜矣。口說皆師師相傳，非徒讀書可得。劉歆訾今文之家，「信口說而背傳記，是末師而非往古」，而不自知其蔽之正在於此。蓋口說雖出末師，而淵源有自。傳記雖出往古，而創通之者悉是今人，奮數人之私智，斷不能如積古相傳之義之精也。此今古學之優劣也。

　　然古學家之弊，實亦今學家有以開之。《漢書·藝文志》曰：「古之

---

[217]　經學：今古文之異不在文字。

學者耕且養，三年而通一藝，承其大體，玩經文而已。是故用日少而畜德多，三十而《五經》立也。後世經傳既已乖離，學者又不思多聞闕疑之義，而務碎義逃難。便辭巧說，破壞形體。說五字之文，至於二三萬言。後進彌以馳逐，幼童而守一藝，白首而後能言。安其所習，毀所不見，終以自蔽。此學者之大患也。」案《法言寡見》：「或問司馬子長有言曰：《五經》不如《老子》之約也。當年不能極其變，終身不能究其業。案此乃史談之言，揚雄誤繫之於遷。曰：若是，則周公惑，孔子賊。古之學者耕且養，三年通一。今之學也，非獨為之華藻也，又從而繡其鞶帨，惡在《老》不《老》也？」劉歆訾「綴學之士，不思廢絕之闕，苟因陋就寡，分文析字，煩言碎辭，學者罷老，且不能究其一藝」。此班《志》之言所本。公孫弘年四十餘乃學《春秋》、《雜說》，馮奉世年三十餘乃學《春秋》，兒寬頻經而鉏，朱買臣儋束薪行且誦，並耕且養三年而通一經之證。《漢志注》引桓譚《新論》，言秦近君能說《堯典》篇目，兩字之說，至十餘萬言，但說曰若稽古三萬言。《儒林傳》秦恭延君，學出小夏侯，增師法至百萬言，延君蓋即近君。可見繁碎之弊，[218] 西京中葉已開。漢世論者，無不以此為患者。《後漢書·章帝紀》：建初四年 (79) 詔，引中元元年 (前 149) 詔書：《五經》章句煩多，議欲減省。至永平元年 (58)，長水校尉儵樊儵。奏言先帝大業，當以時施行。於是下太常，將大夫、博士、議郎、郎官及諸生、諸儒會白虎觀，講議《五經》同異。使五官中郎將魏應承製問，侍中淳于恭奏，帝親稱制臨決，如孝宣甘露石渠故事。作《白虎議奏》。事亦見《丁鴻》及《儒林·魏應》、《李育傳》。《楊終傳》：終言宣帝博徵群儒，論定《五經》於石渠閣。方今天下少事，學者得成其業，而章句之徒，破壞大體，宜如石渠故事，永為後世則。於是詔諸儒於白虎觀論考同異焉。是石渠、虎觀，用意相同，皆為減省煩多也。《三國志·劉

---

[218] 經學：煩瑣之弊，今文自啟之由，雜博非通博。意說，因此折入佛教，由利祿貴游。

表傳注》引《英雄記》，言表開立學宮，博求儒士，使綦毋闓、宋忠等撰立《五經》章句，謂之後定。《荀彧傳注》引《彧別傳》，亦言彧說太祖：集天下大才通儒，考論《六經》，刊定傳記，存古今之學，除其煩重。足見其情勢至漢末而猶未變。漢世諸儒，從事於刪定者亦多。如樊儵刪定《公羊嚴氏章句》，世號樊侯學。張霸以其猶多繁辭，減定為二十萬言，更名張氏學。桓榮受學朱普，章句四十萬言，浮辭繁長，多過其實。及榮入授顯宗，減為二十三萬言。榮子郁，復刪省，定成十二萬言。由是有《大》、《小太常章句》。楊終著《春秋外傳》十二篇，改定章句十五萬言。張奐師事大尉朱寵，學《歐陽尚書》，初，《牟氏章句》浮辭繁多，有四十五萬餘言，奐減為九萬言。後辟大將軍梁冀府，乃上書桓帝，奏其章句，詔下東觀。其患之可謂深矣。然自宣帝以來，每一考論，輒增立異家，欲損反益，何哉？荀悅《申鑑》曰：「語有之曰：有鳥將來，張羅待之，得鳥者一目也，今為一目之羅，無時得鳥矣。道雖要也，非博無以通。博其方，約其說。」悅謂今古不同，一源十流，若天水之違行，欲比而論之，謂必有可參者焉。因主備博士，廣太學。此乃漢人之公意。其於緯書，亦曰：「仲尼之作則否，有取焉則可，曷其燔？」此即劉歆所謂「與其過而廢之，毋寧過而存之」者也。學問愈研索愈精詳，所參證者愈多，則其門徑愈廣。今文諸師，大抵誦習成說，罕所發明。其善者，如韓嬰能推詩人之意，而作《內外傳》數萬言，止矣。能稽合群經，觀其會通者卒鮮。此兼通五經之家，所以為世所貴。如王吉、龔舍、夏侯始昌等是。然學有通博，有雜博。通博者，能知其要領，得所會歸者也。雜博者則徒能多識以炫耀流俗而已。漢世儒生，為後人所宗者，莫如鄭玄，其著書可謂極多，而其支離滅裂亦最甚，即可見一時風氣，騖於雜博。徐幹《中論》曰：「凡學者，大義為先，物名為後。鄙儒之博學，務於物名，詳於器械，考於詁訓，摘其章句，而不能統其大義之所極，以獲先王之心，此無異乎女史誦詩，內豎

傳令也。故使學者勞思慮而不知道，費日月而無成功。」《治學》，其言之可謂深切著明矣。夫為人之學，則何所不至？《後漢書・徐防傳》載防上疏曰：「伏見太學試博士弟子，皆以意說，不修家法。私相容隱，開生姦路。每有策試，輒興諍訟。論議紛錯，互相是非。孔子稱述而不作。又曰：吾猶及史之闕文，疾史有所不知而不肯闕也。今不依章句，妄生穿鑿。以遵師為非義，意說為得理。輕侮道術，浸以成俗。誠非詔書實選本意。臣以為博士及甲乙策試，宜從其家章句開五十難以試之。解釋多者為上第，引文明者為高說。若不依先師，義有相伐，皆正以為非。雖所失或久，差可矯革。」此以意說，非有獨見，特《後漢書・儒林傳》所謂「章句漸疏，專以浮華相尚」者耳。學而徒以炫耀流俗為務，其弊未有不至於此者也。《三國志・尹默傳》云：益部多貴今文，而不崇章句。默知其不博，乃遠遊荊州，從司馬德操、宋仲子受古學，此亦當時學者章句漸疏之一證。口給御人，安有真是非可見？漢世論學，每多廷辯以決是非，[219]益使學者務於徇外。《漢書・朱雲傳》云：「少府五鹿充宗貴幸，為《梁丘易》。自宣帝時善《梁丘易》說。元帝好之，欲考其異同，令充宗與諸《易》家論。充宗乘貴辯口，諸儒莫能與抗，皆稱疾不敢會。有薦雲者。召入，攝齋登堂，抗首而請，音動左右。既論難，連拄五鹿君。故諸儒為之語曰：五鹿岳岳，朱雲折其角。繇是為博士。」《後漢書・儒林傳》：「戴憑，年十六，舉明經，徵試博士，拜郎中。時詔公卿大會，群臣皆就席，憑猶立。光武問其意。對曰：博士說經皆不如臣，而坐居臣上，是以不得就席。帝即召上殿，令與諸儒難說。憑多所解釋。帝善之，拜為侍中。正旦朝賀，百僚畢會。帝令群臣能說經者更相難詰。義有不通，輒奪其席，以益通者。憑遂重坐五十餘席。故京師為之語曰：解經不窮戴侍中。」此等徒聳觀聽之舉，可以論學乎？《後漢書・魯恭傳》：恭弟丕言：「說經者傳

---

[219]　經學：論學廷辯之非。

先師之言，非從己出，不得相讓，相讓則道不明。」此言固亦有理，然真意存乎此者恐寡。《桓榮傳》：「車駕幸太學，會諸博士論難於前。榮被服儒衣，溫恭有蘊藉。辨明經義，每以禮讓相厭服，不以辭長勝人，儒者莫之及。」足見不御人以口給者少矣。高貴鄉公幸太學，問諸儒，其辭備載於《三國志‧本紀》，蓋以為美談，然其精義安在？學術固未聞可以築室道謀者也。《後漢書‧袁安傳》：子京，習《孟氏易》，作《難記》三十萬言。《儒林傳》：何休作《公羊墨守》、《左氏膏肓》、《穀梁廢疾》。《鄭玄傳》：玄乃發墨守，鍼膏肓，起廢疾。休見而嘆曰：康成入吾室，操吾矛以伐我乎？蓋著書者亦頗以攻伐為務矣。為學者誠不宜豫存致用之心，然此特謂其用較遠，不當以急功近利之心求之耳，真學問未有無用者，果無用，必非真學問，未有不為世所厭棄者也。先秦諸子，本皆欲以其道移易天下，故其學必以能淑世為歸。董仲舒老病致仕，朝廷每有政議，數遣廷尉親至陋巷問其得失，於是作《春秋決獄》。其弟子呂步舒，治淮南獄，以《春秋》義專斷不請。許商以治《尚書》，善為算，舉治河。王式為昌邑王師，昌邑廢，群臣皆下獄。使者責問：「師何以無諫書？」式對曰：「以三百五篇諫。」按龔遂諫王，亦曰：「大王誦《詩》三百五篇，人事浹，王道備，王所行中《詩》一篇何等也？」《儒林傳》。則式之對，非苟免之辭也。此今學真傳，無不切於人事之證。《禹貢》治河，似近疏闊，然經文雖不足用，傳說未嘗不可備舉山川形勢及治水之方也。此亦精義存於傳說不在本文之一證。即古學之興，亦未嘗不如此。《漢書‧藝文志》言：《樂》、《詩》、《禮》、《書》、《春秋》，「蓋五常之道，相須而備，而《易》為之原。」「至於五學，世有變改，猶五行之更用事。」又論九流之學，謂其「各引一端，崇其所善，辟猶水火，相滅亦相生。天下同歸而殊塗，一致而百慮。若能修六藝之術，而觀此九家之言，舍短取長，則可以通萬方之略矣」。此誠足以開拓心胸，救拘墟之失。然其後，今古兩家，皆流於瑣碎，有形

質而無精神，使明哲之士，不得不折而入於佛老者？則其徒之嘩世取寵實為之。而儒生之徒務嘩世取寵，則由利祿之途既開，競懷苟得之計；抑貴游之子，富厚之家，事此者多，其人皆飽食煖衣，輕淺寡慮，不復能深思力學，抑多輕俊自喜，徒欲誇耀流俗故也。然則儒學之見尊崇，未嘗非儒學之不幸矣。

第四節　百家之學

　　百家二字有兩義：[220] 一《漢書‧藝文志》小說家有《百家》百二十九卷，此為小說一家之學。一太史公言：百家言黃帝，其文不雅馴；《五帝本紀贊》。《漢書》稱孝武帝罷黜百家；《本紀贊》。此該儒家以外諸家言之也。近今論者，多謂自漢武帝以後，百家之學日就式微，謂學術之盛昌，由於時君之獎厲；時君之獎厲，由於國勢之阽危；故自嬴秦統一，競爭絕而學術遂衰，此言似是而實非。[221]《漢書‧藝文志》諸子十家，唯名、墨二家無秦、漢人著述；《兵書略》中《兵陰陽家》及《數術略》、《方技略》各四家，有無秦、漢人著述不明；餘率皆有，或頗多。抑先秦之學，所以異於後世者為專門。專門之學，弟子率皆誦述其師之言，無甚出入。試觀賈誼陳政事，多襲《大戴》之言，晁錯言兵事，或同《管子》之說《參患》。可知。然則即謂諸家中皆無秦、漢人之書，而能傳先秦之書，即是能傳先秦之學矣。況其傳授及好尚，見於《史》、《漢》、《三國志》者，尚章章不可誣邪？

　　漢初以道家之學著者為蓋公，史稱其善治黃、老言；《史記‧曹相國世家》。次則陳丞相，史稱其少時本好黃帝、老子之術；此皆出於漢初，其必為先秦傳授無疑。此外：《田叔傳》稱其學黃、老術於樂巨公所，《太

---

[220]　學術：漢百家之學皆有傳授（見第十九章第四節所輯略備）。

[221]　學術：謂漢時諸家之學皆衰非。

史公自序》言其父談習道論於黃子，皆明著授受源流。《晁錯傳》：鄧公子章、以修黃、老言顯諸公間。《張釋之傳》：王生善為黃、老言。《直不疑傳》：不疑學老子言。《汲鄭列傳》：黯學黃、老之言，莊好黃、老之言。《外戚世家》言竇太后好黃帝、老子言，景帝及太子諸竇，不得不讀《黃帝》、《老子》，《漢書》作老子書，無黃帝字，蓋傳寫奪漏。尊其術。《魏其武安列傳》言竇太后好黃、老言。《儒林傳》言竇太后好黃、老之術。又云竇太后好老子書。《漢書·楚元王傳》：元王曾孫德，少修黃、老術。《楊王孫傳》云：學黃、老之術。《王貢兩龔鮑傳》言嚴君平卜筮於成都市，裁月閱數人，得百錢足自給，則閉肆下簾而授《老子》。依老子、嚴周之指，著書十餘萬言。《敘傳》言班嗣雖修儒學然貴老、嚴之術。《後漢書·耿弇傳》：父況，與王莽從弟伋，共學《老子》於安丘先生。又云：弇少好學，習父業，則弇亦當通《老子》。《任光傳》：子隗，少好黃、老。《鄭均傳》：少好黃、老書。《楊厚傳》：修黃、老教授，門生上名錄者三千餘人。《樊宏傳》：族曾孫準，父瑞，好黃、老言。《范升傳》：九歲通《論語》、《孝經》。及長，習《梁丘易》、《老子》，教授後生。《翟酺傳》：酺好《老子》。《馬融傳》：注《孝經》、《論語》、《詩》、《易》、《三禮》、《尚書》、《列女傳》、《老子》、《淮南子》、《離騷》。《蔡邕傳》：六世祖勳，好黃、老。《酷吏傳》：樊曄子融好黃、老。《方術傳》：折像好黃、老言。《逸民傳》：向長通《老》、《易》。高恢少好《老子》。見《梁鴻傳》。矯慎少學黃、老。《三國志·虞翻傳》：為《老子》、《論語》、《國語》訓注，皆傳於世。又《魏志·劉表傳注》引《零陵先賢傳》：言劉先尤好黃、老言。此皆正始以前，好道家言者具見於史者也。雖不皆言其傳授，然如楊厚者，門生著錄至三千人，則其多有傳授可知矣。又有史不明言其學術，然觀其言行，即可知其宗尚者。如朱穆，史不言其學《老子》，然所作《崇厚論》，申貴道德賤仁義之旨，又明引老氏之經；周舉子勰，史亦不言其學《老子》，而言其隱處竄身，慕老聃

清淨，杜絕人事是也。此等若細加句考，恐尚不止此一兩人也。

陰陽家之傳，見於列傳者：《漢書・嚴安傳》載其上書引鄒子之言。又《公孫賀傳》：祖父昆邪，著書十餘篇。師古曰：「《藝文志》陰陽家有《公孫渾邪》十五篇是也。」《五行志》曰：「景、武之世，董仲舒治《公羊春秋》，始推陰陽，為儒者宗。宣、元之後，劉向治《穀梁春秋》，數其禍福，傅以《洪範》，與仲舒錯。至向子歆，治《左氏傳》，其《春秋》意亦已乖矣，言《五行傳》又頗不同。」又曰：「孝武時，夏侯始昌通《五經》，善推《五行傳》。以傳族子夏侯勝。下及許昌，皆以教所賢弟子。其傳與劉向同，唯劉歆傳獨異。」《眭弘等傳贊》曰：「漢興，推陰陽言災異者：孝武時有董仲舒、夏侯始昌，昭、宣則眭孟、夏侯勝，元、成則京房、翼奉、劉向、谷永，哀、平則李尋、田終術。」案陰陽五行之說，原出明堂，儒家與陰陽家同祖焉。故賈誼欲改正朔、易服色、法制度，草具其事儀法，色尚黃，數用五；魏相表采《易》陰陽及《明堂月令》奏之；其說皆與陰陽家言相出入。然漢世通學之風既開，儒者多務左右採獲，安必不及於異家？然則諸儒之言陰陽者，或兼有取於陰陽家言，未可知也。《成帝紀》：陽朔二年（前23），春，寒，詔曰：「昔在唐堯，立義和之官，命以四時之事，令不失其序，故《書》云：黎民於蕃時雍，明以陰陽為本也。今公卿大夫，或不信陰陽，薄而小之，所奏請多違時政，傳以不知，周行天下，而慾望陰陽和調，豈不繆哉？其務順四時月令。」蓋漢自中葉以後，陰陽家之說，浸以盛行矣。惜多務於虛文，能言大改革者卒少耳。魏相好奉行故事，而亦好言陰陽，其明證也。

《史記・張叔傳》云：孝文時以治刑名侍太子。《儒林傳》言孝文帝本好刑名之言。《晁錯傳》：學申、商刑名於軹張恢先所，先，《漢書》作生，蓋傳鈔者所改。與洛陽宋孟及劉禮同師。劉禮，《漢書》作劉帶。《自序》曰：晁錯明申、商。蓋文帝本好刑名之言，景帝則夙受此學，故文帝於晁

錯，雖未大用，頗聽其言，景帝遂大用其策也。《漢書·東方朔傳》云：
朔上書陳農戰強國之計，因自訟獨未得大官，欲求試用。其言，專商鞅、
韓非之語也。指意放蕩，頗復詼諧。辭數萬言。終不見用。朔之書，《藝
文志》在雜家，雜家之學，兼儒、墨，合名、法，朔安足以語此？正所謂
漫羨而無所歸心者耳。《漢志》蓋特因其書無所隸屬，而入諸雜家，非謂
其能通雜家之學也。不通雜家之學，而能為商鞅、韓非之語，正當於法家
之書，略嘗誦習耳。《後漢書·酷吏傳》：周紆好韓非之術，陽球好申、韓
之學，皆當有所受之也。

　　《史記·酷吏傳》云：邊通學長短，《漢書·張湯傳》作短長。應劭曰：
「短長術興於六國時，長短其語，隱謬，用相激怒也。」張晏曰：「蘇秦、
張儀之謀。趣彼為短，歸此為長，《戰國策》名短長術也。」案古以辭之多
少，或其所言之大小，分簡策之短長。遊說者固須抵掌陳辭，亦須談言微
中；固當熟於民生國計，亦或兼及閭里謏聞；短長之書，實所兼習，遂以
名其學耳。《主父偃傳》：學長短縱橫之術，則兼術與其所習之書以為名
也。縱橫之學，漢初最為風行。隨何、酈食其、陸賈、劉敬、蒯通、安其
生、田生、曹丘生，固當有所受之。說張耳、陳餘之廝養卒，說項羽之外
黃舍人兒，似乎天資特高，無所承受。然古之學者耕且養，三年而通一
經，本不如治章句者之必須下帷呫嗶，亦安知其無所受之邪？一統以後，
此學稍衰，然王先生、公孫獲等，亦其類。見《漢書·鄒陽傳》。武帝賜嚴
助書曰「具以《春秋》對，毋以蘇秦縱橫」，則助亦能通縱橫之學也。[222]

　　雜家之學，見於列傳者，有武安侯。《史記》云：學《槃盂》諸書，《漢
書》同。孟康曰：「《孔甲盤盂》二十六篇，雜家書。」晉灼曰：「案《藝文
志》，孟說是也。」

　　兵法傳授，見於列傳者頗多。《史記·留侯世家》言其受一編書於下

---

[222]　學術：雜家至漢實多，武帝賜嚴助書，具以春秋對，毋以蘇秦縱橫可見。賈生多通。晁錯淺於
　　　　書。博士不限儒家。

邳圯上老父，且日，視其書，乃《太公兵法》也，其言誠涉荒怪。下文又言良數以《太公兵法》說沛公，似亦誕譊不足信。然《藝文志》言張良、韓信序次兵法，則良必通兵法可知。謂其受諸下邳老父，誕，其學必有所受之，則可知也。《漢書·馮奉世傳》云：讀《兵法》，明習。《宣元六王傳》：朱博遺淮陽憲王書曰：「聞齊有駟先生，善為《司馬兵法》，大將之才也。」《後漢書·耿弇傳》：弇弟子秉，能說《司馬兵法》。《竇融傳》：融弟子固，喜兵法。《馮緄傳》：少學《春秋》、《司馬兵法》。《左雄傳注》引謝承書，言徐淑善誦《太公六韜》。《孔融傳》：曹操與融書，言融盛嘆郗慮明《司馬法》。《三國志·賈逵傳》：自為兒童戲弄，常設部伍，祖父習異之，口授《兵法》數萬言。《魏志·武帝紀注》引孫盛《異同雜語》：言太祖博覽群書，特好兵法。抄集諸家兵法，名曰《接要》，又注孫武十三篇，皆傳於世。《吳志·孫權傳注》引《吳錄》：言沈友兼好武事，注《孫子兵法》。建安九年（204）。《朱治傳注》引《吳書》，言治子才學兵法。此皆當有授受。《呂蒙傳注》引《江表傳》，言孫權謂蒙及蔣欽：宜急讀《孫子》、《六韜》，《蜀志·先主傳》引《諸葛亮集》，載其遺詔敕後主：間暇略觀《六韜》，此自與經生呫嗶有異，然專門之學，非有授受不能通，恐亦不容不迎師請益也。魏武帝自作兵書十餘萬言，諸將征伐，皆以《新書》從事。《紀》建安二十五年（220）注引《魏書》。王昶著兵書十餘篇，言奇正之用。諸葛亮損益連弩木牛流馬，推演兵法，作《八陣圖》。皆見本傳。蓋亦因舊法而引伸之也。連弩、木牛流馬，疑原出兵技巧家。

秦、漢之世，百家之學，見於《史》、《漢》、《三國志》紀、傳者如此，合《漢志》所載之書觀之，諸學之未嘗廢絕；彌可見矣。安得謂一經漢武之表章罷黜，而百家之學，遂微不足道邪？

博士一官，為學術之所繫，初亦不專於儒。秦世有名家黃公為博士，又有占夢博士，已見第二章第三節。孔甲為陳涉博士，漢王拜叔孫通為博

士，固屬儒家。然《史記·屈賈列傳》言：賈生年少，頗通諸子百家之書，而文帝召以為博士。今觀生所作《鵩鳥賦》引禍福倚伏，《陳政事疏》引黃帝曰：日中必彗，操刀必割，又引屠牛坦解牛事，乃道家言；引《管子》禮、義、廉、恥，國之四維，則法家言；欲改正朔，易服色，則陰陽家言；則信乎其於諸子百家之書，多所通曉也。《晁錯傳》云：太常遣錯受《尚書》伏生所，還，因上書稱說，詔以為太子舍人門大夫，遷博士。錯曾受《尚書》與否，事殊可疑。即謂其說可信，而就錯之言行觀之，殊未見其服膺儒術，必於張先所得深，於伏生所得淺矣。至公孫臣亦被召為博士，《史記·本紀》、《封禪書》、《張丞相列傳》，《漢書·郊祀志》、《張蒼列傳》皆同。則更與儒學無涉。《漢書·景十三王傳》云：河間獻王立《毛詩》、《左氏春秋》博士。《儒林傳》：毛公、貫公為河間獻王博士。《百官公卿表》言漢初王國群卿大夫都官如漢朝，則列國皆有博士，河間而外，鮮或崇儒，此亦博士不專於儒之一證。劉歆移太常博士云：「孝文皇帝時，天下眾書，往往頗出，皆諸子傳記，猶廣立於學官，為置博士。」翟酺言「孝文皇帝始置一經博士」。趙岐《孟子題辭》言：「孝文皇帝欲廣遊學之官，《論語》、《孝經》、《孟子》、《爾雅》皆置博士。後罷傳記博士，獨立《五經》而已。」則經學之漸重，蓋自文帝以來。《史記·循吏傳》云：公儀休為魯博士，似是儒家。然《漢書·賈山傳》言：山祖父袪，故魏王時博士弟子，山受學袪，所言涉獵書記，不能為純儒，則袪之非純儒可知。近人錢穆云：《五經異義》云：戰國時齊置博士之官，蓋即稷下先生。見所著《先秦諸子繫年考辨·稷下通考》。案《史記·田齊世家》言：宣王喜文學遊說之士，自如騶衍、淳于髡、田駢、接子、慎到、環淵之徒七十六人；《新序》言騶忌既為齊相，稷下先生淳于髡之屬七十二人皆輕騶忌，相與往見；而諸書多言博士七十餘人，蓋其制實昉自齊。錢氏言稷下諸生姓名顯者，有淳于髡、慎到、田駢、環淵、接子、宋銒、尹文、鄒奭、荀卿，其人固多

非儒家。則凡有學問者皆可為博士，乃戰國以來相承之法，至漢武帝立《五經》博士而始一變也。《史記・叔孫通列傳》：陳勝起山東，使者以聞，二世召博士諸儒生問。博士諸生三十餘人前曰：人臣無將，將即反，罪死無赦。一似無不治《春秋》之學者，蓋古人於此等處，往往以意敷衍，非必紀實之辭，不足信也。然則自孝景以前，諸子之學，未嘗不平流而進，而何以其興盛卒不逮儒家邪？則知學術之盛衰，宗派之隆替，實與社會風尚之關係深，而與國家政令之關係淺矣。說見第五章第二節。

　　秦、漢人之著述，多已無傳於後。就其存者而觀之，凡可分為三品：通博而好深沉之思，其上焉者也，如賈誼、董仲舒、揚雄、劉向、歆、桓譚之徒是也。賈生學最博通，讀《新書》可見。董生專於儒家，規模之恢廓，不逮賈生，然亦極通貫。揚子雲及劉子政、子駿父子，皆極博洽，而能為深沉之思，則子雲、子駿似更勝。桓君山，宋弘稱其彊見洽聞，幾及揚雄、劉向父子，亦東京第一流人物也。持論能核實者次之，如王充是也。[223] 充最為近人所稱道，幾以為千古一人，此過於其實。充之論，蓋上承名法家之餘緒，凡名法家之持論，固多能核實，試三複《韓非》可知。其專重物質，則形法家之見也。見《先秦史》第十五章第五節。《後漢書・儒林傳》言：趙曄著《詩細》，蔡邕讀而嘆息，以為勝於《論衡》。邕亦通人，所賞鑑必不妄。《論衡・訂妖篇》列時人之說凡八，第八說實與充同，而前七說亦多饒理致，未必短於充。知當時見解與充相類者，尚不乏人，特其說無傳於後耳。雖不能自成一家，而知解所及，亦能不為凡俗所囿，其下焉者也，如孔融是也。《後漢書・融傳》：路粹奏融曰：「與禰衡跌蕩放言。云父之於子，當有何親？論其本意，實為情欲發耳。子之於母，亦複奚為？譬如寄物瓶中，出則離矣。」《三國志》融事附《崔琰傳》。《注》引《魏氏春秋》載太祖令曰：「此州人說平原禰衡，受傳融論，

---

[223]　學術：《論衡》非獨絕之書。

以為父母與人無親，譬若缶器，寄盛其中。又言若遭饑饉，而父不肖，寧贍活餘人。」此等見解，在當日似不易得，然特激於流俗之拘墟，敢於立異而已。父母之恩，不在生而在養，人人能言之，平心思之，原未必有何難解也。大抵當時之士，驚心玄遠者，多好言哲學，欲窺見宇宙萬物之本原。此觀《大玄》之受人推重可知。劉歆、桓譚之說，已見《漢書·雄傳》，即班氏亦備致推崇。《後漢書·張衡傳》：衡好《玄經》，謂崔瑗曰：「吾觀《大玄》，方知子雲妙極道數、乃與《五經》相擬，非徒傳記之屬。」衡欲說《彖》、《象》殘缺者不能就，而著《靈憲》等篇，其學問途轍，實與雄同也。《三國志·王肅傳》：年十八，從宋忠讀《大玄》，更為之解。《吳志·陸績傳》：作《渾天圖》，注《易》，釋《玄》，皆傳於世。《評》稱其於揚《玄》，是仲尼之丘明，老聃之嚴周。又陸凱好《大玄》，論演其意以筮。又《魏志·王粲傳》：下邳桓威，年十八而著《深興經》，皆好據天地自然之象，以言哲學者也。而其切於實際者則仍以儒、法二家為盛。[224]儒家為時顯學，眾所共知。法家似較式微，實則明察之上，才智之臣，無不陰用之者。漢宣帝謂漢家自有制度，以霸王道雜之，王指儒，霸指法，已見第六章第一節。胡廣言漢承周、秦，兼覽殷、夏，祖德師經，參雜霸軌，亦即宣帝之說。足見一朝治法，為閒於掌故者所共知。而崔寔言「今既不能純法八世，故宜參用霸政」，亦此意也。《史記·六國表》曰：「傳曰法後王，何也？為其近己而俗變相類，議卑而易行也。」張釋之補謁者，朝畢，前言便宜事。文帝曰：「卑之，無甚高論，令今可行也。」於是釋之言秦、漢之間事，秦所以失，漢所以興者，文帝稱善。此即法後王之說。張敞謂漢家承敝通變，造起律令，即以勸善禁姦，詳見第一節。亦此意也。桑弘羊實非聚斂之臣，深通名法之學，已見第十八章第五節。桓寬不祖法學，而亦稱弘羊博學通達，足見其學自不可誣。見《公孫劉車王楊

---

[224]　學術：儒法最盛。

蔡陳鄭傳贊》。考功課吏之法，蓋出於焦延壽，而京房傳之，至劉劭等猶承其緒，亦已見第六章第一節、第十八章第四節。王符、仲長統、崔寔，著述具存，今日讀之，猶虎虎有生氣。魏武帝與孔融書曰：「孤為人臣，進不能風化海內，退不能建德和人，然撫養戰士，殺身為國，破浮華交會之徒，計有餘矣。」此非徒相脅迫之言。《三國志・魏志》載公建安八年五月己酉令，以「古之將者，軍破於外而家受罪於內。自命將征行，但賞功而不罰罪，非國典也。其令諸將出征，敗軍者抵罪，失利者免官爵」。《注》引《魏書》載庚申令曰：「議者或以軍吏雖有功，德行不足堪任郡國之選，所謂可與適道，未可與權。管仲曰：使賢者食於能，則上尊，鬥士食於功，則卒輕於死，二者設於國，則天下治，未聞無能之人，不鬥之士，並受祿賞，而可立功興國者也。」此實法家之精義。陳壽稱其攬申、商之法術，信不誣矣。諸葛亮尤以任法稱。張裔稱其「賞不遺遠，罰不阿近，爵不可以無功取，刑不可以貴勢免」，而陳壽稱其效曰「吏不容姦，人懷自厲」，其能以一州之地，蹈涉中原，抗衡上國，固有其由。不特此也，《先主傳注》引《諸葛亮集》載先主遺詔，敕後主間暇歷觀諸子及《六韜》、《商君書》，益人意志。則凡嘗歷艱難之主，無不知名法之足以救時者矣，亦時勢使然也。專制之世，官吏之與人民，利害實正相反。君主則調停於其間，使其不畸重輕，以至決裂。其要在於嚴以察吏，寬以馭民。法家之學，兼苞法、術二端。法以驅策其民，術以督責其吏。秦始皇帝既並天下，法家之學，宜退舍矣，而執持不變，卒以召亡。自漢初至於文、景清淨不擾之治，及夫元帝以後務存寬恤之政，皆所謂寬以馭民；而如漢宣帝、後漢世祖、顯宗、魏武帝、諸葛武侯之所為，則所謂嚴以察吏者也。諸學稍微，而儒法見任，固事勢使然，不容以淺見訾議矣。

第五節　史學

　　史籍之原有二：一為史官所記，一則私家傳述也。《史記·六國表》云：「秦既得意，燒天下詩書，諸侯史記尤甚，為其有所刺譏也。詩書所以復見者，多藏人家，而史記獨藏周室，以故滅，惜哉！惜哉！獨有秦記，又不載日月，其文略，不具。」[225] 此周室二字，當苞諸侯之國言，乃古人言語以偏概全之例，非謂王室能備藏列國之史籍也。然則秦記以外，列國史籍之在官者，皆付諸一炬矣。秦時有太史令，胡母敬居之。漢則司馬談、遷父子相繼居其職。《漢書·司馬遷傳注》：如淳曰：《漢儀注》：太史公，[226] 武帝置，位在丞相上。天下計書，先上太史公，副上丞相。序事如古春秋。遷死後，宣帝以其官為令，行太史公文書而已。晉灼曰：《百官表》無太史公，又衛宏所說多不實，未可以為正。師古曰：談為太史令耳，遷尊其父，故謂之為公，如說非也。《史記·孝武本紀集解》：韋昭曰：《史記》稱遷為太史公者，是外孫楊惲所稱。《索隱》：虞喜《志林》云，古者主天官者皆上公。自周至漢，其職轉卑，然朝會坐位，猶居公上，尊天之道。其僚屬仍以舊名尊而稱公。二名當起於此。桓譚《新論》以為太史公造書，書成示東方朔，朔為平定，因署其上。楊惲繼此而稱。又《自序·集解》引臣瓚曰：《茂陵中書》司馬談以太史丞為太史令。《索隱》云公者，遷所著書尊其父云公也。案古重天道，史官既記天事，故其職甚尊，此理所可有。官屬稱謂，即當時口語，據以成文，亦當時史籍通例。虞喜之說，似最允當。《漢表》記百官沿革，未必皆具，漢初曾遣御史監郡，而《表》不及，即其一徵。《百官志》：太史令僅六百石，而《自序·索隱》引《漢舊儀》云：太史公秩二千石，恐亦不足據也。據《續漢書·百官志》，太史令之職，實以天文為重，然其所藏圖籍極多。《漢書·宣元六王傳》：

---

[225]　史籍：秦焚書，列國史籍皆盡。
[226]　職官：太史公稱公。太史藏書甚多。

東平思王孚來朝，上疏求諸子、太史公書。王鳳言：諸子書或反經術，非聖人，或明鬼神，信物怪；太史公書有戰國縱橫權譎之謀，漢興之初，謀臣奇策，天官災異，地形阨塞；皆不宜在諸侯王，不可予。案談、遷之書無地理志，則鳳所言者乃太史之官之藏書，而非《藝文志》所著錄之《太史公書》也。《太史公自序》言為太史令，紬史記金匱石室之書，《史記》正鳳所謂戰國從橫權譎之謀，漢初謀臣奇策；金匱石室之書，則鳳所謂天官災異，地形阨塞者也。唯著述別是一事。談、遷有作，乃其私家之業，而非當官之職也。繼談、遷而序事者，或奉詔為之，如劉駒騄、劉毅、劉珍、李尤。駒騄，臨邑侯復之子，復，齊武王縯之孫也。復與班固、賈逵共述漢史，駒騄及從兄平望侯毅，並有才學。永寧中，鄧太后詔毅及駒騄入東觀，與謁者僕射劉珍著中興以下名臣列士傳，事見《後漢書·齊武王傳》。《張衡傳》：永初中，謁者僕射劉珍校書郎劉駒騄等著作東觀，撰集漢記，固定漢家禮儀，上言請衡參論其事。會並卒，而衡常嘆息，欲終成之。及為侍中，上疏請得專事東觀，收拾遺文，畢力補綴。又條上司馬遷、班固所敘與典籍不合者十餘事。又以為王莽本傳，但應載篡事而已，至於編年月，紀災祥，宜為元后本紀。又更始居位，人無異望，光武初為其將，然後即真，宜以更始之號，建於光武之初。書數上，竟不聽。珍及李尤，並見《文苑傳》。《珍傳》云：永寧元年（120），太后詔珍與駒騄作建武已來名臣傳。《尤傳》云：安帝時為諫議大夫，受詔與謁者僕射劉珍俱撰漢記。盧植、馬日磾、蔡邕、楊彪、韓說，《後漢書·盧植傳》：徵拜議郎，與諫議大夫馬日磾、議郎蔡邕、楊彪、韓說等並在東觀校中書五經、記傳，補續漢記。《蔡邕傳》：召補郎，校書東觀。光和元年（178），徙朔方。邕前在東觀，與盧植、韓說等撰補後漢記。會遭事流離，不及得成，因上書自陳，奏其所著《十意》。帝嘉其才高，會明年大赦，乃宥邕還本郡。楊終等是。《後漢書》本傳云：受詔刪太史公書為十餘萬言。《華

陽國志・先賢仕女總贊》云：明帝時，與班固、賈逵並為校書郎，刪太史公書為十餘萬言。案此指後來所記，非談遷之書。亦有私家發憤為之者，則如馮商、班彪是也。見下。《三國志・後主傳平》云：「國不置史，[227] 注記無官，是以行事多遺，災異不書。」然景耀元年 (258)，又書「史官言景星見」。蓋其史職，亦重天文，而闕於注記耳。吳有左、右國史，薛瑩、華覈為之，皆見《吳志》本傳。又《韋曜傳》：諸葛恪輔政，表曜為太史令，撰《吳書》。華覈、薛瑩等皆參與其事。則非專重天象者矣。

注記之職，漢世亦有之。《後漢書・明德馬皇后紀》，自撰顯宗起居注是也。《馬援傳》：援兄子嚴，永平十五年 (72) 詔與校書郎杜撫、班固等雜定建武注記。《和熹鄧皇后紀》：元和五年 (88)，平望侯劉毅，以太后多德政，欲令早有注記，上書安帝，言漢之舊典，世有注記，宜令史官著長樂宮注。帝從之，則亦事後然後從事於裒輯也。

注記撰述，既由於官，遂不免於忌諱回護，而秉筆者或且因之而獲禍焉。《後漢書・蔡邕傳》：董卓被誅，邕在王允坐，言之而嘆，有動於色。允勃然，即收付廷尉。邕陳辭謝，乞黥首刖足，繼成漢史。士大夫多矜救之，不能得。大尉馬日磾馳往，謂允曰：「伯喈曠世逸才，多識漢事，當續成漢史，為一代大典。且忠孝素著，而所坐無名，誅之無乃失人望乎？」允曰：「昔武帝不殺司馬遷，使作謗書，流於後世。方今國祚中衰，神器不固，不可令佞臣執筆，在幼主左右，既無益聖德，復使吾黨蒙其訕議。」此事亦見謝承書，《三國志・董卓傳注》引之。裴松之謂邕情必不黨；縱復令然，不應言於王允之坐；斯殆謝承之妄記。固也。然時必有以馬遷之作為謗書者，[228] 後人乃有此附會之辭。《後書注》引《班固集》云：「司馬遷著書成一家之言，至以身陷刑故，微文刺譏，貶損當世，非義士也。」《三國志・王肅傳》：明帝問肅：「司馬遷以受刑之故，內懷隱

---

[227]　史籍：《國志》言蜀不置史，非無史官。
[228]　史籍：詆《史記》為謗書之誣。

切，著《史記》非貶孝武，令人切齒。」可見當時多有此說。善夫孔僖之言之也，曰：「凡言誹謗者，謂實無此事，而虛加誣之也。至如孝武皇帝，政之美惡，顯在漢史，坦如日月，是為直說書傳實事，非虛謗也。」裴松之亦曰：「遷但不隱孝武之失，直書其事耳，何謗之有乎？」班彪豈不知新末起兵，假托劉氏者，但為愚人習識姓號，乃以姻婭之故，強謂漢承堯後，必當復興，豈非偏私佞媚之尤？而固且敢曲詆司馬氏。烏乎！孟子曰「暴其民甚，則身弒國亡，不甚則身危國削，名之曰幽厲，雖孝子慈孫，百世不能改也」，何其班氏之祖漢，愈於孝子慈孫之暱其父祖也？李法譏史官記事不實，後世有識，尋功計德，必不明信，坐失旨免為庶人。馬后撰顯宗起居注，削去兄防參醫藥事。劉瑜上書陳事，譏切中官，竇武引為侍中。武敗，瑜被誅，宦官悉焚其上書，以為訛言。魏明帝詔收黃初中諸奏陳思王罪狀。公卿已下議：尚書、中祕書、三府、大鴻臚者皆削除之。蓋枉史事以順一人一家之好惡久矣，豈不哀哉！荀悅《申鑑》曰：「得失一朝，榮辱千載，善人勸焉，惡人懼焉。宜於今者，備置史官，掌其典文，紀其行事。每於歲盡，舉之尚書，以助賞罰，以弘法教。」亦幸而其議未行耳，使其行之，黨同伐異，惡直醜正之禍，又可勝道哉？

　　古史皆國自為紀。公卿大夫所稱述，農夫野老之流傳，亦皆散無友紀。及談、遷有作，乃舉古事之可記者，下逮當世，悉網羅之於一編，誠通史之弘著也。抑通史之義有二：萃古今之事於一編，此通乎時者也。合萬邦之事於一簡，此通諸地者也。自古所謂世界史者，莫不以其所知之地為限。當談、遷之時，所知之世界，固盡於其書之所著，則謂其書為當時之世界史可也。其創制之功，亦偉矣哉！遷書之作；班氏父子謂其采《左氏》、《國語》，刪《世本》、《戰國策》，述《楚漢春秋》，[229] 接其後事。據《漢書·遷傳贊》及《後漢書·彪傳》彪論《史記》之語。其言不甚可信。

---

[229]　史籍：謂史公據《左》、《國》、《戰國策》非，《楚漢春秋》亦非陸賈撰。

古人撰錄舊書，例不改其辭句，如《漢書·陳勝列傳》仍《史記·世家》至今血食之文，其明驗也。遷書所述之事，雖與《左》、《國》或同，而其辭絕異，安得謂其曾見《左》、《國》？又其所述，與今《戰國策》，亦有異同，《史記·呂不韋傳》：呂不韋者，陽翟大賈人也。《索隱》：《戰國策》以不韋為濮陽人，又記其事跡，亦多與此傳不同，班固雖云太史公據《戰國策》，然為此傳當別有所聞見，故不全依彼說。或者劉向定《戰國策》時，以己異聞，改易彼書，遂令不與《史記》合也。案此論甚通。則其所見者，亦非今之《戰國策》也。《漢書·遷傳贊》但云「漢興，伐秦定天下，有《楚漢春秋》」，不云誰撰；而《後書·班彪傳》云：「漢興定天下，大中大夫陸賈記錄時功，作《楚漢春秋》九篇。」蓋妄人所改，非彪之舊。今就遷書而剖析之，其所據者蓋有五：[230]《春秋》，一也；《尚書》，其較後者曰語，二也；此古左右史之所記。《春秋》為記事之史，《尚書》為記言之史。由記言推廣之而及於記行，則成今之《國語》矣。《左氏》是否據《國語》纂輯姑措弗論，要其為書，必與《國語》同類，則無疑也。《史記》列傳，即原於語。故在他篇中述及，仍稱為語。如《秦本紀》述商鞅說孝公變法曰「其事在《商君語》中」，《孝文本紀》述大臣誅諸呂，謀立代王曰：「事在《呂后語》中」是也。《蕭相國世家》述呂后與何謀誅韓信曰「語在淮陰侯事中」，《留侯世家》述良解鴻門之危曰「語在項羽事中」，語、事二字，必淺人所互乙。《帝系》、《世本》，三也，此古小史所職。經子之類，四也。身所聞見，五也。遷所據之書，雖不可知，其種類固猶可推見也。繼談、遷之後者：《漢志·春秋家》有《馮商所續太史公》七篇。《後漢書·班彪傳》曰：「司馬遷著《史記》，自太初已後，闕而不錄。後好事者頗或綴集時事，然多鄙俗，不足以蹱繼其書。彪乃繼采前世遺事，旁貫異聞，作後傳數十篇。」《注》曰：「好事者，謂揚雄、劉歆、陽城衡、

---

[230]　史籍：《史記》所據五類。漢人治古史者不以司馬氏為然。班氏刊落新室之美。

褚少孫、史孝山之徒也。」《史通・古今正史篇》則云：「劉向，向子歆，及諸好事者，若馮商、衛衡、揚雄、史岑、梁審、肆仁、晉馮、段肅、金丹、馮衍、韋融、蕭奮、劉恂等，相次撰續，迄於哀、平間，猶名《史記》。至建武中，司徒掾班彪以為其言鄙俗，不足以踵前史；又雄、歆褒美偽新，誤後惑眾，不當垂之後代。此可見新室美政，為彪父子刊落殆盡，而今《漢書》述新室事，絕不足信也，可謂穢史矣。於是采其舊事，旁貫異聞，作後傳六十五篇。」諸家行事，向、歆、揚雄自有傳。馮商已見上。史岑見本集人物篇。晉馮、段肅見《後書・班固傳》。馮衍自有傳。餘七人未詳。據浦起龍《通釋》。然知幾之言，必有所本也。彪子固，以彪所續前史未詳，乃潛精研思，欲就其業。人有上書顯宗，告固私改作國史者。有詔下郡收固繫京兆獄，盡取其家書。固弟超馳詣闕上書，得召見，具言固所著述意，而郡亦上其書。顯宗甚奇之。召詣校書部。除蘭臺令史。與前睢陽令陳宗、長陵令尹敏、司隸從事孟異共成《世祖本紀》。遷為郎，典校祕書。固又撰功臣、平林、新市、公孫述事，作列傳、載記二十八篇，奏之。乃復使終成前所著書。固探續前記，綴集所聞，以為《漢書》。起元高祖，終於孝平、王莽之誅，為斷代史之首焉。彪女名昭，見《後書・列女傳》，云：兄固著《漢書》，其八表及《天文志》未及竟而卒，和帝詔昭就東觀藏書閣踵而成之。又云：《漢書》始出，多未能通者。同郡馬融，伏於閣下，從昭受讀。後又詔融兄續繼昭成之。其後則謝承作《後漢書》，見《三國志・吳本權謝夫人傳》。王化作《蜀書》，《華陽國志・後賢志》：王化，字伯遠，廣漢郪人也。著《蜀書》及詩賦之屬數十篇。其書與陳壽頗不同。韋曜著《吳書》，見前。曜得罪後，華覈上疏救之，曰：《吳書》雖已有頭角，敘贊未述。昔班固作《漢書》，文辭典雅。後劉珍、劉毅等作《漢記》，遠不及固，敘傳尤劣。今《吳書》當垂千載。編次諸史，後之才士，論次善惡，非得良才如曜者，實不可使，闕不朽之書。

如臣頑蔽，誠非其人。曜年已七十，餘數無幾。乞赦其一等之罪，為終身徒，使成書業，永足傳示，垂之百世。皓不許，遂誅曜，徙其家零陵。又《吳志・步騭傳》：周昭與韋曜、薛瑩、華覈共述《吳書》。斷代之體益盛。

漢人頗多留意古史者。班彪譏司馬遷采摭經傳，分散百家之事，甚多疏略，不如其本。張衡條上遷、固所敘與典籍不合者十餘事，有曰：「史遷獨載五帝，不記三皇，今宜並錄。」又曰：「《帝系》黃帝產青陽、昌意，《周書》曰：乃命少昊清，清即青陽也，今宜實定之。」韋曜因獄吏上辭曰：「囚昔見世間有《古曆注》，其所紀載，既多虛誣，在書籍者，亦復錯謬。囚尋按傳記，考合異同，採摭耳目所及，以作《洞紀》。起自庖犧，至於秦、漢，凡為三卷。當起黃武以來，別作一卷。事尚未成。」此書與劉歆之《世經》，可並稱為年代學之嚆矢也。譙周作《古史考》：《晉書・司馬彪傳》曰：「周以《史記》周、秦以上，或采俗語百家之言，不專據正經，於是作《古史考》二十五篇，皆憑舊典，以糾遷之謬誤。」案自西京末葉，考證之學漸興，故多不滿前人所為者。然意存考證而其術未精，則其所去取，不免失當，轉不如博采或直錄者，多存古史之真，此後世之言古史者，所以仍必以《太史公書》為據也。然此特以今日之眼光觀之，在當時，則如譙周等，皆可謂能用心於古史者矣。漢人所作古史，存於今者，又有趙曄之《吳越春秋》，袁康之《越絕書》，皆以傳述之辭為本，看似荒唐，然其可寶，轉在徒摭拾書傳者之上也。

述當代史實者：《漢志》所載：有《奏事》十二篇。《注》曰：秦時大臣奏事及刻石名山文也。《楚漢春秋》九篇。《注》云：陸賈所記。《大古以來年紀》二篇，蓋自大古至當代，故著之《太史公書》後。《漢著記》百九十卷。師古曰：若今之起居注。《漢大年紀》五篇，蓋專記漢世年代者也。《漢書・高帝紀》云：「高祖不修文學，而性明達，好謀能聽。天下既定，命蕭何次律令，韓信申軍法，張蒼定章程，叔孫通制禮，陸賈造

《新語》。」《史記・陸賈傳》曰：「陸生時時前說，稱詩書。高帝罵之曰：乃公居馬上而得之，安事詩書？賈曰：居馬上得之，寧可以馬上治之乎？且湯、武逆取而以順守之。文武並用，長久之術也。昔者吳王夫差、知伯，極武而亡。秦任刑法不變，卒滅趙氏。鄉使秦已並天下，行仁義，法先聖，陛下安得而有之？高帝不懌，而有慚色，乃謂陸生曰：試為我著秦所以失天下，吾所以得之者，及古成敗之國。陸生乃粗述存亡之徵。凡著十二篇。每奏一篇，高帝未嘗不稱善，左右呼萬歲。號其書曰《新語》。」夫既不知文學，安能遠鑑古初？陸生所述，雖或遠及古國，必以當世行事為多也。《後漢書・應奉傳》云：「著《漢書後序》，多所述載。」《注》引袁山崧書曰：「奉又刪《史記》、《漢書》及《漢記》，三百六十餘年，自漢興至其時，凡十七卷，名曰《漢事》。」子劭，又集解《漢書》。《荀悅傳》：獻帝好典籍，常以班固《漢書》，文繁難省，乃令悅依《左氏傳》體，以為《漢紀》三十篇。此並因前賢以成書，要亦當世得失之林也。其志存當代掌故者，當以蔡邕為最。邕所奏十意，曰《律曆》第一，《禮》第二，《樂》第三，《郊祀》第四，《天文》第五，《車服》第六，見《後書》本傳《注》引《邕別傳》。又《續書・律曆志注》載邕戍邊上章曰：「臣自在布衣，常以為《漢書》十志，下盡王莽，而世祖以來，唯有紀、傳，無續志者。臣所師事故太傅胡廣，知臣頗識其門戶，略以所有舊事。雖未備悉，粗見首尾。積累思唯，二十餘年。不在其位，非外吏庶人，所得擅述。天誘其衷，得備著作郎。建言十志皆當撰錄。遂與議郎張華等分受之。」又言：「科條諸志，臣欲刪定者一，所當接續者四，前志所無臣欲著者三。及經典群書，所宜捃摭，本奏詔書，所當依據，分別首目，並書章左。願下東觀，推求諸奏，參以璽書，以補綴遺闕，昭明國體。章聞之後，雖肝腦流離，白骨剖破，無所復恨。」其志亦可謂勤矣。今所傳司馬彪之《律曆志》，仍本於邕。《禮儀》、《天文》二志，原出於邕，《禮儀志》譙周改定，《天文志》

則周所續成，見《注》引謝沈書。《應奉傳》又云：奉為司隸時，並下諸官府郡國，各上前人像贊，子劭乃連綴其名錄，為《狀人紀》。孔休有《季漢輔臣贊》，陳術著《益部耆舊傳》，《三國志・李撰傳》。皆網羅當世名人行事。李固之死，弟子趙承等共論固行跡，以為《德行篇》。郭泰之卒，同志者共刻石立碑。蔡邕為文。既而謂盧植曰：「吾為碑銘多矣，皆有慚德，唯郭有道無愧色耳。」此則專為一人表章者也。然觀邕之言，則知阿私所好之弊，由來已久矣。

　　《漢志》史籍，附著《春秋》之末，後人因謂漢人尚不知重視史籍，非也。《漢書・楊惲傳》：戴長樂告惲，謂惲語長樂曰：「正月以來，天陰不雨，此春秋所記，夏侯君所言也。」[231] 張晏曰：「夏侯勝諫昌邑王曰：天久陰不雨，臣下必有謀上者，《春秋》無久陰不雨之異也。漢史記勝所言，故曰春秋所記，謂說春秋災異者耳。」師古曰：「《春秋》有不雨事，說者因論久陰附著之也。張謂漢史為春秋，失之矣。」案上文又云「惲始讀外祖《太史公記》，頗為春秋」，此兩春秋字，蓋皆泛指史籍言之，則張說實是。觀陸賈著書稱《楚漢春秋》可證。時人言史，蓋分《書》與《春秋》為二科。[232] 司馬遷言《書》長於政，《春秋》長於治人。述其父談之言曰「今漢興，海內一統，明主、賢君、忠臣、義士，予為太史而不論載，廢天下之史文，予甚懼焉」，其自述其志，亦曰「予嘗掌其官，廢明聖盛德不載，滅功臣、賢士大夫之業，墮先人所言，罪莫大焉」；乃述當世之事之遜辭，其意則亦欲「善善惡惡，賢賢賤不肖」，以為「天下儀表」耳。此《春秋》之科也。魏相好觀漢故事及便宜章奏，以為古今異制，方今務在奉行故事而已，數條漢興已來國家便宜行事，及賢臣賈誼、晁錯、董仲舒等所言，奏請施行之。此則《尚書》之科也。又有臨事求索者：如成帝欲治王氏，詔尚書奏文帝時薄昭故事，和帝將誅竇氏，欲得《外戚傳》，惲

---

[231]　史籍：《漢書・楊惲傳》稱漢史為春秋。
[232]　史籍：漢人於史分春秋、尚書為二科。

左右不敢使，乃令清河孝王慶私從千乘王求，夜獨內之。又令慶傳語中常侍鄭眾，求索故事。事見《漢書・元后傳》、《後漢書・章帝八王傳》。《三國・吳志・孫權傳》：嘉禾元年（232）《注》引《江表傳》曰：是冬，群臣奏宜修郊祀。權曰：「郊祀當於土中，今非其所，於何施此？」重奏曰：「昔周文、武郊於酆、鎬，非必土中。」權曰：「武王伐紂，即祚於鎬京而郊其所也，文王未為天子，立郊於酆，見何經典？」復書曰：「伏見《漢書・郊祀志》：匡衡奏從甘泉河東郊於酆」，此等，其視史籍，皆如後人之視成案也。然則《漢志》著《太史公書》於春秋家，乃當時之人視史籍流別如此，安有重經輕史之意乎？然此特學者之見，至流俗，則於記行事之書，通稱為史記。《漢書・五行志》引史記成公十六年單襄公見晉厲公視遠步高云云。顏師古曰：「此志凡稱史記者，皆謂司馬遷所撰也。」齊召南曰：「單襄公見晉厲公，《晉世家》不載，此《國語》文也。下文尚有數處稱史記，皆《國語》文。」案顏說固非，齊說亦未為是。下文又云：「史記秦始皇帝三十六年（前211），鄭客從關東來，至華陰，望見素車白馬從華山上下。知其非人，道住止而待之。遂至。持璧與客曰：為我遺鎬池君。因言今年祖龍死。忽不見。鄭客奉璧，即始皇二十八年（前219）過江所湛璧也。」此事既不出《國語》，亦與《太史公書》不同，足見史記二字，為史籍通稱，特以當時史籍少，故《太史公書》遂冒其一類書之總名耳。

　　士大夫之好史學者：司馬朗父防，雅好《漢書》名臣列傳，所諷誦者數十萬言。《三國志・朗傳注》引司馬彪《序傳》。張裔博涉《史》、《漢》。孟光銳意三史。尹默皆通諸經史。皆見《三國志・蜀志》本傳。《吳志・孫峻傳注》引《吳書》云：留贊好讀兵書及三史。《殿本考證》云：「三史，元本作三略。」孫權欲其子登讀《漢書》，習知近代之事，以張昭有師法，重煩勞之，乃令昭子休從昭受讀，還以授登。見《吳志登傳》，亦見《昭傳》。合此及馬融受《漢書》於班昭之事觀之，知當時史學，亦有傳

授，[233] 如經生之業。此士大夫之受學者。若孫權謂呂蒙、蔣欽，自言統事以來，省三史、諸家兵書，自以為大有所益，欲使蒙、欽亦讀之。《呂蒙傳注》引《江表傳》。王平生長戎旅，手不能書，所識不過十字，而使人讀《史》、《漢》諸紀傳聽之，備知其大義。[234] 往往論說，不失其指。此則所謂開卷有益，亦如治經者之不事章句也。

　　重言輕事，古人積習甚深。故雖愛好史籍，而於史事初不知求實。[235]《三國志・崔琰傳注》引《魏氏春秋》曰：「袁紹之敗，孔融與太祖書曰：武王伐紂，以妲己賜周公。太祖以融學博，謂書傳所記。後見問之，對曰：以今度之，想其當然耳。」時人於古事，率多如此。魏明帝問司馬遷於王肅。見上。肅對曰：「漢武帝聞遷述史記，取孝景及己本紀覽之，於時大怒，削而投之，於今此兩紀有錄無書。後遭李陵事，遂下遷蠶室，此為隱切在孝武，而不在於史遷也。」及華覈疏救韋曜，則曰「武帝以遷有良史之才，欲使畢成所撰，忍不加誅」，皆設辭以悟主，非其實也。言史事如此，述當世之事亦然。《漢書・東方朔傳贊》言後世好事者，取奇言怪語，附著之朔。《朱雲傳贊》言世稱朱雲多過其實。《韋賢傳》言韋孟《諷諫》，乃其子孫所為，可謂頗知核實。然其能如是者亦寡矣。觀本書辨正諸端，亦可見其大略。《後漢書・馬援傳》云：「援自還京師，數被進見。為人明鬚髮，眉目如畫。閑於進對。尤善述前世行事。每言及三輔長者，下至閭里少年，皆可觀聽。自皇太子、諸王侍聞者，莫不屬耳忘倦。」朱雲、東方朔等之見附會，皆善談說如援者之為之也。[236] 然時人頗好講史法。張衡欲作元后本紀，及以更始之號，建於光武之初，即其一端。韋曜撰《吳書》，執以孫和不登帝位，不肯順皓意作紀，亦其事也。裴松之譏孫盛制

---

[233]　史學：漢時史學亦有傳授。
[234]　文學：王平所識不過十字，而使人讀《史》、《漢》聽之，漢文去口語近。
[235]　史籍：言史事不必實。
[236]　史籍：善談人樂聽。

書，多用《左氏》以易舊文，見《魏武帝紀》建安五年（200）及《陳泰傳注》。則重文辭而輕史實者，亦自漢、魏間始矣。

第六節　文學美術

凡文字，必能與口語相合，而其用乃弘。此非古寡辭協音之文所能也。秦、漢繼春秋、戰國之後，為散文極盛之時。然其時之人，所視為文之美者，乃為多用奇字，造句整齊，音調和緩，敷陳侈靡，於是辭賦之學盛，而散文亦稍趨於駢偶矣。

西京初葉，所謂文學者，尚不專指文辭。《漢書・嚴助傳》：「郡舉賢良，對策百餘人，武帝善助對，繇是獨擢助為中大夫。後得朱買臣、吾丘壽王、司馬相如、主父偃、徐樂、嚴安、東方朔、枚皋、膠倉（《藝文志》作聊蒼。從橫家有《待詔金馬聊蒼》三篇。）、終軍、嚴葱奇（《藝文志》作莊忽奇，蓋避明帝諱改。官常侍郎。有賦十一篇。）等，並在左右。是時征伐四夷，開置邊郡，軍旅數發，內改制度，朝廷多事，婁舉賢良文學之士。公孫弘起徒步，數年至丞相。開東閣延賢人與謀議，朝覲奏事，因言國家便宜。上令助等與大臣辯論，中外相應以義理之文，大臣數詘。其尤親幸者，東方朔、枚皋、嚴助、吾丘壽王、司馬相如。相如常稱疾避事，朔、皋不根持論，上頗俳優畜之，唯助與壽王見任用。」諸人中除朔、皋外，固皆有實學者也。然因如朔、皋者亦廁其中，遂為世所輕視矣。《王褒傳》：宣帝令褒與張子僑等並待詔。數從褒等放獵。所幸宮館，輒為歌頌，第其高下，以差賜帛。議者多以為淫靡不急。上曰：「不有博弈者乎？為之猶賢乎已。辭賦大者與古詩同義，小者辯麗可喜，辟如女工有綺縠，音樂有鄭、衛。今世俗猶皆以此虞說耳目。辭賦比之，尚有仁義諷諭，鳥獸、草木多聞之觀，賢於倡優博弈遠矣。」其後太子體不安，忽忽善忘，不樂。詔使褒等皆之太子宮虞侍太子。朝夕誦讀奇文，及所自造

作。疾平乃復歸。辭賦之用如此，此人之所以輕之也。《揚雄傳》：「雄以
賦者將以風之，必推類而言，極麗靡之辭，閎侈巨衍，競於使人不能加
也，既乃歸之於正，然覽者已過矣。往時武帝好神仙，相如上《大人賦》
欲以風，帝反縹縹有凌雲之志。繇此言之，賦勸而不止明矣。又頗似俳
優，淳于髡、優孟之徒，非法度所存，賢人君子詩賦之正也。於是輟而不
為。」夫說而不繹，聽者之過，勸而不止，誦者之失，以此為風，安能與
古詩同義？雄又稱東方朔為滑稽之雄。「非夷、齊而是柳下惠，戒其子以
上容。首陽為拙，柱下為工。飽食安步，以仕易農。」蓋小人志在衣食之
流，尚不足語於患得患失之鄙夫，視淳于髡、優孟之流遠矣。《鹽鐵論·
褒賢篇》：大夫曰：「東方朔自稱辨略，消堅釋石，當世無雙，然省其私
行，狂夫不忍為。」[237] 夫文學貴乎以情相感。有悲天閔人之心而未能喻
諸人者多矣，徒為飽食暖衣之計，而欲使人感動興起，不亦難乎？此等人
在漢世，其進用亦僅恃人主之好尚。司馬相如以訾為郎，為武騎常侍，事
孝景帝。會景帝不好辭賦。是時梁孝王來朝，從遊說之士齊人鄒陽、淮陰
枚乘、吳嚴忌之徒。相如見而悅之。因病免，客遊梁。得與諸侯游士居。
梁孝王薨，相如歸而家貧，無以自業。後武帝讀《子虛賦》而善之，乃得
召。鄉使相如不遇梁王、武帝，則亦終老牖下耳。當時君貴人，好文學者
殊不多，僅漢武、宣、梁孝王、淮南王安、東漢靈帝、魏文帝等數人。魏
明帝青龍四年（236），置崇文觀，徵善屬文者以充之，此亦猶漢靈帝之鴻
都門學，然其規模不如前人之弘遠矣。陳思王等非必不好士，然其力又不
足以養士也。故士之以此自業者尚少也。富饒之地，士亦有樂於事此者，
然亦浮薄者多，如第十三章第五節引《漢書·地理志》言吳、蜀之俗是已。

　　漢世文字，去口語尚不甚遠，觀《史記》可知。《漢書》辭句，率較
《史記》為簡。後人以為班氏有意為之，非也。古人輯錄舊文，例不改其

---

[237]　史籍：東方朔史事，枉夫不忍為。

辭句。《漢書‧陳涉傳》於《史記》至今血食之文，尚未刊落，何暇校計虛字？蓋《史記》在唐以前，通行不如《漢書》之廣，其經傳鈔之次數，即不如《漢書》之多。[238] 昔人讀書，不斤斤於字句，傳鈔時無謂之虛字，率加刪節，鈔胥尤甚，故《漢書》之虛字，較《史記》減少也。然今《史記》雖較《漢書》為繁，而視《史通‧點煩篇》所引則已省，可見今之《史記》，亦為累經刪削之餘。此恐非獨《史》、《漢》為然，一切古書，莫不如是。此可見東周、秦、漢之散文，與語言殊近，其通曉必甚易。王平手不能書，所識不過十字，而口授作書，皆有意理以此。蔡邕當時之為辭賦者曰：「高者頗引經訓風喻之言，下則連偶俗語，有類俳優。」可見辭賦之家亦未嘗不隨俗。漢武、宣之流，豈真能通乎文學？而亦若好尚存焉者，正以是時之文學，尚易通曉故耳。班昭、蔡琰，固天挺異才，馬倫、皇甫規妻等，亦能出言有章，則亦以其時之文字尚不甚艱深也。四人並見《後漢書‧列女傳》。順烈梁皇后、安帝所生母左姬視此，見第一節。

崇尚文辭之風氣，蓋始於漢、魏之間。[239] 隋李諤謂魏之三祖，更尚文詞，競逞文華，遂成風俗是也。《三國志‧文帝紀注》引《魏書》曰：「帝初在東宮，疫癘大起，時人凋傷。帝深感嘆。與素所敬者大理王郎書曰：生有七尺之形，死唯一棺之土。唯立德揚名，可以不朽。其次莫如著篇籍。疫癘數起，士人凋落。余獨何人，能全其壽？故論撰所著《典論》、詩、賦，蓋百餘篇。」然則其好文辭，乃欲僥倖於後世不可知之名，與夫悲天閔人，不能自已而有言者，異其趣矣。宜其崇尚文辭之風日盛，而文學反以陵夷也。《王粲傳》云：「始文帝為五官將，及平原侯植皆好文學。粲與北海徐幹、廣陵陳琳、陳留阮瑀、汝南應瑒、東平劉楨，並見友善。自潁川邯鄲淳、繁欽、陳留路粹、沛國丁儀、丁廙、弘農楊脩、河內荀緯等，亦有文采，而不在此七人之列。」案七人謂粲等加一孔融，文帝《典

---

[238] 文學：《漢書》較《史記》為簡，乃鈔胥所節。
[239] 文學：漢魏對文學觀念之異。

論》以之並舉，後人稱為建安七子者也。《傳》又云：瑒弟璩，璩子貞，咸以文章顯。瑀子籍：才藻豔逸。時又有譙郡嵇康，文辭壯麗。吳質濟陰人，以文才為文帝所善。皆崇尚文辭之風氣中一時之佼佼者也。陳壽《上諸葛氏集表》曰「論者或怪亮文采不豔，而過於丁寧周至」，當時重文輕實之風，亦可見矣。

　詩歌之體，恆隨音樂而變，故欲知一時代之詩歌者，必先知其時之音樂。秦、漢詩、樂，蓋亦一新舊交替之會也。《漢書·樂志》云：漢興，樂家有制氏，以雅樂聲律，世世在大樂官，但能紀其鏗鏘鼓舞，而不能言其義。高祖時，叔孫通因秦樂人制宗廟樂。又有房中祠樂，高祖唐山夫人所作，服虔曰：高帝姬也。楚聲也。孝惠二年（前193），使樂府令夏侯寬備其簫管，更名曰安世樂。高祖廟奏武德文始五行之舞，孝文廟奏昭德文始四時五行之舞，孝武廟奏盛德文始四時五行之舞。武德舞者，高祖四年（前203）作。文始舞者，日本舜韶舞也。五行舞者，本周舞也。四時舞者，孝文所作。孝景采武德舞以為昭德，以尊太宗廟。至孝宣，采昭德舞為盛德，以尊世宗廟。諸帝廟皆常奏文始四時五行舞云。高祖六年（前201），又作昭容樂、禮容樂。昭容主出武德舞，禮容主出文始五行舞。初，高祖既定天下，過沛，與故人父老相樂。醉酒歡哀，作風起之詩。令沛中僮兒百二十人習而歌之。至孝惠時，以沛宮為原廟，皆令歌兒習吹以相和。常以百二十人為員。文、景之間，禮官肄業而已。至武帝定郊祀之禮，乃立樂府，采詩夜誦，有趙、代、秦、楚之謳。以李延年為協律都尉。多舉司馬相如等數十人，造為詩賦。略論律呂，以合八音之調，作十九章之歌。是時河間獻王有雅材，獻所集雅樂，天子下大樂官常存肄之，歲時以備數，然不常御。常御及郊廟，皆非雅聲。至成帝時謁者常山王禹，世受河間樂，能說其義。其弟子宋曅等上書言之。下大夫博士平當等考試。當以為宜領屬雅樂，以繼絕表微。事下公卿，以為久遠難分明，

當議復寢。是時鄭聲尤甚。黃門名倡丙強、景武之屬，富顯於世。貴戚五侯、王氏。定陵、淳于長。富平，張放。外戚之家，淫侈過度，至與人主爭女樂。案貢禹言豪富吏民，畜歌者至數十人。則當時富貴之家，皆有家樂。參看第十五章第二節。哀帝自為定陶王時，疾之，又性不好音，及即位，下詔曰：其罷樂府官。郊祭樂及古兵法武樂在經非鄭、衛之樂者，條奏，別屬他官。丞相孔光、大司空何武奏：大凡八百二十九人，其三百八十八人不可罷，可領屬大樂，其四百四十一人，不應經法，或鄭、衛之聲，皆可罷。奏可。然百姓漸漬日久，又不制雅樂，有以相變，豪富吏民，湛沔自若云。《王褒傳》云：神爵、五鳳之間，天下殷富，數有嘉應，上頗作歌詩，欲興協律之事。丞相魏相奏言知音善鼓雅琴者渤海趙定、梁國龔德，皆召見待詔。於是益州刺史王襄欲宣風化於眾庶，聞王褒有俊材，請與相見，使作《中和樂職宣布詩》，選好事者，令依鹿鳴之聲，習而歌之。《何武傳》：益州刺史王襄使辯士王褒頌漢德，作《中和樂職宣布詩》三篇。武年十四五，與成都楊覆眾等共習歌之。《藝文志》有《雅琴趙氏》七篇，《雅琴龍氏》九十九篇，又有《雅琴師氏》八篇。《注》云：名中，東海人，傳言師曠後。《志》云：武帝時，河間獻王獻八佾之舞，與制氏不相遠。《後漢書·儒林傳》：劉昆能彈雅琴，知清角之操。《三國志·杜夔傳》云：以知音為雅樂郎。中平五年 (188)，疾去官，州郡司徒禮辟，以世亂奔荊州。荊州牧劉表令與孟曜為漢主合雅樂。後表子琮降太祖，太祖以夔為軍謀祭酒，參大樂事。因令創制雅樂。夔善鐘律，聰思過人，絲竹八音，靡所不能，唯歌舞非所長。時散郎鄧靜、尹齊善詠雅樂，歌師尹胡能歌宗廟郊祀之曲，舞師馮肅、服養曉知先代諸舞，夔總統研精，遠考諸經，近采故事，教習講肄，備作樂器。紹復先代古樂，自夔始也。統觀秦、漢之事，則古雅樂傳授非無其人，特人心之好尚已移，故終不如鄭聲之盛耳。詩歌之體，五言蓋即三百篇之變，樂府則依新聲而作

者也。五言未嘗不樸茂有致，然不如樂府之有生氣矣。

　　與眾樂樂，莫如角牴。其原起，已見第十八章第六節。《史記・大宛傳》言：安息王發使隨漢使來，觀漢廣大，以大鳥卵及黎軒善眩人獻於漢。是時上方數巡狩海上。乃悉從外國客，大都多人則過之，散財帛以賞賜，厚具以饒給之，以覽視漢富厚焉。於是大觳抵，出奇戲諸怪物，多聚觀者，行賞賜，酒池肉林，令外國客遍觀各倉庫府藏之積，見漢之廣大，傾駭之，及加其眩者之工。而觳抵奇戲，歲增變甚盛益興，自此始。則武帝時角牴之戲，已雜以西域眩人之技矣。《漢書・西域傳贊》曰：設酒池肉林以饗四夷之客，作巴俞、都盧海中碭極漫衍魚龍角牴之戲，以觀視之。晉灼曰：「都盧國名也。」李奇曰：「都盧，體輕善緣者也。蓋都盧國人善為此技。碭極，樂名也。」師古曰：巴人，巴州人也。俞水名，今渝州也。巴、俞之人，所謂寶人也。勁銳善舞。本從高祖定三秦有功，高祖喜觀其舞，因令樂人習之，故有巴、俞之樂。漫衍者，即張衡《西京賦》所云巨獸百尋，是為漫延者也。魚龍者，為舍利之獸，先戲於庭極，畢，乃入殿前，激水化成比目魚，跳躍漱水，作霧障日。畢，化成黃龍八丈，出水敖戲於庭，炫耀日光。《西京賦》云：「海麟變而成龍，即為此色也。」可以見其概矣。宣帝時，烏孫使來迎少主，天子自臨平樂觀，會匈奴使者、外國君長，大角牴設樂而遣之。元帝初元五年（前44），以貢禹言罷角牴。案王吉亦言去角牴，減樂府，見本傳。然後漢饗遣衛士，仍觀以角牴。見《續漢書・禮儀志》。順帝漢安二年（143），立兜樓儲單于，詔太常、大鴻臚與諸國侍子於廣陽城門外祖會，饗賜作樂，角牴百戲。見《後漢書・南匈奴傳》。而賀正宴饗，亦行魚龍曼延於德陽殿中。德陽殿周旋容萬人，陛高二丈，皆文石作壇，激沼水於殿下。《續書・禮儀志注》引蔡質《漢儀》。其侈如此，宜乎遷、固等之深譏之也。《後漢書・安帝紀》：延平元年十二月乙酉，罷魚龍曼延百戲。

書法成為美術，已見第一節。圖畫則專於人物，多畫古今名人像。有意存法戒者，臧洪答陳琳書曰：「昔晏嬰不降志於白刃，南史不曲筆以求存，故身傳圖像，名垂後世。」成帝幄坐，張畫屏風，畫紂醉踞妲己，作長夜之樂《漢書‧敘傳》。是也。有侈其奇蹟者，廣川殿門畫成慶短衣大袴長劍是也，《漢書‧景十三王傳》。有徒以為美觀者，宋弘燕見，御坐新屏風圖畫列女，光武數顧視之是也。其畫當代人物，有以其功德者，如宣帝畫功臣於麒麟閣，後漢畫列將於雲臺。桓帝徵姜肱不至，下彭城使畫工圖其形是也。有以示勸懲者，應劭《漢官》謂河南郡府聽事壁諸尹畫贊，自建武訖於陽嘉，注其清濁進退，不隱過，不虛譽，甚得述事之實，後人是瞻，足以勸懼是也。《續漢書‧郡國志》河南尹《注》引。有以備掌故者，應奉為司隸，並下諸官府、郡國各上前人像贊是也。人有聲名，為時所慕，圖其形者，尤不可勝計。亦有畫神仙鬼怪之屬者，梁冀大起第舍，圖以雲氣仙靈是已。又能刻木為人像。《三國志‧王朗傳注》引《朗家傳》，言會稽舊祀秦始皇，刻木為象，與大禹同廟是也。漢畫之存於今者，有武梁祠石刻等，可以見其大概。

第七節　自然科學

秦、漢之世，自然科學，以天文曆法為最盛。據《漢書‧律曆志》：古代所傳，有黃帝、顓頊、夏、殷、周、及魯曆。秦以十月為正。漢襲秦正朔。以張蒼言用顓頊曆，《張蒼傳贊》：張蒼好律曆，為漢名相，而專遵用秦顓頊曆，何哉？比於六曆，疏闊中最為微近。然朔晦月見弦望滿虧多非是。至武帝元封七年（前 104），大中大夫公孫卿、壺遂，太史令司馬遷等言：曆紀壞廢，宜改正朔。是時御史大夫兒寬明經術。上乃詔寬與博士共議：今宜何以為正朔？服色何上？寬與博士賜等議，皆曰：推傳序文，則今夏時也。於是以七年為元年。遂詔遷與侍郎尊大、典星射姓等議造漢

曆。姓等奏不能為算，願募治曆者，更造密度，各自增減，以造漢太初曆。乃選治曆鄧平及長樂司馬可、酒泉候宜君、侍郎尊，及與民間治曆者凡二十餘人。方士唐都、巴郡落下閎與焉。都分天部，而閎運算轉曆，與鄧平所治同。乃詔遷：用鄧平所造八十一分律曆。罷廢尤疏遠者十七家。復使校曆律昏明宦者淳于陵渠覆太初曆。晦朔弦望皆最密。陵渠奏狀。遂用鄧平曆。以平為太史丞。元鳳三年，太史令張壽王上書，言傳黃帝調律曆，漢元年以來用之。今陰陽不調，宜更曆之過也。詔下主曆使者鮮於妄人詰問。壽王不服。妄人請與治曆大司農中丞麻光等二十餘人雜候日月晦朔弦望、四節、二十四氣，鈞校諸曆用狀。奏可。詔與丞相、御史、大將軍、右將軍史各一人雜候上林、清臺，課諸曆疏密，凡十一家。以元鳳三年十一月朔旦冬至盡五年十二月，各有第。壽王課疏遠。案漢元年不用黃帝調曆。壽王非漢曆，逆天道，非所宜言，大不敬。有詔勿劾。復候。盡六年（前78）。太初曆第一。即墨徐萬且、長安徐禹治太初曆，亦第一。壽王及待詔李信治黃帝調曆，課皆疏闊。壽王曆，乃太史官殷曆也。壽王候課比三年下，終不服，再劾死，更赦，勿劾，遂不更言，誹謗益甚，竟以下吏。自漢曆初起，盡元鳳六年（前75）三十六歲而是非堅定。至孝成世，劉向總六曆，列是非，作《五紀論》。向子歆，究其微眇，得三統曆及譜，即《漢志》所本也。後漢光武建武八年（32），中太僕朱浮、大中大夫許淑等數上書，言曆不正，宜當改更。上以天下初定，未皇考正。至章帝元和二年（85），乃下詔改行四分曆焉。

　　言天體者有三家：一曰周髀，二曰宣夜，三曰渾天。宣夜之學，絕無師法。周髀數術具存，考驗天狀，多所違失，故史官不用。唯渾天近得其真。《續漢書・天文志注》引蔡邕表。《後漢書・張衡傳注》引《漢名臣奏》同。後漢時張衡善術學。安帝徵拜郎中。再遷為太史令。作渾天儀，著《靈憲》、《算罔論》。《靈憲》見《續書・天文志注》中。《後書注》云：

「衡集無《算罔論》，蓋網落天地而算之，因名焉。」順帝初，再轉，復為太史令。陽嘉元年（132），復造候風地動儀。以精銅鑄成。員徑八丈。合蓋隆起，形似酒尊。飾以篆文山龜鳥獸之形。中有都柱。旁行八道。施關發機。外有八龍，首銜銅丸，下有蟾蜍張口承之。其牙機巧制，皆隱在尊中。覆蓋周密無際。如有地動，尊則振龍，機發吐丸，而蟾蜍銜之，振聲激揚。伺者因此覺知。雖一龍發機，而七首不動，尋其方面，乃知震之所在。驗之以事，合契若神。嘗一龍機發，而地不覺動。京師學者，咸怪其無徵。後數日，驛至，果地震隴西，於是皆服其妙。自此以後，乃令史官記地動所從方起焉。

正朔之議，魏世又一紛更。《三國志・文帝紀》：黃初元年（220）《注》引《魏書》曰：以夏數為得天，故即用夏正。《辛毗傳》云：時議改正朔。毗以為魏氏遵舜、禹之統，應天順民。至於湯、武，以戰伐定天下，乃改正朔。孔子曰：行夏之時。《左氏傳》曰：夏數為得天正，何必期於相反？帝善而從之。則魏初之不改正朔，乃辛毗之議也。《明帝紀》：景初元年正月，山荏縣今山東長清縣東北。言黃龍見。於是有司奏以為魏得地統，宜以建丑之月為正。三月，定曆，改年為孟夏四月，改大和曆曰景初曆。其春、夏、秋、冬，孟、仲、季月，雖與正歲不同，至於郊祀、迎氣、礿、祠、蒸、嘗、巡守、蒐田、分至、啟閉、班宣時令，中氣早晚，敬授民事，皆以正歲斗建為曆數之序。《注》引《魏書》曰：「初，文皇帝即位，以受禪於漢，因循漢正朔弗改。帝在東宮，著論，以為五帝、三王，雖同氣共祖禮不相襲，正朔自宜改變，以明受命之運。及即位，優遊者久之。史官復著言宜改。乃詔三公、特進、九卿、中郎將、大夫、博士、議郎、千石、六百石博議。議者或不同。帝據古典詔曰：今推三統之次，魏得地統，當以建丑之月為正月。」則此舉實出帝獨斷也。《齊王紀》：景初三年十二月，詔曰：「烈祖明皇帝，以正月背棄天下。永唯忌日之哀，其復用

夏正。雖違先帝通三統之義，斯亦禮制所由變改也。又夏正於數得天。其以建寅之月為正始元年正月，以建丑月後十二月。」案歲之始終，宜與農時相合，孔子所以主行夏之時者以此。通三統別是一義。敬授民時，既不能無從夏正，多此紛擾，亦奚以為？秦、漢之世，猶有此等空論，後世迷信既澹，遂無復議此者矣。

地理圖籍，頗為詳備。《漢書・地理志》：琅邪郡長廣縣，奚養澤在西，秦地圖曰劇清池。於欽《齊乘》：高密縣有都濼者，《水經注》謂之夷安潭，秦地圖謂之劇清池。代郡班氏縣，秦地圖書班氏。此語當有訛誤。則秦代地圖，漢世猶有存者。蕭何入關所收，當即此類。《後漢書・鄧禹傳》：從至廣阿，光武舍城樓上，披輿地圖指示禹曰：「天下郡國如是，今始乃得其一，子前言以吾慮天下不足定，何也？」《岑彭傳注》引《續漢書》：辛臣為田戎作地圖，圖彭寵、張步、董憲、公孫述等所得郡國，云：「洛陽所得如掌耳。」《馬援傳》：援為書與隗囂將楊廣曰：「前披輿地圖，見天下郡國百有六所，奈何欲以區區二邦，以當諸夏百有四乎？」此皆天下之總圖。《史記・三王世家》：請令史官御史奉地圖。《漢書・王莽傳》：莽定諸國邑采之處，使侍中講理大夫孔秉等與州部眾郡曉知地理圖籍者共校治。《後漢書・光武紀》：建武十五年 (39)，群臣議封皇子曰：「臣請大司空上輿地圖。」《漢書・溝洫志》：齊人延年上書，言「河出崑崙，經中國注勃海，是其地勢西北高而東南下也。可案圖書，觀地形，令水工準高下，開大河上領，出之胡中，東注之海」。淮南王安日夜與左吳等按輿地圖，部署兵所從入。所據者蓋即此等圖。安諫伐閩越曰：「以地圖察其山川要塞，相去不過寸數，而間獨數百千里。阻險林叢，弗能盡著。視之若易，行之甚難。」蓋其比例小，故不能詳備也。其臨時所畫以備行軍之用者：李陵伐匈奴，至浚稽山，止營，舉圖所過山川地形，使麾下騎陳步樂還以聞。桑弘羊請田輪臺以東，置校尉三人分護，各舉圖地形，《漢書・

西域傳》。趙充國言臣願馳至金城，圖上方略。師古曰：圖其地形。李徇持節使幽州，宣布恩澤，慰撫北狄，所過皆圖寫山川、屯田聚落百餘卷，悉封奏上，肅宗嘉之。張松等畫地圖山川處所，先主由是盡知益州虛實。《三國志‧先主傳》建安十六年（40）《注》引《吳書》。此蓋專供行軍之用。《漢書‧武帝紀》元鼎六年（前 111）《注》引臣瓚曰「浮沮，井名，在匈奴中，去九原二千里，見漢輿地圖」，亦以井泉為朔漠行軍所急，故備著之也。《匡衡傳》：衡封僮之樂安鄉，（僮縣，今安徽泗縣東北）鄉本田隄封三千一百頃，南以閩佰為界。初元元年（前 48）郡圖，誤以閩佰為平陵佰，積十餘歲。衡封臨淮郡，遂封真平陵佰以為界，多四百頃。至建始元年（前 32），郡乃定國界，上計簿更定圖，言丞相府。衡以主簿陸賜署集曹掾。後賜與屬明舉計。郡即復以四百頃付樂安國。衡遣從史之僮收取所還田租穀千餘石入衡家。[240] 衡坐此免。《三國志‧孫禮傳》：遷冀州牧。太傅司馬宣王謂禮曰：「今清河、平原爭界，八年更二刺史，靡能決之。虞、芮待文王而了，宜善分明。」禮曰：「訟者據墟墓為驗，聽者以先老為正，而老者不可加以榎楚，又墟墓或遷就高敞，或徙避仇讎。如今所聞，雖皋陶猶將為難。若欲使必也無訟，當以烈祖初封平原時圖決之。何必推古問故，以益辭訟？今圖藏在天府，便可於坐上斷也。豈待到州乎？」宣王曰：「是也。當別下圖。」禮到，案圖宜屬平原。而曹爽信清河言，下書云：「圖不可用，當參異同。」禮上疏曰：「臣受牧伯之任，奉聖朝明圖，驗地著之界。界實以王翁河為限。而郃以馬丹侯為驗，詐以鳴犢河為界。假虛訟訴，疑誤臺閣。今二郡爭界八年，一朝決之者，緣有解書圖畫，可得尋案櫨校也。平原在兩河向東上，其間有爵堤，爵堤在高唐西南，所爭地在高唐西北，相去二十餘里，可為長嘆息流涕者也。」觀此二事，可知當時郡各有圖，且附之以解，而登諸天府。總圖所據，當即此等分圖也。

---

[240]　封建：封者收租穀。

《後漢書・明德馬后紀》云：永平十五年（72），帝按地圖，將封皇子，悉半諸國。後見而言曰：「諸子食數縣，不已儉乎？」帝曰：「我子豈宜與先帝子等乎？歲給二千萬足矣。」《孝明八王傳》：肅宗案輿地圖，令諸國戶口皆等，租入歲各八千萬。則戶口之數，附著於圖。蕭何收秦圖書，而高祖具知戶口多少以此。《三國志・秦宓傳》：宓與王商書曰「《地理志》文翁唱其教，相如為之師」，此蓋今《漢志》所本。又《魏志・四裔傳注》引《魏略・西戎傳》云「《西域舊圖》云：罽賓、條支諸國出琦石，即次玉石也」，則又附記物產。此可推見古代圖經之體，亦即後世方志之本也。地理之學，是時尚無足觀，然分野之說，雖云原本天文，亦頗能包舉山川大勢。見《漢書・地理志》。《續漢書・郡國志注》引《帝王世紀》，亦著其說。《漢志》推論九州風俗，本諸地理，頗有今人生地理學之意。《天文志》曰：「自河山以南者中國。中國於四海之內，則在東南為陽。其西北則胡、貉、月氏，旃裘引弓之民為陰。故中國山川東北流，其維首在隴、蜀，尾沒於勃海、碣石。」亦頗能包舉山川形勢也。

　　秦時焚書，所不去者，醫藥、卜筮、種樹之書。卜筮之書不足道。種樹之術，已略見第十六章第一節。醫家著於正史者，為先漢之倉公，後漢之華佗。倉公者，齊大倉長。姓淳于氏，名意。即第十八章第七節所云犯罪當刑，其女緹縈上書，而文帝為之除肉刑者也。倉公嘗見事數師，悉受其要事，盡其方書，而其最後受學者，為臨菑元里公乘陽慶。慶謂意曰：「盡去而方書，非是也。慶有古先道遺傳黃帝、扁鵲之《脈書》、《五色診病》；知人生死，決嫌疑，定可治，及藥論書甚精。我家給富，心愛公，欲盡以我禁方書悉教公。」意對詔問曰：「病名多相類不可知，故古聖人為之脈法，以起度量，立規矩，縣權衡，案繩墨，調陰陽，別人之脈各名之。與天地相應，參合於人，故乃別百病以治之。」又曰：「意治病人，必先切其脈乃治之。」其自述治驗，無一不「切其脈」者。蓋治病之最難者

為診察，診察之術，古以望、聞、問、切並稱，而四診之中，又以切為最難，故醫家之能致力於是者，其技必較精也。意對詔問所稱「大陽」、「少陽」、「陽明」、「厥陰」等名，與《傷寒論》同；又謂胃氣黃，黃者土色，說亦與《素問》等書合；知古醫學雖或有派別，而本原則同也。意治病雖亦兼用針灸，然用湯液時似多，亦或用藥酒。至華佗則尤以手術名。《三國志》本傳云：佗精方藥。其療疾，合湯不過數種。心解分劑，不復稱量，煮熟便飲，語其節度，捨去輒愈。若當灸，不過一兩處，每處七八壯，病亦應除。若當針，亦不過一兩處。下針言當引某許，若至語人。病者言已到，應便拔針，病亦行差。若病結節在內，針藥所不能及，當須刳割者，便飲其麻沸散。須臾，便如醉死無所知，因破取病。若在腸中，便斷腸湔洗，縫腹膏摩，四五日差，不痛，人亦不自寤。一月之間，即平復矣。案今人動言中醫不知解剖之學，故不知人體生理，此說實誤。「人死則可解剖而視之」，語見《靈樞經·水篇》。《漢書·王莽傳》：莽得翟義黨王孫慶，使大醫、尚方與巧屠共刳剝之，量度五藏；以竹筳導其脈，知所終始；云可以治病。莽雖事事皆好求精，然此事必前有所承，不然，不能創為也。關羽嘗中流矢，破臂作創，刮骨去毒，則刳割之事，亦非凡醫所不能為，特其技有精有不精耳。《三國志·賈逵傳注》引《魏略》云：逵前在弘農，與典農校尉爭公事，不得，乃發憤，生癭。後所病稍大，自啟欲令醫割之。太祖惜逵忠，恐其不治，教謝主簿：「吾聞十人割癭九人死。」逵猶行其意，而癭愈大。逵之不癒，或不容歸咎於醫，然諺語亦必有由，不容盡誣也。佗之妙，或在其麻沸散，麻醉藥為醫家一大發明。病有非刳割不治者，無此，人或憚痛苦而不敢治；或雖不憚，而痛苦非人所能堪；於法遂不可治也。《三國志·呂蒙傳》：蒙疾病，孫權時在公安，迎置內殿，每有針加，為之慘戚，即以無麻醉藥，不能使病者免於痛苦也。然後世鈴醫猶有其方，見《串雅》。則亦非佗所獨也。是時醫家頗自祕其技。《史

記‧扁鵲列傳》：長桑君呼扁鵲私坐，間與語曰：「我有禁方，年老，欲傳與公，公毋泄。」此即陽慶所謂禁方。慶亦謂淳于意曰：「慎毋令我子孫知若學我方也。」意又學於公孫光。既受方化陰陽及傳語法，未詳。欲盡受他精方。光曰：「吾方盡矣，不為愛公所。吾身已衰，無所復事之。是吾年少所受妙方也。悉與公。毋以教人。」意曰：「意死不敢妄傳人。」光又告意曰：「吾有所善者，皆疏同產，處臨菑。善為方，吾不若。其方甚奇，非世之所聞也。吾年中時，嘗欲受其方。楊中倩不肯，曰：若非其人也。胥與公往見之。」醫家之自祕如此，此其技之所以多不傳與？淳于意言陽慶家富，不肯為人治病。自言家貧欲為人治病，而史亦言其或不為人治病，病家多怨之。蓋通其術者少，則富給者敖很自尊，貧寠者靳其長以要重賞矣。《三國志‧華佗傳》云：「本作士人，以醫見業，意常自悔。後太祖親理得病，篤重，使佗專視。佗曰：此近難濟，恆事攻治，可延歲月。佗久遠家，思歸，因曰：當得家書，方欲暫還耳。到家，辭以妻病，數乞期不反。太祖累書呼，又敕郡縣發遣，佗恃能厭食事，猶不上道。太祖大怒。使人往檢。若妻信病，賜小豆四十斛，寬假限日。若其虛詐，便收送之。」佗卒以是死。《志》又言佗曉養性之術，時人以為年且百歲，而貌有壯容，則亦李少君之流，恃方以自食者，安得云本作士人？其屢呼不應，全是富給之後，恃能驕蹇耳，宜乎魏祖之深惡之也。中國醫家，為後世所宗者，莫如張仲景。仲景名機。《隋志》有其方十五卷。《新》、《舊唐志》同。又有其《療婦人方》十二卷，皆不傳。其傳於後者曰《傷寒雜病論》，凡十六卷。《新唐書‧藝文志》作《傷寒卒病論》十卷。蓋傳者或析其論傷寒者十卷，論雜病者六卷各為一書，《唐志》以十卷者冒全書之名，而又誤雜為卒也。今《傷寒論》尚存，而序次有疑義，為醫家聚訟之端。《雜病論》只有節本，改名曰《金匱玉函要略》，乃趙宋之世館閣所藏也。仲景正史無傳，行事不可知。其《自序》云為長沙太守。然《自序》似係偽物，不

足信也。

本草之學，漢世亦自成一家。平帝元始四年（4）所徵異能之士，有通本草者，已見第一節。《郊祀志》言成帝罷遣方士，方士使者副佐本草待詔七十餘人皆歸家。《游俠傳》：樓護父世醫，護少隨父為醫長安，誦醫經、本草、方術數十萬言，皆是。又宣帝許後之死，由於乳醫淳于衍，見《漢書·霍光傳》。而黃憲父為牛醫，淳于意、華佗皆針藥兼擅，《後漢書·方術傳》之郭玉，則特長於針科，益亦各有所長也。

第八節　經籍

秦世焚書之令，未必真能盡天下之書，已見第十九章第三節。劉歆移太常博士，謂漢興天下唯有易卜，未有它書，乃不審之辭也。或其時王室藏庋甚微耳。《漢書·藝文志》曰：「秦燔滅文章，以愚黔首。漢興，改秦之敗，大收篇籍，廣開獻書之路。迄孝武世，書缺簡脫，禮壞樂崩，聖上喟然而嘆曰：朕甚閔焉，於是建藏書之策，如淳曰：劉歆《七略》曰：外則有太常、太史、博士之藏，內則有廷閣、廣內、祕室之府。置寫書之官。下及諸子、傳說，對儒家之書言。皆充祕府。至成帝時，以書頗散亡，使謁者陳農求遺書於天下。詔光祿大夫劉向校經傳、諸子、詩賦，步兵校尉任宏校兵書，太史令尹咸校數術，侍醫李柱國校方技。《成帝紀》：河平三年（前26），光祿大夫劉向校中祕書，謁者陳農使，使求遺書於天下。師古曰：言令陳農為使。下使，使之求遺書也。竊疑以陳農為都使，其下當更有分使。不然，一人安能遍行天下邪？每一書已，向輒條其篇目，最其指意，錄而奏之。會向卒，哀帝復使向子侍中奉車都尉歆卒父業。歆於是總群書而奏其七略。故有輯略，有六藝略，有諸子略，有詩賦略，有兵書略，有術數略，有方技略。事亦見向、歆本傳。《敘傳》云：班斿與劉向校祕書。《後漢書·蘇竟傳》，言王莽時與劉歆等共典校書。

今刪其要，以備篇籍。」蓋至武帝之世而藏書稍備，成、哀以後而校理始精。《班志》大凡書六略，三十八種，五百九十六家，萬三千二百六十九卷。此數諸書頗互異，顧實《藝文志講疏》曰：《論衡案書》：六略之錄，萬三千篇。沈欽韓說：輯略匯別群書，標列恉趣，若志之小序，實止六略耳。《廣弘明集》載《梁七錄》引本志，二百作三百。總核前載家數，多八十一，篇數少九百九十四。又載《七略》曰：書三十八種，六百三家，一萬三千二百一十九卷。較班《志》多七家。班自注入三家，省兵十家，足以相證，而篇數則難考。《隋志》誤言七略大凡三萬三千九十卷，《通考》同。《舊居志》復言《漢志》載三萬三千九百卷，不足論矣。然總可見漢世王室藏書之大概也。

　　後漢藏書之處，時曰東觀。《後漢書‧安帝紀》永初五年（111）《注》曰：《洛陽宮殿名》曰：南宮有東觀。和帝嘗幸東觀，覽書林，閱篇籍，博選藝術之士，以充其官。《本紀》永元十三年（101）。安帝時，和熹鄧皇后秉政，博選諸儒劉珍等，及博士、議郎、四府掾史讎校。見《後紀》。事在永初四年（110），見《紀》。劉珍見《文苑傳》。事又見《宦者蔡倫傳》。歷代名儒，從事校讎者甚多，如竇章、融玄孫，見《融傳》。賈逵、班固、馬融、蔡邕，皆見本傳。融又見《劉珍傳》，邕又見《盧植傳》。盧植、本傳。馬日磾、楊彪、韓說，皆見《盧植傳》，《三國志‧袁術傳注》引《三輔決錄注》：馬日磾與楊彪、盧植、蔡邕等典校中書。孔僖、本傳。傅毅、《文苑》本傳。劉騊駼、見《劉珍傳》。高彪《文苑》本傳。等是也。《儒林傳》云：「光武遷都洛陽，其經牒祕書，載之二千餘兩。自此以後，參倍於前。及董卓移都之際，吏民擾亂，自辟雍、東觀、蘭臺、石室、宣明、鴻都諸藏，典策文章，競共剖散。其縑帛圖書，大則連為帷蓋，小乃製為縢囊。及王允，所收而西者，裁七十餘乘。道路艱運，復棄其半矣。後長安之亂，一時焚蕩，莫不泯盡焉。」《王允傳》：「董卓遷都關中，允

悉收斂蘭臺、石室圖書、祕緯要者以從，既至長安，皆分別條上。經籍具存，允有力焉。」此東京圖籍聚散之大略也。

魏之三祖，皆好文章，其所採集，當較廣博，惜史無可徵。《三國志・蜀志》云：先主定蜀，承喪亂曆紀，學術衰廢，乃鳩合典籍，沙汰眾學。許慈、胡潛，並為博士。與孟光、來敏等，典掌舊文。直庶事草創，動多疑議。慈、潛更相剋伐，謗讟忿爭，形於聲色。書籍有無，不相通借，《許慈傳》。可見其所藏之少矣。東吳孫休，頗稱好學。嘗命韋曜依劉向故事，校定眾書。亦有東觀。孫皓時華覈嘗為其令，皆見本傳。

漢世藏書，亦頗祕惜。《漢書・百官公卿表》：元鳳四年（前 77），蒲侯蘇昌為太常。十一年（前 67），地節三年。坐籍霍山書泄祕書免。師古曰：「以祕書借霍山。」顧亭林曰：「師古說非也。蓋籍沒霍山之書，中有祕記，當密奏之，而輒以示人，故以宣泄罪之耳。山本傳言山坐寫祕書，顯為上書獻城西第，入馬千匹，以贖山罪。若山之祕書，從昌借之，昌之罪將不止免官，而元康四年（前 62），昌復為太常，薄責昌而厚繩山，非法之平也。且如顏說，云坐借霍山祕書免足矣，何用文之重辭之復乎？」案顧說是也。觀東平思王求書不與之事，見第五節。可見漢世之祕惜，多屬無謂。然臣下之得受賜書者，則為異數矣。《漢書・敘傳》言：班斿與劉向校書，每奏事，斿以選受詔進讀群書，上器其能，賜以祕書之副。時書不布，自東平思王以叔父求太史公諸子書，大將軍白不許。案成帝賜班氏者，恐亦不能甚多，《敘傳》乃班氏自誇之辭，不足信也。《後漢書・竇融傳》：光武賜融以外屬圖及太史公《五宗》、《外戚世家》、《魏其侯列傳》，此乃意存風諭。章帝賜東平憲王以祕書列仙圖、道術方，則為異數。明帝賜王景以《山海經》、《河渠書》、《禹貢圖》，亦非常典也。是時唯《五經》刻石以共眾覽，已見第二節，《三國志・明帝紀》：大和四年（230），詔太傅三公以文帝《典論》刻石，立於廟門外。

　　《漢書・景十三王傳》曰：「河間獻王德，修學好古，實事求是。從民得善書，必為好寫與之，留其真，加金帛賜以招之。當時獻書，多有賞賜。《後漢書・孔融傳》：魏文帝深好融文辭，募天下：有上融書者，輒賜以金帛。繇是四方道術之人，不遠千里。或有先祖舊書，多奉以奏獻王者。故得書多與漢朝等。是時淮南王安亦好書。所招致率多浮辯。獻王所得書，皆古文先秦舊書《周官》、《尚書》、《禮》、《禮記》、《孟子》、《老子》之屬，皆經、傳、說、記七十子之徒所論。」此文疑有竄易，非《班書》本文。[241] 古「有」、「或」同音相借，二字連文，顯非古語。下文辭尤錯亂，《老子》豈七十子之徒所論邪？然河間、淮南藏書最富，則無足疑也。《後漢》私家藏書，當以蔡邕為最多。《後書・列女傳》：曹操問邕女琰曰：「聞夫人家先多墳籍，猶能憶識之不？」琰曰：「昔亡父賜書四千餘卷，流離塗炭，罔有存者。今所誦憶，裁四百餘篇耳。」《三國志・鍾會傳注》引《博物誌》云：蔡邕有書近萬卷。末年載數車書與王粲。粲亡後，相國掾魏諷謀反，粲子與焉。既被誅，粲所與書，悉入王業。《王粲傳》：粲徙長安，蔡邕見而奇之。[242] 時邕才學顯著，貴重朝廷。常車騎填巷，賓客盈坐。聞粲在門，倒屣迎之。粲至，年既幼弱，容狀短小，一坐盡驚。邕曰：「此王公孫也。有異才，吾不如也。吾家書籍文章，盡當與之。」可謂有太公之心矣。魏武帝破南皮，閱王脩家，有書數百卷。向朗年逾八十，猶手自校書，刊定謬誤。積聚篇卷，於時最多。亦士夫之好收藏者也。魏武帝破袁紹，盡收其輜重、圖書、珍寶。見本紀建安五年（200）。呂布之破也，太祖給眾官車各數乘，使取布軍中物，唯其所欲。眾人皆重載，唯袁渙取書數百卷、資糧而已。《三國志》本傳《注》引《袁氏世紀》。則雖軍中亦有圖書，可見好尚者之眾。然無書而口相傳授者仍甚多。[243]《三國志・賈逵

---

[241]　經籍：《漢書》言河間獻王得書辭有竄亂。
[242]　經籍：保守似以贈人為最美，如蔡邕之於王粲。猶禪讓也。
[243]　學術：口耳相傳。

傳》云：自為兒童，戲弄常設部伍。祖父習異之，曰：汝大必為將率。口授兵法數萬言。曹操欲使十吏就蔡琰寫所憶書，琰繕送之，文無遺誤。其所孰誦，亦不少矣。《後漢書·王充傳》云：家貧無書，常游洛陽市肆，閱所賣書，一見輒能誦憶。《荀淑傳》：孫悅，家貧無書，每之人間，所見篇牘，一覽多能誦記。亦以其時習於口耳相傳，故其記憶之力特強也。班固被召詣校書郎，弟超與母隨至洛陽，為官傭書以供養。先主遺詔敕後主曰：聞丞相為寫《申》、《韓》、《管子》、《六韜》一通已畢，未送道亡，可自更求聞達。《三國志·先主傳注》引《諸葛亮集》。劉梁少孤貧，賣書於市以自資。《後漢書·文苑傳》。闞澤為人傭書，以共紙筆。此皆當時所謂寫書者。印刷未興，移謄非易，此稽書者之所以難也。

　　《三國志·魏文帝紀》曰：帝好文學，以著述為務。自所勒成垂百篇。又使諸儒撰集經傳，隨類相從，凡千餘篇，號曰《皇覽》。《楊俊傳注》引《魏略》云：王象受詔撰《皇覽》。從延康元年（220）始，撰集數歲成，藏於祕府。合四十餘部，部有數十篇，通合八百餘萬字。此事蓋以象為主，而桓範、《曹爽傳注》引《魏略》。劉劭，亦參與焉。《陳群傳注》引《魏書》：正始中，詔撰群臣上書，以為《名臣奏議》。[244] 此為官纂書籍及編類書之始。《後漢書·張奐傳》，奏所定《尚書章句》，詔下東觀，則私家著書之呈進者也。

　　愛好古物之風，亦始於漢。[245] 梁孝王有雷尊，直千金，戒後世：善寶之，毋得以與人，《漢書·文三王傳》。河間獻王得善書，必寫與之而留其真，則亦不徒好其書矣。然作偽及附會之風，亦已萌櫱。《後漢書·竇融傳》云：南單于於漠北遺憲古鼎，容五斗。其旁銘曰：「仲山甫鼎。其萬年。子子孫孫永保用。」夫苟仲山甫物，何緣而入漠北邪？《光武十王傳》：建初三年（78），賜東平王蒼及琅邪王京書曰：「今魯國孔氏，尚有仲

---

[244]　經籍：《皇覽》蓋類書之始。魏相好觀漢故事。正始中魏撰《名臣奏議》。
[245]　古物：愛好古物始漢，作偽亦如此。

尼車輿、冠履。」《注》云：「孔子廟在魯曲阜城中。」伍緝之《從西征記》
曰：「魯人藏孔子所乘車於廟中，是顏路所請者也。」《鍾離意傳注》引《意
別傳》曰：「意為魯相，到官，出私錢萬三千文付戶曹孔訴修夫子車身。入
廟，拭幾席、劍履。男子張伯除堂下草，土中得玉璧七枚，伯懷其一，以
六枚白意。意令主簿安置幾前。孔子教授堂下床首有縣甕。意召孔訴，問
其何甕也？對曰：夫子甕也。背有丹書，人莫敢發也。意曰：夫子聖人，
所以遺甕，欲以縣示後賢。因發之。中得素書。文曰：後世修吾書，董仲
舒。護吾車，拭吾履，發吾笥，會稽鍾離意。璧有七，張伯藏其一。意即
召問伯，果服焉。」車而知為顏路所請，已奇矣。甕中素書，不尤極弔詭
之致邪？

第八章　秦漢宗教

第一節　祠祭之禮

　　古人率篤於教，故其祭祀之禮甚煩。又各地方各有其所奉之神，秦、漢統一以後，逐漸聚集於中央，其煩費遂愈甚。經元、成之釐正，而其弊乃稍除。此亦宗教之一大變，不能不歸其功於儒者之持正也。

　　秦襄公既侯，居西垂，自以為主少皞之神，作西畤，祠白帝。其後十六年，秦文公東獵汧、渭之間，卜居之而吉。文公夢黃蛇自天下屬地，其口止於鄜衍。鄜地名。後漢置鄜縣於此。今陝西洛川縣。山阪曰衍。文公問史敦。敦曰：「此上帝之徵，君其祠之。」於是作鄜畤，用三牲，郊祭白帝焉。自未作鄜畤也，而雍旁故有吳陽武畤，雍東有好畤，皆廢無祠。或曰：「自古以雍州積高，神明之隩，故立畤郊上帝，諸神祠皆聚云。蓋黃帝時嘗用事？雖晚周亦郊焉？」其語不經見，搢紳者不道。作鄜畤後九年，文公獲若石云。於陳倉北阪城祠之。其神或歲不至，或歲數來。來也，常以夜，光輝若流星，從東南來，集於祠城，則若雄雞其聲殷云。野雞夜雊。命曰陳寶。作鄜畤後七十八年，秦德公既立，卜居雍。後子孫飲馬於河。遂都雍。雍之諸祠自此興。秦宣公作密畤於渭南，祭青帝。秦靈公作吳陽上畤，祭黃帝。作下畤，祭炎帝。櫟陽雨金，秦獻公自以為得金瑞，故作畦畤櫟陽，而祀白帝。始皇既封禪，遂出遊海上。行，禮祠名山大川及八神。見第五章第九節。二世元年（前 209），東巡碣石，並海南，歷泰山，至會稽，皆禮祠之。自五帝以至秦，名山大川，或在諸侯，或在天子，其禮損益世殊，不可勝記，及秦並天下，令祠官所常奉天地、名山、大川、鬼神，可得而序也。於是自殽以東名山五：曰大室、恆

山、泰山、會稽、湘山。大川祠二：曰濟，曰淮。自華以西名山七：曰華山、薄山、岳山、岐山、吳岳、鴻塚、瀆山。水曰河，祠臨晉。沔、祠漢中。湫淵、祠朝那。江水。祠蜀。陳寶節來祠。灞、產、長水、灃、澇、涇、渭，皆非大川，以近咸陽，盡得比山川祠。沂、洛、二淵、鳴澤、蒲山、岳嶽山之屬為小山川。而雍有日、月、星辰、南北、熒惑、大白、歲星、填星、二十八宿、風伯、雨師、四海、九臣、十四臣、諸布、諸嚴、諸逑之屬百有餘廟。西亦有數十祠。於湖，有周天子祠。於下邽，有天神。灃、滈有昭明，天子辟池。於社亳，徐廣云：京兆杜縣有亳亭。社字誤，合作杜。案杜縣，後改杜陵，在今陝西長安縣東南。有三社主之祠，壽星祠。而雍菅廟亦有杜主。各以歲時奉祠。唯雍四時上帝為尊，其光景動人民唯陳寶。三年一郊。秦以冬十月為歲首，故常以十月上宿郊見，通權火，拜於咸陽之旁，而衣尚白，其用如經祠云。西時、畦祠如其故，上不親往。諸此祠皆大祝常主，以歲時奉祠之。至如他名山川、諸鬼及八神之屬，上過則祠，去則已。郡縣遠方神祠者，民各自奉祠，不領於天子之祝官。

　　高祖初起，禱豐枌榆社。徇沛，為沛公，則祠蚩尤，釁鼓旗。二年（前205），東擊項籍，而還入關，問故秦時上帝祠何帝也？對曰：「四帝。有白、青、黃、赤帝之祠。」高祖曰：「吾聞天有五帝，而有四，何也？」莫知其說。於是高祖曰：「吾知之矣，乃待我而具五也。」乃立黑帝祠，命曰北畤。有司進祠，上不親往。悉召故秦祝官，復置大祝、大宰，如其故儀禮。因令縣為公社。下詔曰：「吾甚重祠而敬祭。今上帝之祭及山川諸神當祠者，各以其時禮祠之如故。」後四歲，天下已定，詔御史：令豐謹治枌榆社。令祝官立蚩尤之祠於長安。長安置祠祝官、女巫。其梁巫祠天地、天社、天水、房中、堂上之屬。晉巫祠五帝、東君、雲中、司命、巫社、巫族人、先炊之屬。秦巫祠社主、巫保、族累之屬。荊巫祠堂下、巫

兒、司令、施糜之屬。九天巫祠九天。皆以歲時祠宮中。其河巫祠河於臨晉，而南巫祠南山秦中。其後二歲，或曰：周興而邑郃，立后稷之祠，至今血食天下。於是高祖制詔御史：其令郡國縣立靈星祠。十年（前197）春，有司請令縣常以春三月及時臘祠社稷，以羊豕。民里社各自財以祠，制曰可。直干戈之際，草創之時，日不暇給，而其篤於祠祭如此，可見其時之風氣矣。

其後十八年，孝文帝即位。始名山大川在諸侯，諸侯祝各自奉祠，天子官不領。及齊、淮南國廢，令太祝盡以歲時致禮如故。十五年（前165）春，黃龍見成紀，上乃下詔議郊祀。語據《漢書》本紀，參看第三節。夏四月，文帝始郊見雍五畤。其明年，趙人新垣平以望氣見上。言「長安東北有神氣，成五彩，若人冠才焉。」或曰：「東北神明之舍，西方神明之墓也。天瑞下，宜立祠上帝，以合符應。」於是作渭陽五帝廟。夏四月，文帝親拜灞、渭之會，以郊見渭陽五帝。《漢書・郊祀志》：王莽奏言：孝文十六年（前164），用新垣平，初起渭陽五帝廟。祭泰一、地祇，以太祖高皇帝配。日冬至祠泰一，夏至祠地祇，皆並祠五帝。權火舉而祠若光輝然，屬天焉。於是貴平上大夫，賜累千金，而使博士諸生刺《六經》中作《王制》，謀議巡狩封禪事。文帝出長安門，若見五人於道北，遂因其直北立五帝壇。其明年，新垣平使人持玉杯上書闕下獻之。平言上曰：「闕下有寶玉氣來者。」已視之，果有獻玉杯者，刻曰人主延壽。平又言臣候日再中。居頃之，日卻復中。於是始更以十七年為元年（前163），令天下大酺。平言曰：「周鼎亡在泗水中。今河溢通泗。臣望東北汾陰直有金寶氣，意周鼎其出乎？兆見，不迎則不至。」於是上使使治廟汾陰，南臨河，欲祠出周鼎。人有上書告新垣平所言氣、神事皆詐也。下吏治，誅夷新垣平。自是之後，文帝怠於改正朔服色、神明之事，而渭陽、長門五帝，使祠官領，以時致禮，不往焉。孝景即位，十六年，祠官各以歲時祠如故，

無有所興。

武帝信方士，已見第五章第九節。凡其所興祠：「太一、后土三年親郊祠。建漢家封禪，五年一修封。薄忌、太一及三一、冥羊、馬行、赤星五寬舒之祠，官以歲時致禮。凡六祠，皆大祝領之。至如八神、諸神、明年、凡山、他名祠，行過則祠，行去則已。方士所興祠，各自主其人，終則已，祠官不主。他祠皆如其故。」以上略據《史記・封禪書》。昭帝即位，富於春秋，未嘗親巡祭。宣帝即位，霍光輔政，非宗廟之祠不出。神爵元年正月，上始幸甘泉，郊見泰時。其三月，幸河東祠后土。詔太常以四時祠江、海、洛水。自是五嶽、四瀆，皆有常禮。時南郡獲白虎，獻其皮牙爪，上為立祠。又以方士言，為隨侯劍、寶玉、寶璧、周康寶鼎立四祠於未央宮中。又祠大室山於即墨，三戶山於下密，漢縣，今山東昌邑縣東南。祠天封苑、火井於鴻門。又立歲星、辰星、大白、熒惑、南斗祠於長安城旁。又祠參山、八神於曲城（漢縣，今山東掖縣東北）。蓬山、石社、石鼓於臨朐。之罘山於腄，成山於不夜（漢縣，今山東丈登縣東北）。萊山於黃。成山祠日，萊山祠月。又祠四時於琅邪，蚩尤於壽良（漢縣，今山東東平縣西南）。京師近縣：鄠則有勞谷、五床山、日月、五帝、仙人、王女祠。雲陽有徑路神祠，祭休屠王也。又立五龍山仙人祠，及黃帝、天神、帝原水凡四祠於膚施。或言益州有金馬碧雞之神，可醮祭而致。於是遣諫大夫王襃使持節而求之。以上據《漢書・郊祀志》。時頗侈言群瑞。屢改元。神爵、五鳳、甘露、黃龍。嘗以反皇集祋祤（漢縣，今陝西耀縣東），於所集處得玉寶，起步壽宮。神爵二年（前 60）。又以鳳凰集上林，起鳳凰殿。神爵四年（前 58）。其於武帝，亦可謂具體而微矣。要之武、宣之世，乃漢室祭禮煩費最甚之時也。

其宗廟之禮，亦煩費不省。高祖十年（前 197），令諸侯王都皆立太上皇廟。至惠帝，尊高帝廟為太祖廟。十二年（前 195），令郡諸侯王立高

廟。景帝元年（前 156），尊文帝為太宗。行所嘗幸郡國，各立太祖、太宗廟。宣帝本始二年（前 72），復尊孝武廟為世宗廟。巡守所幸郡國亦立焉。是為漢世所謂郡國廟。又諸陵皆有園寢。《續漢書・祭祀志》曰：承秦所為也。說者以為古宗廟前制廟，後制寢，以像人之居前有朝後有寢也。廟以藏主，以四時祭。寢有衣冠幾杖象生之具，以薦新物。秦始出寢，起於墓側，漢因而弗改，故陵上稱寢殿，起居衣服象生人之具，古寢之意也。[246] 建武以來，關西諸陵，以轉久遠，但四時特牲祠，帝每幸長安謁諸陵，乃大牢祠。自洛陽諸陵至靈帝，皆以晦、望、二十四氣、伏、臘及四時祠廟日上飯。大官送用物，園令食監典省。其親陵所宮人，隨鼓漏理被枕，具盥水，陳嚴具。惠帝又以叔孫通言作原廟。《漢書・通傳》：惠帝為東朝長樂宮及閒往，數蹕煩民，作複道。方築武庫南，通奏事，因請閒曰：「陛下何自築複道？高帝寢衣冠月出遊高廟，子孫奈何乘宗廟道上行哉？」惠帝懼，曰：「急壞之。」通曰：「人主無過舉。今已作，百姓皆知之矣。願陛下為原廟渭北，衣冠月出遊之，益廣宗廟，大孝之本。」上乃詔有司立原廟。師古曰：「原，重也。先已有廟，今更立之，故云重也。」凡祖宗廟在郡國六十八，合百六十七所，而京師自高祖下至宣帝，與太上皇、悼皇考宣帝父。各自居陵旁立廟，並為百七十六。又園中各有寢便殿。日祭於寢，月祭於廟，時祭於便殿。寢日四上食，廟歲二十五祠，便殿歲四祠，又月一遊衣冠。而昭靈後、武哀王、昭哀後、孝文太后、孝昭太后、衛思後、戾太子、戾後各有寢園，與諸帝合凡三十所。一歲祠上食二萬四千四百四十五，用衛士四萬五千一百二十九人，祝宰、樂人萬二千一百四十七人，養犧牲卒不在數中。《漢書・韋玄成傳》。其煩費如此。

　　元帝時，貢禹奏言：古者天子七廟。今孝惠、孝景廟皆親盡宜毀，及

---

[246]　葬埋：秦出寢於墓，亦見重形魄。

郡國廟不應古禮，宜正定。天子是其議。未及施行而禹卒。初元五年（前44）。永光二年（前42），韋玄成為丞相。四年（前40），乃下詔議罷郡國廟。因罷昭靈后、武哀王、昭哀后、衛思后、戾太子、戾后園，皆不奉祠，裁置吏卒守焉。五年（前39），復以高帝為太祖，文帝為太宗，景帝以下為四親廟，餘皆毀。歲餘，玄成薨，匡衡為丞相。上寢疾，夢祖宗譴罷郡國廟。上少弟楚孝王亦夢焉。上詔問衡，議欲復之。衡深言不可。上疾久不平。衡皇恐，禱高祖、孝文、孝武廟，言不敢復之意。久之，上疾連年，遂盡復諸所罷寢廟園，皆修禮如故。建昭五年（前34）、竟寧元年（前33）。復申明孝武廟為世宗。唯郡國廟遂廢。元帝崩，衡奏言：「前以上體不平，故復諸所罷祠，卒不蒙福，請悉罷勿奉。」奏可。初，高后時，患臣下妄非議先帝宗廟寢園者，故定著令：敢有擅議者棄市。至元帝改制，蠲除此令。成帝時，以無繼嗣，河平元年（前28），復復太上皇寢廟園，世世奉祠。昭靈后、武哀王、昭哀后並食於大上寢廟如故。又復擅議宗廟之令。成帝崩，哀帝即位。丞相孔光、大司空何武奏言迭毀之禮，當以時定，非令所為擅議宗廟之意也。臣請與群臣雜議。奏可。於是光祿勳彭宣等五十三人以為孝武皇帝雖有功烈，親盡宜毀。太僕王舜、中壘校尉劉歆以為不宜毀。制從舜、歆議。以上皆據《韋玄成傳》。成帝初即位，丞相衡，御史大夫譚奏言：郡縣治道供張，吏民困苦，百官煩費。甘泉、泰時、河東后土之祠，宜可徙置長安。於是作長安南北郊，罷甘泉、汾陰祠。紀在建始元年十二月。雍、鄜、密上下時及陳寶祠皆罷。紀二年正月。是歲，衡、譚復條奏長安廚官、縣官給祠，郡國候神方士、使者所祠凡六百八十三所。其二百八所應禮，及疑無明文，可奉祠如故。其餘四百七十五所不應禮，或復重，請皆罷。奏可。明年，匡衡坐事免官爵。眾庶多言不當變動祭祀者。又初罷甘泉、泰時作南郊日，大風壞甘泉竹宮，折拔時中樹木十圍以上百餘。天子異之，以問劉向。對曰：「家人尚

不欲絕種祠，況於國之神寶舊時？且甘泉、汾陰及雍五時始立，皆有神祇
感應，然後營之，非苟而已也。武、宣之世，奉此三神，禮敬敕備，神光
尤著。祖宗所立，神祇舊位，誠未易動。及陳寶祠，自秦文公至今，七百
餘歲矣。漢興，世世常來。光色赤黃，長四五丈，直祠而息，音聲砰隱，
野雞皆雊。每見，雍大祝祠以大牢，遣候者乘傳馳詣行在所，以為福祥。
高祖時五來，文帝二十六來，武帝七十五來，宣帝二十五來，初元元年
（前 48）以來亦二十來。案迷信者，其所信之理雖偽，所見之象或真，[247]
此其所以能使人信之而弗疑也。此陽氣舊祠也。及漢宗廟之禮，不得擅
議，皆祖宗之君與賢臣所共定。古今異制，經無明文，至尊至重，難以疑
說正也。前始內貢禹之議，後人相因，多所動搖。《易大傳》曰：『誣神者
殃及三世』，恐其咎不獨止禹等。」上意恨之。後上以無繼嗣，故令皇太后
詔有司，復甘泉泰時汾陰后土如故。及雍五時陳寶在陳倉者，天子復親郊
禮如前。《紀》在永始三年（前 14）。又復長安、雍及郡國祠著明者且半。
成帝末年，頗好鬼神。亦以無繼嗣故，多上書言祭祀方術者。皆得待詔祠
祭上林苑中長安城旁，費用甚多，然無大貴盛者。成帝崩，皇太后詔有司
復長安南北郊如故。哀帝即位，寢疾。博徵方術士。京師諸縣皆有侍祠使
者。盡復前世所常興諸神祠官凡七百餘所，一歲三萬七千祠云。明年，復
令大皇太后詔有司復甘泉泰時、汾陰后土祠如故。平帝元始五年（5），大
司馬王莽奏復長安南北郊。渭陽祠勿復修。後莽又奏言：五帝兆居在雍五
時，不合於古。又日、月、雷、風、山、澤，《易》卦六子之尊氣，所謂
六宗也。星辰、水火、溝瀆，皆六宗之屬也。今或未特祀，或無兆居。今
稱天神曰皇天上帝，泰一兆曰泰疇，而稱地祇曰后土，與中央黃靈同。又
兆北郊未有尊稱。宜令地祇稱皇地後祇，兆曰廣時。分群神以類相從，為
五部。兆天地之別神，中央帝黃靈后土時及日廟、北辰、北、填星、中

---

[247]　宗教：象或真，如陳寶，故人信之。

宿、中宮於長安城之未地。兆東方帝大吳青靈句芒時及雷公、風伯廟、歲星、東宿、東宮於東郊。兆南方炎帝赤靈祝融時及熒惑、南宿、南宮於南郊。兆西方帝少皞白靈蓐收時及大白星、西宿、西宮於西郊。兆北方帝顓頊黑靈玄冥時及月廟、雨師廟、辰星、北宿、北宮於北郊。奏可。於是長安旁諸廟兆時甚盛矣。莽又言聖漢興，禮儀稍定，已有官社，未立官稷。臣瓚曰：高帝除秦社稷，立漢社稷，禮所謂大社也。時又立官社，配以夏禹，所謂王社也。見《漢祀令》。遂於官社後立官稷。以夏禹配食官社，后稷配食官稷。以上據《漢書・郊祀志》。莽又奏請奉明園悼皇考園。毀勿修。罷南陵、孝文太后。雲陵園孝昭太后。為縣。《韋玄成傳》。案祭祀之禮，秦、漢間最無軌則。自孝元以後，乃稍合乎義理矣。匡衡禱辭言：「祭祀之義，以民為本。間者歲數不登，百姓困乏，郡國廟無以修立。」實最合民視民聽之義。典禮之漸昭軌物，實唯玄成、衡等之功。故知有學術者之見地，究與流俗不同也。

第二節　諸家方術

趙甌北《廿二史劄記》言：「上古之時，人之視天甚近。逮人事繁興，情偽日起，遂與天日遠一日。戰國紛爭，詐力相尚，至於暴秦，天理幾於滅絕。漢興，董仲舒治《公羊春秋》，始推陰陽，為儒者宗。宣、元之後，劉向治《穀梁春秋》，數其禍福，傅以洪範，而後人之與天，又漸覺親切。而其時人君，亦多遇災而懼，應之以實不以文。降及後世，機智競興，權術是尚，一若天下事皆可以人力致而天無權。即有志圖治者，亦徒詳其法制禁令，為人事之防，而無復求端於天之意」云云。此說謂戰國、嬴秦，詐力相尚，天理幾絕，一若迷信既除，而復興於漢代者，自非其實。然其闡發漢代仍為一迷信之世界，則頗為近情。我國迷信之漸澹，實魏、晉之世，玄學大興，重明理而賤踐跡，尊人事而遠天道，有以致之，

若兩漢，固仍一鬼神術數之世界也。

　　觀上節所述，秦、漢人巫鬼之習，已可概見。然此特其通於中朝，見之記載者耳。至其但存於郡縣，或為民間所崇奉，而無傳於後者，蓋不知其凡幾矣。後漢和熹鄧皇后，詔有司罷諸祠官不合典禮者。魏文帝黃初五年十二月，詔曰：「叔世衰亂，崇信巫史，至乃宮殿之內，戶牖之間，無不沃酹，甚矣其惑也！自今其敢設非祀之祭，巫祝之言，皆以執左道論，著於令典。」明帝青龍元年 (233)，詔諸郡國：山川不在祀典者勿祠。能如是者蓋甚少，而此等詔令，能否奉行，又在未可知之數也。凡淫祀，大率巫者主之。王符言婦人不修中饋，休其蠶織，而起學巫祝，鼓舞事神，以欺誣細民，熒惑百姓，《潛夫論·淫侈篇》。案漢武所信之神君即巫，孫晧亦以信巫覿敗，已見第五章第九節、第十二章第九節。《三國志·明帝紀》：景初三年 (239)，初青龍三年 (235) 中，壽春農民妻自言為天神所下，命為登女，當營衛帝室，蠲邪納福。飲人以水，及以洗瘡，或多愈者。於是立館後宮，下詔稱揚，表見優寵。及帝疾，飲水無驗，於是殺焉。此其欺誣細民，熒惑百姓，亦神君之類；其飲人以水，或以洗瘡，則又張角之流也。《武宣卞皇后傳注》引《魏略》，言帝信巫女用水方，使人持水賜卞蘭，蘭不肯飲，即此巫女也。師丹薦丞相史能使巫下神，為國求福，名儒大臣，惑之如此，無怪小民之奔走恐後矣。

　　巫術多端，貽害最甚者，莫如厭詛。武帝之世，敗及皇后、太子、宰相，劉屈氂。其後廣陵厲王、中山孝皇太后，亦以此敗。息夫躬以祝詛敗東平王，卒亦自及。後漢和帝陰皇后、靈帝宋皇后、和帝幸人吉成，見《和熹鄧后紀》。光武子阜陵質王延，三國吳孫亮，無不遭此禍者，亦云酷矣。

　　龜卜後世罕用，漢世則猶未絕。文帝之見迎，卜之，兆得大橫，見《史記·本紀》。《續漢書·百官志注》：太史待詔三十七人，其三人龜卜。

《後漢書‧岑彭傳注》引《東觀記》，言田戎灼龜卜降，兆中坼，遂止。可知官與民間皆有其術。筮尤盛，漢宣帝將祠昭帝廟，旄頭劍落泥中，刃鄉乘輿，令梁丘賀筮之。魏延自謂功勳至大，宜代諸葛亮秉政，亦呼都尉趙正筮之。管輅尤專以此名，《三國志‧魏志》有傳。

以占夢名者周宣，《魏志》亦有傳。魏延夢頭上生角，以問占夢趙直。《楊洪傳注》引《益部耆舊傳》，亦云何祗夢井中生桑，以問趙直。《吳志‧趙達傳注》引《吳錄》云：宋壽占夢，十不失一。二人蓋占夢之有名者也。《後漢書‧和熹鄧皇后紀》：后夢捫天，蕩蕩正青，若有鐘乳狀，乃仰嗽飲之。以訊諸占夢。言堯、舜攀天而上，湯夢及天而咶之，斯皆聖王之前占，吉不可言。可見當時占夢者之說也。

《史記‧高祖本紀》言：呂公善相人，相高祖，因妻以女。又言呂后與兩子居田中耨，客有過，相其子母，皆大貴。其後孝宣許皇后、後漢明德馬皇后、章德竇皇后、和熹鄧皇后、順烈梁皇后、三國魏文帝甄後、蜀先主穆後，相者皆早言其當貴。許負相薄姬當生天子。又相周亞夫當餓死。黥布少時，客相之，當黥而王。鉗徒相衛青當封侯。班超，相者指曰：「燕頷虎頭，飛而食肉，此萬里侯相也。」鍾繇與族父瑜俱至洛陽，道遇相者，曰：「此童有貴相，然當厄於水，努力，慎之。」一行未十里，度橋，馬驚墮水，幾死。漢文帝使善相人者相鄧通，曰當餓死。李陵之敗，武帝召陵母及婦，使相者視之，無死喪色。黃霸少為陽夏游徼，與善相人者共載出。見一婦人。相者言：「此婦人當富貴。不然，相書不可用也。」霸推問之，乃其鄉里巫家女也。霸即娶為妻。王莽時，有用方技待詔黃門者。或問以莽形貌。待詔曰：「莽所謂鴟目虎吻，豺狼之聲者也，能食人，亦當為人所食。」問者告之。莽誅滅待詔，而封告者。後常翳雲母屏間，非親近莫得見也。魏太祖不時立太子，太子自疑，是時有高元呂者，善相人，乃呼問之。對曰：「其貴乃不可言。」問壽幾何？元呂曰：「至四十

當有小苦，過是無憂也。」無幾立為太子，至四十而薨。《本紀注》引《魏略》。此等傳說，固不足信，然觀其傳說之盛，可見秦、漢間人信相術之深。《史記・游俠列傳》，於郭解，明著其為善相人者許負外孫；三國時善相人者朱建平，《魏志》有傳；而管輅亦頗善相，可見以相術著名者頗多。案骨相之說，本祇謂觀其形貌而可知其才性，因其才性而可知其窮通，[248]至禍福與善惡，窮達與賢不肖不符，則由於人事之紛紜，本非相者所能豫燭，讀《論衡・骨相》、《命義》、《潛夫論・相列》等篇可知。流俗昧於此理，專言禍福窮達，甚至推諸六畜、器物，則於理不可通矣。《漢書・藝文志》有《相寶劍刀》二十卷，《相六畜》三十八卷。《三國志・曹爽傳注》引《魏氏春秋》言許先善相印。《相印書》曰：相印法本出陳長文。長文以語韋仲將，印工楊利從仲將受法，以語許士宗利，以法術占吉凶，十可中八九。仲將問長丈：從誰得法？長文曰：本出漢世，有《相印》、《相笏經》。又有《鷹經》、《牛經》、《馬經》，印工宗養以法語程申伯。是故有一十二家相法傳於世。然相法視他迷信，究較有憑，故信之者多也。

　　望氣之術，見於《漢書・天文志》。《志》云「海旁蜃氣象樓臺，廣野氣成宮闕，雲氣各象其山川人民所聚積」，蓋初睹蜃氣時，不知其理，以為空中誠有人物，於是乎信有神仙，其後知其仍為地上人物所反映，則望氣之術興焉矣。王朔謂北夷之氣如群畜彎廬，南夷之氣類舟船幡旗，即由蜃氣而推之者也。更進，遂欲因之以測其地之盛衰，《志》所謂候息耗者入國邑，視封疆田疇之整治，室屋門戶之潤澤，次至車服畜產之精華是也。此雖云遍觀各物，然究以遠望為主。蘇伯阿為王莽使者，至南陽，遙望見春陵郭，唶曰：氣佳哉，鬱鬱蔥蔥然，《後漢書・光武帝紀》。是其事。亦用之於軍中。望車騎卒之氣，以決其行之疾徐，將卒之勇怯。《藝文志》陰陽家有《別成子望軍氣》六篇，圖三卷，蓋其術。更後則傅會之

---

[248]　宗教：相本止可知乎性。

於人。《史記・高祖本紀》：秦始皇帝嘗曰：「東南有天子氣。」因東遊以
厭之。高祖即自疑，亡匿，隱於芒、碭山澤之間。呂后與人俱求，常得
之。高祖怪問之。呂后曰：「季所居上嘗有雲氣，故從往常得季。」《項羽
本紀》：范增說羽擊沛公曰：「吾令人望其氣，皆為龍虎，成五彩，此天
子氣」是也。其後此等說甚多。宣帝系郡邸獄，望氣者言長安獄中有天子
氣，見本紀，又見《丙吉傳》。又《外戚傳》：孝武鉤弋趙倢伃，家在河間，
武帝巡狩，過河間，望氣者言此有奇女，天子亟使使召之。《後漢書・王
昌傳》：素為卜相工，明星曆，常以為河北有天子氣。《三國志・二牧傳》：
董扶謂劉焉曰：「益州分野有天子氣。」《吳志・孫堅傳注》引《吳書》曰：
堅世仕吳，家於富春，葬於城東，塚上數有光怪。雲氣五色，上屬於天，
曼延數里。《孫皓傳》寶鼎元年（226）《注》引《漢晉春秋》云：初，望氣
者云「荊州有王氣，破揚州，而建業宮不利」，故皓徙武昌。遣使者發民
掘荊州界大臣、名家塚與山岡連者以厭之。既聞施但反，自以為徙土得計
也，使數百人鼓躁入建業，殺但妻子，云天子使荊州兵來破揚州賊，以厭
前氣。《吳範傳》：孫權為將軍時，範嘗白言江南有王氣，亥子之間有大
福。《趙達傳》：謂東南有王者氣，可以避難。又《蜀志・費禕傳》：建興
十四年（236）夏，還成都，望氣者云都邑無宰相位，故冬復北屯漢壽。而
言神事者亦依附於是。新垣平言長安東北有神氣，成五彩，已見第一節。
武帝時，入海求蓬萊者言蓬萊不遠而不能至者，殆不見其氣，上乃遣望氣
者佐候其氣焉。亦見《封禪書》。孝文時，以星、氣幸者，又有趙同。《史
記・佞幸列傳》。《漢書》作趙談。武帝時，以望氣名者有王朔。《封禪書》
及《李將軍列傳》皆稱為望氣王朔。《漢書・天文志》曰：凡望雲氣，王朔
所望，決於日旁。《漢書・谷永傳》：永言「元年成帝建始。正月，白氣起
東方，至其四月，黃濁四塞，覆冒京師。白氣起東方，賤人將興之表也。
黃濁冒京師，王道微絕之應也」。則雖儒者亦以為言，且自雲氣推之風氣

矣。《三國志・呂範傳》言：範以治風氣聞於郡中。權討黃祖，及尋陽，範見風氣，因詣船賀，催兵急行，至即破祖。後權與魏為好，範曰：「以風氣言之，彼以貌來，其實有謀，宜為之備。」皆其術也。《史記・河渠書》：元光中，河決於瓠子，田蚡言於上曰「江河之決皆天事，未易以人力為」，而望氣用數者亦以為然，於是久之不復事塞。《漢書・王莽傳》：望氣為數者多言有土功象，乃營長安城南，起九廟。《趙廣漢傳》：廣漢先問太史知星氣者，言今年當有戮死大臣，即上書告丞相罪。董卓以太史望氣言：當有大臣戮死者，因殺張溫。其生心害政如此。然望氣之術，在秦、漢間似甚盛也。

　　術數之學，《後書・方術傳》所敘，有風角、遁甲、七政、元氣、六日七分、逢占、日者、挺專、須臾、孤虛等。此類術數，後世亦恆有之，漢世所異者，則儒者信之者殊多。如郎顗父宗善風角、星、算、六日七分。能望氣占候吉凶，嘗賣卜自奉。王景循吏也，合眾家之書為《大衍玄基》。見《後漢書・循吏傳》：云景以為《六經》所載，皆有卜筮，作事舉止，質於蓍龜，而眾書錯雜，凶吉相反，乃參紀眾家數術文書、塚宅禁忌、堪輿、日、相之屬適於事用者，集為《大衍玄基》。景鶩儒生也，而鈔風角雜書，列其占驗，作《興道篇》。何休亦注風角七分。諸如此類，難遍疏舉。可見當時之風氣，迥與後世不同矣。民間忌諱尤多，散見《論衡》、《潛夫論》等書。然因士夫信之者多其說亦時有理致，與一味迷信者不同，後人概目為愚夫愚婦之流，則又過矣。《漢書・天文志》云：「陰陽之精，其本在地，上發於天，故政失於此，則變見於彼。」《論衡・談天》曰：儒者曰：天氣也，故其去人不遠。人有是非，陰為德害，天輒知之，又輒應之，近人之效也。《變虛》曰：說災變之家曰：人生在天地之間，猶魚在水中矣。其能以行動天地，猶魚鼓而振水也。《雷虛》曰：政事之家，以寒溫之氣為喜怒之候。人君喜即天溫，怒則天寒。其言雖實不可

通，然較之儒家《月令》、墨家《天志》等說，以天為有喜怒欲惡如人者，則大異矣。《論衡·訂鬼篇》歷述時人之說。或以為病者誤見，與狂者及夢同。或以為致病之氣，能像人形。或以為鬼者老物之精，人之受氣，有與物同精者，及病，精氣衰劣，則來陵犯。或曰：鬼者本生於人，時不成人，變化而去，與人觸犯者病。或謂鬼者，甲乙之神。甲乙者，天之弊氣，其形像人。一曰：鬼者物也，與人無異，常在四邊之外，時往來中國。天地生凶物，亦有似人、象鳥獸者，凶禍之家則見，或謂之鬼，或謂之凶，或謂之魅，或謂之魃，皆生存實有。一曰：鬼在百怪之中，或妖氣像人之形，或人會氣為妖。像人之形，諸所見鬼是也。人會氣為妖，巫之類是也。其所言雖不足信，然皆力求其理，與迷信者固殊科矣。

因中外交通，外國之迷信，亦有傳至中國者。如江充治蠱用胡巫，漢武平越有雞卜，江都王建使越婢下神咒詛，《漢書·景十三王傳》。趙炳能為越方是也。《後漢書·方術傳》。而其最大者則為佛教，見第七節。

第三節　五德終始之說

五德終始，[249] 說出鄒子，乃謂有五種治法，當以時更易，意實同於儒家之通三統，已見《先秦史》第十五章第二節。至秦、漢之世，一變而為改正朔、易服色等空談，參看第五章第二節。繼且推衍而入於迷信，則後人之不克負荷也。

行序之說，西京之季，蓋嘗經一大變。秦襄、文、獻三公，皆祭白帝。已見第一節。《封禪書》又云：「秦始皇既並天下而帝，或曰：黃帝得土德，黃龍地螾見。夏得木德，青龍止於郊，草木暢茂。殷得金德，銀自山溢。周得火德，有赤烏之符。今秦變周，水德之時。昔秦文公出獵獲黑龍，此其水德之瑞。於是秦更命河曰德水，以冬十月為年首，色上黑，

---

[249]　宗教：五德終始說出東方，秦先世事多附會。

度以六為名，音上大呂，事統上法。」一似秦本自謂金德，後乃改行水德者。然下文又云：「自齊威、宣之時，騶子之徒，論著五德終始之運，及秦帝而齊人奏之，故始皇採用之。」又云：漢高祖問天有五帝，而有四，何也？莫知其說。見第一節。夫使秦人久知有五帝，何得獨闕一黑帝，逮始皇自謂水德而獨不立祠？則知《封禪書》襄公以後之事，多方士附會之辭，五德終始之說，實出自東方也。騶子之說，五德相代，從所不勝。漢興，張蒼為計相，時緒正律曆，以高祖十月始至霸上，故因秦時，本十月為歲首不革。推五德之運，以為漢當水德之時，上黑如故。吹律調樂，入之音聲，及以比定律令，若百工天下作程品。至於為丞相，卒就之。蒼為計相在高祖六年（前 201），為丞相在孝文四年（前 176）。文帝十三年（前 167），魯人公孫臣上書曰：「始秦得水德，今漢受之，推《終始傳》，則漢當土德。土德之應黃龍見宜改正朔，易服色，色尚黃。」蒼以為非，罷之。後三歲，黃龍見成紀。文帝召公孫臣，拜為博士，與諸生草改曆服色事。張蒼由此自絀。而賈生草具儀法，亦色尚黃，數用五。見第五章第二節。則漢初言行序者，皆守騶子之說。至末造而異說興。《漢書・郊祀志贊》曰：「漢興之初，庶事草創。唯一叔孫生，略定朝廷之儀。若乃正朔、服色、郊望之事，數世猶未章焉。至於孝文，始以夏郊，而張蒼據水德，公孫弘、賈誼更以為土德，卒不能明。孝武之世，文章為盛。太初改制，而兒寬、司馬遷等，猶從臣、誼之言。服色度數，遂順黃德。彼以五德之傳，從所不勝，秦在水德，故謂漢據土而克之。劉向父子以為帝出於震，[250] 故包犧氏始受木德。其後以母傳子，孫而復始，後神農、黃帝下歷唐、虞、三代，而漢得火焉。故高祖始起，神母夜號，著赤帝之符，旗章遂赤，自得天統矣。」案王莽以漢為火德，自謂得土德。莽班符命於天下，德祥五事，符命二十五，福應十二，凡四十二篇。其《德祥》引漢

---

[250]　宗教：王莽與劉向父子同信甘忠可、夏賀良之說。自此主相勝者少。騶子之說。

文、宣之世黃龍見於成紀，以為新室之祥。又言平帝末年，火德銷盡，土德當代，皇天眷然，去漢與新，以丹石始命於皇帝。受命之日丁卯，丁火，漢氏之德也，卯劉姓所以為字也，明漢劉火德盡而傳於新室也。而其稱假皇帝之奏，引哀帝建平二年（前5）改元易號之事，曰「案其本事，甘忠可、夏賀良讖書藏蘭臺」，其增益漏刻，亦與賀良等同，則其說實出忠可、賀良。哀帝號陳聖劉太平皇帝，陳田古同音通假，土田古同義通用，意若謂帝雖姓劉，所行實土德之政耳。莽與劉向父子，蓋同信忠可、賀良之說者也。此說蓋因赤帝子之說而附會，而赤帝子之說，則又因高祖為沛公旗幟皆赤而附會，未必與行序有關。《史記・本紀》言旗幟皆赤，由所殺蛇白帝子，殺者赤帝子，疑出後人增竄，非談、遷元文也。自是之後，相生之說遂行。光武建武二年（261），始正火德，色尚赤。《後書・本紀》。公孫述引《援神契》曰「西太守，乙卯金」，謂五德之運，黃承赤而白繼黃，金據西方為白德，而代王氏，得其正序。耿包密白袁紹曰：「赤德衰盡，袁為黃胤，宜順天意。」袁術以袁氏出陳為舜後，以黃代赤，德運之次，遂有僭逆之謀。李休謂赤氣久衰，黃家當興，欲使張魯舉號。《三國志・曹爽傳注》引《魏略》。魏之興也，以黃龍見譙為瑞。見《後漢書・方術傳》及《三國志・文帝紀》。《武帝紀》建安二十四年（219）《注》引《魏略》，言孫權上書稱臣，陳群、桓階等奏，亦云桓、靈之間，諸明圖緯者，皆言漢行氣盡，黃家當興。群臣勸蜀先主稱尊號，亦曰黃龍見武陽。桓帝建和二年（148），長平陳景自號黃帝子。此從監本。宋本黃作皇。案皇黃古通。張角自稱黃天，其部師三十六萬皆著黃巾。《後漢書・靈帝紀》。《續漢書・五行志注》引《物理論》云：黃巾被服純黃，不將尺兵，肩長衣，翔行舒步，所至郡縣無不從。《後書・皇甫嵩傳》云：角訛言蒼天已死，黃天當立。黃不代蒼，疑本云赤天已死，當時奏報者諱之，改赤為黃也。皆相生之說。其主相勝之說者：學人唯一王充，見《論衡・

驗符篇》。草澤之夫，唯沖帝永嘉元年（145），歷陽賊華孟自稱黑帝耳。見《本紀》。又見《滕撫傳》。蓋行序之說，至此已無理可言，故資以惑眾者，亦唯取其為眾所習知耳。

　　鄒子之說，本主政教更易，受命者之為誰，非其所計。新室以後，徒借此說以陳受命之符，而感生之說興焉矣。《史記‧高祖本紀》言：劉媼嘗息大澤之陂，夢與神遇，是時雷電晦冥，太公往視，則見交龍於其上，但云交龍而已，不言龍為何色也。及夏賀良，始作赤精子之讖。應劭曰「高祖感赤精而生，自謂赤帝之精，良等因作此讖文」，其說蓋是，見《漢書‧哀帝紀》。《漢書‧高帝紀贊》曰：「劉向云：戰國時，劉氏自秦獲於魏。秦滅魏，遷大梁，都於豐。故周市說雍齒曰：豐故梁徙也。是以頌高祖云：漢帝本系，出自唐帝。降及於周，在秦作劉。涉魏而東，遂為豐公。」可見漢帝本系，乃後來所附會。《左氏》文公十三年「其處者為劉氏」一節，即疏家亦不得不仞為偽竄，而他可知矣。自是之後，自託古帝王之胄裔，[251] 復成積習。王莽自本為虞舜後，見《漢書‧元后傳》。即漢人自謂堯後之故智也。後漢光武建武七年（31），詔三公曰：「漢當郊堯，其與卿士大夫博議。」侍御史杜林上疏，以為「漢基業特起，不因緣堯。堯遠於漢，民不曉信。言提其耳，終不說諭。后稷近於周，民戶知之。世據以興，基由其柞，本與漢異。」《續漢書‧祭祀志》及《注》引《東觀書》。亦可見作偽者之心勞日拙矣。

　　鄒子之書，今已不傳。《文選》沈休文《齊故安陸昭王碑》李善《注》引《鄒子》曰：「五德從所不勝，虞土，夏木，殷金，周火。」左思《魏都賦注》引《七略》亦曰：「鄒子終始五德，從所不勝。土德為始，木德次之，金德次之，火德次之，水德次之。」《呂覽‧應同》以黃帝為土德，禹為木德，湯為金德，文王為火德；《淮南‧齊俗》言有虞氏祀中溜，服尚

---

[251]　宗教：五德終始後自託古帝王之裔成習。

黃，夏後氏祀戶，服尚青，殷人祀門，服尚白，周人祀灶，服尚赤，與秦始皇改採之說同，皆鄒子之說也。據此推之，則顓頊木，帝嚳金，堯火，而舜為土德，中闕水德一代。或謂鄒子之說，實五帝同德。或謂《管子‧揆度》，稱共工之王，則共工當王堯、舜閒。《漢書‧律曆志》曰：共工氏霸九域，言雖有水德，在火土之間，非其序也，任刑知以強，故伯而不王，意在祧秦而以漢承周耳。說亦可通。自劉歆之後，遂又有所謂正閏之說矣。

第四節　圖讖

讖之由來甚遠。《說文》言部「讖，驗也，有徵驗之書」，此即今人所謂豫言。《淮南子‧說山》曰：「六畜生多耳目者不祥，讖書著之。」《史記‧屈原賈生列傳》：賈生賦鵩曰：「發書占之兮，策言其度。」策，《漢書》作讖，蓋是。足見讖為民生日用所資。王公大人，自亦不能獨異。《史記‧趙世家》記秦繆公夢之帝所事，曰：「秦讖於是出矣。」《扁鵲列傳》亦記之，讖作策。此夢前知晉獻公之亂，文公之霸，襄公敗秦師於殽而歸縱淫，正所謂豫言也。《後漢書‧張衡傳》：衡上疏論圖緯之虛妄曰：「臣聞聖人，明審律曆，以定吉凶，重之以卜筮，雜之以九宮，經天驗道，本盡於此。或觀星辰逆順，寒燠所由，或察龜策之占，巫覡之言，其所因者非一術也。立言於前，有徵於後，故智者貴焉，謂之讖書。」則讖之所資甚廣。《禮記‧中庸》曰：「至誠之道，可以前知。國家將興，必有禎祥；國家將亡，必有妖孽。」此為古人信讖之原。蓋未審人事因果之理，以為凡事皆由前定也。秦、漢之世，流行不絕。秦始皇時有亡秦者胡之文。《漢志‧數術略》：天文家有《圖書祕記》十七卷，蓋即其術。然其時言政事者尚不甚援讖。故張衡又謂「自漢取秦，用兵力戰，功成業遂，可謂大事，當此之時，莫或稱讖」也。至西京之末而其說驟盛。故衡又言「夏侯勝、

眭孟之徒，以道術立名，其所述著，無讖一言；劉向父子，領校祕書，閱定九流，亦無讖錄；成、哀以後，乃始聞之」也。

或謂七略之中，既明有《圖書祕記》，安得云向、歆閱定無之？而不知成、哀以後之所謂讖者，與前此之讖不同也。[252] 前此之讖，民間所行者無論矣，即如秦人所傳者，亦僅言一姓之事，此則總記歷代興亡。《論語·子罕篇·鳳鳥章》邢《疏》云：「鄭玄以為河圖、洛書，龜龍銜負而出，其《中候》所說：龍馬銜甲，赤文綠色，甲似龜背，袤廣九尺，上有列宿斗正之度，帝王錄紀興亡之數」是也。又前此單行，而此時則與緯相雜。緯多稱說經義，謂孔子不敢顯然改先王之法，陰書於緯，以傳後王，《禮記·王制正義》引鄭玄說。此仍襲口說流行之故智，以己之所欲言者，托之於孔子耳。《論衡·實知篇》曰：「儒者論聖人，以為前知千載，後知萬世，有獨見之明，獨聽之聰，事來則明，不問自曉，故稱聖則神矣。」其說具見《知實篇》。蓋時人之視聖人，皆以為神而非人，故可以讖托之也。是時所謂讖者，大抵皮傅字形，曲解文義，非復如前此之讖，有數術以為之本，故張衡譏其為「不占之書」。衡又譏其「一卷之書，互異數事。徒采前世成事，至於永建復統，則不能知。又言別有益州，益州之置，在於漢世」。其為偽作，本顯而易見。然迷信者流，本無理可喻，故以是詆之而已足矣。

世皆以造讖為王莽罪，其實不然，後漢初之君臣，其造讖，恐更甚於莽也。[253] 光武之起兵，由李通等劉氏復起，李氏為輔之說。其即位，則以彊華奉赤伏之符。皆見《紀》。祭告天地，皆援讖為言，見《續漢書·祭祀志》。用孫咸為大司馬，王梁為大司空，亦以讖文，見《後漢書·景丹王梁傳》。又謂元功二十八將，上應列宿。安帝永初六年 (112) 詔謂「建武元功二十八將，讖記有徵」，見《後漢書·馮異傳》。又《朱祐等傳贊》曰：「中

---

[252]　宗教：漢末之讖與古不同。

[253]　宗教：後漢君臣造讖更甚於莽。莽乃有緯，光武為之將上有讖。

興二十八將，前世以為上應二十八宿。」蓋自光武以來有此說。建武三十年（54），群臣請封禪，不許，三十二年（56），夜讀《河圖會昌符》，感其赤劉之九，會命岱宗之語，卒行之。見《續書‧祭祀志》。桓譚上疏諫帝聽納讖記，帝不說。其後有詔會議靈臺所處。帝謂譚曰：「吾欲讖決之，何如？」譚默然良久，曰：「臣不讀讖。」帝問其故。譚復極言讖之非經。帝大怒，曰：「桓譚非聖無法，將下斬之。」譚叩頭流血，良久乃得解。又問鄭興郊祀事，曰：「吾欲以讖決之，何如？」興對曰：「臣不為讖。」帝怒曰：「卿之不為讖，非之邪？」興皇恐，曰：「臣於書，有所未學而無所非也。」帝意乃解。其崇信之如此。讖文妖妄，豈有以中興之主而真信之之理？《儒林傳》：帝令尹敏校圖讖，又薛漢，建武初為博士，亦受詔校定圖讖。使蠲去崔發所為王莽著錄次比。敏對曰：讖書非聖人所作，其中多近鄙別字，有類世俗之辭，恐疑誤後生。帝不納。敏因其闕文增之曰：「君無口，為漢輔。」帝見而怪之，召敏問其故。敏對曰：「臣見前人增損圖書，敢不自量，竊幸萬一。」帝深非之。雖竟不罪，而亦以此沉滯。此事之處置，較之於桓譚，寬嚴則大異矣。然則譚之幾嬰不測，亦帝以他事不快於譚，乃借此以挫折之耳。《竇融傳》：隗囂使辨士張玄遊說河西。融等召豪傑及諸太守計議。其中智者皆曰：「漢承堯運，曆數延長。今皇帝姓號，見於圖書。自前此博物道術之士谷子雲、夏賀良等建明漢有再受命之符，言之久矣。故劉子駿改易名字，冀應其占。及莽末，道士西門君惠言劉秀當為天子，遂謀立子駿。事覺，被殺。出，謂百姓觀者曰：劉秀真汝主也。」案《鄧晨傳》：王莽末，光武與兄伯升及晨俱之宛，與穰人蔡少公等燕語。少公頗學圖讖，言劉秀當為天子。或曰：「是國師公劉秀乎？」光武戲曰：「何用知非僕邪？」而強華所奉赤伏符亦曰：「劉秀發兵捕不道，四夷雲集龍鬥野，四七之際火為主。」則劉秀當為天子之言，乃光武輩所造，而傳之子駿者。《公孫述傳》：述夢有人語之曰：「八厶子系，十二為期。」既覺，

謂其妻曰：「雖貴而祚短，若何？」夫使述自造作，豈有以十二為期者？此言蓋亦漢人所附會。然則《述傳》謂述妄引讖記，其言又不讎矣。此皆後漢君臣，造作讖記，更甚於莽之徵也。而世皆以造讖為莽罪，侯之門，仁義存，豈不信哉！

　　《呂覽・觀表》曰：「聖人上知千歲，下知千歲，非意之也，蓋自有云也。綠圖幡薄，從此生矣。」《淮南・俶真》曰：「洛出丹書，河出綠圖。」而《人間》曰：「秦王挾錄圖，見其傳曰：亡秦者胡也。」則以讖文附會圖書，亦由來已久。然以河圖洛書為有篇卷，則亦出後漢人附會也。[254]《漢書・五行志》云：「劉歆以為虙羲氏繼天而王，受河圖，則而畫之，八卦是也。禹治洪水，賜雒書。法而陳之，《洪範》是也。」又以初一日醜行六十五字為雒書本文。足見劉歆所云河圖雒書，雖有文字，未成篇卷。乃鄭注《易大傳》引《春秋緯》曰：「《河圖》有九篇，《洛書》有六篇。」見《疏》。《說文》云：「河、雒所出書曰讖。」光武封禪刻石文曰：「皇帝唯慎《河圖》、《雒書》正文。秦相李斯燔詩書，樂崩禮壞。建武元年（25）以前，文書散亡，舊典不具，不能明經文，以章句細微相況，八十一篇明者為驗。又其十卷，皆不昭晢。」則八十一篇，實後漢初年所為，又其十卷，則其所欲去者也。張衡非讖最甚，而云「河、洛六藝，篇籍已定，後人皮傳，無所容篡。」王充豈信讖者？乃曰：「神怪之言，皆在讖記，所表皆效。孔子條暢增益，以表神怪。或後人詐記，以明效驗。」《論衡・實知》。於八十一篇，皆不敢訟言其為偽，則以其由官定故也。《隋書・經籍志》曰：「《河圖》九篇，《洛書》六篇，云自黃帝至周文王所受本文。又別有三十篇，云自初起至於孔子九聖之所增演，以廣其意。又有《七經緯》三十六篇，並云孔子所作。並前合為八十一篇。」此說蓋即後漢初所造作也。《三國志・先主傳》：群臣勸進表曰：「《河圖》、《雒書》，《五經》讖

---

[254]　宗教：以《河圖》、《洛書》有篇卷，出漢人附會。官定八十一篇。

緯，孔子所甄，應驗自遠。」東京各事，殆無不以讖決之者。南單于、烏桓降，張純案七經讖請立辟雍。《後漢書》本傳。至封禪之後，遂立明堂、靈臺、辟雍，宣布圖讖於天下。見《紀》。曹充說顯宗制禮，引讖為言。帝以其言改大樂官為大予樂。事在永平二年 (59)。充子褒，章帝世正叔孫通漢儀，雜以《五經》讖記。定漢禮百五十篇。其後大尉翟酺、尚書尹敏奏其破壞聖術，宜加刑誅。和帝雖寢其奏，而漢禮遂不行，蓋亦知其矯誣矣。然樊鯈與公卿定郊祀禮儀，以讖記正《五經》異說；章帝行四分曆詔，亦引讖文；見《續書·律曆志》。其上明帝廟號曰「聰明淵塞，著在圖讖」；其重之也如此，皆光武輩之始作俑也。《隋志》云：「漢時詔東平王蒼正《五經》章句，皆命從讖。俗儒趨時，益為其學。篇卷第目，轉加增廣。言《五經》者，皆馮讖為說。唯孔安國、毛公、王璜、賈逵之徒獨非之，相承以為妖妄，亂中庸之典，故因漢魯恭王、河間獻王所得古文，參而考之，以成其義，謂之古學。[255] 當世之儒，又非毀之，竟不得行。」此說亦誤。所謂孔安國者，即《尚書》之《偽孔傳》，不足論。《毛詩》徒傳訓詁，不及義理，故不引讖。若賈逵，固明援讖文，以爭立《左氏》矣。世每以緯說多同今文，而為古文家開脫，其實此乃由造作之初，古文說尚未出耳。援讖文以媚世諧俗，兩家經師，固無二致矣。敢行矯誣，遂致誣及學術，亦可羞矣。世或以漢時之言陰陽災異者，與讖緯並為一談，其說亦非。觀張衡言夏侯勝、眭孟之徒，述著無讖一言；劉向父子，閱定九流，亦無讖錄；已可明之矣，此皆言陰陽災異者之大宗也。《李尋傳》：尋說王根曰：「《五經》六緯，尊顯術士。」孟康以《五經》緯與《樂》緯，張晏以《五經》緯與《孝經》緯釋之，殊誤。上下皆言天文，此語不得忽及經籍也。緯雖與讖相雜，然既援引經說，自仍足為考證之資。隋世一舉燔之，實為可惜。荀悅《申鑑·俗嫌篇》論緯曰：「以己雜仲尼乎？以仲尼雜己

---

[255] 經學宗教：以古學不言讖非。

乎？若彼者，以仲尼雜己而已，或曰：燔諸？曰：仲尼之作則否，有取焉，曷其燔？」讖緯之為物，與其當分別去取，漢人早知之矣。夫以讖雜緯，固為亂經，然亦由新莽之造作，意欲以為革政之資，故必有取於緯。若使光武輩為之，則將有讖而無緯矣。後世讖文日出，更不聞復有所謂緯者，其驗也。

宗教：以言陰陽、災異與讖為一談非。

神仙家 {
1. 疏食之群多壽——服食——金丹
2. 導引（八段錦）
3. 房中
}

第五節　神仙家

　　秦、漢間之方士，世率目為神仙家，其實非也。方士之流甚雜，神仙家特其一耳。

　　神仙之說，蓋睹燕、齊海上蜃氣，以為人可不死，其所信之理雖偽，其所睹之象則真，已見《先秦史》第十五章第三節。其初意本欲自求不死，非欲以誑惑人，故其求不死之方，亦非盡虛幻，而與醫學關係極密。《漢書・藝文志》，神仙與醫經、經方、房中並列，職是故也。案人當疏食之世，所食之物極多，其養人盡有勝於穀類者。安於疏食之民，其進化必遲，其與外間之往來必少。與外間往來少，則少傳染病；進化遲則其社會之組織安和，其人俯仰寬閒，優遊自得，且無淫樂之事以戕其生；自易至於老壽。文明之人，遂有從而慕效之者。留侯學道引不食穀，魏武帝習啖野葛，《三國志・本紀注》引《博物誌》。甘始能餌茯苓，《三國志・華佗傳注》引《典略》。是其事。《三國志・華佗傳》：樊阿從佗求可服食益於人者，佗授以漆葉青黏散。漆葉屑一升，青黏屑十四兩，以是為率。言久

服去三蟲，利五藏，輕體，使人頭不白。阿從其言，壽百餘歲。《注》引《佗別傳》曰：「青黏者，一名地節，一名黃芝，主理五藏，益精氣。本出於迷入山者見仙人服之以告佗。」所謂仙人，蓋山居之民，此服餌之法得之疏食之民之明證也。又古人不明物理，以為人食某物，則其體浸與某物同。《抱樸子·對俗篇》云：「金玉在於九竅，則死人為之不朽；鹽滷沾於肌髓，則脯臘為之不爛；況以宜身益氣之物，納之於己乎？」是其說也。於是服餌之外，更信金丹矣。《封禪書》言漢武帝信李少君說，事化丹砂諸藥劑為黃金；桓譚言光武窮折方士黃白之術；衛覬言漢武欲得雲表之露以餐玉屑，故立仙掌以承高露；《鹽鐵論·散不足篇》述方士之說，謂仙人食金、飲珠，然後壽與天地長久是其事。其反而求之於身者，則為導引之術。《華佗傳》載佗語吳普以五禽之戲。《後漢書·方術傳》言王真能為胎食、胎息是也。案莊子已有熊經、鳥申之言。《典論》言甘始來，眾人無不鴟視狼顧。《後漢書·方術傳注》曰：熊經，若熊之攀枝自縣也，此即今《八段錦》中之兩手托天理三焦也。又曰：鴟顧，身不動而回顧也，此即其五勞七傷望後瞧也。《注》又引《佗別傳》，言魏明帝呼吳普使為禽戲，普以年老，手足不能相及，則即其兩手攀足固腎要也。又引《漢武內傳》曰：王真習閉氣而吞之，名曰胎息，習漱舌下泉而咽之，名曰胎食，則即今所謂吞津及河車般運之術耳。故知導引之法，初無甚怪誕也。講導引之術者，必求清心寡慾。故王吉諫昌邑王游獵曰：「俯仰屈伸以利形，進退步虛以實下，吸新吐故以練藏，專意積精以通神。」仲長統《卜居論》亦曰：「安神閨房，思老氏之玄虛，呼吸精和，求至人之彷彿」也。又古人以為生人之質，於人身必有裨益，欲攝取之以自補，其術乃流為房中。《史記·張丞相列傳》言其妻妾以百數，嘗孕者不復幸。《漢書·王莽傳》言莽日與方士涿郡昭君等於後宮考驗方術，縱淫樂是其事。其後左慈、冷壽光、甘始、東郭延年，並通房中之術，見《後漢書·方術傳》及《三國

志・華佗傳注》引《典論》。綜是觀之，神仙家之所求，雖云虛誣，而其所以求之者，則仍各有其理，不能謂其意存誑惑也。所以浸至於誑惑人者，則緣其與巫術相雜。[256] 其由來亦甚早。《封禪書》言宋毋忌、正伯僑、充尚、羨門子高、最後皆燕人，為方仙道，形解銷化，依於鬼神之事。形解銷化即屍解。[257]《集解》引服虔。李少君病死，天子以為化去不死，似其徒以此自解。然《三國志・華佗傳注》引《典論》，言北海王和平好道術，自以當仙。濟南孫邕少事之。從至京師。會和平病死。邕因葬之東陶。有書百餘卷，藥數囊，悉以送之。後弟子夏榮言其屍解。邕至今恨不取其寶書、仙藥。則世固有深信是說者。案公孫卿言黃帝鑄鼎成，有龍垂鬍髯下迎，黃帝上騎，群臣後宮從上者七十餘人，則其始本謂肉身可以飛昇。其後知其終不可致，而於理亦不可通，而又不勝其不死之欲，遂折而為是說耳，其意亦非必以是誑惑人也。然既云形解銷化，即已近於鬼神，於是祠祭之事繁興，與巫術互相結合，而其事遂不可究詰矣。《封禪書》言少翁以鬼神方見上。[258] 漢武。上有所幸王夫人，夫人卒，少翁以方，蓋夜致王夫人及灶鬼之貌云。李少君以祠灶方見上，蓋亦其倫。若亳人繆忌，越人勇之，及神君、上郡巫等，則純乎其為巫術矣。神仙家雖誕妄，然亦時有小術，如漢武使欒大驗小方，鬥棋，棋自相觸擊是。《索隱》引顧氏：案《淮南・萬畢術》云：取雞血磨針鐵擣和慈石棋頭置局上，自相抵擊也。盧生言秦法不得兼方，不驗輒死；陳思王《辯道論》言魏武遇甘始等，奉不過於員吏，賞不加於無功，始等亦不敢為虛誕之言；《三國志・華佗傳注》引。則知能善御之，亦無大害，特漢武昏惑，故李少君、欒大之徒得以乘之耳。然即非淫侈之主，亦有信之者。元帝恭儉之主也，而谷永言初元中有天淵、玉女、鉅鹿神人、轑陽侯師張宗之姦。見《漢書・郊祀志》，

[256] 宗教：雜巫乃惑人。

[257] 宗教：初謂肉身，後進而云屍解。

[258] 宗教：方士之方。

《注》：轑陽侯，江仁也。元帝時坐使家丞上印綬隨宗學仙免官。案事見《景武昭宣元功臣表》永先四年（前 40），云還印符隨方士。新莽，有為之君也，而《漢書・郊祀志》言其篡位二年，興神仙事。以方士蘇樂言，起八風臺於宮中，臺成萬金。作樂其上。順風作液湯。又種五粱禾於殿中，各順色置其方面，先煮鶴髓、毒冒、犀、玉二十餘物漬種，計粟斛成一金，言此黃帝谷仙之術也。以樂為黃門郎令主之。莽遂崇鬼神淫祀。至其末年，白天、地、六宗以下至諸小鬼神凡千七百所，用三牲、鳥、獸三千餘種，後不能備，乃以雞當鶩雁，犬當麋鹿。數下詔自以為當仙云。亦且不必人主。劉向大儒也，而獻淮南枕中鴻寶苑祕之方，令尚方鑄作不驗坐論。亦見《郊祀志》。張楷隱者也，乃自謂能作五里霧，至與裴優牽涉繫獄。《後漢書・張霸傳》。求如虞翻等之卓然不惑者蓋寡，則以其時其說方盛，眾人之心，有以互相熏染，而其術亦時有小驗耳。

第六節　道教之原

　　神仙家之所求為不死，非淫侈者無是欲，其所以致之之術，亦非悠閒有財力者不能為，故神仙家之說，流傳並不甚盛，而巫術則大行。此本無足為怪。然巫術亦頗與神仙家相雜，而牽引遂及於老子，此則轇轕紛紜，有不得不加以辨正者矣。

　　漢世所謂黃、老者，黃指黃帝，老指老子，事本明白無疑。乃《後漢書・陳愍王寵傳》言寵與國相魏愔共祭黃老君求長生福，則所謂黃、老者，非復學術之名，而為淫祀之一矣。[259] 黃老君似非黃、老，然《楚王英傳》言英晚節更喜黃、老學，為浮屠齊戒祭祀。《桓帝本紀》：延熹八年正月，遣中常侍左悺之苦縣祠老子。十一月，使中常侍管霸之苦縣祠老子。九年七月，祠黃帝於濯龍宮。《論》言前史稱桓帝飾芳林而考濯龍之宮，

---

[259] 宗教：黃老與神仙家稍淆。

設華蓋以祠浮屠、老子。註：前史、《東觀記》也。《襄楷傳》：楷上疏言：
聞宮中立黃、老、浮屠之祠，則所謂黃老君者，亦必因黃、老之學之黃、
老而附會者也。《逸民傳》言矯慎少學黃、老，隱遁山谷，仰慕松、喬導
引之術。汝南吳蒼遺書曰：「蓋聞黃、老之言，乘虛入冥，藏身遠遁。亦
有理國養人，施於為政。至如登仙絕跡，神不著其證，人不睹其驗。吾欲
先生，從其可者，於意何如？」《三國志·孫登傳》：臨終上疏曰：「願陛
下割下流之恩；修黃、老之術。」合上節所引仲長統《卜居論》之辭觀之，
並可見黃、老之學，與神仙家言稍相殽雜。《後漢書·皇甫嵩傳》言張角
奉黃、老道。《襄楷傳》：楷自家詣闕上疏云：「臣前上琅邪宮崇受于吉神
書，不合明聽。」十餘日，復上書曰：「前者宮崇所獻神書，專以奉天地、
順五行為本，亦有興國、廣嗣之術。其文易曉，參同經典，而順帝不行，
故國胤不興。孝沖、孝質，頻世短祚。」《傳》云：「初順帝時，琅邪宮崇
詣闕上其師于吉於曲陽泉上所得神書百七十卷。皆縹素朱介，青首朱目，
號《太平青領書》。[260] 其言以陰陽、五行為宗，而多巫覡雜語。有司奏崇
所上妖妄不經，乃收藏之。後張角頗有其書焉。」而《三國志·張魯傳注》
引《典論》，言張脩使人為姦令祭酒，祭酒主以《老子》五千文使都習。則
老子與張角、于吉、張脩等誣罔之徒，皆有關係矣。是何哉？案《史記·
儒林傳》言：竇太后召轅固生問老子書。固曰：「此是家人言耳。」果為今
老子書，轅固生即不信其術，豈得謂為家人言？蓋其所謂老子書，實非今
之五千言，巫術之附會老子舊矣。[261] 所以然者，神仙家及巫術，皆依託
黃帝，而黃、老同為道家，故因黃帝而貤及老子。其使人都習五千言，則
彼固不求其義之可解，抑或別有其附會之說也。襄楷前疏言《神書》其所
自上，後疏又云宮崇獻，其語顯相矛盾。楷正士，安得獻此妖妄之書？古
縑帛甚貴，其書安得有百七十卷？《三國志·孫策傳注》引《志林》云百餘

---

[260]　宗教：《太平青領書》之偽。
[261]　宗教：老子書不必今老子。

卷，亦大多。《注》謂《神書》即今道家《太平經》，蓋即造《太平經》者所偽託耳。神仙家與巫術，並依託老氏，遂開後世所謂道教者之原矣。

當時巫鬼之流，分為兩派：一與士大夫交結，[262] 如于吉是。一則熒惑細民，如張角、張脩是。于吉事見《三國志・孫策傳注》引《江表傳》云：時有道士琅邪于吉。先寓居東方，往來吳會，立精舍，燒香讀道書，製作符水以治病，吳會人多事之。策嘗於郡城門樓上集會諸將賓客。吉乃盛服，杖小函，漆畫之，名為仙人鏵，趨度門下。諸將賓客，三分之二，下樓迎拜之。掌賓者禁呵不能止。策即令收之。諸事之者悉使婦女入見策母，請救之。母謂策曰：「于先生亦助軍作福，醫護將士，不可殺之。」策曰：「此子妖妄，能幻惑眾心，遠使諸將不復相顧君臣之禮，盡委策下樓拜之，不可不除也。」諸將復連名通白事陳乞之。策曰：「昔南陽張津，為交州刺史，舍前聖典訓，廢漢家法律，嘗著絳帕頭，鼓琴，燒香，讀邪俗道書，云以助化，卒為南夷所殺。此甚無益，諸君但未悟耳。今此子已在鬼篆，勿復費紙筆也。」即催斬之。縣首於市。諸事之者尚不謂其死，而云屍解焉，復祭祀求福。又引《搜神記》云：策欲渡江襲許，與吉俱行。時大旱，所在熇厲。策催諸將士，使速引船。或身自早出督切。見將吏多在吉許。策因此激怒，言「我為不如于吉邪？而先趨務之」。便使收吉。至，呵問之曰：「天旱不雨，道途艱澀，不時得過，故自早出，而卿不同憂戚，安坐船中，作鬼物態，敗吾部伍。今當相除。」令人縛置地上暴之，使請雨。若能感天，日中雨者，當原赦，不爾行誅。俄而雲氣上蒸，膚寸而合。比至日中，大雨總至，溪澗盈溢。將士喜悅，以為吉必見原，並往慶慰。策遂殺之。將士哀惜，共藏其屍。天夜忽更興雲覆之。明旦往視，不知所在。二說乖異殊甚。《注》又引太康八年 (287) 廣州大中正王範上《交廣二州春秋》，知建安六年 (201) 張津猶為交州牧，則《江表

---

[262] 宗教：分交結士大夫，誑惑小民兩派。

傳》已不足信,《搜神記》更無論矣。然言辭不審,古人所恆有,不得以此
謂其所言者悉為子虛。于吉以符水治病,與張角同,屍解之說,同於李少
君,而張津舍前聖典訓,[263] 廢漢家法律,而欲以道書助化,蓋亦正如張
脩、張魯之所為也。可見其道之雜而多端矣。

　　張角之事,已見第十一章第七節。張魯:《三國志》本傳云:祖父陵,
客蜀,學道鵠鳴山中,造作道書,以惑百姓。從受道者出五斗米,故世號
米賊。陵死,子衡行其道。衡死,魯復行之。然《注》引《典略》云:熹平
中,妖賊大起。三輔有駱曜。光和中,東方有張角,漢中有張脩。駱曜教
民緬匿法,張角為太平道。脩為五斗米道。[264]《後漢書‧靈帝紀》:中平
元年(184),秋七月,巴郡妖巫張脩反,寇郡縣。《注》引劉艾紀曰:時
巴郡巫人張脩療病,愈者僱以五斗米,號為五斗米師。則為五斗米道者,
乃張脩而非張魯。《三國志‧二牧傳》、《後漢書‧劉焉傳》皆云:魯母挾
鬼道,出入焉家。果使父祖均為大師,則必已能致人崇奉如于吉,劉焉未
必能致其母也。疑魯之法皆襲諸脩,特因身襲殺脩,不欲云沿襲其道,乃
詭托諸其父祖耳。後漢自有一張陵,為霸孫,楷子。霸蜀郡成都人。永元
中為會稽太守。卒,敕諸子:蜀道阻遠,不宜歸塋。諸子承命,葬於河南
梁縣,因家焉。楷性好道術,能作五里霧,時關西人裴優亦能為三里霧,
自以不如楷,從學之。楷避不肯見。桓帝即位,優遂行霧作賊。事覺,被
考,引楷,言從學術。楷坐繫廷尉詔獄,積二年。後以事無驗,見原還
家。豈陵亦襲父術,而魯從而附會之歟?然《陵傳》絕不見其跡。且陵亦
士大夫之流,非可妄托,疑張魯父、祖之事,實偽造不可究詰也。《典略》
云:太平道者,師持九節杖為符祝,教病人叩頭思過,因以符水飲之。得
病或日淺而愈者,則云此人信道。其或不癒,則為不信道。脩法略與角
同,而加施靜室,使病者處其中思過。又使人為姦令祭酒。祭酒主以《老

---

[263]　宗教:張津者張角、張魯之類。
[264]　宗教:五斗米道出張修。

子》五千文使都習。[265] 號為姦令。為鬼吏。主為病者請禱。請禱之法，書病人姓名，說服罪之意，作三通：其一上之天，著山上，其一埋之地，其一沉之水，謂之三官手書。使病者家出米五斗以為常，故號曰五斗米師。實無益於治病，但為淫妄，然小人昏愚，競共事之。後角被誅，脩亦亡。及魯在漢中，因其民信行修業，遂增飾之。教使作義舍，以米肉置其中，以止行人。又教使自隱，有小過者，當治道百步則罪除。又依月令，春夏禁殺，又禁酒。流移在其地者，不敢不奉。《三國志・張魯傳注》引。《志》云：以鬼道教民。自號師君。其來學道者，初皆名鬼卒。受本道已信，號祭酒。各領部眾。多者為治頭大祭酒。皆教以誠信，不欺詐。有病自首其過。大都與黃巾相似。諸祭酒皆作義舍，如今之亭傳。又置義米、肉，縣於義舍。行路者量腹取足。若過多，鬼道輒病之。犯法者三原，然後乃行刑。不置長吏，皆以祭酒為治。民夷便樂之。雄據巴、漢，垂三十年。案張角之起也，殺人以祠天，見《後漢書・皇甫嵩傳》。此為東夷之俗。脩法略與角同，其原當亦出於東方。然《抱樸子・道意篇》極言信巫耗財之弊。又言張角、柳根、王歆、李申之徒，錢帛山積，富逾王公。[266] 縱肆奢淫，侈服玉食。伎妾盈室，管弦成列。刺客死士，為其致用。威傾邦君，勢陵有司。亡命逋逃，因為窟藪。而張魯、張津，頗得先富後教之意，則其宗旨又有不同。彌見其道之雜而多端也。

　　當時為黃、老道者，似頗排擯異教。《後漢書・循吏傳》云：延熹中，桓帝事黃、老道，悉毀諸房祀，[267] 唯特詔密縣存故太傅卓茂廟，洛陽留王渙祠。《欒巴傳》云：遷豫章太守。郡土多山川鬼怪，小人常破資產以祈禱。巴素好道術，能役鬼神，乃悉毀壞房祀，翦理姦訛。於是妖異自消。百姓始頗為懼，後皆安之。欒巴所好之道，疑即桓帝所奉，故其毀房祀同

---

[265]　都習之都，蓋如都試之都，詔會眾而習。

[266]　宗教：張角之徒為豪傑。

[267]　宗教：毀房祀。陳瑞。

也。《三國志・武帝紀注》引《魏書》，言太祖擊黃巾，時黃巾移之書曰：「昔在濟南，毀壞神壇，其道乃與中黃大乙同，似若知道。今更迷惑。」中黃大乙，蓋即張角之所謂黃、老道者，與桓帝所奉，亦非二也。

《華陽國志・大同志》云：王濬為益州刺史，咸寧三年（277），誅犍為民陳瑞。瑞初以鬼道惑民。入道用酒一斗，魚一頭。不奉他神。貴鮮潔。其死喪、產乳者，不百日不得至道治。其為師者曰祭酒。父母妻子之喪，不得撫殯；入弔，及問乳病者。轉奢靡。作朱衣、素帶、朱幘、進賢冠。瑞自稱天師。徒眾以千數百。濬聞，以為不孝。誅瑞及祭酒袁旌等。焚其傳舍。益州民有奉瑞道者，見官二千石長吏巴郡太守犍為唐定等皆免官除名。瑞之奢靡與張魯不同，然以祭酒治其下同，傳舍亦似即義舍，而其不奉他神，似亦與桓帝、欒巴及所謂中黃大乙者無異也。知當時此等邪教，流衍頗廣矣。

第七節　佛教東來

言佛教入中國者，大抵據《魏書・釋老志》。《志》云：「漢武元狩中，遣霍去病討匈奴。至皋蘭，過居延，斬首大獲。昆邪王殺休屠王，將其眾五萬來降。獲其金人。帝以為大神，列於甘泉宮。金人率長丈餘。不祭祀，但燒香禮拜而已。此則佛道流通之漸也。及開西域，遣張騫使大夏。還，傳其旁有身毒國，一名天竺。始聞有浮屠之教。哀帝元壽元年（前2），博士弟子秦景憲受大月氏王使伊存口授浮屠經。中土聞之，未之信了也。後孝明帝夜夢金人，頂有白光，飛行殿庭。乃訪群臣。傅毅始以佛對。《後漢書・楚王英傳注》引袁宏《漢紀》：佛長丈六尺，黃金色，頂中佩日月光。變化無方，無所不入，而大濟群生。初，明帝夢見金人，長大，頂有日月光。以問群臣。或曰：西方有神，其名曰佛，陛下所夢，得毋是乎？於是遣使天竺，問其道術，而圖其形象焉。帝遣郎中蔡愔，博士

弟子秦景等使於天竺，寫浮屠遺範。愔仍與沙門攝摩騰、竺法蘭東還洛陽。中國有沙門及跪拜之法，自此始也。愔又得佛經四十二章，及釋迦立象。明帝令畫工圖佛像，置清涼臺及顯節陵上。經緘於蘭臺石室。愔之還也，以白馬負經而至，漢因立白馬寺於洛城雍門西。摩騰、法蘭，咸卒於此寺。」案《漢書‧霍去病傳》：元狩三年（前120）春，為票騎將軍，將萬騎出隴西。上稱其功曰：「收休屠祭天金人。」《金日磾傳贊》曰：「本以休屠作金人為祭天主，故因賜金氏。」如淳注《霍去病傳》亦曰：「祭天以金人為主也。」則張晏謂「佛徒祠金人」，師古謂「今之佛像是也」，非也。《地理志》：左馮翊雲陽有休屠金人及徑路神祠三所，《郊祀志》：雲陽有徑路神祠，祭休屠王也。則金人入中國，亦自有祠。而《後漢書‧西域傳論》曰：「佛道神化，興自身毒，而二漢方志，莫有稱焉。張騫但著地多暑溼，乘象而戰；班勇雖列其奉浮屠，不殺伐；而精文善法，道達之功，靡所傳述。」則以獲金人為佛道流通之漸，謂張騫使大夏而聞浮屠之教者，其言悉不讎矣。《後漢書‧光武十三王傳》：楚王英，少時好游俠，交通賓客。晚節更喜黃、老，學為浮屠齋戒祭祀。永平八年（65），詔令天下死罪皆入縑贖。英遣郎中令奉黃縑、白紈三十匹詣國相。國相以聞。詔報曰：楚王誦黃、老之微言，尚浮屠之仁慈，潔齊三月，與神為誓，何嫌何疑，當有悔吝？其還贖，以助伊蒲塞、桑門之盛饌。則當明帝之初，佛教流傳已盛矣。《三國志‧四裔傳注》引《魏略‧西戎傳》曰：「臨兒國，浮屠經云：其國王生浮屠。浮屠，太子也。父曰屑頭邪，母云莫邪。昔漢哀帝元壽元年（前2），博士弟子景憲受大月氏王使伊存口授浮屠經，曰復立者其人也。此文諸書所引不同。或作秦景，或作景憲，或作秦景憲，見馮承鈞譯沙畹《魏略‧西戎傳箋注》，商務印書館本。浮屠所載，與中國老子經相出入。蓋以為老子西出關，過西域，之天竺教胡。」《後漢書‧襄楷傳》：楷上書曰：「又聞宮中立黃、老、浮屠之祠。此道清虛，貴尚無為，好生惡殺，省欲去奢。今陛下嗜欲不去，殺伐過理。既乖其道，豈獲

其詐哉？或言老子入夷狄為浮屠。浮屠不三宿桑下，不欲久生恩愛，精之至也。天神遺以好女，浮屠曰：此但革囊盛血，遂不盼之。其守一如此，乃能成道。今陛下淫女豔婦，極天下之麗；甘肥飲美，單天下之味；奈何欲如黃、老乎？」合此及《楚王英傳》觀之，並可見佛教流傳，依附黃、老之跡。《三國志·劉繇傳》：繇為孫策所破，奔丹徒。遂溯江南保豫章，駐彭澤。笮融先至，殺其太守朱皓，入居郡中。繇進討融，為融所破。更復招合屬縣，攻破融。融敗，走入山，為民所殺。笮融者，丹陽人。初聚眾數百，往依徐州牧陶謙。謙使督廣陵、彭城運漕。遂放縱擅殺，坐斷三郡委輸以自入。乃大起浮屠祠。以銅為人，黃金塗身，衣以錦采。垂銅槃九重。下為重樓閣道，可容三千餘人。悉課讀佛經。令界內及旁郡人有好佛者聽受道，復其他役以招致之。由此遠近前後至者五千餘人戶。每浴佛，多設酒飯，布席於路，徑四十里。民人來觀及就食且萬人，費以巨億計。曹公攻陶謙，徐土騷動，融將男女萬口，馬三千匹走廣陵。廣陵太守趙昱待以賓禮。先是彭城相薛禮為陶謙所逼，屯秣陵。融利廣陵之眾，因酒酣殺昱，放兵大略，因載而去，過殺禮，然後殺皓。《後書》融事見《陶謙傳》。當時之奉佛者如此，宜其與張角等之黃、老道可以合流也。梁啟超作《中國佛教之初輸入》，疑佛初來自南方。[268] 馮承鈞《中國南洋交通史》亦云然。第一章《漢代與南海之交通》。商務印書館本。雖乏誠證，然以理度之，說固可通。《三國志·孫琳傳》言琳壞浮屠祠，斬道人，可見南方已有立祠及出家者矣。少帝養於史道人家。《後書·西域傳贊》言：「漢自楚英始盛齋戒之祀，桓帝又修華蓋之飾，將微義未譯，而但神明之邪？詳其清心釋累之訓，空有兼遣之宗，道書之流也。」亦可見是時之所謂佛教者，教理初無足觀，其說亦頗依附黃、老矣。《魏書》稱其《四十二章經》，其義殊淺。

---

[268] 宗教：佛入。

呂思勉的秦漢史・文明卷

作　　者：呂思勉

發 行 人：黃振庭

出 版 者：複刻文化事業有限公司

發 行 者：複刻文化事業有限公司

E-mail：sonbookservice@gmail.com

粉 絲 頁：https://www.facebook.com/
　　　　　sonbookss/

網　　址：https://sonbook.net/

地　　址：台北市中正區重慶南路一段六十一號八樓
　　　　　815 室

Rm. 815, 8F., No.61, Sec. 1, Chongqing S. Rd.,
Zhongzheng Dist., Taipei City 100, Taiwan

電　　話：(02)2370-3310

傳　　真：(02)2388-1990

印　　刷：京峯數位服務有限公司

律師顧問：廣華律師事務所 張珮琦律師

定　　價：480 元

發行日期：2023 年 12 月第一版

◎本書以 POD 印製

國家圖書館出版品預行編目資料

呂思勉的秦漢史・文明卷 / 呂思勉
著 . -- 第一版 . -- 臺北市：複刻文
化事業有限公司 , 2023.12
面；　公分
POD 版
ISBN 978-626-7403-17-4(平裝)
1.CST: 秦漢史
621.9　　112018626

電子書購買

臉書

爽讀 APP